上海社联年鉴

上海社联年鉴

2021

上海市社会科学界联合会　编

上海人民出版社

1月2日，中国（上海）自由贸易试验区临港新片区管委会与上海市社联在临港召开“‘五个重要’系列研究课题招标发布暨专家研讨会”

1月9日，由《学术月刊》杂志社、《光明日报》理论部和中国人民大学书报资料中心共同主办的“2019年度中国十大学术热点发布会暨哲学社会科学研究展望论坛”在中国人民大学隆重举行

5 月 25 日，上海市社联与上海博物馆共同推出的公益性文化品牌项目“江南文化讲堂”正式启动

5 月 26 日，上海市社联召开党建和党风廉政建设会议，并启动社联“四史”学习教育活动

5 月 29 日，上海新冠肺炎临床救治专家组组长张文宏做客“四史讲堂”讲述国际抗疫史

7 月 14 日，《探索与争鸣》编辑部召开“大众历史文化变革的新挑战”圆桌会议

8 月 16 日，上海市社联举办“你好，我的城——新时代人民城市建设面面观”望道讲读会

9 月 16 日，“上海在中美关系中的地位和作用”内部研讨会在上海市美国问题研究所召开

9 月 18 日，上海市社联举行第十四届学会学术活动月开幕式暨夏季会长论坛

10 月 25 日至 31 日，上海市社联主办第 19 届上海市社会科学普及活动周，在本届活动周开幕式上举行了“奋进新时代 筑梦新发展——‘十四五’规划与上海未来发展主题论坛”

10 月 27 日，上海市社联策划并推出的“‘四史’关键词”主题 13 号线地铁专列在淮海中路站启动，构建起流动的“四史”学习阵地

11 月 20 日，中共上海市委宣传部、上海市习近平新时代中国特色社会主义思想研究中心、上海市社联在上海社会科学会堂召开“学习习近平总书记在浦东开发开放 30 周年庆祝大会上的讲话精神座谈会”

11 月 29 日，《探索与争鸣》编辑部召开“时代变革与学术发展——《探索与争鸣》创刊 35 周年学术研讨会”

12 月 4 日，上海市社联召开秋季会长论坛，主题为“新阶段·新理念·新格局——学习贯彻党的十九届五中全会精神”

12 月 5 日，由《学术月刊》杂志社和上海社会科学院中国马克思主义研究所联合举办的“马克思主义理论研究高峰论坛”在上海社会科学院召开

12 月 18 日，上海市社会科学界第十八届（2020）学术年会大会在上海社会科学会堂召开

目 录

年度工作要览

NIAN DU GONG ZUO YAO LAN

2020年，上海市社联在市委领导和市委宣传部指导下，以习近平新时代中国特色社会主义思想为指导，全面贯彻落实党的十九大和十九届二中、三中、四中、五中全会精神，深入学习贯彻习近平总书记考察上海和在浦东开发开放30周年庆祝大会上的重要讲话精神，认真贯彻落实中央、市委各项决策部署，拓展工作格局，提升工作品质，统筹推进疫情防控和业务工作，团结凝聚全市广大社会科学工作者，为推进构建中国特色哲学社会科学、服务中央和市委的重要决策部署、助推上海经济社会高质量发展做出了积极贡献。

一、 加强和创新学术社团管理与服务，激发学术社团活力

一是强化党建引领，确保学术社团正确政治方向。依托学术社团党工组开展社团党建，及时向党工组负责人传达市委宣传部和市社联有关重要会议精神，充分发挥党工组的政治引领作用。在学术团体换届时，同步调整了13个学会党工组，批准了2个学会届中调整党工组。加强疫情防控舆论引导，组织学术社团做好社情民意和社科动态的搜集、了解，科学研判疫情信息和经济社会发展动态。

二是以年检、年报、达标和换届工作为抓手，推进学术社团管理。适应疫情防控要求，向所属学术团体通报《市社联2020年哲学社会科学学术团体工作要点》，以工作要点通报指导各学术团体围绕大局开展工作。认真完成所属学术团体年检初审、年度报表申报、达标学会考评等，评定2019年度达标学会130家。积极指导所属学术团体做好换届工作，主动联系待换届学会了解情况和工作难点，帮助解决困难，批准了13个学会换届、13个学会延期换届等。

三是积极培育学术团体理论研究功能。以课题研究为主要活动形式开展年度所属学术团体合作项目，对85个学会申报的94个项目立项支持，议题包括重大专题研究、上海"改革开放、创新发展"研究、新冠肺炎疫情的全球影响研究等，鼓励在线开展研究交流。为全面评估疫情对全球治理、世界经济趋势、中美关系等带来的深远影响，组织所属10家学会的知名专家开展专题研究，研究成果报送有关部门参考。组织有关学术社团围绕疫情防控与复产复市开展专题研究，提交研究专报，为疫情防控与复产复市做出社科贡献。举办第十四届学会学术活动月暨夏季会长论坛，组织50多家学术团体围绕"决胜全面小康与开启社会主义现代化新征程"的重大理论和实践问题举办27场学术交流活动。组织举办2020年秋季会长论坛，主题为"新阶段·新理念·新格局　学习贯彻党的十九届五中全会精神"，邀请了四位专家学者分别围绕"学习贯彻十九届五中全会精神，深入谋划好上海产业'十四五'规划""以高质量创新，驱动浦东引领区核心区高水平发展""2021年大国关系与地缘政治走向""统筹两个大局，把握战略机遇期"作学术报告。

四是引领学术社团发挥围绕中心、服务大局功能。聚焦自贸区新片区、长三角一体化国家战略、人工智能与社会发展、江南文化等领域，有序推动筹建一批相关新型学术团体，发挥新型学会的智库建设与交叉学科发展功能。与市方志办和东方网等联合主办"四史讲堂"，特邀社科名家和实际工作部门的领导主讲，2020年共举办11期活动。

二、深入推进决策咨询、理论研究和成果转化，持续提升科研组织水平

一是组织社科界深入学习党的十九届五中全会精神和习近平总书记在浦东开发开放30周年庆祝大会上的重要讲话精神，迅速在社科界掀起学习宣传贯彻的热潮。党的十九届五中全会召开后，市社联迅速组织召开了上海社科界学习党的十九届五中全会精神专家座谈会、社联主席团及部分委员学习党的十九届五中全会精神座谈会，引导和推动社科界深入学习领会五中全会精神，加强研究、深入阐释五中全会精神。市委宣传部、市习近平新时代中国特色社会主义思想研究中心、市社联联合举办"学习习近平总书记在浦东开发开放30周年庆祝大会上的重要讲话精神座谈会"，要求全市社科理论工作者把学习宣传贯彻习近平总书记重要讲话精神，与学习宣传贯彻党的十九届五中全会精神结合起来，与深入学习贯彻习近平总书记考察上海重要讲话精神结合起来，深入挖掘浦东开发开放30年的基本经验、根本立场和实践逻辑，全面系统总结其对于丰富发展中国道路、中国经验、中国智慧的理论价值和思想启迪。

二是坚持围绕中心服务大局做好决策咨询。联合临港新片区管委会组织开展新片区"五个重要"系列课题研究，形成一批有前瞻性、切实管用的决策咨询成果，在《文汇报》进行专版报道。委托本市智库机构开展长江经济带协同发展、"十四五"期间上海国际金融中心建设的目标、任务和措施课题研究。组织召开线上线下数十场专家咨询会，围绕疫情下复工复产、在线新经济、贯彻落实人民城市重要理念、上海"四大功能"建设、国际文化大都市建设等主题，邀请专家开展研讨。全年共向本市有关领导和部门上报《上海社联智库专报》131份，获得市领导肯定批示40余次。《上海思想界》向中央有关部门直报舆情相关材料151份，得到中宣部舆情信息局采用80余次。

三是聚焦习近平新时代中国特色社会主义思想系统化学理化组织开展系列研究。开展"习近平新时代中国特色社会主义思想系统化学理化"系列研究，聚焦新思想的基本问题，聚焦学理性、系统性阐述以及学科分析方法、学术理论构建，聚焦理论原创性和实践指导价值，设立12个市哲社委托课题，组织优秀社科专家开展研究。

四是深入推进中宣部马克思主义理论研究和建设工程重大项目"中国知识体系相关问题研究"课题，取得了一批重要成果。课题组首席专家在《光明日报》《学术月刊》《探索与争鸣》等报刊杂志发表了一批理论文章和学术论文。向中宣部上报"中国知识体系相关问题研究"课题成果系列内参5篇。

五是紧扣重大主题开辟媒体专栏，推动理论成果转化。组织专家学者撰写4篇疫情防控理论文章，在《解放日报》开辟专栏刊发，为鼓舞公众树立信心、做好疫情防控与有序复工、加强法治建设与人文关怀营造舆论氛围。围绕浦东开发开放30周年，组织5篇理论文章在《文汇报》理论版刊发，宣传阐释浦东开发开放所实践的中国理念、中国方案和中国道路。约请社科专家撰写"四史"学习教育专题文章，在《解放日报》《文汇报》刊发专栏文章8篇。

六是围绕年度重大主题举办学术年会和学术茶座系列活动。围绕"全面建设社会主义现代化国家：新理念　新规划　新征程"主题，组织召开上海社科界第十八届学术年会大会及系列专场论坛，发布市社联"十四五"时期哲学社会科学研究十大选题、2020年度

十大推介论文。开展学术年会论文征集，收到应征论文 519 篇，汇编优秀成果出版论文集，展现本市社科界最新学术成果。与中国浦东干部学院合作举办领导干部实践创新学术茶座。

七是探索科学权威的学术成果评价体系。在市委宣传部领导下，开展调研座谈，进一步完善评奖工作方案，并协助兄弟省市开展评奖工作。组织开展社联 2020 年度推介论文的评选推荐。开展哲学社会科学领域独创性成果调研，组织专家推荐改革开放以来本市优秀社科成果，整理完成 400 余项优秀成果的内容说明。

三、探索社科普及新方式，推出社科普及新产品，提升社科普及工作影响力

一是围绕重大主题，推出社科普及新产品。推出《中国之治，懂了！》系列短视频，紧扣党的十九届四中全会精神，从 13 个方面系统解读中国国家制度和国家治理体系的显著优势、伟大成就及发展之路。中央网信办在全网推送，仅在上海主流媒体平台和部分商业网站总点击量就达 1522.4 万次。拍摄制作《我们的"十四五"》党的十九届五中全会精神解读 6 集系列短视频，在上观新闻、学习强国等网络平台发布。推出"学人论疫——你需了解的社会科学知识"4 集短视频，精准、高效地发挥社会科学解疑释惑的积极作用，在主流新媒体及部分视频网站的点击量近 300 万次。

二是服务"四史"学习教育，开发高质量学习教育资源。推出 12 集原创系列短视频《而立之歌——探寻浦东开发开放 30 年"创新之钥"》，引领观众纵览浦东创新实践的历史背景、主要进程和实践经验，市委网信办在上海主流新媒体及主要商业、视频网站同步推送。制作播出《为什么是上海(第二季)——探寻"王牌成长之路"》系列 6 集短视频，集中展现新中国成立后上海在社会主义革命和建设时期的重要地位和作用。联合澎湃新闻推出"'四史'关键词"专栏，共发稿 78 篇，总点击量达 3786 万人次，"学习强国"点击量达到 70 万人次。以上项目被列入上海市开展"四史"学习教育的工作项目。

三是打造全市性社科普及大平台，创新开展系列社科普及活动。以"奋进新时代　筑梦新发展"为主题，举办第 19 届上海市社会科学普及活动周，全市上百家单位积极参与，共推出 100 余项社科普及活动，为广大市民献上一场思想文化大餐。推动科技与人文跨界融合，举办"星期广播科学汇・科技与人文对话"系列节目，推出 10 场活动，广播节目播出约 20 期，直接听众约 300 万。望道讲读会举办"问路百年成大道——庆祝中国共产党成立 100 年研究丛书推介""你好，我的城——新时代人民城市建设面面观"等多场精品活动，并录制推出线上视频。举办"思想点亮未来"系列讲座第 7 季，邀请著名社科专家学者走进中学，举办 14 场讲座。深化与申通地铁合作，开通"520 致敬最可爱的人，向白衣天使大声说爱你""'四史'关键词"等社科普及地铁专列。

四、服务"上海文化"品牌建设，高质量推进重大项目取得新成果

一是持续推进中国特色哲学社会科学学术话语体系建设。设立 15 家上海市中国特色哲学社会科学学术话语体系建设基地，明确基地建设的目标任务。完成"建党 100 周

年”系列研究 23 个成果结项，遴选优秀成果策划出版宣传。完成以“学科融合与史学话语体系建构”为主题的“中国哲学社会科学话语体系建设・浦东论坛”工作方案。组织开展“社会主义发展史”5 项专题研究。推进“中国特色社会主义政治经济学”市哲社重大课题研究。

二是加快推动中华创世神话研究成果出版和宣传推广。积极动员、协调、推动社科力量参与中华创世神话学术高地建设，完成 6 项立项课题的成果鉴定和结项工作，书籍成稿 20 种 32 册，系国内首次对中华创世神话进行全面系统的学术梳理和探索研究，出版《中华创世神话研究工程系列丛书》首批图书。

三是进一步开拓江南文化研究工作新局面。深化长三角江南文化研究学术共同体建设，联合苏浙皖三省社科联共同举办第二届长三角江南文化论坛，成立长三角江南文化研究联盟，吸纳首批 23 家成员单位。与上海博物馆联合主办“江南文化讲堂”10 期活动，以“社科＋文博”的创新组合形式，传播江南文化的创新理念，获得媒体和公众的广泛关注。完成首批江南文化研究 19 项课题结项，并将于 2021 年择优出版系列丛书 8 本。组织江南文化研究决策咨询，报送专报获得市委宣传部主要领导的肯定批示。

四是积极开展上海社科大师宣传推广。与《文汇报》合作推出《大师》专栏，每期用一个整版系统梳理大师的成长历程和学术贡献，已刊发 30 篇。与上海人民广播电台合作制作社科大师系列短音频《海上先声》，全年推出 3 季共 35 集，累计直接受众达 3000 余万人次。与上海地铁联合开展“感悟大师精神，感恩师长教诲”教师节特别活动，依托 10 个地铁车站的 20 个公益灯箱进行展示。

五、 提升办刊质量和水平，提高刊物学术和社会影响力

《学术月刊》杂志坚持正确办刊导向，严格执行办刊规范，积极推进习近平新时代中国特色社会主义思想的学理化阐释，致力中国特色哲学社会科学的整体性构建。设置重要专题专栏，刊发“专题”和“笔谈”稿件 6 组，刊发学人“访谈”5 篇、“特稿”3 篇。举办中国特色哲学社会科学学科创新与学术评价高端论坛等重要学术会议，组织优秀学者对学术前沿进行深入探讨。共同主办“2019 年度中国十大学术热点发布会暨哲学社会科学研究展望论坛”，发布 2019 年度中国十大学术热点。在最新发布的 RCCSE《中国学术期刊评价研究报告(第六版)》中，入选权威期刊(A＋)，位列“人文科学综合类”期刊第 1 名。2019 年度人大复印资料转载量位居全国综合性社会科学类学术期刊第 1 位。

《探索与争鸣》杂志通过加强选题策划、组织高端论坛、创新传播方式、支持青年学人发展，学术影响和社会影响持续扩大。在学术界率先推出抗疫主题征文，编辑出版“抗疫与国家治理现代化”专刊，推出“疫情下的社会思潮”等学术会议约 14 场，出版《生命至上：抗疫与国家治理现代化》一书。获评 2013—2019 年度“国家社科基金优秀期刊”。获评“世界学术期刊影响力指数 Q1 区期刊”，为华东地区唯一入选的综合性学术期刊。2019 年度人大复印资料转载指数排名蝉联全国综合性学术期刊第 3 位。《探索与争鸣》微信公号关注人数突破 16.5 万，官方网站阅读量突破 600 万。

六、强化机关党的建设和党风廉政建设，深入开展“四史”学习教育

一是推进“四史”学习教育，巩固“不忘初心、牢记使命”主题教育活动成果。市社联把“四史”学习教育作为党员干部学习教育的重要政治任务，高度重视、精心组织、统筹推进。党组领导带头认真学习、上党课、作报告，共召开中心组专题学习21次，社联领导讲授专题党课5次。建立健全党组班子成员联系党支部工作制度，实现社联党支部工作联系全覆盖。党组领导认真落实《领导干部与党外代表人士交友联谊制度》，定期与党外社科专家学者开展交流联谊。承办宣传系统“学史达人”知识竞赛，负责线上初赛和线下决赛的题库制作与测试，为宣传系统开展学习教育贡献力量。向全体党员干部发放学习材料，组织赴中共四大纪念馆开展现场学习。动员指导用好线上学习平台，组织全体干部职工积极参与宣传系统学习“学史达人”知识竞赛。组织开展“学四史、讲好中国故事”青年党员演讲比赛，推荐优秀选手入选参加宣传系统演讲决赛。

二是推进全面从严治党“四责协同”机制，推动政治监督和廉政建设落实落地。党组牵头制定了《上海市社联党员干部及公职人员从政从业负面清单(试行)》，把政治纪律、政治规矩和廉政要求嵌入社联具体工作和内控管理。机关各部门及所属事业单位认真开展学习宣传，仔细排摸廉洁从政从业方面存在的风险点和薄弱环节，制定完善制度措施和工作流程，做实做细日常监督，树立廉政廉洁从业导向。

七、提升社科会堂管理和服务水平，推进上图东馆社科主题馆建设

一是以为社科界提供专业学术服务为目标，努力开拓会堂工作新局面。落实各项疫情防控措施，健全安全制度建设，加强安全生产培训。完善会堂内控管理制度，提升防御风险能力。加强团队建设，开展技能培训，提升服务水准，打造“内强素质外塑形象”的工作团队。承接各类社科学术论坛、会议130余场，接待科普系列短视频取景拍摄20余次，接待各类参观、考察、办会咨询30余场。做好学术志愿者的招募和培训，全年新招募学术志愿者20余名，开展学术志愿者服务60余场。加强对外业务联系和会务合作，拓展工作领域，创建并推送会堂抖音公众号。

二是推进上图东馆社科主题馆的建设与开办。在市委宣传部的统一部署下，与上海图书馆、通志馆加强沟通、协调，不断推进上图东馆工程建设。成立市社联工程建设项目领导小组，下设办公室进行实体化运作。从决策机制、开办费使用规定、会议制度对社科主题馆的开办建设进行制度梳理与规范。广泛开展调研咨询，完善社科主题馆布局装饰，将“上海社科界百年历史展——与党同心、与人民同行”作为开幕和常设展，推进展陈方案的制作完善。

八、严格落实疫情防控，积极配合开展巡视工作，强化内部规范管理，提高自身管理和服务水平

一是严格落实疫情防控工作举措。成立市社联疫情防控领导小组，制定下发疫情应急处置预案，将预案规定传达至全体干部职工，提高疫情防控水平和应对能力。强化机关

办公楼的日常管理，加强物业防控措施。精简工作会议数量，缩减会议规模，鼓励通过视频会议、电话沟通等开展工作。加强防疫宣传教育和健康提示，做好干部职工的健康监测。

二是积极配合做好巡视工作。按照市委的统一部署，市委第九巡视组于 10 月中旬至 12 月下旬对市社联党组开展巡视。市社联高度重视、妥善安排、积极配合巡视组开展工作，客观公正地汇报工作，实事求是地反映问题，协助巡视组充分了解和掌握真实情况，全力保障巡视工作顺利开展。对发现的问题、存在的不足和薄弱环节，认真制定整改措施，积极主动抓好整改。

二是推进上海社科志编撰。组织发动各方力量，推进《上海市志・人文社会科学卷(1978—2010)》的编纂，经过反复沟通和修改，形成 100 余万字初稿，通过了社科志编纂委员会的评议和市方志办初评，在方志办指导下继续修改完善，将经方志办审定验收后送交出版社。

重要活动

ZHONG YAO HUO DONG

学习贯彻中央和上海市委精神及“不忘初心、牢记使命”主题教育、“四史”教育活动

上海市社联召开七届五次主席团会议暨七届四次全委会

站在新起点，迈向新征程。2020 年 1 月 7 日，上海市社联七届五次主席团会议暨七届四次全委会在上海社科会堂举行。上海市社联主席王战致辞。上海市社联党组书记、专职副主席权衡报告上海市社联 2019 年主要工作与 2020 年工作思路。上海市社联党组成员、专职副主席、秘书长（兼）解超主持会议，党组成员、专职副主席任小文报告上图东馆社联 6 楼建设情况，党组成员、二级巡视员陈麟辉宣读致全市社科工作者的新春感谢信。上海市社联副主席沈国明、李琪、姜锋、叶青、陈恒、陈志敏、龚思怡、熊月之、桑玉成、吴晓明及第七届委员会成员百余人欢聚一堂，共话上海社科发展。

王战在致辞中首先代表上海市社联第七届委员会，向全市社会科学工作者致以诚挚的问候和新春的祝福。他强调，习近平总书记指出，哲学社会科学工作是培根铸魂的工作，在党和国家全局工作中居于十分重要的地位，在新时代坚持和发展中国特色社会主义中具有十分重要的作用。上海社科界要把握好时代发展、创新实践、伟大事业的新要求新期待，进一步推进理论创新、聚焦改革实践、加强成果转化，坚定做马克思主义的研究者与弘扬者、中国特色社会主义建设的实践者与宣传者，加快构建中国特色哲学社会科学，更好地发挥创新理论、服务社会、推动发展的重要作用。展望 2020 年，他希望全市广大社科工作者以强烈的使命感、责任感、紧迫感，进一步贯彻落实党的十九届四中全会精神和习近平总书记考察上海重要讲话精神，深刻聚焦国家发展战略，聚焦市委中心工作，聚焦上海改革发展的生动实践，主动围绕推进三项新的重大任务和“五个中心”建设，为奋力创造新时代上海发展新奇迹作出更大贡献。

权衡向全委会详细报告了 2019 年市社联完成的七项主要工作：一是围绕庆祝新中国成立 70 周年重大主题，精心组织开展系列研究宣传活动，推出重要学术研究成果和社科普及活动；二是围绕“上海文化”品牌建设，以重大项目推进为抓手，为推动本市哲学社会科学繁荣发展搭台助力；三是围绕服务上海经济社会高质量发展，深入开展社科研究、成果评价与决策咨询工作；四是围绕加强党建引领，认真履行学会业务主管职责，积极培育学术团体功能；五是探索社科普及新路径，不断推出公共文化新产品；六是围绕提升办刊

质量，把好办刊导向，打造学术名刊；七是围绕加强社联机关内部建设，深入开展“不忘初心、牢记使命”主题教育，提高自身管理水平。他表示，新的一年，上海市社联将继续在上海市委、上海市委宣传部的领导下，深入学习贯彻党的十九届四中全会精神，深入学习贯彻习近平总书记考察上海重要讲话精神，不断巩固“不忘初心、牢记使命”主题教育成果，只争朝夕、锐意进取，为繁荣发展上海哲学社会科学凝聚力量、贡献智慧。

会上，上海市社联主席团就明年如何做好社联工作进行讨论，具体围绕上海社科界如何贯彻落实十九届四中全会精神、长三角学术合作、“十四五”社科规划、加强国际话语能力建设、青年学者培养、学术“走出去”现状等内容提出具有前瞻性、战略性、针对性的意见建议。

上海市社联召开年初学习讨论会暨中心组学习（扩大）会议　共议 2020 年工作思路

1 月 13 日，上海市社联召开年初学习讨论会暨中心组学习（扩大）会议。市社联党组书记、专职副主席权衡主持会议，党组成员、专职副主席、秘书长解超，党组成员、专职副主席任小文，党组成员、二级巡视员陈麟辉，以及社联处以上干部出席会议。会议围绕学习贯彻近期市委常委会会议、市委常委会扩大会议精神与周慧琳同志在市宣传思想文化工作会议上的讲话精神，从提高思想认识、创新工作方法、扩大社会影响等角度，对 2020 年社联各项工作的开展进行了谋划，统一了思想，形成了共识，为新的一年开好局、起好步，打好了基础。

上海市社联加强疫情防控工作，凝聚社科界专家智慧为疫情防控积极建言献策

上海市社联高度重视疫情防控工作，根据《中共上海市委　上海市人民政府关于进一步加强我市新型冠状病毒感染的肺炎疫情防控工作的通知》（沪委【2020】80号）要求，上海市社联成立了新型冠状病毒感染的肺炎疫情防控工作领导小组，党组主要领导任组长，其他党组成员任副组长，成员由机关各处室和所属事业单位负责同志组成。社联党组加强各项工作部署，强化责任担当，机关党委、机关纪委、工会和各党支部积极发挥作用联动联防，全力做好社联系统的疫情防控工作。

一是加强物业防控措施。对所有进入办公楼的人员一律在门外进行测温，对电梯间、办公室等场所加强消毒，并在电梯间配备一次性专用纸巾。二是加强人员情况排摸。坚持每日对本单位人员最新情况进行排摸、汇总上报，对外地返沪人员按规定居家隔离，每日微信报告身体状况。三是关心上岗同志，保障工作开展。党组领导通过微信群对上班同志和居家观察同志关心问候，社联工会为到岗上班同志配发口罩、一次性手套等防护用品，对乘坐公共交通工具上下班的同志采取错峰出行，在确保人员安全的前提下，保证工作不断不乱。四是推迟学术活动，防止引发聚集风险。拟于近期举行的会议和学术活动，均暂推迟举行，待疫情解除后再举行或者召开。对社联所属各学会和民非组织，专门书面通知提醒加强疫情防控，暂停相关学术交流和学术活动。

同时，上海市社联注重发挥社科工作者的专业优势与积极性，从社会科学的专业角度，对疫情防控这一重大公共卫生事件开展有针对性、实效性的决策咨询研究，为坚决打赢疫情防控阻击战发挥社科界的智慧与力量。

上海市社联紧密围绕疫情防控最新形势，组织专家密切观察了解有关社会舆情，科学研判疫情发展态势，开展线上研讨，积极建言献策，形成决策咨询材料。先后向市委宣传部领导上报多份专题材料，围绕当前上海疫情发展态势，疫情中出现的大量谣言和疫情防控中值得关注的舆情概括分析，肺炎病毒感染人群的空间分布特征与疫情发展态势，疫情对节后复工、企业人才需求、人力流动趋势等方面影响开展研究分析，对上海下一阶段的疫情防控工作提出建议，为市疫情防控工作有关领导部门提供决策参考。

此外，上海市社联《探索与争鸣》杂志依托影响力较大的官方微信公号，推出“新型肺炎防控”专题，至2月4日共推送各类分析评论文章26篇，进一步普及防控知识，凝聚社会共识。同时杂志发布“国家治理现代化视野下的抗击新型肺炎”征文通知，围绕疫情防控中出现的新现象、新问题，征集学界进行深度思考的最新研究成果，得到全国学界的积极响应。

上海市社联党组中心组赴张江高科技园区学习交流

为深入贯彻习近平总书记考察上海重要讲话精神，深入推动社联“四史”学习教育工作，4 月 27 日，上海市社联党组中心组赴张江科学城，聚焦改革开放史开展现场学习。党组书记、专职副主席权衡，党组成员、专职副主席、秘书长解超，党组成员、专职副主席任小文，党组成员、二级巡视员陈麟辉，以及社联全体处以上干部参加学习交流。

中心组成员现场参观了张江未来公园人工智能馆，体验了最新的人工智能技术，并在张江大厦与上海张江高科技园区股份有限公司党委中心组及有关同志开展了深入交流。

座谈会上，张江高科党委书记、董事长刘樱同志为社联中心组详细介绍了张江科技城的发展历程和战略定位，回应了社联同志围绕张江创新发展提出的问题，从规划、功能、产业、环境等角度展望了科技城的发展前景。权衡同志指出，上海市社科界长期为上海“四个中心”和“科创中心”建设建言献策，高度关注浦东科技创新中心核心功能区建设，社联作为党和政府与社科界的桥梁纽带，将大力凝聚社科界智慧，跨前一步为上海建设具有全球影响力的科技创新中心提供助力。

社联中心组还向张江高科党委赠送了由社联制作的“为什么是上海——探寻上海红色基因”科普系列短视频光盘，并提出了与张江高科党委联合开展宣传普及工作的设想。

上海市社联召开党建和党风廉政建设暨“四史”学习教育活动动员大会

5 月 26 日，上海市社联召开党建和党风廉政建设会议，并启动社联“四史”学习教育活动。市社联党组书记、专职副主席权衡主持会议并讲话，党组成员、专职副主席解超、任小文，党组成员、二级巡视员陈麟辉出席会议。机关党委、机关纪委全体委员，所属党支部全体支委以及党员、群众代表参加了会议。

会上，权衡就 2020 年社联党建和党风廉政建设工作强调三点要求：一是坚持党建引领，促进党的建设和业务工作协同发展。要持续巩固深化“不忘初心　牢记使命”主题教育成果，继续深入贯彻落实十九届四中全会精神、习近平总书记考察上海重要讲话精神和对上海工作的重要指示批示精神，以及进一步统筹疫情防控和社会经济发展等讲话精神，积极围绕社联主业主责，发挥社联理论资源集聚的优势，创新党建工作的方式方法，推动形成具有社联特色的党建品牌。二是深化全面从严治党“四责协同”，推动管党治党责任落实落地。要聚焦深化细化，采取有力措施，不断健全完善“四责协同”机制，把党组主体责任、党组书记第一责任人、党组成员“一岗双责”和纪检部门监督责任，以及机关党委、机关纪委、党支部党风廉政责任贯通联动、层层传递、一体落实，形成管党治党整体合力，做实做细日常监督。要进一步细化《社联 2020 年度党建和党风廉政建设工作项目清单》，把工作任务落实到岗、明确到人，做到层层传导压力、层层压实责任。三是严格落实中央八项规定精神，推进作风建设持续向好。继续深化完善干部管理监督机制，落实贯彻好中央八项规定及其实施细则精神，坚决防止“四风”反弹回潮。要求社联每个干部都要切实转变思想观念，不断推进作风建设持续向上向好。

会议对社联“党史、新中国史、改革开放史、社会主义史”学习教育活动作了动员部署。权衡指出：开展“四史”学习教育活动是当前和今后一个时期的重要政治任务，是推进初心使命教育常态化制度化的重要抓手，要发挥社联作用，用好社科资源，高度重视、精心组织、统筹推进。一是提高政治站位，充分认识“四史”学习教育活动的重要意义。要通过“四史”学习教育，引导社联党员干部在思想上弄清楚、理解透中国共产党为什么“能”、马克思主义为什么“行”、中国特色社会主义为什么“好”，进一步增强“四个意识”、坚定“四个自信”，做到“两个维护”。二是落实好“学什么”和“怎么学”，全力确保“四史”学习教育取得实效。要坚持历史结合现实、理论联系实际的原则，严格落实党组理论中心组学习制度，领导干部上党课、支部“三会一课”和主题党日等党内生活制度，积极开展形式多样、内容丰富的学习培训活动。社联党员干部要通过“四史”学习教育，在历史中汲取力量、经验和智慧，更好地推进上海社联各项事业发展。三是发挥好社联理论研究和普及优势，服务好全市“四史”学习教育活动。要深入开展“四史”理论研究和宣传普及，推动上海社科界学习“四史”、研究“四史”、普及“四史”。集中组织开展“四史”学习教育主题理论研讨、学术征文、学术论坛等项目；紧扣“四史”主题继续推进社联品牌活动；紧贴“四史”学习需求创新开发新媒体产品；及时总结“四史”理论研究和普及成果，并转化为“四史”学习教育教材，从理论层面为全市“四史”学习提供资源支持。

会上，解超传达了十一届市纪委四次全会精神，并作2019年度党建工作总结、布置2020年党建和党风廉政建设工作。任小文宣读了2019年度先进集体、优秀个人名单。陈麟辉宣读了宣传系统文艺党课创新大赛获奖名单和社联2019年度优秀工作项目名单。

会议还对社联2020年重点工作推进作了部署安排，对2019年度机关、刊业先进集体、先进个人和优秀工作项目进行了表彰。

权衡作"深入学习新中国史,奋力实现中华民族伟大复兴"四史学习教育专题党课报告

为扎实开展"四史"学习教育,根据社联"四史"学习教育计划安排,6 月 4 日上午,上海市社联举行"四史"学习教育领导干部专题党课第一讲,由市社联党组书记、专职副主席权衡作"深入学习新中国史,奋力实现中华民族伟大复兴"专题党课。会议由市社联党组成员、专职副主席、机关党委书记解超主持,市社联机关、所属事业单位全体党员干部参加学习。

在一个半小时的党课中,权衡结合新中国成立以来我国和上海经济社会发展历程,运用大量经济与社会发展数据,从坚定中国道路,实现民族复兴、总结历史经验,把握历史规律、新中国 70 年创造"两大奇迹"、更加自觉坚定和贯彻新思想,为奋力实现"中国梦"等四个方面,对深入学习新中国史的现实意义、理论意义以及如何学好新中国史、如何汲取历史发展经验、明确前进方向等进行了深入的阐释和讲解。

权衡指出,通过对新中国 70 年历史经验的回顾和总结,有助于我们更加深化对"人类社会发展规律、社会主义建设规律、共产党执政和自身建设规律"的深刻认识,更加坚定我们对中国特色社会主义的道路自信、理论自信、制度自信和文化自信,也能让我们对实现中华民族伟大复兴的信心更加坚定。

解超要求各支部按照社联"四史"学习教育方案和部基层处工作提示认真开展四史学习教育活动,结合本次党课内容,在近期就学习新中国史开展一次专题支部学习。

上海市社联召开党组中心组学习会议传达学习贯彻十一届市委九次全会精神

6月28日，上海市社联召开党组中心组学习会。会议由党组书记、专职副主席权衡主持，党组成员、专职副主席、秘书长解超，党组成员、专职副主席任小文，党组成员、二级巡视员陈麟辉及全体处以上干部出席会议。

会议首先学习传达了十一届市委九次全会精神。权衡指出，要深入学习贯彻李强书记在两次全体会议上的讲话精神，深入贯彻落实习近平总书记考察上海重要讲话精神，充分认识“人民城市人民建，人民城市为人民”重要理念的深刻内涵和重大意义，紧密围绕本次全会的重大判断，凝聚学会智慧，组织理论研究，开展社科普及，刊发最新成果，积极推动社联主业为本市中心工作服务。

会议还学习传达了市委宣传思想工作领导小组扩大会议精神。权衡强调，社联党员干部要切实把思想统一到中央对形势和对当前工作的部署上来，用习近平新时代中国特色社会主义思想举旗定向，用习近平总书记对当前形势的重要判断统一思想行动，积极传播好社会正能量。

会议最后学习传达了宣传系统党政负责干部会议精神。权衡要求，各部门在工作中要结合社联实际，认真落实周慧琳部长的各项工作部署，组织动员社科界加强对“人民城市人民建，人民城市为人民”重要理念的理论研究、权威解读、宣传阐释，以文化软实力为人民城市建设提供硬支撑。

上海市社联开展“寻初心之地、担使命之责”主题党日活动

6 月 30 日，为纪念中国共产党成立 99 周年，深入开展“四史”学习教育，上海市社联组织开展“寻初心之地、担使命之责”主题党日活动，赴中共四大纪念馆开展参观学习。市社联党组书记、专职副主席权衡，党组成员、专职副主席解超、任小文，机关及所属事业单位全体在职党员、入党积极分子，以及党外干部代表 60 余人参加了活动。

中共四大纪念馆位于上海市虹口区，是上海爱国主义教育基地，由序厅、主展厅和副展厅等组成，以党史知识与文化内涵为脉络，凸显“党的四大”在中国共产党发展历史上的重大意义。

在纪念馆序厅，全体党员佩戴党徽，以最洪亮的声音，面对鲜艳的党旗，举起右手，在权衡的带领下重温入党誓言，更加坚定了入党时的庄严承诺和初心使命。

随后，党员干部们在讲解员的引导下，认真参观了“时局与形势”“筹备与召开”“发展与高潮”三个主展厅、“红色足迹——中国共产党在虹口”副展厅，以及“四史教育”原创展《抓铁有痕铸党魂——中国共产党早期纪律建设图片史料展》。通过观摩珍贵的手稿、文物、图片以及影像资料，更加清晰地了解了中共“四大”召开前后的历史背景和深远影响，深刻理解了中国共产党人对中国无产阶级革命道路的不懈探索。

社联党员干部还在“四大”纪念馆海派文化中心聆听了“四大”宣教部主任丁晓参加“庆祝中华人民共和国成立 70 周年大型成就展”讲解工作的心得体会和经验分享，共同感受了一次新中国发展史的学习体验。

通过此次主题党日活动，加深了我们对上海作为党的诞生地和红色文化基因的了解，现场感悟了其背后蕴藏的革命传统和革命精神，进一步增强了宗旨意识和党性观念。大家纷纷表示，要从“四史”中汲取力量和智慧，不忘初心、牢记使命，立足本职岗位，勇于创新、敢于担当，以更加饱满的精神状态和更加务实的工作作风，忠实践行对党的庄严承诺。

王战作“中国特色社会主义与上海的改革开放”四史学习教育专题党课报告

为扎实推进“四史”学习教育，根据上海市社联“四史”学习教育计划安排，7 月 3 日上午，“四史”学习教育领导干部讲党课系列活动第二讲开讲。社联主席王战以“中国特色社会主义与上海的改革开放”为题，为社联机关、刊业全体干部讲授专题党课。党组成员、专职副主席任小文主持，市社联机关、所属事业单位全体党员干部参加学习。

王战同志首先对党史、新中国史、改革开放史、社会主义发展史之间一脉相承的内在逻辑进行了系统解读。他回顾了马克思主义经典作家所描绘的和苏中等国所实践的社会主义，阐释了邓小平社会主义初级阶段理论的重大意义，以及社会主义初级阶段论中，新中国从“站起来”，到“富起来”，再迈向“强起来”的三个历史发展阶段。他指出，改革开放前的第一阶段，以毛泽东为代表的中国共产党人完成了工业化积累。改革开放后至党的十八大召开的第二阶段，以邓小平为代表的中国共产党人完成了社会主义初级阶段城市化积累。党的十八大以来的第三阶段，以习近平为核心的中国共产党人为实现中华民族伟大复兴而奋斗，最终将于“第二个百年”实现社会主义现代化。当中国历经百年建设和改革实践，成功跨越卡夫丁峡谷，社会主义初级阶段将完成它的历史使命。

王战探索了“浦东模式”的提法，重点结合浦东开发开放和民营经济发展的历史经验，分析了社会主义初级阶段城市化积累的重要意义。他指出，改革开放四十多年间，中国坚持土地的国有制和集体所有制不变，在此前提下发动市场化改革，激活土地的巨大财富效应，极大地推动了中国的城市化进程，成就了中国市场化和工业化的进一步高速发展。

王战指出，社联同志学习四史，要树立整体观念，加强创新意识。当前，中国特色社会主义进入新时代，社科工作者在理论创新上要有大胆探索的责任担当，要在围绕五大发展理念、围绕十四五规划、围绕应对国际形势等重大课题的研究和阐释中，体现四史学习的成果，为建党一百周年献礼。

上海市社联举行党组中心组学习(扩大)会议集中学习《习近平谈治国理政》第三卷

8 月 31 日，上海市社联举行党组中心组学习(扩大)会议，集中学习《习近平谈治国理政》第三卷。会议由党组书记、专职副主席权衡主持，党组成员、专职副主席任小文，党组成员、二级巡视员陈麟辉及全体处级以上干部出席会议。

会上，权衡首先传达了日前召开的市委中心组学习会上李强书记关于深入学习《习近平谈治国理政》第三卷的讲话精神。他结合自身学习体会，从篇章体例、框架结构、专题设置到精神实质、核心要义，系统阐释了第三卷出版的重大意义，并围绕这部著作提出的新理念、新思想、新观点、新论断、新战略进行导读和讲解，与参会同志一道集体学习，交流学习体会。权衡同志指出，《习近平谈治国理政》第三卷是全面系统反映习近平新时代中国特色社会主义思想最新、最权威的著作，学习这部著作是一项重大政治任务，要与学习《习近平谈治国理政》第一、二卷有机统一，与推动“四史”学习教育紧密结合，形成社联进一步打牢思想基础、坚守初心使命的重要抓手。他要求社联党员干部结合当前正在推进的工作，原原本本研读原著，不断增强身为文化宣传工作者的自信、自觉，将学习成果有效转化为工作实绩。

党组成员、专职副主席、秘书长解超以书面形式提交了学习体会。他认为，《习近平谈治国理政》第三卷涵盖了党的十九大以来几个关键的时间节点，从 2018 年改革开放 40 周年，到 2019 年新中国成立 70 周年，再到 2020 年全面建成小康社会，习近平总书记的一系列论述围绕这些发展历程展开，对于我们奋进新时代、建功新时代具有十分重要的意义。他重点交流了学习习近平总书记在庆祝改革开放 40 周年大会上重要讲话的体会，谈到总书记在这篇讲话中总结了改革开放 40 年积累的九条宝贵经验，认为这九条经验既是对既往的科学总结，更是指导未来前行的重要指南，一定要牢牢扭住，毫不动摇。

任小文认为，这部著作反映了习近平总书记关于新时代坚持和发展社会主义的新思想、新观点、新论断，蕴含着强烈的人民情怀、家国情怀、天下情怀，具有鲜明的时代性、实践性、民族性、世界性。他提出，社联应以积极筹建新型学术团体等工作，体现时代性；以贯彻落实习近平总书记对于上海创新发展、对于哲社工作提出的具体要求，体现实践性；以坚持推动学术话语体系建设，打造回应迫切现实需求的决策咨询平台，体现民族性；以引领学界放眼全球，深入研究双循环相互促进的新发展格局，体现世界性；通过体现四性，进一步加强理论联系实际，在学原著、悟原理中对标对表。

陈麟辉通过学习这部著作，从习近平总书记思想中感悟到深切的为民情怀。他从分管工作出发，提出以编辑为主体，作者为支撑，读者为根基，共同建设期刊阵地，将发展主流意识形态贯穿于办刊工作始终，以先进理论武装人民，廓清思想迷雾。他认为，社联期刊阵地要发扬优良文风，倡导用最简明的语言表达最丰富的思想；要贯彻总书记关于精准治理网络空间的要求，布局互联网，提升传播能力；要推动学者走出深锁的象牙塔，关注、跟踪、研究火热的实践，把学习总书记以人民为中心的理念转化为自觉行动，以实际成效凝聚人心、引领学术。

上海市社会科学界联合会召开第七届委员会主席团第六次会议

10 月 10 日，上海市社联召开第七届委员会主席团第六次会议。上海市社联主席王战出席会议并讲话，党组书记、专职副主席权衡主持会议，专职副主席、秘书长解超，专职副主席任小文，兼职副主席刘杰、刘靖北、吴晓明、沈国明、忻平、陈志敏、陈恒、姜锋、顾锋、桑玉成、龚思怡、蒋传海、童世骏（按姓氏笔画为序）出席会议，市社联党组成员、二级巡视员陈麟辉及各部门负责人列席会议。

会上，解超同志和任小文同志首先围绕科研、科普、学会、东馆建设等方面汇报了近期工作。

与会领导认真听取了社联近期主要工作汇报并提出意见建议，并就社科评奖、“四史”学习教育等工作开展研讨，就引领跨界研究、强化交叉学科等工作设想进行交流，审议并通过了相关会议事项。

权衡同志在会上通报了社联下阶段将重点开展的工作。一是坚持以习近平新时代中国特色社会主义思想为指导，借助“十四五”规划的契机，谋划好“十四五”时期社科领域发展的重大主题、选题、思路与举措等相关工作，积极探索社科界能力建设和加快新兴学科、交叉学科发展的新路径；二是要组织并依托社联学会学术团体、社科界专家学者，积极宣传学习贯彻“五中”全会精神；三是要深入推动新思想的学理化系统化研究，加快推动哲学社会科学话语体系建设和江南文化项目研究；四是要根据市委和市委宣传部部署和要求，认真组织好社科评奖工作；五是要不断深化细化上图东馆社联项目功能布局，广泛征求社科界意见建议；六是要谋划和落实建党 100 周年学术活动，凝心聚力，营造良好氛围；七是要充分运用好社联平台，进一步加强对中青年人才的培养；八是要进一步引导和加强社科研究成果质量导向和精品意识，引导和推动社科研究高质量发展。

王战同志在最后讲话中指出，今年疫情之下，社联同志在主席团的带领下迎接挑战、共克时艰，工作劲头没有减，工作成效没有减，服务社科界的热情没有减，社联主业得到进一步提升。他对接下来的工作提出三点要求，一是顾大局，识大势，面对长期、复杂、严峻的考验，善于危中寻机、把握机遇，团结引领五路大军，创造性地开展社科研究，服务中心工作；二是进一步增强问题意识，做好调查研究，切忌刻舟求剑、闭门造车，不断提高决策咨询工作质量；三是大力推进全市社会科学学术生态建设，加强智库研究和学术研究的双轮驱动，深入总结社会经济发展的生动实践，做好理论提炼、推动理论创新。

上海市社联召开中心组学习会学习传达党的十九届五中全会精神

11月2日下午，上海市社联党组召开中心组学习会，传达学习中宣部召开的关于学习宣传贯彻党的十九届五中全会精神电视电话会议精神。市社联党组书记、专职副主席权衡主持会议并传达学习中宣部部长、中央精神文明建设指导委员会办公室主任黄坤明对学习宣传贯彻五中全会精神的部署和要求，中宣部副部长、国务院新闻办公室主任徐麟关于学习宣传贯彻十九届五中全会精神有关工作的安排等。

会上，权衡同志传达了市委常委、宣传部部长周慧琳同志对本市宣传系统学习宣传贯彻十九届五中全会精神的要求。党组书记权衡，党组成员、专职副主席解超，党组成员、专职副主席任小文，党组成员、二级巡视员陈麟辉分别作了交流发言。大家感到，十九届五中全会对“十三五”成就的总结非常鼓舞人心，“十三五”期间，党带领全国人民实实在在推进了国家发展，使人民有更多获得感和幸福感，也更突出了我们的制度优势；全会对“十四五”开启的新阶段、新目标、新任务等做出准确判断和科学全面系统的阐述，令人倍感鼓舞振奋；全会把中华民族伟大复兴放在百年未有之大变局中来考虑，给了我们更多信心和力量；2035年远景目标的提出，使人民对国家未来发展更加有目标、更加有信心。大家认为，全会进一步彰显了以人民为中心的价值追求，对于进一步增强中国特色社会主义的凝聚力，意义十分重大。

权衡书记要求社联全体同志特别是党组领导同志，要对十九届五中全会精神先学一步、学深一步，要深刻把握五中全会提出“十四五”时期我国发展的主题、主线、动力、目标以及一系列重大新战略和新判断，要把学习贯彻十九届五中全会精神与社联当前工作结合起来，积极组织召开社科界学习十九届五中全会精神座谈会，以学习贯彻十九届五中全会精神为主题，办好秋季会长论坛，积极开展宣传贯彻五中全会精神的科普工作，《学术月刊》和《探索与争鸣》要组织开展深度具有学理性的高质量相关研究成果；聚焦文化强国，组织系列选题研讨会，就文化强国与重大社科选题进行中长期战略性前瞻性思考；要结合上海“十四五”规划编制工作，继续加强决策咨询工作，形成更多高质量的智库研究专报。

上海社科界学习党的十九届五中全会精神专家座谈会在上海市社联举行

11 月 6 日，上海社科界学习党的十九届五中全会精神专家座谈会在上海市社联举行。与会专家围绕新征程、新目标、新发展格局、新提法等作了发言，并进行深入交流讨论。会议由市社联党组成员、专职副主席解超主持。

市社联党组书记、专职副主席权衡研究员表示，学习宣传贯彻党的十九届五中全会精神，是当前的首要政治任务。按照中央和市委要求，主要是做到“六个深刻把握”：深刻把握我国“十三五”发展取得的非凡成就；深刻把握中央对当前国内外形势的科学判断；深刻把握我国进入新发展阶段的重要特征；深刻把握我国构建新发展格局的丰富内涵；深刻把握我国“十四五”发展的重大部署；深刻把握提高党领导贯彻新发展理念、构建新发展格局能力和水平的要求。上海社科界要按照“六个深刻把握”的要求，进一步加强研究、深入阐释党的十九届五中全会精神。

上海社科院原党委书记潘世伟教授指出，党的十九届五中全会提出了新征程、确立了新目标，那就是全面建设社会主义现代化国家。社会主义和现代化的融合，本身体现了人类现代化多样性的一种选择。此前，现代化只有一种选择，即基本以西方为样本的单一的现代化模式，后来者只要复制就可以了。而中国走的是现代化的另外一种路径，即用社会主义方式完成现代化。这是中国的创新和贡献。同时，这次中央又讲了全面建设社会主义现代化国家，作为现代国家形态的一种社会主义现代化，这一表述意味深长，理论创新空间非常大。

复旦大学经济学院党委书记陈诗一教授聚焦新发展格局。他认为，提出以国内大循环为主体，并不像有人说的那样是被动之举，而是适应我国经济发展新阶段的主动选择。同时，以国内大循环为主体，也不是封闭发展，而是国内国际双循环相互促进的发展，是在更高水平上的开放发展。要加快构建新发展格局，要素市场改革是破题之举。从经济学角度来看，市场化水平主要是由要素市场来决定的，而不是由产品市场来决定的。目前，我国已形成统一的产品市场，但是要素市场改革相对滞后，亟须进一步加快。

同济大学可持续发展与管理研究所所长诸大建教授指出，十九届五中全会提出统筹发展与安全，这是今后发展非常重要的一个内容。高质量发展是以安全为前提的发展，没有安全的发展是不可持续的，没有发展的安全是得不到保障的。因此，在高质量发展的内涵中，一定要把以安全为底线的发展凸显出来。就生态安全来说，“十四五”规划关于生态文明建设的重点之一，就是通过生态保护红线、永久基本农田、城镇开发边界三条控制线，确定国土空间格局的三个功能分区。

上海社科院文学研究所所长徐锦江表示，党的十九届五中全会公报明确提出到2035年建成文化强国。这是党的十七届六中全会提出建设社会主义文化强国以来，党中央首次明确建成文化强国的具体时间表。高质量发展并不局限于经济领域，文化在社会主义现代化强国建设中发挥着重要作用。文化可以是一种文明和价值观，可以是一种整体的生活方式和生活过程，也可以呈现为具体的城市空间和景观场景，现代文化产业甚至可以成为一种实在的经济力量。文化无疑是城市软实力的一个重要组成部分。文化创新可以为社会韧性发展提供基础的、根本的内生动力，润物无声，却静水深流。

唐亚林、吴建南、何雪松等也在会上作了发言。

上海市社联召开主席团及部分委员学习党的十九届五中全会精神座谈会

为迅速掀起哲学社会科学界学习宣传贯彻党的十九届五中全会的热潮，11 月 10 日下午，上海市社联召开主席团及部分委员学习党的十九届五中全会精神座谈会。社联党组全体同志、主席团成员及部分委员出席会议，社联机关与刊业部分同志列席会议。市社联党组成员、专职副主席解超主持会议。

市社联党组书记、专职副主席权衡首先传达了中宣部召开的关于学习宣传贯彻党的十九届五中全会精神电视电话会议精神和王沪宁同志在党的十九届五中全会精神宣讲动员会上的讲话精神，并提出，要发挥社科界优势，深入研究处理好学习宣传与研究阐释的关系，深入研究国家规划编制与地方规划编制之间的关系，深入研究顶层设计与基层实践创新的关系，深入研究中长期规划与中国共产党治国理政新经验、新范式等。

会上，杨洁勉、陈恒、吴晓明、桑玉成、李琪、叶青、刘靖北、范军、顾锋、沈国明同志分别作了交流发言，市社联主席王战同志作总结讲话。

大家认为，五中全会审议通过的《中共中央关于制定国民经济和社会发展第十四个五年规划和二〇三五年远景目标的建议》，是夺取全面建设社会主义现代化国家新胜利的纲领性文件。全会将“十四五”规划与 2035 年远景目标统筹考虑，对动员和激励全党全国各族人民战胜前进道路上各种风险挑战，为全面建设社会主义现代化国家开好局、起好步，具有十分重要的意义。

大家感到，全会深入分析了我国发展环境面临的深刻复杂变化，提出当前和今后一个时期我国发展仍然处于重要战略机遇期，但机遇和挑战都有新的发展变化。我国已转向高质量发展阶段，制度优势显著，治理效能提升，经济长期向好。同时，我国发展不平衡不充分问题仍然突出，重点领域关键环节改革任务仍然艰巨，创新能力不适应高质量发展要求。这一重要判断，对于进一步推进改革发展各项工作具有重要指导意义。

全会展示了建设现代化国家的背景、愿景和前景，把具体目标放在全局中来考虑，这个全局是大变局，且是百年未有的大变局，机遇和挑战并存，危中有机，可以化危为机；全会不仅是第十四个五年规划的开局，更是全面开启现代化进程的开局。

全会明确提出到 2035 年建成文化强国。这是党的十七届六中全会提出建设社会主义文化强国以来，党中央首次明确了建成文化强国的具体时间表。规划《建议》专门对文化建设进行了部署，提出今后 5 年文化建设的基本思路，部署了三个方面的重点任务：

一是提高社会文明程度，二是提升公共文化服务水平，三是健全现代文化产业体系。建设文化强国、提高国家文化软实力，需要哲学社会科学作出应有的贡献。

大家认为，全会提出的新的发展阶段，是我们党全面审视世纪之交国际政治、经济、科技发展的总体形势，全面分析我国改革开放和现代化建设的实际状况而作出的一个极其重要的结论。新发展理念是针对当前我国发展面临的突出问题和挑战而提出的管全局、管根本、管长远的指导方针，具有战略性、纲领性、引领性，深刻揭示了实现更高质量、更有效率、更加公平、更可持续发展的根本所在。构建新发展格局是习近平总书记和党中央积极应对国际国内形势变化、与时俱进提升我国经济发展水平、塑造国际经济合作和竞争新优势而作出的战略抉择，是主动作为，是长期战略。

市社联主席王战在总结讲话中强调，要深入学习领会党的十九届五中全会精神，把宣讲工作做好。特别是对国内外形势、新发展阶段新发展理念和新发展格局进行深入研究，要结合进博会吃透“双循环”战略，并为“十四五”开局早做准备。下一阶段，无论是庆祝浦东开发开放 30 周年相关工作还是五中全会精神的宣讲与研究，社联都要发挥好服务协调作用。

上海市社联召开党组中心组扩大会议学习传达习近平总书记系列重要讲话精神

11 月 16 日，上海市社联召开党组中心组学习扩大会议。党组书记、专职副主席权衡主持会议，传达学习习近平总书记在浦东开发开放 30 周年庆祝大会上的重要讲话精神和在第三届中国国际进口博览会开幕式上的主旨演讲精神，贯彻落实市委常委会扩大会议以及宣传系统党政负责干部会议关于抓好学习贯彻总书记重要讲话精神的部署和要求。党组成员、专职副主席、秘书长解超，党组成员、专职副主席任小文，党组成员、二级巡视员陈麟辉，以及处以上全体干部出席会议。

权衡同志结合当前本市改革创新、扩大开放的举措以及“十四五”规划制定建议等，对习近平总书记系列重要讲话精神进行了系统阐释和解读。他指出，习近平总书记在第三届进博会上的主旨演讲，既表明了我国坚定不移全面扩大开放的信心和决心，也对新时代我国改革开放再出发提出了更高的要求。习近平总书记在浦东开发开放 30 周年庆祝活动上的讲话精神，既是对浦东新一轮高水平改革开放的领航指路，也是对上海未来发展作出的新的战略擘画；他指出，习近平总书记特别对浦东新一轮开发开放提出的三个新定位和五项新要求，对于指导社科界专家学者深入研究浦东发展经验，以及新时代浦东如何成为更高水平改革开放的开路先锋、如何做好全面建设现代化国家的排头兵、如何彰显“四个自信”的实践范例等提供了根本遵循。他强调，学习宣传贯彻习近平总书记重要讲话精神是社联当前和今后一个时期的重大政治任务。社联既要确保本单位每位党员干部深刻领会习近平总书记讲话精神的精神实质和核心要义，也要努力推动相关学术团体和社科界专家学者兴起学习宣传贯彻习近平总书记重要讲话精神的热潮；既要组织专家学者以习近平总书记重要讲话精神为引领，准确研判、积极谋划，也要面向广大市民群众组织宣传宣讲，推动习近平总书记重要讲话深入人心、落地生根。

会上，权衡同志就社联如何学习宣传贯彻习近平总书记重要讲话精神作出部署：一是社联各支部近期要围绕党的十九届五中全会精神、习近平总书记系列重要讲话精神开展一次学习和交流；二是要将学习宣传贯彻习近平总书记重要讲话精神与社联各项工作紧密结合，特别是近期要组织实施好社科界学习习近平总书记讲话精神座谈会与纪念浦东开发开放等系列学术活动，按照市委宣传部相关工作部署认真落实好各项工作；三是相关部门要用好会长论坛、“四史”讲堂、学术年会等工作平台，积极组织学会、社科专家和学者开展相关的理论研讨和宣传宣讲；四是社联所属刊物要精心组织，深入研究习近平总书记讲话精神和党的十九届五中全会精神，形成系统化、学理化的理论研究成果。

上海理论社科界举行学习习近平总书记重要讲话精神座谈会

11月20日，中共上海市委宣传部、上海市习近平新时代中国特色社会主义思想研究中心、上海市社会科学界联合会在上海社科会堂召开“学习习近平总书记在浦东开发开放30周年庆祝大会上的讲话精神座谈会”。中共上海市委宣传部副部长徐炯主持会议并讲话。民建中央副主席、上海市政协副主席周汉民，上海市社联党组书记、专职副主席权衡，中共上海市委研究室副主任沈立新出席座谈会并发言。市社联党组成员、专职副主席解超、任小文出席会议。

徐炯副部长在讲话中指出，浦东开发开放30年的历程告诉我们，坚持以国家战略为指引，在国家发展全局下思考和谋划经济社会新发展，是实现高质量发展的必由之路。开放是上海最大的优势，也是浦东开发开放最鲜明的特色。坚持先行先试、敢闯敢试，是改革发展的制胜之途。以全球视野审视自身、定位自己，创造符合国情和自身特点的发展模式，是改革开放走向纵深必须坚持的辩证法则。以人民为中心，坚持为人民谋幸福是我们党矢志不渝的初心和使命。浦东开发开放30年的历史，是一个思想的宝库、一座精神的丰碑、一眼智慧的清泉，为新时代改革开放再出发，提供不竭的动力和滋养。

徐炯副部长指出，近年来，上海围绕纪念改革开放40周年、新中国成立70周年和中国共产党成立100周年主题，凝聚上海社科界专家学者的优势力量和资源，立足研究宣传浦东开发开放历程及其思想理论价值，形成一系列高质量研究交流宣传的成果，有力助推基于中国实践、中国特色、中国经验、中国道路的学术话语体系构建。上海市社科理论工作者，要把学习宣传贯彻习近平总书记重要讲话精神与学习宣传贯彻党的十九届五中全会精神结合起来，与深入学习贯彻习近平总书记考察上海重要讲话精神结合起来，继续以理论之维、学术之度、学者之智，深入挖掘浦东开发开放30年的基本经验、根本立场和实践逻辑，全面系统总结其对于丰富发展中国道路、中国经验、中国智慧的理论价值和思想启迪，为打造社会主义现代化建设引领区，努力创造出令世界刮目相看的新奇迹，展现出建设社会主义现代化国家的新气象提供智力支撑。

上海市社科理论界相关学科领域专家学者代表，复旦大学经济学院教授张晖明、华东师范大学城市与区域科学学院院长杜德斌、上海市世界经济学会会长张幼文、上海市全球城市研究院院长周振华、复旦大学大都市治理研究中心主任唐亚林、上海交通大学中国城市治理研究院副院长陈高宏在会上，围绕“三个成为”与浦东发展新定位、加强改革系统集成与浦东高质量发展新动力、科创中心引擎与打造浦东自主创新新高度、推动高水平制度型开放与增强浦东国际合作与竞争新优势、增强全球资源配置能力与浦东服务构建新发展格局、提升城市治理现代化水平与开创浦东人民城市建设新局面、浦东开发开放 30 年的成就与经验等议题作交流发言。

上海市社联举行党组中心组学习(扩大)会议暨“四史”学习教育领导干部讲党课系列活动

11月20日,上海市社联举行党组中心组学习(扩大)会议暨“四史”学习教育领导干部讲党课系列活动第三讲。党组成员、专职副主席、秘书长解超为社联机关、刊业全体干部讲授社会主义发展史。党组成员、专职副主席任小文主持会议,党组成员、二级巡视员陈麟辉出席会议。

解超对世界社会主义发展史进行了系统阐述,对中国特色社会主义的形成与发展脉络进行了细致梳理,以贯通历史现实、关联国际国内的宽广视野,对习近平总书记近年来关于坚持和发展中国特色社会主义与推进党的建设伟大工程的重要讲话精神作了深入解读,进一步增强了社联干部贯彻落实习近平新时代中国特色社会主义思想与党的十九大精神的思想自觉和行动自觉。他认为,中国特色社会主义的新阶段新征程,必将以举世瞩目的成就,把中国现代化的发展、中华文明的发展、世界社会主义的发展带入新的历史阶段。

解超同志指出,社联党员干部要不断把“四史”学习引向深入,学深悟透,融会贯通,切实将学习成果转化为繁荣发展社科事业的强大动力。

上海市社联党组召开中心组专题学习会传达学习相关重要会议精神

11月27日，上海市社联党组召开中心组学习会。党组书记、专职副主席权衡主持会议，党组成员、专职副主席、秘书长解超，党组成员、专职副主席任小文，党组成员、二级巡视员陈麟辉，以及处以上全体干部出席会议。

会议首先传达学习了习近平总书记在庆祝浦东开发开放30周年上的重要讲话精神。权衡指出，社联各部门要从社科工作实际出发，把习近平总书记在浦东开发开放30周年庆祝大会上重要讲话精神的学习宣传贯彻持续引向深入，更加积极组织学会、学者研究上海和浦东改革开放出现的新情况，聚焦解决新问题、谋划新思路，使各项工作的开展更具创造性和实效性。

会议传达学习了李强书记在上海市第十一届委员会第十次全体会议上的两次讲话精神。权衡指出，社联要深入学习领会市委全会精神，准确把握上海“十四五”时期发展环境和背景发生的深刻变化，对标对表全会提出的上海“十四五”发展规划建议，以习近平总书记对上海工作的重要指示精神为指引，在新征程上奋力开创社科界服务中心工作的新局面。

会议最后传达学习了宣传系统党政负责干部会议精神。权衡要求认真贯彻市委宣传部各项工作部署，扎实做好“十三五”收官、“十四五”开局相关工作。他指出，机关党委近期要以支部为单位开展专题学习，抓好近期系列重要会议和文件精神的学习领会和贯彻落实。相关业务处室要认真谋划，进一步提升联系、组织和服务本市社科理论研究与宣传阐释工作的能力和水平，为上海国际文化大都市建设进一步增添新动力。

上海市社联举行“四史”学习教育领导干部讲党课系列活动第四讲

12 月 4 日，上海市社联举行党组中心组学习(扩大)会议暨“四史”学习教育领导干部讲党课系列活动第四讲。党组成员、专职副主席任小文以“礼赞社科大师”为题，为社联机关、刊业全体干部讲授党课。党组成员、专职副主席、秘书长解超主持会议，党组书记、专职副主席权衡，党组成员、二级巡视员陈麟辉出席会议。

任小文同志结合对“四史”材料的深入研读，聚焦新中国历史上为党的建设、为社会主义的发展、为改革开放的实践探索作出过重大贡献的社科名家，通过播放社联为陈望道、谭其骧、贺绿汀等大师制作的短片，讲述陈其人、廖世承、蒋学模、熊佛西等大师的事迹，生动阐释了全面建设社会主义现代化国家新征程开启之际，进一步学习并发扬前辈大师精神品格和治学之道的深远意义。他认为，这些在中国当代哲学社会科学发展史上筚路蓝缕、披荆斩棘的大师具有四大共性：报国之志、笃学之功、创新之能、育人之德。大师们的崇高品格，鼓舞了一代又一代社科工作者坚守初心、勇于担当、充满激情、富于创造，在当前这一需要大师而且一定能够产生大师的新时代，必将继续勉励我们勇立潮头，迎接挑战，拥抱未来。

任小文同志简要通报了社联“礼赞社科大师”项目推进情况。他指出，该项工作将继续坚持以习近平新时代中国特色社会主义思想为指导，乘“四史”学习教育的东风，推出新一批高质量学术成果和文化产品，为加快构建中国特色哲学社会科学，为全面打响“上海文化”品牌，为大力弘扬优良学风、优化学术生态，进一步提供精神动力和道德滋养。

上海市社联举行“四史”学习教育领导干部讲党课系列活动第五讲

12 月 18 日，上海市社联举行党组中心组学习（扩大）会议暨“四史”学习教育领导干部讲党课系列活动第五讲。党组成员、二级巡视员陈麟辉为社联机关、刊业全体干部讲授题为“提升思想方法，增强看家本领”的党课。党组成员、专职副主席、秘书长解超主持会议，党组书记、专职副主席权衡，党组成员、专职副主席任小文出席会议。

陈麟辉同志围绕中国近现代史上，老一辈无产阶级革命家学哲学、用哲学，开辟马克思主义中国化道路的伟大实践，系统阐释了共产党人深入学习马克思主义中国化哲学成果，不断提升认识和改造世界看家本领的重要性。他重点聚焦毛泽东同志的标志性成果《实践论》《矛盾论》，介绍了这对“哲学星空耀眼双子座”诞生的时代背景和历史意义，结合自身研习“两论”并撰写相关专著的经验，提出党员干部锤炼党性、坚定信念、成长成才、干事创业，离不开对正确认识论和方法论的掌握，离不开对固化思维模式的突破，离不开对马克思主义哲学思想持之以恒的学习研究。

他指出，社联同志以繁荣发展哲学社会科学为己任，在学习运用哲学智慧方面，应有先学一步的自觉，学深一步的担当。迈进新时代，踏上新征程，一定要继续坚持正确的思想路线，不忘初心、牢记使命，保持继续前进的强大定力；要继续坚持实践第一的基本立场，始终将马克思主义普遍原理的运用同中国实际相结合；要继续坚持学习和掌握唯物辩证法的思想方法，切实做到以马克思主义看家本领统领各种本领，不断为推动马克思主义中国化作出新的贡献。

上海市社联举行专题报告会深入学习领会党的十九届五中全会精神

12 月 16 日，上海市社联召开全体干部学习会，由上海市学习贯彻党的十九届五中全会精神宣讲团成员、《学术月刊》杂志社总编辑姜佑福为社联机关、刊业全体干部作“深入学习领会党的十九届五中全会精神”的专题宣讲。

姜佑福重点介绍了十九届五中全会的重大意义和所取得的重要成果。党的十九届五中全会是我们党在全面建成小康社会胜利在望、全面建设社会主义现代化国家新征程即将开启的重要历史时刻召开的一次十分重要的会议，是在我国将进入新发展阶段、实现中华民族伟大复兴正处于关键时期召开的一次具有全局性、历史性意义的会议。会议审议通过了《中共中央关于制定国民经济和社会发展第十四个五年规划和二〇三五年远景目标的建议》(以下简称《建议》)，习近平总书记在全会上发表了重要讲话。

姜佑福特别分析了《建议》起草过程中坚持发扬民主、开门问策和集思广益的重要特点，强调了习近平总书记亲力亲为、亲自部署、亲自指挥，加强顶层设计和坚持问计于民相统一所作出的重要贡献，强调了《建议》是一个广泛凝聚共识、汇聚全党全社会智慧的成果，是一个充分反映社会期盼、专家意见、基层经验的成果，是一个生动体现我国党内民主和社会主义民主实践的成果。

姜佑福就如何深入学习领会党的十九届五中全会精神做了重要的文献提示，重点指出了用好《〈建议〉辅导读本》和《〈建议〉学习辅导百问》，认真研读新华社发布的《〈建议〉“诞生记”》、习近平总书记“七次重要座谈会”新闻通稿、王沪宁同志在中央宣讲团的动员讲话通稿，以及韩文秀同志在中央宣讲团的首场宣讲纪要等学习材料的重要性。

姜佑福重点从“新发展阶段的重大意义、有利条件和重要特征”“2035 年远景目标和‘十四五’的指导方针、主要目标、重点任务”“构建新发展格局的战略构想和重要着力点”“为实现‘十四五’规划和 2035 年远景目标而团结奋斗”等四个专题入手，对党的十九届五中全会精神内容做了具体的宣讲和解读，并指出社联同志要结合自身的本职工作，发挥在科研、科普、学会和刊业等方面的特点特长，做好十九届五中全会精神的宣传、研究和阐释工作。

上海市社联召开工程建设项目领导小组专题会议

8 月 25 日,上海市社联工程建设项目领导小组专题会议在上图东馆在建工地召开。市社联党组书记、专职副主席、工程建设项目领导小组组长权衡,党组成员、专职副主席解超,任小文,党组成员、二级巡视员陈麟辉及各处室负责同志与会。会前,领导小组一行首先现场考察了在建的社联第六层工地及第三层的大样区。

会议审议通过了社联工程建设项目领导小组办公室实体化运作分工方案,确保开办工作稳步有序推进。会议通报了开办费调整原则,以及因为核减涉及的调整范围。会议听取了会议系统、家具、展陈需求方案、推进情况及开办费预算调整方案。会议还听取了信息化可研阶段申报方案。

权衡强调,要从思想上高度重视,提高认识,打造重点文化工程;要公开透明,从决策到运营,都要做到民主决策、科学决策;要群策群力,凝心聚力、共同推进,做好开馆前筹备工作;要科学规范,社科主题馆的结构、功能、布局以及财务管理等都要科学依规;要注重生产安全,有防患意识,保证安全达标;要加强宣传,展示好社科会客厅的功能,并增加与其他文化场馆的联动,对人文社科培养、教化起到应有作用。

会议由任小文主持。党组领导及各处负责人对东馆建设建言献策,大家纷纷表示,亲临建设工地之后对东馆建设感到振奋,应积极展开宣传工作,让东馆动起来、活起来、亮起来。

上海市社联新型冠状病毒感染的肺炎疫情防控工作领导小组召开工作会议

3 月 4 日，上海市社联新型冠状病毒感染的肺炎疫情防控工作领导小组召开工作会议。小组组长权衡主持会议，副组长解超、任小文、陈麟辉，秘书长梁清及小组全体成员出席会议。

会议学习传达了习近平总书记与李强书记关于做好疫情防控工作的讲话与相关指示精神，听取了社联防控疫情各项举措的通报。会议强调，当前疫情防控取得阶段性成效，形势积极向好，但仍须毫不松懈；要严格落实市委、市政府各项防控要求，确保疫情防控最后胜利。会议提出，社联将认真学习和贯彻习近平总书记关于有序复工复产的一系列重要讲话和指示，按照市委、市政府统一部署，认真做好疫情防控与社联工作两手抓、两手赢。会议对下阶段工作主要提出以下要求：

一是继续坚持不松懈，不麻痹，严格按照《市社联关于新型冠状病毒感染的肺炎疫情应急预案》要求，切实做好疫情防控；二是坚持不懈抓好社团党建工作，以便捷高效的手段及时传达中央、市委关于疫情防控与经济社会发展工作的要求和部署；三是积极创新科研组织的方式方法，继续在线推进开展决策咨询、科研成果立项、结项等工作，为抗击疫情和实现今年经济社会发展目标建言献策，提供高质量研究成果；四是以继续探索创新以融媒体新手段和方式，积极开展社科普及和宣传，围绕当前统筹疫情防控和经济社会发展的中心工作，直面公众，答疑解惑，引导社会公众和预期；五是加快推进“上海文化”品牌建设，聚焦学术话语体系、江南文化研究等重大项目，切实抓进度，按时出成果；六是进一步优化社联机关内部管理，积极探索创新办公新机制；七是继续抓好上图东馆社联项目建设与社科会堂管理，保证重大工程不断不乱；八是严格管理学术阵地，加强非常时期社联所属刊物在研判舆情、引导舆论、提供决策咨询服务等方面的能力；九是充分发挥机关党组织战斗堡垒作用，确保各支部和党员干部履职尽责，激励广大党员干部争当表率，全面落实联防联控、群防群治，推动疫情防控与年度工作不断不乱。

上海市社联举行“新冠病毒大流行的全球影响”系列研究中期研讨会

为应对新冠肺炎疫情对国际政治、经济格局产生的影响，上海市社联于近期组织相关学会的专家学者对这场百年未遇的大疫情开展全景式和前瞻性的研究。6 月 18 日，市社联召开该系列课题研究中期研讨会，承担课题研究的专家学者围绕主题进行了深入交流和讨论。市社联主席王战出席会议并讲话，党组成员、专职副主席任小文主持会议。

王战在讲话中指出，探析新冠病毒大流行的全球影响需要做中长期的研究，希望专家学者能聚焦主题，紧紧围绕新冠疫情对全球治理与世界秩序、世界经济变化趋势、中美关系走向、全球公共卫生形势等方面开展深入研究。王战强调，针对当前形势举行专题研讨会是发挥社联作用的重要举措，组织多学会联合开展专项课题研究也是社联进一步加强学会建设、发挥学会智库功能的创新之举。

上海市马克思主义研究会副会长王公龙、上海市发改委规划处副处长孔媛、上海市社会学学会秘书长刘玉照、上海市台湾研究会会长严安林、上海市医学伦理学会会长杨放、上海市政治学会会长桑玉成、上海市美国学会会长黄仁伟、上海市世界经济学会副会长黄建忠等专家学者与会并交流了各自领域研究的主要成果。

工作调研

上海市纪委监委驻市委宣传部纪检监察组组长杨永平一行莅临市社联调研

5月28日,上海市纪委监委驻市委宣传部纪检监察组组长杨永平、副组长杨斌生等一行5人莅临社联,就推进政治监督具体化常态化、持续深化“四责协同”机制、学界对疫情防控形势研判动态等开展调研座谈。市社联党组书记、专职副主席权衡,党组成员、专职副主席解超、任小文,党组成员、二级巡视员陈麟辉参加了调研座谈会。社联机关党委、机关纪委、办公室相关同志列席会议。

座谈会上,权衡详细介绍了社联在坚持党建引领中心工作协同发展、深化全面从严治党“四责协同”、严格落实中央八项规定精神、探索社联党员干部和公职人员从政从业“负面清单”管理制度,以及社联组织学界开展疫情形势分析研判、为抗疫工作提供决策咨询等情况。党组其他成员就自己所分管领域的党建和党风廉政建设,以及加强政治引领推进中心工作等方面进行了汇报交流。驻部纪检监察组副组长杨斌生就驻部纪检监察组对《市社联党员干部和公职人员从政从业负面清单》的讨论研究意见向社联党组进行了逐条反馈。

杨永平认真听取了党组的情况介绍,充分肯定社联党组严格落实全面从严治党和党风廉政建设取得的成效,他指出:社联党组团结有力,贯彻落实各项部署扎实有效;政治站位准确精细,能够牢牢把握意识形态的导向和控制权;强化责任意识有担当,结合社联工作特点加强制度建设,有效推进从严治党“知责、履责、督责、述责、问责”的责任闭环体系。

杨永平强调,要把党的政治建设放在首位,坚持和加强党的全面领导,着力推进政治监督和纪检工作具体化常态化。

一是坚持“两个维护”在各项工作中的牵头引领作用。新时代强化政治监督的根本任务就是“两个维护”,社联作为理论研究宣传阵地,要切实担负起“两个维护”的根本政治任务。权衡介绍了疫情期间沪上学界对社会思潮和舆情的把控总体上是务实的、平稳的,为抗疫工作提供的决策咨询专报多次得到市领导批示,这也突出反映了社联党组对学界政治引领工作的成效。要坚持把“两个维护”贯穿理论工作主线,牢牢把握正确导向,时刻关注学界、理论界对重大社会舆情和重点理论问题的看法,发挥好哲学社会科学服务党和政府决策咨询研究智库智囊作用。

二是深化细化“四责协同”机制，常抓不懈。政治监督要聚焦压实管党治党责任，这点上，社联党组要起到领导核心作用，促进党风廉政建设与社联各项工作统筹推进。特别是班子成员，包括部门负责人，都要做到坚守一个岗位，肩负两个责任，既承担好理论研究和宣传工作，确保目标任务完成，又要做好党风廉政建设，确保分管领域、部门内部的干部队伍廉洁从政、廉洁从业。通过“四责协同”助推各项工作责任落实，形成党风廉政建设和主业主责齐抓共管、层层传导、有效协同的工作格局，不断推动全面从严治党工作向纵深发展。

三是以“负面清单”为抓手，着力推动政治监督和廉政建设具体化、精准化、常态化。强化政治监督，必须把政治纪律、政治规矩贯穿于干部日常管理监督的全过程。这次社联研究制定党员干部和公职人员从政从业“负面清单”，政治站位高、适用对象广，内容上把政治纪律、政治规矩和廉政要求嵌入社联具体工作和内控管理，以保护干部、激励干部为出发点，把鼓励担当有为、支持开拓善为、问责无所作为、惩治腐败行为的导向树立起来，是一次非常有益的制度创新和工作实践。社联要结合各方建议继续完善“负面清单”，重点加强政治监督，突出对“三重一大”、大额资金存储使用、国资采购、房屋出租转让、工程招投标，以及有价证券、股权等金融资产方面的廉洁风险防控，形成具有群团特点的纪检工作经验和方法。

权衡代表党组对驻部纪检监察组莅临社联调研指导工作表示感谢。他表示，社联党组将认真消化吸收驻部纪检监察组提出的工作要求和建议，完善“负面清单”并尽快投入试行。党组将重点抓好“负面清单”的学习宣传和贯彻落实，确保社联全体干部应知尽知，入脑入心、严格遵守。通过营造干净做人、廉洁干事的良好氛围，将社联政治监督、廉政监督抓在经常、严在日常、落在实处。

上海市纪委监委党风政风监督室莅临社联调研

8月18日，上海市纪委监委党风政风监督室副主任章明、调研员曹建伟一行莅临社联，就意识形态领域阵地建设、党风廉政责任制建设等情况进行调研，重点了解学术社团党建工作情况及经验做法。上海市社联党组成员、专职副主席任小文主持会议，机关纪委、学会管理处（社团党建办）相关同志与会。

座谈会上，任小文代表社联党组对市纪委监委党风政风监督室莅临调研表示感谢，并就社联以所属学术团体为抓手，不断加强和深化意识形态领域阵地建设作了介绍。他指出，社联处在意识形态领域的前沿，承担着做好意识形态工作的职责。社联所属学术团体涉及学科类别多、理论层次高、会员范围广，社联党组历来注重强化学术团体政治引领，作为哲学社会科学意识形态工作的重要方面：突出制度建设，建立健全学术团体党的工作小组制度并完成全覆盖，打造哲学社会科学坚持正确政治方向和学术导向的毛细血管功能；突出选题导向，社联围绕党和政府的中心工作，牵头组织理论研究和课题调研，邀请学术团体和专家学者积极参与，引导学术团体聚焦党和政府关心的重大事项开展学术研究；突出平台依托，积极鼓励并协助学术团体参与学术年会、学会学术活动月、社科评奖以及望道讲读会、“四史”讲坛、江南文化讲堂等社联主办的品牌项目，守住意识形态领域的主动权、主导权和话语权。总体上说沪上学界政治意识和大局意识强，与主流意识形态能够保持一致，特别是疫情期间对社会思潮和舆情的把控较为平稳务实。

会上，学会管理处（社团党建办）副处长梁玉国详细汇报了社联所属学术团体的总体情况、开展社团党建工作的经验总结和特色亮点，以及所属学术团体在自身发展过程中面临的共性难点和困惑；机关党委副书记、机关纪委书记厉强就社联机关党风廉政责任制建设情况作了汇报。

章明就全市意识形态和党风廉政工作面上情况进行了交流，对社联党组在开展社会组织党建工作中形成的经验做法和工作特色给予了高度肯定，并提出了建设性指导意见和建议。下一步，社联将结合新形势下学术团体的新挑战和社团党的建设的新要求，作深入探索和调研，在服务好所属学术团体的基础上，确保意识形态工作“守土有责、守土负责、守土尽责”。

科研组织与决策咨询平台

KE YAN ZU ZHI YU JUE CE ZI XUN PING TAI

学术年会

上海市社会科学界第十八届(2020)学术年会“冷战中的东南亚:新文献与新视角”学术研讨会召开

10月25日,由上海市社会科学界联合会主办,上海师范大学光启国际学者中心承办的上海市社会科学界联合会第十八届(2020)学术年会系列主题论坛“冷战中的东南亚:新文献与新视角”学术研讨会在上海师范大学召开。来自华东师范大学、厦门大学、深圳大学、广西民族大学和上海师范大学等科研机构的专家学者参加了本次会议。

会议围绕冷战中东南亚各国对大国的政策、大国对东南亚各国的政策、东南亚国家彼此之间以及与域外不结盟运动的重要国家之间的关系三个主题,展开深入的研讨和交流。与会专家学者的报告多维度、多向度、有深度地展现了新文献和新视角及其对冷战时期东南亚国家对外政策研究的影响,并讨论了学科的未来发展趋向。会议取得了预期的效果。

上海市社会科学界第十八届(2020)学术年会“中西历史经验对后小康中国的启示”学术研讨会召开

11 月 1 日,由上海市社会科学界联合会主办,华东师范大学历史学系、“中国历史学话语体系建设与国际传播”上海市社会科学创新研究基地协办的上海市社会科学界第十八届(2020)学术年会系列主题论坛以线上会议形式举行。

本场论坛聚焦本届年会主题,立足历史学科领域,围绕“中西历史经验对后小康中国的启示”这一论题,邀请沪上和沪外知名专家与会,展开跨学科思想交流和观点碰撞。会议由华东师范大学历史学系主任、基地领衔专家孟钟捷教授主持,分上下两个半场举行。

华东师范大学历史学系黄纯艳教授、华东师范大学经济学院李巍教授、华东师范大学法学院田雷教授、南开大学历史学院付成双教授、中国人民大学国际关系学院任峰教授应邀发表学术演讲。会议互动交流环节,参会的老师和同学就与会专家演讲内容进行了热烈的讨论。

上海市社会科学界第十八届(2020)学术年会“全面建设社会主义现代化国家与法治中国理论”学术研讨会召开

11 月 5 日,由上海市社会科学界联合会主办,华东政法大学科学研究院、“中国特色法学学术话语体系建设”上海市社会科学创新研究基地承办的上海市社会科学界第十八届(2020)学术年会系列主题论坛,“全面建设社会主义现代化国家与法治中国理论”学术研讨会在华东政法大学松江校区召开。来自复旦大学、上海师范大学、华东政法大学、山东大学、南京师范大学、东南大学等沪上和国内高校的知名专家学者 40 余人出席会议。会议开幕式由华东政法大学科研处副处长陆宇峰教授主持,华东政法大学科研智库党总支书记、中国法治战略研究中心主任李翔教授致欢迎词。

本次会议分上午与下午两个阶段,采取线下与线上结合形式举行。在会议第一阶段,南京师范大学法学院教授龚廷泰、复旦大学法学院教授刘志刚、东南大学法学院教授杨春福,分别立足各自研究领域作主题演讲。华东政法大学科学研究院杨知文副教授、张文龙助理研究员,结合专家发言内容作与谈交流。在会议第二阶段,上海师范大学法治与人权研究所所长刘作翔教授、山东大学法学院孙光宁教授、华东政法大学科学研究院院长、基地领衔专家陈金钊教授分别作主题演讲。华东政法大学博士生吴冬兴、邱小航围绕专家发言内容作与谈交流。

会议闭幕式由华东政法大学科学研究院助理研究员、法律方法研究院副院长吕玉赞主持,华东政法大学科学研究院助理研究员戴津伟对会议研讨内容作总结发言。

上海市社会科学界第十八届(2020)学术年会“全面建设社会主义现代化国家与中国特色社会主义政治经济学话语权探讨”学术研讨会召开

11 月 8 日,由上海市社会科学界联合会主办,上海财经大学经济学院和“新时代中国特色社会主义政治经济学话语体系创新研究”上海市社会科学创新研究基地承办,上海市经济学会中国特色社会主义经济理论专业委员会、上海市经济学会中国特色社会主义政治经济学研究专业委员会、上海市经济学会《资本论》研究专业委员会协办的“全面建设社会主义现代化国家与中国特色社会主义政治经济学话语权探讨”研讨会在上海财经大学经济学院召开。来自中国社会科学院、南开大学、武汉大学、浙江大学、四川大学、哈尔滨工业大学(深圳)、复旦大学、上海社会科学院、上海对外经贸大学等高校和研究机构的近 40 位专家学者以及 20 余位博士研究生参加了此次研讨会。

本次会议分三个单元进行。上海财经大学经济学院马艳教授主持第一单元研讨,南开大学经济学院何自力教授、中国社会科学院马克思主义研究院侯为民教授、武汉大学经济与管理学院颜鹏飞教授分别作交流发言,哈尔滨工业大学(深圳)马克思主义学院王岩教授、复旦大学马克思主义研究院周文教授点评。复旦大学经济学院严法善教授主持第二单元研讨,复旦大学经济学院张晖明教授、复旦大学经济学院孟捷教授、四川大学经济学院蒋永穆教授、复旦大学经济学院高帆教授分别作学术报告,中国浦东干部学院沈斐教授、上海财经大学经济学院冒佩华教授点评。上海对外经贸大学马克思主义学院王朝科教授主持第三单元研讨,浙江大学马克思主义学院丁堡骏教授、上海社会科学院经济研究所沈开艳教授、哈尔滨工业大学业(深圳)马克思主义学院杨志教授分别发言,吉林财经大学孙立冰副研究员、复旦大学马克思主义学院严金强副教授点评。

与会专家学者围绕中国特色社会主义政治经济学话语权研究、全面建设社会主义现代化国家研究、马克思主义政治经济学理论创新研究三个议题进行主旨发言和热烈讨论,取得了诸多学术共识。这些学术探讨对于推进和深化“全面建设社会主义现代化国家”以及“中国特色社会主义政治经济学话语权”相关研究具有重要的理论和现实价值。

上海市社会科学界第十八届(2020)学术年会“社会结构转型与社会学理论创新高层论坛”在线举办

11月21日,“社会结构转型与社会学理论创新高层论坛”以在线会议形式举办。该论坛是上海市社会科学界第十八届(2020)学术年会“全面建设社会主义现代化国家:新阶段　新理念　新格局”系列主题论坛之一,由上海市社会科学界联合会主办,“社会结构转型与社会学理论创新”上海市社会科学创新研究基地、复旦大学社会发展与公共政策学院、复旦大学社会转型研究中心联合承办。

来自北京大学、清华大学、中国人民大学、中国社会科学院、中央党校以及复旦大学等教学科研机构的11位知名社会学家做了主题报告,4位专家对报告进行评议。“社会结构转型与社会学理论创新”上海市社会科学创新研究基地主任、复旦大学社会发展与公共政策学院院长刘欣教授在论坛开始时做了致辞。百余位来自全国各地的专家学者和研究生参加了线上会议。

论坛分上午和下午两个阶段进行。在上午的研讨中,北京大学张静教授、中央党校龚维斌教授、南京大学成伯清教授、华东师范大学文军教授、中国人民大学冯仕政教授和复旦大学刘欣教授分别做报告。中国社会科学院杨典教授、华东理工大学何雪松教授对报告进行了评议。复旦大学李煜教授主持了上午的研讨。

下午的研讨中,中国社会科学院张翼教授、中国人民大学刘少杰教授、清华大学王天夫教授、上海市委党校马西恒教授和复旦大学周怡教授分别做报告。上海大学张文宏教授,《新华文摘》刘仲翔副社长对报告进行了评议。复旦大学胡安宁教授主持了下午的研讨。

与会学者纷纷表示,这次论坛的报告学术质量高,所提出的一些观点具有拓新性、前瞻性,展现了相关学者从社会学的理论视角对社会结构转型的深入思考和创新性学术成果,对未来的研究提出了挑战性的学术议题,是一次名副其实的高端学术盛宴。

上海市社会科学界第十八届(2020)学术年会“当代中国马克思主义政治经济学：传承、实践与创新”学术研讨会召开

11月21日，上海市社会科学界联合会第十八届(2020)学术年会系列主题论坛，以“当代中国马克思主义政治经济学：传承、实践与创新”为题举行。来自河南财经政法大学、安徽工业大学、中共浙江省委党校、上海外国语大学、复旦大学、华东师范大学、上海交通大学、上海社会科学院、上海海事大学、上海对外经贸大学等高校、科研单位相关领域的专家、学者与会展开深入研讨和交流。本次会议由上海外国语大学国际金融贸易学院、上海外国语大学马克思主义学院、国家社科基金重点项目“坚持和完善中国特色社会主义基本经济制度”课题组共同承办。

上海市社会科学联合会党组成员、专职副主席解超，上海外国语大学党委副书记钱玲致会议开幕辞。河南财经政法大学杨承训教授、中国社会科学院经济研究所郭冠清研究员、安徽工业大学商学院洪功翔教授、上海社会科学院经济研究所杨宇立研究员、中共浙江省委党校经济教研部主任王祖强教授、复旦大学研究生院副院长高帆教授、上海对外经贸大学马克思主义学院王朝科教授、上海社会科学院中国马克思主义研究所杨卫研究员、上海社会科学院经济研究所所长沈开艳研究员作主旨演讲。

会议由上海外国语大学国际金融贸易学院院长章玉贵教授和上海社会科学院经济研究所李正图研究员主持。本次年会采用线上会议＋直播的模式，线下参会者达到80余人，线上直播点击量达到3000人次。会议有效扩大学术年会影响力，促进了当代中国马克思主义政治经济学的传承、研究和传播。

上海市社会科学界第十八届(2020)学术年会“国际经贸规则的变迁和发展”研讨会在沪举办

11月22日，由上海市社会科学界联合会主办，由上海财经大学法学院、上海财经大学国际法研究所、“国际经贸规则中国特色哲学社会科学学术话语体系建设”上海市社会科学创新研究基地联办的上海市社会科学界第十八届(2020)学术年会系列主题论坛“国际经贸规则的变迁和发展”研讨会成功举办，会议以线上和线下结合的形式举行。

中国人民大学法学院石静霞教授，对外经贸大学法学院左海聪教授，厦门大学法学院刘志云教授，武汉大学法学院漆彤教授，中国政法大学国际法学院陈儒丹副教授，复旦大学法学院龚柏华教授，华东政法大学国际金融法律学院贺小勇教授，上海对外经贸大学法学院陶立峰教授，上海对外经贸大学法学院张军旗教授与会研讨。上海财经大学法学院院长、基地领衔专家宋晓燕教授出席并作会议开幕致辞和闭幕总结。

会议围绕“国际投资规则变迁与发展”“国际贸易规则变迁与发展”两组议题展开，研讨内容围绕《区域全面经济伙伴关系协定》《巴西—印度 ICFA》等新近投资贸易协定，以规则的历史、现状与未来为主线，重点关注中国应对国际贸易、投资环境变化的应对策略，从国际关系理论、法律解释等视角进行深入讨论，展望中国进一步深入参与构建高标准国际贸易投资规则的未来。

上海市社会科学界第十八届(2020)学术年会“教育学的中国话语体系建构:问题与路径”主题论坛成功举办

11月21日,上海市社会科学界联合会主办,上海市社会科学创新研究基地“中国教育学学术话语体系与创新研究基地”、教育部人文社会科学重点研究基地华东师大基础教育改革与发展研究所承办的上海市社会科学界第十八届(2020)学术年会“教育学的中国话语体系建构:问题与路径”主题论坛在华东师范大学顺利举行。出席论坛的领导分别是华东师大人文与社会科学研究院院长吴瑞君、华东师大教育学部副主任朱军文、教育部人文与社会科学重点研究基地华东师大基础教育改革与发展研究所所长李政涛等。本次论坛采用线上线下混合的方式展开研讨,共邀请北京师范大学、华东师范大学、中国信息协会等7家单位共11位专家学者发表观点、建言献策。论坛分上、下半场,分别由华东师大教育学部副主任朱军文教授、华东师大基础教育改革与发展研究所副所长黄书光教授主持。

专家学者围绕“什么是教育学话语”“教育学话语体系的构成要素”和“教育学中国话语体系建构路径”等具体内容展开研讨。论坛研讨达成以下共识:一是建构教育学中国话语体系的必要性,需要打破长期以来我国教育学在国际舞台上的“失语”状态。二是解决当前中国教育学话语体系建构存在的问题。从理论和实践两个层面来说,缺乏原创性本土的教育学理论,未能处理好教育理论与教育实践之间的关系。三是探索构建教育学中国话语体系的路径方式。理念维度方面,要立足教育学立场和中国立场,增强我国教育自信和学科自信;实施维度方面,汲取中国传统教育智慧的理论养分,学会综合融通的思维方式处理教育问题,运用中国话语讲好教育故事。

论坛倡议,未来两年将进行跨学科、跨国别“教育学中国话语体系建构”主题的学术研讨。

上海市社会科学界第十八届(2020)学术年会“新时代中国特色政治学话语体系、理论逻辑与实践进路”学术研讨会召开

11月22日，庆祝中国政治学会成立40周年系列活动暨上海市社会科学界第十八届学术年会“全面建设社会主义现代化国家：新阶段、新理念、新格局”系列主题论坛——“新时代中国特色政治学话语体系、理论逻辑与实践进路”学术研讨会顺利召开。此次会议是由上海市社会科学界联合会主办，中国政治学会、华东政法大学政治学与公共管理学院、“中国特色政治学学术话语体系”上海市社会科学创新研究基地联合承办。本次会议采取线上线下相结合的形式举行。来自中国社会科学院、北京大学、清华大学、复旦大学、中国人民大学、浙江大学、吉林大学、山东大学、华中师范大学、厦门大学、东北大学、国防大学、浙江师范大学、华东政法大学等单位的知名政治学界专家和学者近20人参加了本次学术研讨会，线上线下听众达百人。

开幕式由华东政法大学政治学与公共管理学院副院长胡志平教授主持，中国政治学会常务副会长、国务院学位委员会第八届政治学学科评议组成员、中国社会科学院政治学所长张树华研究员，华东政法大学副校长张明军教授和华东政法大学政治学与公共管理学院副院长(主持工作)任勇教授分别致欢迎辞。

中国社会科学院政治学研究所所长张树华研究员，长江学者特聘教授、华中师范大学徐勇教授，上海市政治学会会长、复旦大学国际关系与公共事务学院桑玉成教授，中国政治学会副会长、长江学者特聘教授、国务院学位委员会第八届政治学学科评议组成员、中国人民大学国际关系学院院长杨光斌教授，国务院学位委员会第八届政治学学科评议组成员、中共中央党校时和兴教授，中国政治学会副会长、长江学者特聘教授、国务院学位委员会第八届政治学学科评议组成员、吉林大学行政学院院长张贤明教授，长江学者特聘教授、浙江师范大学非洲研究院院长刘鸿武教授，复旦大学国际关系与公共事务学院院长苏长和教授，山东大学青岛校区人文社会科学研究院院长方雷教授，浙江大学公共管理学院郎友兴教授，厦门大学公共事务学院党委书记黄新华教授，东北大学文法学院院长张雷教授，国防大学政治学院翟桂萍教授，清华大学政治学系孟天广副教授，北京大学政府管理学院罗祎楠(助理)教授与会研讨并作交流发言。

与会专家围绕新时代中国特色政治学话语体系，从中国政治学的自立与自强、中国政治学概念的建构、历史政治学、中国政治学知识体系构建中的特殊性与一般性问题、中国

政治学的学术关怀、学术共同体的建设、社会主义政治建设、协商民主的中国话语、国家理论、军事政治学理论等，积极发表学术观点，为继续建构新时代中国特色政治学话语体系工作指明了方向，也为中国政治学未来的研究指明了一条非常良好的路径。本次学术论坛取得了预期的效果。

上海市社会科学界第十八届(2020)学术年会“诠释学的伦理转向与中国诠释学构建展望”论坛顺利召开

11月21日至22日，由上海市社会科学界联合会主办，中国诠释学专业委员会、华东师范大学“中国诠释学”上海市社会科学创新研究基地、华东师范大学诠释学研究所、华东师范大学哲学系联合承办，江南造船集团职业技术学校协办的上海市社会科学界第十八届(2020)学术年会主题论坛在上海长兴岛举行。此次论坛是上海市社联“全面建设社会主义现代化国家:新阶段、新理念、新格局”学术年会系列活动之一，主题为“诠释学的伦理转向与中国诠释学构建展望”，全国近20位本领域专家学者与会。

中国社会科学院原副院长张江教授、华东师范大学哲学系教授、基地领衔专家潘德荣分别在论坛开幕式上致辞。论坛协办单位江南造船集团职业技术学校代表王顺翔先生向与会嘉宾介绍了江南造船厂的历史并致欢迎辞。

会议共分为三场主题发言，设有学者评议讨论环节，分别由《中国社会科学》杂志社李红岩教授、赵培杰教授，安徽师范大学马克思主义学院彭启福教授主持。张江教授、潘德荣教授、山东大学哲学与社会发展学院傅永军教授、安徽大学哲学系张能为教授、复旦大学中文系杨乃乔教授、大连理工大学外国语学院秦明利教授、同济大学外国语学院吴建广教授围绕诠释学的伦理转向以及当代中国诠释学的建构路径和战略等议题分别做主题演讲。上海社会科学院哲学所何锡蓉研究员、上海师范大学哲学与法政学院张志平教授、复旦大学中文系郭西安副教授、上海古籍出版社罗颢编辑、集美大学中文系周伟薇副教授、华东师范大学哲学系牛文君副教授、华东师范大学马克思主义学院孙义文老师等参与主题讨论。

此次会议聚焦诠释学在中国的研究状况，广泛吸收和回应国内诠释学界多年来的理论积淀，从中国诠释传统与西方诠释学在中国传播与影响历程的双重视角，积极探索如何应对理解诠释学在当代所面临的理论和实践困境，推动中国诠释学的现代转向。在论坛热烈的讨论中，有效地深化了诠释学基础理论和实践方法论的探索，是一场发言质量高且富有成果的学术交流活动。

上海市社会科学界第十八届(2020)学术年会“全面建设社会主义现代化国家:构建中国特色哲学社会科学”学术研讨会召开

11 月 21 日,由上海市社会科学界联合会主办,上海社会科学院哲学研究所和复旦大学“中国的哲学话语体系建构”上海市社会科学创新研究基地联合承办的上海市社会科学界第十八届学术年会系列主题论坛,以“全面建设社会主义现代化国家:构建中国特色哲学社会科学”为题在上海社会科学院顺昌路校区召开。来自北京大学、北京师范大学、南京大学、复旦大学、华东师范大学等高校的专家学者,以线上和线下相结合的形式,围绕会议主题展开研讨。上海社会科学院哲学研究所所长方松华研究员主持会议。

会上,复旦大学哲学学院教授、基地首席专家吴晓明,北京大学马克思主义学院院长仰海峰教授,北京师范大学哲学学院院长吴向东教授,南京大学哲学系研究生院副院长张亮教授,华东师范大学哲学系主任陈立新教授,上海财经大学人文学院院长陈忠教授作交流发言。来自上海师范大学、安徽师范大学、上海社会科学院等高校和研究机构的学者在会上发表观点,与演讲嘉宾进行热烈互动。吴晓明教授做会议总结。

上海市社会科学界第十八届(2020)学术年会“中国社会转型与转型社会学的理论与实践高层论坛”召开

11月28日,由上海市社会科学界联合会主办,“中国转型社会学”上海市社会科学创新研究基地、社会变迁研究会、上海大学社会学院联合承办的上海市社会科学界第十八届(2020)学术年会“全面建设社会主义现代化国家:新阶段　新理念　新格局”系列主题论坛,围绕“中国社会转型与转型社会学的理论与实践”主题,以线上会议的形式召开。来自中国人民大学、中国社会科学院、吉林大学、南京大学、华东师范大学、中国农业大学、华东理工大学以及上海大学等高校的专家学者,应邀与会研讨。上海大学社会学院院长、基地首席专家张文宏教授致开场辞,上海大学社会学院张海东教授主持会议。

会上,上海大学伟长学者特级岗教授、上海研究院第一副院长、中国社会学会原会长、中国社会学会学术委员会副主任李友梅,南京大学文科资深教授周晓虹,中国人民大学教授、教育部中国社会学理论与方法研究中心主任刘少杰,中国社科院社会发展战略研究院院长张翼教授,华东师范大学社会发展学院院长文军教授,吉林大学哲学社会学院院长田毅鹏教授,中国农业大学人文学院院长叶敬忠教授,中国人民大学社会与人口学院院长冯仕政教授,华东理工大学社会与公共管理学院院长何雪松教授,张文宏教授作交流发言。复旦大学社会发展与公共政策学院院长、中国社会学会副会长刘欣教授和中国社会科学院社会学研究所副所长杨典进行评议。

上海市社会科学界第十八届(2020)学术年会“全面建成小康社会后的政治建设”学术研讨会召开

11 月 28 日，由上海市社会科学界联合会主办，上海行政学院政治学教研部、上海市政治学会、“党的领导、人民当家作主、依法治国有机统一体制机制与制度话语研究”上海市社会科学创新研究基地承办的上海市社会科学界第十八届学术年会系列主题论坛在中共上海市委党校召开。本次会议的主题是“全面建成小康社会后的政治建设”，来自相关高校和科研单位的近 50 位专家学者参加会议。会议上半场分别由中共上海市委党校教授、基地责任专家程竹汝，国防大学政治学院孙力教授主持。中共上海市委党校副校长曾峻教授，中国社会科学院政治学研究所教授、中国政治学会学术委员会常务副主任杨海蛟，南京航空航天大学教授、教育部长江学者王岩，上海市政治学会会长、复旦大学桑玉成教授，华南师范大学倪星教授、程竹汝教授等 6 位专家，围绕会议主题作主旨发言。

会议下半场分别由上海行政学院官进胜教授和袁峰教授主持，上海社会科学院尤俊意研究员，复旦大学浦兴祖教授，华东师范大学王向民教授，上海市人大常委会二级巡视员汪闻生，同济大学徐红教授，上海师范大学陶庆教授，上海社会科学院刘正强研究员，华东政法大学阙天舒教授，上海市政治学会副会长、东华大学秦德君教授，上海交通大学陈尧教授，上海人民出版社编审徐晓明，上海大学沈瑞英教授，上海财经大学付春副教授，华东政法大学严行健副教授，国防大学政治学院研究生鹿晓天等 14 位学者应邀与会发言。内容充实高端、主题聚焦度高、讨论积极热烈，是本次论坛的鲜明特色。

上海市社会科学界第十八届(2020)学术年会“社会主义现代国家建设的法治化进程”论坛召开

11月28日，上海市社会科学界联合会主办，“中国特色政治学话语体系理论创新”上海市社会科学创新研究基地、复旦大学国际关系与公共事务学院承办的“社会主义现代国家建设的法治化进程”，上海市社会科学界第十八届(2020)学术年会系列主题论坛在复旦大学召开。

复旦大学国际关系与公共事务学院院长苏长和教授出席论坛并致辞。本次论坛分为上下半场，以线上与线下相结合的形式进行。复旦大学国际关系与公共事务学院政治学系主任、基地首席专家刘建军教授，复旦大学国际关系与公共事务学院副教授、基地副主任张骥分别主持研讨。复旦大学法学院潘伟杰教授，中共上海市委党校公共管理教研部汪仲启副教授，清华大学社会科学学院杨雪冬教授，复旦大学马克思主义学院李威利副教授，南京大学政府管理学院张凤阳教授，南开大学周恩来政府管理学院吴晓林教授，复旦大学国际关系与公共事务学院副院长、基地副主任李辉教授，复旦大学国际关系与公共事务学院陈周旺教授，复旦大学国际关系与公共事务学院副院长熊易寒教授等相关高校、科研单位专家学者与会，围绕主题作学术演讲。上海外国语大学俞祖成副教授、上海市人大法工委原副主任施凯分别对会议发言进行点评。复旦大学国际关系与公共事务学院唐亚林教授对会议进行全面总结。此次会议展现了国内学者对中国法治化进程的新近研究与积极探索，对于理解法治在中国国家治理体系和治理能力现代化中的功能及建设路径具有重要意义。

上海市社会科学界第十八届(2020)学术年会“中国道路的理论阐释、话语表达与传播能力建设”学术研讨会召开

12月7日,上海市社会科学界联合会主办,复旦大学“中国特色社会主义政治经济学”上海市社会科学创新研究基地、复旦大学经济学院、上海市经济学会政治经济学专委会、上海市经济学会市场经济专委会承办的上海市社会科学界第十八届(2020)学术年会系列主题论坛,以“中国道路的理论阐释、话语表达与传播能力建设”为题召开。来自中国人民大学、武汉大学、南京大学、山东大学、四川大学、复旦大学、上海财经大学、华东师范大学、安徽大学、辽宁大学、上海社会科学院、中国浦东干部学院、中共上海市委党校等高校和研究机构的20多位专家学者以及10余位博士研究生参加了本次研讨会。基地首席专家、上海市经济学会政治经济学专委会主任张晖明教授对本次论坛的研究主题作了说明。复旦大学经济学院副院长寇宗来教授出席会议并致辞。

本次研讨会采用线上线下相结合的形式,分上、下两个半场进行,分别由复旦大学经济学院孟捷教授和严法善教授主持。

中国人民大学邱海平教授指出,中国经济发展的伟大成就为构建中国经济学理论体系和理论创新提供了坚实基础。系统化构建中国经济学说应以实践第一原则为基础,借鉴中国传统文化中的有益成分,通过构建中国特色社会主义政治经济学揭示发展规律,解释落后国家如何走上社会主义发展道路这一独一无二的理论命题。

辽宁大学经济学院林木西教授围绕中国背景、中国语境与中国传播阐释中国特色社会主义政治经济学,认为中国特色社会主义政治经济学的传播不仅是政治和外交问题,也应重视教材的编写和修订,促进教材在华语地区的传播。

安徽大学经济学院荣兆梓教授提出,平等劳动作为生产资料公有制社会主义本质特征的反映,应成为社会主义政治经济学范畴的唯一合理选择。由于平等劳动关系贯穿于社会主义生产的全过程,建议按照生产总过程的逻辑构建社会主义平等劳动的政治经济学范畴体系。

山东大学经济学院臧旭恒教授梳理了政治经济学产生和发展的历史,认为政治经济学是人文社会学科最古老的学科之一,承继性和创新性是政治经济学学科发展的内在根据和内在要求。认为中国特色政治经济学必须回答市场经济基本特征,中国市场经济中的经济周期波动和收入差距,国民收入分配结构偏差等重要问题。

四川大学经济学院蒋永穆教授总结国有企业在脱贫攻坚中积累的七条成功经验，具体包括通过产业扶贫促进改革，促进贫困地区就业，提供资金支持，提供科学技术，教育培训，加强基础设施建设，促进贫困地区农村发展等。建议构建反贫困的预警机制，建立解决相对贫困的长效机制。

南京大学经济学院葛扬教授认为，正确处理政府与市场关系的关键在于更好发挥政府作用。不能简单将政府和市场关系理解为“大市场、小政府”或者“强市场、弱政府”，要在“有为”和“有效”中寻找政府和市场之间的结合点，实现“看得见的手”和“看不见的手”有机结合、相得益彰。

武汉大学经济学院颜鹏飞教授围绕学术体系、学科体系、教材体系、教学体系和话语体系五个方面对中国特色政治经济学话语权进行研究，讨论了政治经济学教学体系建设。认为中央启动马工程教材是教科书发展史上的一次重要革命，教材建设及其向教学体系的转化应注重对西方经济学的批判性借鉴，尊重辩证法，尊重理论和制度移植规律，尊重新时代中国国情。

上海社会科学院经济研究所沈开艳教授以政府和市场关系、收入分配、要素回报和分配、供给侧改革、公共产品理论等研究问题为例，阐释了政治经济学和西方经济学在研究领域、研究方法、理论关注重点等方面的交融、趋同和相互影响。

上海财经大学经济学院马艳教授提出新时代中国特色社会主义政治经济学话语体系构建的纵向和横向路径，以国内国际双循环、城市高质量发展、华为企业社会主义因素为例，从宏观、中观和微观三个层面探索了新时代中国特色社会主义政治经济学话语体系的构建。

华东师范大学经济学院院长殷德生教授指出，要素流动是中国政治经济学和西方经济学的共同逻辑。以要素流动、要素生产力释放和要素配置效率提高为主线分析中国经济发展奇迹，和中国农村改革、工业化、国有企业改革、城镇化推进、金融部门改革和地区改革等实践相契合。

同济大学马克思主义学院龚晓莺教授运用中国特色社会主义政治经济学的方法，对我国数字经济发展的理论逻辑和现实路径展开分析，认为数字经济发展中生产关系、分配关系、交换关系和消费关系存在的突出矛盾，制约我国数字经济进一步发展，这些瓶颈的根源在于生产力与生产关系的矛盾运动。

上海市委党校发展研究院鞠立新教授从理论上总结了反危机促复苏的中国经验，认为我国经济高质量发展要求妥善解决经济的结构性、深层次问题。政治经济学对中国经验的总结和思考，为实现发展目标提供指导和借鉴。

中国浦东干部学院马克思主义理论教研部沈斐教授指出，“需要”和“需求”是一对不同的概念，对应的是两种不同的经济学——前者是以“人”为本的经济学，后者是以“资”为本的经济学。认为未来的中国经济学是满足人民美好生活需要的经济学，通过精神产品、公共产品的生产，即人的社会关系的生产所带来的“乘数效应”推动。

复旦大学经济学院高帆教授、周翼副教授分别对会议上、下半场专家发言进行点评。复旦大学经济学院汪立鑫教授对本次研讨会作总结。

上海市社会科学界第十八届(2020)学术年会“后小康时期的中国社会发展:新规划、新征程”高端论坛成功举办

12月26日,“后小康时期的中国社会发展:新规划、新征程”高端论坛以在线会议形式成功举办。该论坛是上海市社会科学界第十八届(2020)学术年会“全面建设社会主义现代化国家:新阶段　新理念　新格局”系列主题论坛之一,由上海市社会科学界联合会主办,华东师范大学“中国特色的转型社会学研究”上海市社会科学创新研究基地、社会变迁研究会、华东师范大学社会发展学院联合承办。来自北京大学、清华大学、中国人民大学、中国社会科学院、中央党校、南京大学、复旦大学、吉林大学、厦门大学、华东师范大学、华东理工大学、上海大学等教学科研机构的11位知名社会学家做了主题报告,2位专家对报告进行了评议,3000余位来自全国各地的专家学者和社会学爱好者参加了线上会议。

开幕及主旨报告由基地首席专家、华东师范大学社会发展学院院长文军教授主持。文军教授指出,本次会议主题定位在“后小康时期的中国社会发展”和“后小康时期”,可以看做是全面建成小康社会向基本实现社会主义现代化的过渡时期,是建立在中国经济、科技、社会等各方面都取得巨大成就与国际地位显著提高基础上的新阶段,在这一阶段的社会发展将会呈现出什么样的新特征,面临怎样的新问题、新挑战,都是社会学者需要去研究的重要议题。

中国社会科学院社会发展战略研究院院长、社会变迁研究会会长张翼教授出席论坛并致辞。张翼教授指出,中国特色社会主义社会学是一个开放的系统,是随实践而不断发展的系统,是一个与其他学科既相互激荡又相互联系、彼此完善的系统。在全面建成小康社会后的新征程中,学界应当投入更多精力去梳理和研究中国特色社会主义社会学,社会学者应当抓住历史的机遇,在千年未有之大变局中亲身参与和观察社会的变化、分析社会发展的动力,提炼中国化社会学的基本概念,形成中国特色的社会主义社会学话语体系、学科体系和学术体系。

论坛分为“主旨报告”“主题发言Ⅰ”和“主题发言Ⅱ”三个阶段进行。在第一阶段的主旨报告中,全国人大社会建设委员会副主任、中国社会科学院学部委员李培林教授做“开启中国现代化新征程”主旨报告,就中国如何走出现代化道路上的诸多陷阱,迈向现代化发展的新征程进行了探讨。李培林教授指出,中国的发展并不是完全重复过去的一般现

代化过程，而是把很多国家一百年，甚至几百年的变化过程压缩到几十年的时间里完成。在经济全球化背景之下，中国前工业化的、工业化的和后工业化的发展问题集中显现，前现代的、现代的和后现代的现象并存，使得各种社会矛盾错综复杂。经济全球化既是现代化发展的必要过程，也是科技生产力发展的必然结果。后小康时期，我们必须走出西方现代化的陷阱，在新的社会多样化的条件下，积极探索促进社会整合、社会和谐的现代化新途径。当前，中国一系列的国际国内政策所显示的走大国和平兴起道路的决心，将会改变和修订“西方现代化”的逻辑，开启中国特色社会主义现代化建设的新征程。

中国社会科学院社会学研究所所长、中国社会学会会长陈光金教授做“新型现代化视野下的质量导向社会发展问题”主旨报告。认为中国特色社会主义现代化本质上就是一种新型现代化，是走和平发展道路的现代化。这一具有中国特色的新型现代化模式，把以人民为中心、促进公平正义、实现共同富裕等作为价值原则和目标，真正体现了既有增长又有发展的中国新发展阶段、新发展格局和新发展理念的要求。未来发展的总目标，就是要在继续推进发展的基础上着力解决好不平等、不充分的问题，大力提升发展的质量和效益，更好地满足人们在经济政治文化社会生态等领域日益增长的需要，更好地推动人的全面发展和社会全面进步。

第二阶段的“主题发言Ⅰ”由上海大学伟长学者特级岗教授、上海研究院第一副院长、中国社会学会原会长李友梅教授主持。中共中央党校(国家行政学院)社会和生态文明教研部主任龚维斌教授以“我国新发展阶段社会建设的重点任务”为题，对我国即将开启全面建设社会主义现代化国家新征程，进入向第二个百年奋斗目标进军的新发展阶段的重点任务进行了阐述。中国社会科学院社会学研究所副所长王春光教授以“村社治理中的民主与有效关系问题”为题，对改革开放后乡村治理中“民主管理”和“治理有效”的匹配关系进行了深入分析，并对其可能的方向和路径进行探讨。吉林大学哲学与社会学院院长田毅鹏教授以“东亚乡村振兴的社会基础”为题，找回乡村振兴的社会面向，强调加强对村落社会的保护，重构完备的乡村社会基础。厦门大学社会与人类学院院长胡荣教授以“人的因素与乡村振兴”为题，认为在乡村振兴过程中往往被忽视的就是“人”的问题，应当积极构筑“新乡贤”，发挥乡村振兴中“人”的力量。南京大学社会学院院长成伯清教授以“从乌托邦到好社会——理想社会的谱系”为题，通过阐述“乌托邦”与“好社会”之间的区别与联系，在思想史的脉络中传递社会建设的理论意蕴。接着，复旦大学社会发展与公共政策学院院长刘欣教授对上述报告进行了逐一的点评，并就如何推动后小康时期的中国社会发展谈了自己的一些看法。

第三阶段的“主题发言Ⅱ”由华东师范大学社会学系李向平教授主持。北京大学社会学系主任周飞舟教授以“分家与反馈模式：从费孝通的家庭结构变迁论谈起”为题，从“家庭本位”的理论出发，通过对新时代“分家”问题的讨论，对费孝通先生所提出的中国家庭“反馈模式”进行了阐释。清华大学社会学系主任王天夫教授以“数据时代的不均衡及其行动后果”为题，从数字技术维度对社会分化问题进行探讨，指出了其中的“数字鸿沟”陷阱及其发展后果。中国人民大学社会与人口学院院长冯仕政教授以“美丽乡村与社会建设”为题，对乡村内在的逻辑和社会建设思路之间的关系进行探讨，反思了乡村振兴过程中“谁的乡村和谁来建设”的问题。华东理工大学社会与公共管理学院院长何雪松教授以“流动、组织与治理:社会学的三个中轴概念”为题,阐述了上述三个维度在当代中国社会和当代中国社会学中的功能作用,并认为“如何将具有流动性的人组织起来进行社会建设”是现阶段的重要现实问题。上海大学社会学院院长张文宏教授对以上专家报告进行评议。

华东师范大学社会发展学院院长文军教授对本次高端论坛作总结发言,指出在开启全面建设社会主义现代化国家的新阶段的重要时刻,需要以新视角、新理念、新方法去应对并解决后小康时期社会发展所面临的各种困境。后小康时期的社会发展同样要求我们站在新的历史起点之上,应对未来发展的不确定性,做好新的社会发展规划,尽可能防范发展中出现的种种风险和不良后果,迎接新机遇,应对新挑战。

此次会议吸引《中国社会科学报》《解放日报》《学术志》等媒体平台全程参与,听众反响热烈。与会学者纷纷表示,此次论坛的报告学术质量高,提出了一系列具有拓新性和前瞻性的观点,集中展现了社会学学者对后小康时期中国社会发展进行深入思考和研究的创新学术成果,是一次高端学术盛宴。

上海市社会科学界第十八届(2020)学术年会大会隆重召开

12 月 18 日,上海市社会科学界第十八届学术年会大会在上海社会科学会堂召开。大会开幕式由上海市社会科学界联合会党组书记、专职副主席权衡主持。市社联主席王战致辞。市社联党组成员、专职副主席、秘书长解超宣读本届学术年会优秀组织单位、优秀工作者及优秀论文名单,并发布上海市社联 2020 年度十大推介论文。市社联党组成员、二级巡视员陈麟辉发布上海市社联"十四五"时期哲学社会科学研究十大选题。来自市社联各学会、参与学术年会的有关专家和获奖代表、本市主要社科研究机构代表 100 余人出席会议。

王战在致辞中指出,2021 年是中国共产党成立 100 周年,也是"十四五"规划和 2035 年远景目标的起步之年。站在全面建设社会主义现代化国家的新征程起点上,广大社科理论工作者要坚持以习近平新时代中国特色社会主义思想为指导,把中国发展的成功实践不断上升到科学理论高度和规律性认识层面。必须充分发挥社科界专家学者在科学决策中的智囊团作用,发挥社科工作者在国家治理体系和治理能力现代化中的生力军作用,发挥哲学社会科学推动经济社会发展大局的主引擎作用。

权衡指出,上海市社会科学界学术年会自 2003 年由市社联创办以来,一直得到社科界的广泛关注和支持,现已成为上海社科界重要的交流平台与学术品牌。2020 年的学术年会克服疫情影响,围绕"全面建设社会主义现代化国家:新阶段　新理念　新格局"的主题,联合本市社科界五路大军,开展了一系列学术交流活动。学术年会集中发布社科界的最新成果和面向未来的研究选题,探索创新学术评价体系,引领社科界开展前瞻性、战略性、交叉性的研究,积极推动哲学社会科学繁荣发展。

主旨演讲环节由市社联专职副主席、秘书长解超主持。会议邀请原中共中央党史研究室副主任、中共中央党史和文献研究院原院务委员、同济大学人文学院特聘教授冯俊围绕"深入学习'四史'的重大理论意义和现实意义"做主旨报告。

冯俊指出,党的十八大以来,习近平总书记就学习党史、新中国史、改革开放史和社会主义发展史作出了一系列重要论述,全面阐述了学习"四史"的重大现实意义,全面分析了中国共产党的伟大历史贡献,科学评价了党的领袖人物的历史地位,对弘扬革命精神、传承红色基因提出了要求和希望。习近平总书记关于"四史"的重要论述是习近平新时代中国特色社会主义思想的重要组成部分,为我们学习研究"四史"、做好"四史"的宣传教育提供了理论指引和正确的立场观点方法。

圆桌论坛环节由上海电视台新闻主播林牧茵主持。市发展和改革委员会副主任阮青,复旦大学教授、市社联副主席吴晓明,上海社会科学院副院长王振,上海交通大学特聘教授陆铭、华东师范大学教授吴冠军 5 位专家围绕“十四五”发展,从上海“十四五”规划若干问题的思考,时代转折与哲学社会科学的历史任务,构建新发展格局下的长三角一体化发展,“十四五”城乡和区域的平衡发展,后疫情的现代化道路思考等方面开展了深入的研讨交流。

本届学术年会由上海市社会科学界联合会主办,依托学术年会的平台影响力、辐射力和号召力,开展了一系列学术交流活动。前期,举办学术年会系列主题论坛十余场,广泛邀请本市和国内知名专家学者围绕主题进行研讨,同时组织年会征文活动,遴选优秀论文,出版学术年会文集一卷。

学术研讨

上海理论社科界举行学习总书记重要讲话精神座谈会

11 月 20 日，中共上海市委宣传部、上海市习近平新时代中国特色社会主义思想研究中心、上海市社会科学界联合会在上海社科会堂召开“学习习近平总书记在浦东开发开放30 周年庆祝大会上的重要讲话精神座谈会”。中共上海市委宣传部副部长徐炯主持会议并讲话。民建中央副主席、上海市政协副主席周汉民，上海市社联党组书记、专职副主席权衡，中共上海市委研究室副主任沈立新出席座谈会并发言。市社联党组成员、专职副主席解超、任小文出席会议。

徐炯副部长在讲话中指出，浦东开发开放 30 年的历程告诉我们，坚持以国家战略为指引，在国家发展全局下思考和谋划经济社会新发展，是实现高质量发展的必由之路。开放是上海最大的优势，也是浦东开发开放最鲜明的特色。坚持先行先试、敢闯敢试，是改革发展的制胜之途。以全球视野审视自身、定位自己，创造符合国情和自身特点的发展模式，是改革开放走向纵深必须坚持的辩证法则。以人民为中心，坚持为人民谋幸福是我们党矢志不渝的初心和使命。浦东开发开放 30 年历史，是一个思想的宝库、一座精神的丰碑、一眼智慧的清泉，为新时代改革开放再出发，提供不竭的动力和滋养。

徐炯副部长指出，近年来，上海围绕纪念改革开放 40 周年、新中国成立 70 周年和中国共产党成立 100 周年主题，凝聚上海社科界专家学者的优势力量和资源，立足研究宣传浦东开发开放历程及其思想理论价值，形成一系列高质量研究交流宣传的成果，有力助推基于中国实践、中国特色、中国经验、中国道路的学术话语体系构建。全市社科理论工作者要把学习宣传贯彻习近平总书记重要讲话精神与学习宣传贯彻党的十九届五中全会精神结合起来，与深入学习贯彻习近平总书记考察上海重要讲话精神结合起来，继续以理论之维、学术之度、学者之智，深入挖掘浦东开发开放 30 年的基本经验、根本立场和实践逻辑，全面系统总结其对于丰富发展中国道路、中国经验、中国智慧的理论价值和思想启迪，为打造社会主义现代化建设引领区，努力创造出令世界刮目相看的新奇迹，展现出建设社会主义现代化国家的新气象提供智力支撑。

本市社科理论界相关学科领域专家学者代表，复旦大学经济学院教授张晖明、华东师范大学城市与区域科学学院院长杜德斌、上海市世界经济学会会长张幼文、上海市全球城市研究院院长周振华、复旦大学大都市治理研究中心主任唐亚林、上海交通大学中国城市治理研究院副院长陈高宏在会上，围绕“三个成为”与浦东发展新定位、加强改革系统集成与浦东高质量发展新动力、科创中心引擎与打造浦东自主创新新高度、推动高水平制度型开放与增强浦东国际合作与竞争新优势、增强全球资源配置能力与浦东服务构建新发展格局、提升城市治理现代化水平与开创浦东人民城市建设新局面、浦东开发开放 30 年的成就与经验等议题作交流发言。

上海自贸试验区临港新片区管委会与上海市社联发布“五个重要”系列研究招标课题

1月2日，中国(上海)自由贸易试验区临港新片区管委会与上海市社会科学界联合会在临港召开“五个重要”课题招标发布暨专家研讨会，共同发布新片区“五个重要”系列研究课题10项，并面向社会公开招标。

2019年11月，习近平总书记考察上海期间指出：“上海自贸试验区临港新片区要进行更深层次、更宽领域、更大力度的全方位高水平开放，努力成为集聚海内外人才开展国际创新协同的重要基地、统筹发展在岸业务和离岸业务的重要枢纽、企业走出去发展壮大的重要跳板、更好利用两个市场两种资源的重要通道、参与国际经济治理的重要试验田，有针对性地进行体制机制创新，强化制度建设，提高经济质量”。

为进一步贯彻落实习近平总书记对临港新片区建设提出的“五个重要”新要求，深入研究临港新片区建设特殊经济功能区的内涵意义、战略定位、发展目标、实现路径和具体举措等重大问题，在前期商讨调研的基础上，上海自贸区临港新片区管委会与上海市社联共同组织发布“五个重要”系列研究课题，包括综合类课题、专题类课题各5项。本次课题研究希望汇集各方智慧，在充分调研的基础上，拿出切实有效的研究成果，有力推动新片区制度创新。

发布会上，上海市政府副秘书长、临港新片区管理委员会党组书记、常务副主任朱芝松宣布新片区建设“五个重要”系列研究课题正式公开发布，并向8位专家颁发了新片区建设“五个重要”与“十四五”规划的智库专家证书。上海市社联党组成员、专职副主席解超主持课题发布会。临港新片区管委会发展改革处负责人介绍了“五个重要”课题开展的有关背景。市社联科研组织处负责人介绍了课题申报与组织的有关要求。

研讨会上，与会智库专家围绕“五个重要”的丰富内涵、实现路径等开展交流。专家建议，新片区要对标竞争力最强的自由贸易园区的制度与政策，学习国际最高标准自由贸易协定，做大开放型经济总量，提升开放型经济质量，强化制度创新的核心驱动力作用，早日把习近平总书记绘就的宏伟蓝图变成新片区的生动实践。

习近平新时代中国特色社会主义思想系统化学理化系列研究专项专家咨询会举办

9月9日、9月10日和9月15日，上海市社联分三场组织召开习近平新时代中国特色社会主义思想系统化学理化系列研究专项专家咨询会。市社联党组书记、专职副主席权衡出席会议并讲话，党组成员、专职副主席解超主持会议。

上海社会科学院原党委书记潘世伟教授、复旦大学副校长陈志敏教授、复旦大学国务学院桑玉成教授、复旦大学哲学学院陈学明教授、上海交通大学马克思主义学院陈锡喜教授、华东师范大学哲学系陈卫平教授、华东师范大学马克思主义学院宋进教授、复旦大学马克思主义研究院副院长周文教授应邀到会，结合本系列研究专项各课题研究框架计划，提供专家咨询意见。

项目责任人《学术月刊》总编姜佑福研究员、中共上海市委党校马克思主义学院黄力之教授、华东师范大学政治学系王可园副教授、上海师范大学学报期刊杂志社社长何云峰教授、复旦大学国务学院唐亚林教授、华东师范大学哲学系孙亮教授、上海社会科学院哲学研究所所长方松华研究员、上海社会科学院部门所副所长李伟研究员、复旦大学国务学院陈明明教授、复旦大学国际问题研究院院长助理林民旺研究员、上海交通大学马克思主义学院鲍金副教授课题组马尚明老师、华东师范大学经济学院殷德生教授课题组金培振老师等专家学者出席会议，分专题介绍各自的写作框架提纲和接下来的工作打算。与会专家就如何准确理解本专项的内涵要求和功能定位，如何着力把握各课题研究工作的重点、难点和突出问题，进行了视角开阔、思考深邃的研讨和交流。

权衡书记在讲话中，介绍了本系列研究项目的实施背景、研究宗旨和框架结构。要求各课题责任专家在研究工作中，紧扣本系列专项的主旨要义，发挥各自的专业优势和学科背景，按照系统化学理化的总要求，形成基本的逻辑框架和理论基础，全面、准确、深入地学习领会、研究和阐释习近平新时代中国特色社会主义思想基本问题。

权衡书记还就习近平新时代中国特色社会主义思想的理论地位、实践意义以及中国特色社会主义进入新时代出现的新思想、新理念、新目标、新矛盾、新战略、新布局、新问题、新任务等，提出了进一步进行系统性理论性阐释的意见和建议。他要求各项目责任人发扬上海学术界的求真、务实、创新、理性的科研作风和优良学风，以高度的责任感、使命感和紧迫感，积极吸纳各位专家的咨询意见，在完善前期形成的写作提纲基础上，进一步扎实推进相关研究工作，按时提交高质量研究成果，打造具有上海特色、体现上海学界水准的理论成果和学术精品，为庆祝建党100周年献礼。

第三届(2020)东北振兴与东北亚区域合作学术论坛召开

为深入学习贯彻党的十九届五中全会精神，贯彻落实习近平总书记在东北三省考察和在深入推进东北振兴座谈会上的重要讲话精神，推动区域协调发展，11 月 30 日，由上海市社联与辽宁省社科联合作主办的第三届(2020)东北振兴与东北亚区域合作学术论坛召开。论坛设上海和大连两个会场，采取线上与线下相结合的方式进行。该论坛是辽宁省社科联与上海市社联年度性合作平台。本次论坛大连市社科联、辽宁对外经贸学院承办，主题为“优化辽宁区域发展、加快辽中南城市群建设”。

开幕式上，辽宁对外经贸学院校长吕红军，上海市社联党组书记、专职副主席权衡，辽宁省社科联党组书记、主席石坚分别致辞。在致辞中，权衡书记代表上海市社联对论坛的召开表示热烈祝贺，希望进一步加强上海与辽宁两地社科界的合作交流。他还介绍了长三角城市群协同发展与长三角区域一体化高质量发展的经验做法，并就加快辽中南城市群发展、推动东北振兴提出了相关建议。上海市社联专职副主席解超出席论坛。大连市社科联党组书记、副主席刘新铭主持会议。上海和辽宁两地的领导和专家学者共 90 余人参加论坛。

主题报告环节，华东师范大学城市发展研究院院长曾刚教授、上海社会科学院应用经济研究所副所长李伟研究员、上海交通大学城市科学研究院院长刘士林教授、大连理工大学成力为教授、沈阳建筑大学规划设计院彭晓烈院长分别围绕长三角城市群一体化发展经验及其对辽中南城市群建设的启示、辽宁中南部城市群产业协同发展、推动辽中南城市群“双核”联动、优化辽中南城市群区域布局等内容做了主题报告。与会专家指出，长三角是我国一体化发展水平最高的城市群，对辽中南城市群的发展具有一定启示意义。要研究借鉴长三角及其他南方地区城市群发展和双核带动视角下高质量发展的区域经济布局，谋划辽中南城市群高质量发展的政策体系和创新发展动力，进一步促进辽中南城市群的能级提升。

学术话语体系建设

15 家研究单位设立为上海市新一轮中国特色哲学社会科学学术话语体系建设基地

为深入贯彻落实习近平总书记关于哲学社会科学工作系列重要讲话精神，着力推进上海市相关学科领域的中国特色哲学社会科学学术话语体系建设，继 2018 年 3 月首家话语体系建设基地在复旦大学挂牌成立之后，上海市社会科学界联合会、上海市哲学社会科学学术话语体系建设办公室、上海市哲学社会科学规划办公室启动新一轮中国特色哲学社会科学学术话语体系建设基地申报和评审工作。经专家认真评审，15 家研究单位设立为上海市新一轮中国特色哲学社会科学学术话语体系建设基地。日前，3 场学术话语体系建设基地签约仪式暨工作调研会先后在相关高校和市社联举行。

6 月 2 日，在华东师范大学举行首场学术话语体系建设基地签约仪式暨哲学社会科学工作调研会。市社联党组书记、专职副主席权衡，华东师范大学党委书记梅兵，华东师范大学党委常务副书记王宏舟出席并讲话。市规划办徐逸伦同志宣读《关于设立上海市社会科学创新研究基地的通知》。市社联专职副主席解超和学术话语建设基地首席专家签署合作协议，为学术话语体系建设基地授牌。华东师范大学所属话语建设基地首席专家：教育学部教授、基础教育改革与发展研究所所长李政涛，社会发展学院院长、教授文军，经管学部副主任、教授殷德生，历史学系主任、教授孟钟捷，哲学系教授潘德荣参加签约授牌并作交流发言。在工作调研环节，文科院院长吴瑞君教授汇报了华东师范大学哲学社会科学研究相关工作。

6 月 3 日，在市社联召开学术话语基地成立仪式暨工作调研会。社联党组书记、专职副主席权衡出席并讲话。市规划办徐逸伦同志宣读《关于设立上海市社会科学创新研究基地的通知》。市社联专职副主席解超和 7 家话语建设基地签署合作协议，为学术话语体系建设基地授牌。相关高校所属话语建设基地专家：上海财经大学教授马艳，上海财经大学法学院院长、教授宋晓燕，上海大学社会学院院长、教授张文宏，上海师范大学人文学院教授梁民愫，华东政法大学副校长、教授张明军，华东政法大学科学研究院院长、教授陈金钊，中共上海市委党校教授程竹汝参加签约授牌并作交流发言。相关高校分管领导：中共上海市委党校副校长曾峻，上海财经大学校长助理郑少华，上海大学党委常委、副校长吴明红，上海师范大学副校长陈恒，华东政法大学副校长张明军出席会议并作交流发言。

6月5日，在复旦大学举行话语基地成立仪式暨工作调研会。复旦大学党委书记焦扬，社联党组书记、专职副主席权衡，复旦大学副校长陈志敏出席会议并讲话。市哲社规划办吴诤副主任宣读《关于设立上海市社会科学创新研究基地的通知》。市专职副主席解超和话语建设基地首席专家签署合作协议，为学术话语体系建设基地授牌。复旦大学所属话语体系建设基地首席专家：哲学学院教授吴晓明、社会学院教授刘欣、国务学院教授刘建军、经济学院教授张晖明作交流发言。在工作调研环节，复旦大学文科科研处处长顾东辉介绍复旦大学文科科研情况，复旦大学发展研究院执行副院长张怡介绍复旦大学智库建设情况。

权衡书记在讲话中，代表市社联对15家话语基地正式成立表示祝贺，对长期以来积极参与并大力支持社联工作的社科界广大专家学者表示衷心的感谢，对话语体系建设基地提出希望：一是立足中国经验，构建中国理论，形成中国学派；二是尊重学术规律，形成高质量的学术成果，把“学术含金量”体现出来；三是以重大现实问题为导向，形成高质量的决策咨询成果，坚持问题导向、需求导向，回应现实关切，实现成果转化；四是坚持主流价值观，发挥基地在讲好中国故事中的作用，在正确立场、观点、方法指导下，开展国际对话，发挥基地讲好中国故事的作用，提高基地理论影响力、社会影响力；五是坚持学术梯队建设，培养标志性学术领军人物，在学术话语体系建设中培养优秀人才。

新一轮中国特色哲学社会科学学术话语体系建设基地工作，将坚持以中国实践为基础，充分总结中国道路和中国经验，尊重学术规律，弘扬学术精神，注重学术质量，追求学术精品；坚持以重大问题为导向，着力形成基于中国实践的概念体系、学术体系、话语体系、思想体系和理论体系；坚持以国际影响为目标，提出中国解释、形成中国方案，为国际社会提供理论资源，提升中国哲学社会科学的国际话语权。

上海市社联举办“习近平新时代中国特色社会主义思想系统化学理化系列研究”课题专家咨询会

9月9日、9月10日和9月15日，上海市社联分三场组织召开“习近平新时代中国特色社会主义思想系统化学理化系列研究”课题专家咨询会。市社联党组书记、专职副主席权衡出席会议并讲话，党组成员、专职副主席解超主持会议。

上海社会科学院原党委书记潘世伟教授、复旦大学副校长陈志敏教授、复旦大学国务学院桑玉成教授、复旦大学哲学学院陈学明教授、上海交通大学马克思主义学院陈锡喜教授、华东师范大学哲学系陈卫平教授、华东师范大学马克思主义学院宋进教授、复旦大学马克思主义研究院副院长周文教授应邀到会，结合本系列研究专项各课题研究框架计划，提供专家咨询意见。

项目责任人《学术月刊》总编姜佑福研究员、中共上海市委党校马克思主义学院黄力之教授、华东师范大学政治学系王可园副教授、上海师范大学学报期刊杂志社社长何云峰教授、复旦大学国务学院唐亚林教授、华东师范大学哲学系孙亮教授、上海社会科学院哲学研究所所长方松华研究员、上海社会科学院部门所副所长李伟研究员、复旦大学国务学院陈明明教授、复旦大学国际问题研究院院长助理林民旺研究员、上海交通大学马克思主义学院鲍金副教授、课题组马尚明老师、华东师范大学经济学院殷德生教授、课题组金培振老师等专家学者出席会议，分专题介绍各自的写作框架提纲和接下来的工作打算。与会专家就如何准确理解本专项的内涵要求和功能定位，如何着力把握各课题研究工作的重点、难点和突出问题，进行了视角开阔、思考深邃的研讨和交流。

权衡书记在讲话中介绍了本系列研究项目的实施背景、研究宗旨和框架结构。要求各课题责任专家在研究工作中紧扣本系列专项的主旨要义，发挥各自的专业优势和学科背景，按照系统化学理化的总要求，形成基本的逻辑框架和理论基础，比较全面、准确、深入地学习领会、研究和阐释习近平新时代中国特色社会主义思想基本问题。

权衡书记还就习近平新时代中国特色社会主义思想的理论地位、实践意义以及中国特色社会主义进入新时代，新思想、新理念、新目标、新矛盾、新战略、新布局、新问题、新任务等，提出了进一步进行系统性理论性阐释的意见和建议。他要求各项目责任人发扬上海学术界的求真、务实、创新、理性的科研作风和优良学风，以高度的责任感、使命感和紧迫感，积极吸纳各位专家的咨询意见，在完善前期形成的写作提纲基础上，进一步扎实推进相关研究工作，按时提交高质量研究成果，打造具有上海特色、体现上海学界水准的理论成果和学术精品，为庆祝建党100周年献礼。

“建党 100 周年”研究系列课题结项

2017 年，上海市社科规划办、市话语办启动实施了“三大系列”（“改革开放 40 周年”“新中国成立 70 周年”“建党 100 周年”）研究专项。开展“三大系列”研究工作，旨在从历史研究出发，坚持“论从史出，史论结合”，提炼具有中国特色的哲学社会科学标识性概念，形成具有自己鲜明特色的理论体系。“三大系列”共发布 98 个课题，其中，“建党 100 周年”研究系列获批准立项 26 个课题，涉及党史、党建、政治学、法学、哲学、新闻传播学等人文社会科学多个学科。

正式立项以后，“建党 100 周年”系列课题责任专家立足各学科领域，开展深入系统的研究工作，取得一系列研究成果和较好的社会反响。为给 2021 年庆祝“建党 100 周年”提供更为充分的思想准备、理论支撑和智力支持，市社联、市话语办联合市社科规划办组织开展了“建党 100 周年”系列课题结项评审，24 个课题通过评审。

序号	课题编号	课题名称	承担者	单位
1	2017BHC018	陈望道翻译《共产党宣言》及参与建党活动研究	霍四通	复旦大学
2	2017DHC003	中国共产党诞生地历史信息数据库及数字化地图	苏智良	上海师范大学
3	2017BHC002	关于我党腐败与反腐败斗争的历史经验研究	桑玉成	复旦大学
4	2017BHC009	从“非基督教运动”到“基督教中国化”：百年中共的基督教政策与治理	陶飞亚	上海大学
5	2017BHC001	中国共产党支部建设史研究	何益忠	华东政法大学
6	2017BHC013	中国共产党成立以来党内监督制度及其实践经验研究	邬思源	东华大学
7	2017BHC005	中国共产党新闻政策发展史	武志勇	华东师范大学
8	2017BHC008	中外比较视域下中国共产党依规治党历史演进及启示研究	周敬青	市委党校
9	2017BHC016	政治中的军队：革命化与现代化的双重变奏	陈明明	复旦大学
10	2017BHC020	毛泽东诗词与中国共产党人的精神品格	袁秉达	市委党校

（续表）

序号	课题编号	课题名称	承担者	单位
11	2017DHC001	中国共产党建设100年(1921—2020)	徐建刚	市委党史研究室(市委党校)
12	2017BHC014	中国共产党执政伦理研究	程竹汝	市委党校
13	2017BHC004	中国共产党开辟中华民族伟大复兴百年道路研究	曹泳鑫	上海社科院
14	2017BHC017	渔阳里与中国共产党的创建	李　坚	上海大学
15	2017BHC012	中国特色社会主义法治的形成与发展研究	何勤华	华东政法大学
16	2017DHC002	中国共产党的全球秩序与全球治理观念变迁	郭树勇	上海外国语大学
17	2017DHC004	政党中心的治理与政治文明的复兴——中国共产党治国理政的历史经验	郭定平	复旦大学
18	2017BHC019	中国共识:超越资本主义文明——近代以来的理想、奋斗与辉煌	李占才	同济大学
19	2017BHC021	中国特色话语理论:基于话语史的研究	商红日	上海师范大学
20	2017BHC003	中国马克思主义百年学术史研究	方松华	上海社科院
21	2017BHC007	中国共产党百年研究的海外视角	乔兆红	上海社科院
22	2017BHC006	中共党史上的重要会议与中国共产党治国理政	杜艳华	复旦大学
23	2017BHC015	中共反腐败史与政党治理的历史经验	刘　杰	上海社科院
24	2017DHC005	从《资本论》到中国特色社会主义理论	鲁品越	上海财经大学

"习近平新时代中国特色社会主义思想系统化学理化系列研究"课题立项

为深入贯彻落实中央和上海市委关于学习研究宣传习近平新时代中国特色社会主义思想的要求和部署，进一步推进习近平新时代中国特色社会主义思想系统化学理化，为新时代上海和全国中国特色社会主义新实践和改革开放再出发提供思想指引、精神动力和理论支撑，2020 年 8 月，上海市社会科学界联合会、上海市哲学社会科学学术话语体系建设办公室联合上海市哲学社会科学规划办公室，推出"习近平新时代中国特色社会主义思想系统化学理化系列研究"课题共 12 项。课题名单如下：

序号	批准号	项目名称	负责人	责任单位
1	2020WXB001	新思想与21世纪中国马克思主义最新成果	姜佑福	上海社会科学院
2	2020WXB002	新思想的马克思主义方法论体系	黄力之	中共上海市委党校
3	2020WXB003	新思想与中国全面建设社会主义现代化伟大事业	王可园	华东师范大学
4	2020WXB004	新时代中国特色社会主义的历史方位	何云峰	上海师范大学
5	2020WXB005	中国特色社会主义本质特征与中国共产党的领导	唐亚林	复旦大学
6	2020WXB006	中国特色社会主义基本内涵与"四个自信"新思想	孙　亮	华东师范大学
7	2020WXB007	中国特色社会主义价值目标与人民性的根本立场	鲍　金	上海交通大学
8	2020WXB008	中国特色社会主义发展新阶段与社会主要矛盾转化新论断	方松华	上海社会科学院
9	2020WXB009	中国特色社会主义发展理念与高质量发展	李　伟	上海社会科学院
10	2020WXB010	中国特色社会主义伟大实践与"五位一体"总体建设和"四个全面"战略布局	殷德生	华东师范大学
11	2020WXB011	中国特色社会主义发展保障理念与战略	陈明明	复旦大学
12	2020WXB012	中国特色社会主义发展的全球观与人类命运共同体思想	林民旺	复旦大学

“社会主义发展史系列研究”课题立项

2020 年，上海市社联认真贯彻落实市委、市委宣传部关于开展党史、新中国史、改革开放史、社会主义发展史学习教育的总体部署，引领凝聚社科界专家学者力量，助力全市“四史”学习教育。8 月，上海市社会科学界联合会、上海市哲学社会科学学术话语体系建设办公室联合上海市哲学社会科学规划办公室，以课题立项为平台和抓手，组织相关学科领域专家学者开展专题性学习和研究，启动 5 项以“社会主义发展史”为主题的系列研究课题，助力本市“四史”学习教育活动。

序号	批准号	项目名称	负责人	责任单位
1	2020WXC001	作为理论的社会主义——社会主义何以能够发生	郝宇青	华东师范大学
2	2020WXC002	作为运动的社会主义——社会主义何以能够发展	孙　力	上海应用技术大学
3	2020WXC003	作为制度的社会主义——社会主义何以能够实现	黄军甫	东华大学
4	2020WXC004	作为目标的社会主义——社会主义何以能够复兴	邱卫东	华东理工大学
5	2020WXC005	作为道路的社会主义——社会主义何以影响世界	徐　蓉	同济大学

江南文化

上海市社联与上海博物馆联合主办的“江南文化讲堂”首讲活动圆满举行

“好景逢初夏,高树集新蝉。”5月25日,“春风千里——江南文化艺术展”在上海博物馆揭幕。同一天,上海市社会科学界联合会与上海博物馆共同推出的公益性文化品牌项目“江南文化讲堂”也正式启动。公众不仅可以饱赏江南文化艺术的盛宴,而且能聆听专家学者们共话江南文化的前世今生。

上海市委宣传部副部长、市新闻出版局局长徐炯,上海市社会科学界联合会党组书记、专职副主席权衡,上海市文化和旅游局、上海市文物局副局长褚晓波,上海市社会科学界联合会专职副主席任小文,中国史学会副会长、上海社会科学院研究员熊月之,中国散文学会副会长、上海市作家协会副主席赵丽宏,上海博物馆馆长杨志刚等嘉宾出席展览揭幕和讲堂启动仪式。上海博物馆党委书记汤世芬主持活动仪式。

开幕式后,“江南文化讲堂”首讲活动在上海博物馆学术报告厅开讲。首讲邀请了中国史学会副会长、上海社会科学院研究员熊月之,中国散文学会副会长、上海市作家协会副主席赵丽宏和江南文化艺术展内容策划、上海博物馆副研究馆员谷娴子,三位嘉宾分别围绕“江南文化发展与海派文化、红色文化诞生”“江南的柔和刚”以及“从‘江南文化艺术展’谈江南文化”等展开阐述与讨论。

上海市社联专职副主席任小文主持会议。来自上海社科界的学者代表,上海江南文化研究联盟的相关高校、学会、区委宣传部代表和上海博物馆协会成员单位代表出席活动。

熊月之阐述了江南文化在其生成、发展过程中,历经四变,分别是西晋永嘉之乱的“衣冠南渡”,“靖康之变”后的宋室南迁,明清的海禁政策,鸦片战争以后的五口通商。江南文化的主要特点可概括为四个方面:开放包容,择善守正;务实创新,精益求精;崇文重教,坚强刚毅;尚德重义,守望相助。

这些特点在近代上海,融合了中国其他地域文化的某些特点,如岭南文化、八闽文化、湖湘文化,吸纳了西洋文化的某些元素,经特大城市的集聚升华,形成了海派文化。江南文化、海派文化共同孕育了上海红色文化,率先传播马克思主义、荟萃八方英豪、出版党刊、武装斗争,这些都是与上海城市紧密联系在一起的,都映射出上海红色文化中的海派元素。如果将海派文化比喻为立在江南文化大地上的高原,那么,上海红色文化则是这座高原上的高峰。

赵丽宏认为，江南的人文风尚和文化特质，应该是刚柔相济的。如果说江南的城市，都给人一种柔美的印象，但他心中的江南是坚毅勇敢的先祖大禹的故乡，是卧薪尝胆的越王勾践的故乡，也是现代女杰秋瑾和文豪鲁迅的故乡，这些在中国历史上最有风骨的人物，都裹挟着勃勃英气，无法和一个“柔”字连在一起。

他觉得现代上海在不少文人的笔下，是一座女性气质的阴柔的城市，似乎缺乏阳刚之气，其实这也是对上海的一种误解，回顾近代历史，上海也留下不少激荡着英雄气概的篇章。“八一三”抗战，淞沪抗战，面对侵略者，军民团结，万众一心，苏州河畔的四行仓库至今还留着八百壮士的血迹。

在谷娴子看来，如今的“江南”二字很多时候已经超越地理区域概念，她更像是一个形容词，象征着温润、富庶、精致等诸多美好。她分享了上海博物馆“春风千里——江南文化艺术展”的策展理念和过程，自 2018 年市委、市政府印发《全力打响“上海文化”品牌 加快建成国际文化大都市三年行动计划(2018—2020 年)》以来，上海博物馆积极响应，开始进入“江南文化艺术展”的筹备，直至开幕。

“江南文化艺术展”精选 197 件(组)江南文化的代表性文物，侧重文物阐释，呈现江南艺术，讲述江南历史，表现江南基调、江南性情、江南人物、江南风尚和江南气度，是一次饱赏江南文化艺术的盛宴。此外，她参照展览五大板块，挑选了战国早期的越王者旨於睗剑、东晋王羲之的秋月帖页、良渚文化玉权杖、南朝竹林七贤与荣启期砖画拓片、现代颜文樑的油画黄浦江夜航图等 10 件展品，希望能与大家一起感悟文物背后蕴含的江南文化。

上海市社联党组书记、专职副主席权衡表示，近年来，在市委宣传部的直接指导和大力支持下，在全市各方和专家学者的积极响应和广泛参与下，市社联组织相关专家开展江南文化研究。专家学者对江南文化研究的重大意义有着一致认同，江南文化学术研究成果日益繁茂。全市也成立了上海江南文化研究联盟。上海市社会科学界联合会和上海博物馆将携手并肩，努力把“江南文化讲堂”打造成为江南文化研究联盟的品牌性交流平台和培养江南文化研究宣传后续力量的成长平台，为服务长三角高质量一体化发展注入新动力。

据上海博物馆党委书记汤世芬介绍，“江南文化讲堂”作为公益性文化品牌项目，每季(1 季周期为 1 年)至少举办 10 期活动，待疫情稍缓，讲堂系列活动将逐步向广大市民开放。上海博物馆将按照时代性、创新性要求和展示成果、培养人才的宗旨，整合资源，搭建平台，研究好、挖掘好丰富的江南文化资源，利用好丰硕的学术和文博资源，推进江南文化研究成果的传播转化，打响“上海文化”品牌，切实把“江南文化”和“海派文化”资源转化成为品牌建设源动力，助力长三角区域成为全国转型发展的“主引擎”、创新发展的“主阵地”，以此推动新时代江南文化的创造性转化和创新性发展。

“江南文化讲堂”是上海市社会科学界联合会与上海博物馆共同推出的公益性文化品牌项目。讲堂将聚焦江南文化主题，聚合海内外特别是长三角区域江南文化研究力量和知名社科、文博专家学者，以“史”为线索，讲授江南政治、经济、社会、科技、文学艺术等方面内容，集中展示中华文化的重要组成部分——江南文化的独特魅力，深入挖掘江南文化的精神特质，积极传播江南文化创新发展理念，营造全社会关注江南文化的浓厚氛围，努力服务长三角区域高质量一体化发展国家战略，同时，让广大市民群众进一步了解江南文化，走进江南文化，弘扬江南文化，共同参与“上海文化”品牌建设。

“江南文化讲堂”第一季第二期在上海博物馆举行

6月24日晚，以“江南的文人生活”为主题的江南文化讲堂第一季第二期在上海博物馆举行。全国人大代表、上海广播电视台首席主持人、上海电视艺术家协会副主席、上海作家协会理事曹可凡和上海博物馆副研究馆员孙丹妍分别以“海派文化里的江南韵味”和“闲意态，细生涯——书画里的江南文人生活”为题，发表精彩演讲。

曹可凡认为，在漫长的历史岁月长河中，海派文化在历史变迁与文明激荡中砥砺升华，逐渐成为江南文化的典型代表，古典雅致兼具现代时尚的海派文化，赋予上海这座城市深厚的文化底蕴，形成富有特色的家族文化和家族精神，开放包容、薪火不绝。沧桑几经变幻，时代沉浮更新，上海这座城市钟灵毓秀、人文荟萃，孕育出众多文坛名流、专家学者、实业界人士以及仁人志士。他在演讲的最后呼吁听众共同感怀时代变迁中的家族精神，细细品味海派文化里的江南韵味。

孙丹妍认为，江南是中国文艺里永恒的主题，是古往今来艺术家们的灵感源泉，也是所有文人永远向往的桃花源。江南地区在大部分历史时期远离北方的政治中心，拥有较为宽松、自由的气氛，加之气候温润，水域众多，经济发达，生活富庶，百姓聪慧灵巧，因而从六朝到明清，逐渐形成了以文雅、灵秀为主的文化特征。江南文人思维活泼，生活丰富多彩，追求雅致闲适，尤其到明清时期，已经成为了中国文艺主流审美的创造者和引领者。随后她以书画为媒介，以上海博物馆所藏书画为桥梁，引导听众从中了解江南文人生活的方方面面。

“江南文化讲堂”第一季第三期在上海博物馆举行

江南文化讲堂第一季第二期于 7 月 10 日晚在上海博物馆开讲，复旦大学历史系教授戴鞍钢和上海博物馆副研究馆员陈洁分别以《江海之通津，东南之都会——江南的对外贸易回眸》和《拼合的版图：陶瓷所见江南对外贸易》为题，发表精彩演讲。

戴鞍钢教授从前近代江南对外贸易的青龙港与青龙镇说起，直至上海跃居贸易首港、成为江南首邑的近代江南对外贸易阶段，为大家讲述了江南地区的贸易与历史变迁。戴鞍钢认为，对外贸易对于上海地区及江南社会变迁的意义在三个方面得以充分体现：首先是活跃城乡市场交通商贸金融、其次催生了新的社会群体阶层阶级、最终助推开放诚信创新包容的意识。

上海博物馆副研究馆员陈洁则从陶瓷入手，拼合往昔的江南贸易盛景。陶瓷是中国古代最重要的对外贸易物品之一。与其他商品不同，陶瓷不易朽烂，即使历经千年，碎为残片，研究者也能辨识它们的产地与年代，结合出土与留存地点，可以追索其流动轨迹，根据它们的分布范围与数量，又可以探究其流通范围及输出规模，弥补文献的缺失或不足。正因如此，贸易陶瓷研究与考古已经成为探索古代交流与贸易、海上及陆上丝绸之路发展最重要的路径之一。

贸易陶瓷的变迁充分见证了江南的贸易活力。而对外来需求的快速反应，新形式与技术的迅速吸收，往往也是衡量一个地区贸易活力的标准。直到明清时期，东西方在江南地区的贸易活力已经相当活跃，这也体现了江南地区经济与社会的发展水平。

聚焦江南经济与长三角一体化发展,“江南文化讲堂”第四期在青浦金泽开讲

长三角地缘相近,文化一脉,加强江南文化的研究传播对服务长三角高质量一体化发展国家战略具有重要意义。7 月 30 日,以“江南经济与长三角一体化发展”为主题的“江南文化讲堂”第四期在青浦区金泽镇举行。上海市政协主席董云虎出席并讲话。市政协秘书长贝晓曦出席。市委宣传部副部长徐炯,青浦区政协主席李华桂致辞。市社联党组书记、专职副主席权衡,青浦区委副书记杨小菁,青浦区委常委、宣传部长姜道荣,市社联专职副主席任小文,上海博物馆党委书记汤世芬,以及来自市政协、上海市江南文化研究联盟成员单位代表、青浦区相关部门负责人等 80 余人出席。

董云虎指出,文化是反映区域内涵特质和竞争力的核心资源。江南文化作为长三角地区的共有基因、精神纽带,已经发展成为底蕴深厚、内涵丰富的区域文化系统,对于推动长三角地区更高质量一体化发展具有重要意义。上海打造更加开放包容、更具时代魅力的国际文化大都市,必须根植历史、关注当下、面向未来,用好用足江南文化资源。“江南文化讲堂”聚合海内外特别是长三角区域江南文化研究力量,深入发掘江南文化精神特质,广泛传播江南文化发展理念,在服务长三角高质量一体化发展国家战略和“上海文化”品牌建设上发挥了应有作用。希望各位专家学者畅所欲言、集思广益,深入探讨江南文化与江南经济交相辉映、融合发展的历史脉络和现代意蕴,努力为助推长三角地区以文化为纽带共生共享、互联互通、融合创新、一体发展汇聚智慧和力量。

徐炯在致辞中讲到,上海市政协对上海江南文化建设工作高度重视,多次开展相关的专题调研,积极通过提案建言献策,支持推动在长三角生态绿色一体化发展示范区内进一步打造江南文化品牌,构建江南文化高地。今天在示范区先行启动区之一的青浦金泽镇举办江南文化讲堂专场活动,既是市区联手共同传承弘扬江南文化的积极探索,也是落实落地市政协提案建议,打造江南文化示范品牌,提升区域文化软实力,推进示范区高质量建设的重要举措。

“江南文化讲堂”是由上海市社会科学界联合会和上海博物馆联手推出的常设文化传播平台,通过“社科+文博”的创新组合形式,集中展示江南文化独特魅力,迄今已举办四期。活动中,市社联主席王战、复旦大学教授戴鞍钢、上海博物馆副研究员谷娴子分别以《江南经济史与长三角一体化》《江海之通津,东南之都会——江南的对外贸易史》《亦贾亦儒行天下——试从“江南文化艺术展”谈江南的商业发展》为题作主旨演讲。

“江南文化讲堂”第一季第五期在上海博物馆举行

8月14日晚，以“江南的民俗”为主题的“江南文化讲堂”第一季第五期在上海博物馆举行。本期讲堂以“江南的民俗”为主题，邀请华东师范大学社会发展学院教授田兆元、上海社会科学院文学研究所副研究员毕旭玲和上海博物馆副研究馆员杨蕴，分别以“唐宋古镇的崛起与文脉传承”“神话传说与早期城镇记忆”和“江南文化影响下的古陶瓷修复技艺”为题发表精彩演讲。

田兆元教授指出，唐朝以后的江南古镇迈入了新的历史发展时期。随着中国经济重心的南移，在河海之要津的上海地区涌现出了一批重要古镇，其中有不少是江南地区的重要港口，如青龙古镇、上海古镇、黄姚古镇。明清时期是上海古镇的大发展时期，上海古镇的发展史同时也是江南文脉传承的历史，是上海城市文化精神物象化景观化的历史。他认为，神话传说在这一时期有了更加自觉的传承，一方面古老的神话成为上海古镇的文化标记，体现其中华文化担当；另一方面，上海古镇演绎精彩故事，成为上海的叙事资源与文化积累。上海镇的建立，开启了千年传奇，成为城市文化建设的宝贵资源，书写了海韵江南的新篇章，古镇是上海文化的标志性的新起点，是上海文化品牌的鲜亮的旗帜。

毕旭玲认为，六千年前，江南早期居民就已经在上海地区生息繁衍。他们的垦拓使四五千年前的上海成为江南最繁华的地区之一，并为今人留下了一大批重要的古文化遗址。围绕着这些古文化遗址形成了早期江南城镇的雏形。江南城镇萌发之早超过我们的认知，虽然缺乏历史记录，但我们依然可以通过神话传说探寻这段令人着迷的历史。从大禹砥定震泽的神话到周康王东巡大海造城的传说，从秦汉三大古县的沉浮到东晋吴郡康城的闪现，滨海先民书写着一个个早期城镇传奇。“星星之火，可以燎原”，诞生于冈身以西、杭州湾北岸的这些神话传说点亮了江南古镇渐趋辉煌的历史，演绎出了早期上海的风云变幻。

杨蕴认为，上海经济的发展带来文化艺术的繁荣，上海成为中国最大的艺术品集散地，各式古玩店遍地开花。古玩店的古董商们聘请全国各地的修复艺人用化学材料修复陶瓷，一时之间上海滩涌现出了一批技艺超群的修复大师。她从古陶瓷修复技艺的发展历史出发，探讨在江南文化的影响下，这门非物质文化遗产技艺如何在保护修复文物的过程中，体现江南文化追求细致与创新的精神。

“江南文化讲堂”第一季第六期在上海博物馆举行

8月28日晚，由上海市社会科学界联合会和上海博物馆联合主办的“江南文化讲堂”第一季第六期在上海博物馆举行。华东师范大学历史学系副主任瞿骏教授和中共一大会址纪念馆党总支副书记、副馆长宋依璇分别以《1920年代上海—江南的红色文化旅行》和《建党时期中国共产党报刊与党的创建》为主题发表精彩演讲。

瞿骏指出，五四运动后，红色文化在上海、北京等都市蓬勃兴起。中国共产党和中国共产主义青年团形成红色文化之风，广泛传播、迅速发展，对当时的现实生活产生了极为直接与深刻的影响。红色文化的核心和灵魂是对共产主义理想信念的追求与奋斗。这场红色文化之风的中心在上海、北京，它的影响力无远弗届，其中受影响最深且最广泛的区域在江南。江南有红色文化传播的最便利条件，江南也影响并改写了发源于都市的红色文化，就此江南的革命乃至中国革命烙上了深刻的“中国印记”。

宋依璇介绍，中国共产党报刊产生于“五四运动”之后、党的诞生之前。“先有报，后有党”，这是中国共产党报刊产生的一大特点。上海作为近代中国第一大城市和中国共产党的诞生地，在中国共产党早期报刊的发展中，是最重要的地区。早期报刊既是传达党的声音的“喉舌”，又是动员广大人民群众的“号角”，它们生动记录了大量社会政治状况和中共诞生成长的情况，这些立论精辟、充满激情的刊物极大地鼓舞了广大民众的革命热情，成为中共党内外政治信息沟通交流的利器。

“江南文化讲堂”第一季第七期在上海博物馆举行

9 月 11 日晚，由上海市社会科学界联合会和上海博物馆联合主办的“江南文化讲堂”第一季第七期在上海博物馆举行。华东师范大学中文系终身教授胡晓明和上海博物馆工艺研究部副主任、研究馆员施远围绕“江南的文学与美学”主题，分别以《“水是眼波横”：水与江南美学》和《天工管窥：从竹刻看江南工艺之美》为题发表演讲。

胡晓明认为，水乡是华夏文明千年修行而来的一个善果，是中国之“血脉”“脂膏”，应该珍惜水乡作为古典中国的重要自然遗产与精神遗产。水乡不仅具有外在的风景，也具有内在的风景，即水乡的精神品性，每个人心中都有一处“水乡”。水与江南美学具备七项内涵，即：刚柔、生杀、清浊、执与不执、隔与不隔、容与不容、有无。“五四”以来，在西方文明的影响下，在现代白话文主持支配写作的重大文化转型之后，体现中国本身文脉、文章、文论、文心，以古典中文为概念命题形式的论说，几乎全部从理论书写中消失。但是具体的抽象、非二元式、富于感性、经验主义与文史融合、道艺融合的中国文论书写方式，仍有其不可完全替代的重要价值。一个重新审视、重新复苏古典中文理论写作、重新建立中国美感、中国语文与历史特征的新时代正在来临。

施远认为，竹是东亚文化的代表性符号，在实物文化的基础上演进成观念文化，并进而浓缩为符号文化；在漫长的历史中，东亚各大民族均赋予竹以特定的民俗意义、宗教内涵与审美意识，成为展示东亚人民物质与精神世界的一个最具代表性的文化符号。同时，中国是竹子的故乡，是中国人的精神图腾，是江南文化的象征。竹刻是中国竹文化的终极硕果，不但是竹青、竹肉、竹黄的色彩、质地和肌理各不相同，竹的枝、竿、根、鞭，其形状、色彩、质地和肌理同样各不相同。不同的竹种，其间差异更多。竹材的材料美感如此丰富，亦具有极强的可塑性，利用这些各个不同的形、色、质、理，竹人与竹工们创造出气象万千的竹工艺世界。竹刻艺术滥觞于“前”江南，发展于“古”江南，成熟于小江南，兴盛于大江南。竹刻流派与创作群体集中于江南地区。自古及今，竹刻名家中占绝大多数的是江南人士。竹刻之美，全面地反映了江南工艺的地域特色、人文特征与艺术特点。

“江南文化讲堂”第一季第八期在上海博物馆举行

9月25日晚，由上海市社会科学界联合会和上海博物馆联合主办的“江南文化讲堂”第一季第八期在上海博物馆举行。复旦大学特聘教授何俊和上海博物馆书画研究部副主任、副研究馆员李兰围绕“江南的思想与学术”的主题，分别以《江南儒学的提出、指向与分段》和《江南书画与文人的精神世界》为题发表演讲。

何俊认为，江南儒学研究具有来自当下与未来的学术思想意义，而且具有历史的学理依据。江南与儒学都是内涵丰富且流变的概念，江南儒学研究应聚焦于儒学的文本分析为重，以期发现与阐明那些型塑儒学的江南性质与特征的内容。江南区域里的学术思想流派纷呈，且相对清晰，但江南儒学在整体上仍具模糊性；同时，区域内的学术思想流派又有密切关联，呈现出共同的江南性。江南儒学的分期宜分三个时段：第一个时段是先秦至六朝的江南儒学孕生；第二个时段是唐宋变革以后的江南儒学衍化，这个时段又以明代迁都北京，分前后两个时段；第三个时段是近代以降，直迄今日的追求现代化转型中的江南儒学探索。

李兰认为，自古江南多文人，他们参与到书画的创作当中，成为江南地区重要的书画家群体。所谓文人画，泛指文人、士大夫所作之绘画。文人画以水墨写意为主，作画不求形似，注重笔墨趣味，讲求诗、书、画的统一，以笔墨寄托作者的某种思想和情感，具有深刻的思想内涵和历史、文化意义。例如：东晋王羲之所书的《兰亭序》，体现了在社会动荡的历史背景下，魏晋士人为了追求自身独立人格和向内心世界的自省，而崇尚老庄玄学、追求洒脱率意的人生境界。明代徐渭《五月莲花图》轴，看似一幅普通的花鸟画作，画家却赋予其深刻的内涵，通过自书诗点明主题，可知画家以荷喻世，倾诉自己的人生遭遇，抒发自己怀才不遇的悲愤和对世道不公的抗争情绪。

“江南文化讲堂”第一季第九期在上海博物馆举行

10 月 16 日晚，由上海市社会科学界联合会和上海博物馆联合主办的“江南文化讲堂”第一季第九期在上博举行。上海师范大学人文学院教授詹丹和上海博物馆工艺研究部副研究馆员于颖围绕“江南的织造”的主题，分别以《锦绣繁华及其背后的苍凉——谈江宁织造世家出身的曹雪芹和〈红楼梦〉》和《江南机杼夺天工——从博物馆藏品讲述江南丝织故事》为题发表演讲。

詹丹从江宁织造与《红楼梦》的关系入手，对《红楼梦》的经典性做了概括，并揭示了江宁织造世家繁华与衰败的原因。雍正五年，曹雪芹的父辈被抄家，曹家主要依托织造在江南经营六十余年的繁华生活戛然而止。曹雪芹在“举家食粥酒常赊”的艰难生活中，写下了巨著《红楼梦》，人物多样、思想深刻、描写丰富、情感饱满。书中以“鲜花着锦”的江南繁华生活为基础，其提及的各种耀眼夺目的织品和绣品，如软烟罗、凫靥裘、雀金裘等，既呈现了贵族生活的奢华，也有强烈的感情色彩，而家族败落的苍凉气息则得到了或直接或隐约的描写。可谓“字字看来皆是血，十年辛苦不寻常”。

于颖认为，江南地区因水系发达，水质和土壤皆优，种植的桑叶肥厚营养丰富，所产蚕丝性优而质白，自古以来就是重要的丝绸产地，丝织业繁荣兴盛，商贾不断。特别以宋、元、明的织绣书画，明、清的绫罗绸缎闻名，尤其以五彩斑斓、造价不菲的缂丝、织锦和妆花为名贵。华丽精致的丝绸在小说故事和绘画作品中可读可见，在博物馆中也有幸得以珍藏。明艳的色泽可见品级高下，纹样中的图案彰显不同内涵，而丝织匹料织造过程更是错综复杂。吴梅村在《望江南》诗中赞道：“江南好，机杼夺天工。孔翠装花云锦烂，冰蚕吐凤雾绡空，新样小团龙。”江南何以好，锦绣织天下。

第二届长三角江南文化论坛在南京举行

为进一步深化长三角江南文化研究学术共同体建设，更好地服务长三角高质量一体化发展国家战略，推进治理体系与治理能力现代化，第二届长三角江南文化论坛于10月20日在南京举行。

论坛由沪苏浙皖三省一市社科联共同举办，江苏省社科联承办。长三角三省一市宣传部、社科联相关领导和专家学者80余人参加论坛。上海市社联党组成员、专职副主席任小文参加会议，并主持"长三角区域治理现代化与江南文化"专题研讨。

本次论坛以"治理现代化与江南文化传承创新"为主题。复旦大学历史系教授戴鞍钢，江苏省社科院原副院长、长江学者樊和平，浙江大学中国西部发展研究院副院长陈健，安徽省政府参事、安徽大学徽学研究中心研究员刘伯山，南京大学图书馆馆长程章灿分别围绕论坛主题作了主旨发言。刘士林、陈书录、江山舞、范金民、瞿骏、陈永革、沈昕、庄若江、沈世培等9位专家学者围绕"长三角区域治理现代化与江南文化"和"长三角区域文化交流交融和一体化发展"两个专题作了研讨交流。

论坛举行了"长三角江南文化研究联盟首批成员单位"授牌仪式，青浦—复旦江南文化研究院复旦基地、上海交通大学城市科学研究院、华东师范大学江南文化研究院、上海财经大学长三角与长江经济带发展研究院、上海师范大学中国近代社会研究中心等5家上海市研究机构列入首批23家联盟成员单位。

“江南文化讲堂”第一季第十期在上海博物馆举行

10月30日晚，由上海市社会科学界联合会和上海博物馆联合主办的“江南文化讲堂”第一季第十期在上博举行。上海社科院研究员熊月之和上海博物馆副研究馆员冯羽围绕“江南的开放与包容”的主题，分别以《春江潮水连海平——江南文化的开放与包容特点》和《从博物馆的发展看“江南文化”的开放与创新》为题发表演讲。

熊月之指出，两晋以后多次的衣冠南渡，众多的移民人口，频繁的文化交流，宋代以后广泛的海外联系，发达的商品经济，使得江南文化呈现鲜明的开放、包容特点。明末清初西学东渐，江南士人走在全国前列。近代上海直接延续、继承了江南文化的开放、包容特点，而又有所升华。近代上海最早兴办现代实业的以江南人为主，上海最早模仿办现代市政建设，同样以江南人为主。近代上海在介绍新思想、新文化、新学说，引领新风气方面，相当显著。近代江南，以上海为开放基地，在被动开放中有主动抉择，坚决抵抗列强侵略，不失文化自信，高度包容，努力构建具有中国特色、中国气派、中国风格的近代上海城市文化。

冯羽认为，上海本是江南一部分，海纳百川是上海文化的时空物语，追求卓越是上海面向世界的精神境界。回眸上海地区不同类型博物馆的变迁、起伏沧桑和典藏轮回，无不折射出上海作为世界大都市的开放心态。中国早期博物馆与今日上海博物馆、上海自然博物馆的联系不仅在于藏品的承继保存，且有着博物馆理念、“江南文化”开放精神的延续。本讲从博物馆收藏和展陈设计理念两个维度来了解上海地区不同类型博物馆“海纳百川”“追求卓越”的精神，了解在世界大都市的上海诞生与发展的博物馆是如何以开放与创新的形态构建独特的博物馆文化品牌，共绘我们心中开放与创新的江南。

礼赞大师

上海市社联召开上海社科大师工作推进专题会

7 月 22 日，上海社科大师工作推进专题会在上海社科会堂召开。会上，市社联党组成员、专职副主席任小文介绍了社联围绕大师纪念宣传工作开展的四方面工作推进情况。《文汇报》特聘首席评论员、理评部负责人杨逸淇介绍了《文汇报》《大师》专栏报道情况，东方广播中心新闻中心副主任毛维静等介绍了《海上先声》栏目播出情况，SMG 纪录片中心执行制片人俞洁介绍大师宣传片的计划构想。

来自复旦大学、华东师范大学、上海交通大学、同济大学、上海国际问题研究院、上海社科院、上海外国语大学、上海财经大学、上海音乐学院、上海戏剧学院、上海体育学院、上海辞书出版社等大师所属单位相关负责人在会上交流分享了各自的做法和工作进展，并对进一步做好社科大师的宣传推广工作提出许多好的建议。与会人员一致认为，上海社科大师是上海社科界的学术丰碑，传承大师精神对于构建中国特色哲学社会科学意义重大，各单位将积极配合市社联的整体推广项目，并结合自身优势开展各具特色的大师纪念宣传活动。

上海市社联和上海地铁共同举办“礼赞上海社科大师”教师节特别活动

9 月 10 日，由上海市社联和上海地铁共同举办的“礼赞上海社科大师”特别活动拉开帷幕，在上海地铁人民广场站、上海图书馆站、交通大学站、金沙江路站、江湾体育场站、陕西南路等 10 个车站、20 个公益灯箱上，将集中展示 68 位社科大师的事迹，宣传他们的治学精神、学术传统和人格品质，用“大师精神”加深上海的文化底蕴。

2018 年，上海市社联推出了首批 68 位“上海社科大师”。社科大师以文化人、以文育人，他们把握时代脉搏，着眼群众需要解疑释惑、阐明道理；他们以高远的志向、高尚的情操言传身教、做出表率，真正把做人、做事、做学问统一起来。上海社科大师的人格风范和治学精神展示了上海深厚的文化底蕴，展现了上海“海纳百川、追求卓越、开明睿智、大气谦和”的城市精神。

这些大师不仅自身是某个学科的开山鼻祖或领军人物，其中不少也是名师：陈望道、吴蕴瑞、廖世承、舒新城、潘序伦、王蘧常、熊佛西、谭其骧、罗竹风、彭康、胡焕庸、贺绿汀、胡寄窗、冯契、贾植芳、陈旭麓、陈从周、张仲礼、王元化、洪文达、陆谷孙等长期从事教育教学工作。他们不仅带出了一批国家栋梁，而且他们的学生中有很多日后也成为优秀的老师，将其治学和教育理念不断传承下去。

社科大师身上集中体现了报国之志、育人之德、创新之能和为民之心，具有跨越时空的精神力量和人格魅力。组织开展好上海社科大师纪念宣传活动对于上海迈向更有温度的人文之城、对于构建中国特色哲学社会科学具有重要意义。社联将不断探索新渠道新载体，联合大师所属单位、主流媒体、上海地铁等合作伙伴一起，将此活动持续、深入地推进下去。

该活动持续 1 个月。除了线下呈现，公众还可通过市社联官方微信号、上海人民广播电台、文汇报、东方网、学习强国上海学习平台、喜马拉雅相关专栏，在线了解社科大师的故事。活动期间，人民广场站大三角区域的电子屏滚动播放陈望道、谭其骧、贺绿汀短视频。

纪念宁树藩先生诞辰100周年座谈会在复旦大学举行

10月30日，纪念宁树藩先生诞辰100周年座谈会在复旦大学新闻学院举行。复旦大学党委书记焦扬，复旦大学原党委书记、上海市社联原主席、新闻学院教授秦绍德，上海市社联专职副主席解超等出席活动并发言。

焦扬指出，宁树藩先生是我国新闻学界的泰斗、著名的新闻史学家、上海社科大师、中国民主同盟成员，是让我们感到无比光荣和自豪的复旦人。正因为有宁树藩先生这样的大师以身作则、行为世范，一代代接力传承，才有了复旦新闻的今天。宁树藩先生的一生，是严谨治学、纯粹向学的一生，是求新不止、求索不倦的一生，是乐为人梯、教泽绵长的一生。他的学识与风范、人品和功业，值得我们每个人称颂敬仰、继承发扬。要进一步深入研究宁老的学术思想，学习弘扬他的崇高精神，从宁老的治学之道和高尚师德中汲取力量，坚定理想信念，矢志拼搏奋斗，更加奋发有为地推动学校事业、推动新闻学科不断向前发展。

秦绍德谈到，宁树藩注重求真务实，即脚踏实地地从事科学研究工作，从不把学术研究作为谋求名利的敲门砖，也从不做“动嘴不动手”的项目领头人。在中国地区比较新闻史的项目中，他亲自策划、亲自邀请同仁参与、亲自外出调研、亲自修改参差不齐的初稿、亲自写导论的重要部分，每时每刻都在思考学术问题，并且付诸于实践行动。他一生投身科研，不为名利。

解超指出，上海是哲学社会科学重镇，在全国有着举足轻重的影响。一直以来，上海社会科学界群星璀璨、名家辈出，为中国哲学社会科学的发展做出了巨大贡献，也是上海这座城市深厚的文化底蕴之所在。纪念宁树藩先生，就是要学习他笃定理想、坚定信念，始终保持求真务实的学术品格。在宁先生的学术生涯中，无论环境如何，他始终坚守崇高的理想追求，始终保持坚定的信念，彰显了老一辈学人的精神风范。

2018年，上海市社会科学界联合会公布首批“上海社科大师”名单，陈望道、贾植芳、吕思勉等68位社会科学界已故著名学者当选，宁树藩先生也是其中一位，是当之无愧的大师。评选社科大师、礼赞社科大师系列活动，产生了很好的社会反响，对促进上海社会科学研究、增进社会科学界的团结意义重大。

陆谷孙先生诞辰 80 周年纪念座谈会暨陆谷孙手稿展开幕式在复旦大学举行

11 月 18 日，陆谷孙先生诞辰 80 周年纪念座谈会暨陆谷孙手稿展开幕式在复旦大学文科图书馆举行。复旦大学党委书记焦扬，上海市社联专职副主席任小文，陆谷孙家属代表分别致辞。陆谷孙先生生前好友、学界代表、同事代表、学生代表等先后发言，分享了他们对陆谷孙先生的真挚回忆。

焦扬在致辞中代表学校向陆先生家属表示慰问，向手稿展正式开展表示祝贺，向关心和支持陆先生的社会各界朋友表示感谢。她说，陆先生坚守三尺讲坛近五十年，培养了一代又一代外语专业英才，我们致敬他教书育人、爱生如子的师者情怀；陆先生主编的《英汉大词典》是由中国学者独立编纂的第一部大型双语工具书，是联合国必用工具书之一，陪伴了无数英语学习者的成长，我们致敬他潜心治学、严谨求实的学者精神；陆先生始终胸怀天下，运用自己精深的专业知识，搭建起中西方文化交流桥梁，一句“学好外国语，做好中国人”激励感动了无数人，我们致敬他心系国家、弘文化人的赤子之心；复旦师生都尊称陆先生为“陆老神仙”，他提携后学，不遗余力帮助学生、同事和朋友，我们致敬他光明磊落、待人宽厚的为人风范。

任小文表示，陆谷孙先生是公认的词典编撰家、翻译家，与上海社联渊源深厚，因其在研究领域取得的令人瞩目的、国际性的成就，以及始终坚持真理、潜心学术的精神，荣获上海市哲学社会科学学术贡献奖；经上海各高校推荐、在广泛征求社科学界意见并组织专家评审的基础上，社联评选出首批上海社科大师仅 68 位，陆谷孙先生榜上有名、实至名归。“偏向疏篱断处尽，亭亭常抱岁寒心。消磨绚烂归平淡，独步秋风无古今。”令人感佩的是，在丰硕的学术成果面前，陆谷孙先生依然保持着一份淡泊求真的心境。

2018 年以来，根据市委宣传部的要求，市社联联合各高校、主流媒体和出版机构等单位，深入开展“礼赞大师”系列宣传推广活动，社会各界反响热烈。任小文强调，上海社科界要以陆谷孙先生等 68 位社科大师为榜样，开拓创新，坚毅前行，为构建中国特色哲学社会科学事业、提升国家文化软实力，作出新的贡献。他相信复旦大学外文学院师生一定能继承前辈的优良学风，在新时代外文学科的发展进程中，开创新局面、创造新成绩。

金仲华雕像落成揭幕仪式暨金仲华人民外交思想座谈会在上海国际问题研究院举行

12 月 24 日，金仲华雕像落成揭幕仪式暨金仲华人民外交思想座谈会在上海国际问题研究院隆重举行。2020 年是上海国际问题研究院（原上海国际问题研究所）成立六十周年，为纪念创始所长金仲华，在金仲华先生亲友的倡议和支持下，上海国际问题研究院举行了隆重的金仲华雕像落成仪式。在揭幕仪式上，上海国际问题研究院院长陈东晓、金仲华长女金立勤、雕塑家章永浩先后发言，上海国际问题研究院副院长严安林为金仲华亲友、雕塑家颁发感谢状。上海国际问题研究院院长陈东晓、金仲华秘书金以筠、雕塑家章永浩、上海市社会科学界联合会任小文、上海市人民对外友好协会副会长景莹为雕像揭幕。

在当天举行的“金仲华人民外交思想座谈会”上，任小文、景莹在座谈会上致辞，上海国际问题研究院学术委员会主任杨洁勉、上海国际问题研究院副院长杨剑、原上海国际问题研究所所长陈佩尧、世界知识出版社副总编罗洁、浙江省桐乡市文联主席褚万根、《文汇报》国际部副主任敖军、中国新闻社上海分社副总编辑李佳佳、原上海国际问题研究所研究员董拜南先后发言。与会者从不同视角回顾了金仲华先生勤奋努力、为国为民的一生，对金仲华先生开展国际问题研究和从事国际新闻工作的思想进行了探讨，并表达了继承金仲华先生遗志，为中国外交和新闻宣传事业做出更大贡献的决心。

金仲华先生是著名民主爱国人士、国际问题专家、社会活动家、著名新闻工作者。他是新中国国际关系研究的奠基者、是新中国人民外交的重要实践者、是中国国际新闻事业的拓荒者，也是新中国涉外研究智库的创建者。在金仲华的努力下，上海国际关系学会与上海国际问题研究所先后成立。2018 年，金仲华入选上海市社联评选的首批“上海社科大师”，成为国际关系学科的唯一代表。

国内协作

商务部上海特派员办事处向上海市社联发来感谢信

2019 年，上海市社联与商务部上海特派员办事处密切联系、加强合作，开展了日常走访、座谈交流等活动，围绕办好进口博览会和虹桥论坛等议题，开展了深入的研讨。相关成果获商务部领导和有关司局的一致好评。为此，商务部上海特派员办事处特向上海市社联发来感谢信，感谢上海市社联在此项工作中的大力支持，并希望双方继续加强合作，携手推动我国商务实现高质量发展。

上海研究院一行赴上海市社联调研

5 月 25 日，中国社科院科研局副局长、上海研究院常务副院长赵克斌，上海研究院秘书处副处长杨位俭，上海研究院信息编辑主管顾蓓蕾一行来我会调研。市社联党组成员、专职副主席解超出席会议并致辞，党组成员、二级巡视员陈麟辉主持会议，相关处室及编辑部同志与会。座谈会上，双方就智库成果转化、信息化建设、编辑业务等工作内容进行了交流研讨。

新民晚报社一行赴上海市社联交流学习

8月20日，新民晚报社党委副书记、纪委书记杨咏梅一行到访上海市社联，就一体推进不敢腐、不能腐、不想腐长效机制建设、内控制度建设，以及新颁布的《中华人民共和国公职人员政务处分法》（以下简称《政务处分法》）等开展交流学习。社联党组成员、专职副主席、机关党委书记解超出席，机关党委、机关纪委、办公室相关同志参加了交流学习。

解超对新民晚报社纪委一行到访社联表示热烈欢迎，他说，《新民晚报》作为民生大报，着眼于“飞入寻常百姓家”，始终坚持贴近民生、关注民意、启迪民智，坚持不懈用习近平新时代中国特色社会主义思想凝魂聚气、守正创新、开拓奋进。今天的交流学习会，双方在党风廉政工作、内控管理制度等方面可以充分交流，相互借鉴，共同促进，增进友谊。社联机关党委、机关纪委要学习新民晚报在党的新闻工作中把牢政治方向、严守舆论阵地、做细做实纪检监察工作的宝贵经验和理念，促进社联党风廉政工作和干部队伍建设再进步。希望今后社联能够与新民晚报社在党建联建、纪检监察资源共享、干部交流、内控制度管理方面加强联系与合作，相互促进、共同进步、共同发展。

杨咏梅认为，通过这次学习交流，双方对全国人大新颁布的《政务处分法》有了更清晰的理解，对如何使用好公权力、促进公职人员廉洁从业在认识上达到了统一，学习是富有成效的。特别是社联结合法规颁布同步制定了《党员干部和公职人员廉洁从政从业负面清单》，全面修订管理规章制度，从保护干部、激励干部的角度出发，把政治纪律、政治规矩和廉政要求嵌入社联实际工作和内控管理，具有很强的针对性和操作性，值得报社学习借鉴。杨咏梅希望双方进一步加强交流合作，在上海宣传思想文化工作中形成合力。

交流座谈会上，机关党委副书记、机关纪委书记、组织人事处处长厉强，办公室主任梁清分别就《党员干部及公职人员廉洁从政从业负面清单》、社联制度汇编修订工作作了交流。新民晚报社纪委副书记、监察室主任张群、纪检员黄家荣就各自分管工作作了交流。双方还围绕新颁布《政务处分法》进行了现场学习，并就部分条款和具体内容进行了深入探讨和交流。

江苏省社科联一行到访上海市社联调研座谈

8 月 28 日，江苏省社科联一行 6 人在党组书记、常务副主席刘德海，党组成员、副主席徐之顺的带领下到访上海市社联，就社科优秀成果评审及第二届长三角江南文化论坛等工作开展调研交流。上海市社联党组书记、专职副主席权衡，党组成员、专职副主席、秘书长解超，党组成员、专职副主席任小文及相关部门负责同志出席座谈会。

在座谈会上，权衡对江苏省社科联一行的来访表示热烈欢迎，就上海开展社科优秀成果评奖、推动长三角江南文化研究学术共同体建设的具体情况进行了详细介绍，并对第二届长三角江南文化论坛的组织筹备工作提出了具体的意见建议。

刘德海对上海社联对江苏社科评奖工作的大力支持表示感谢，并就深化江南文化研究的务实合作、筹备好第二届长三角江南文化论坛进行了交流讨论。

在座谈中，双方还围绕社科界如何积极把握新时代历史发展机遇、主动服务长三角一体化发展国家战略及深入开展决策咨询等工作，进行了交流与探讨。

上海市社联刊业中心一行赴南京调研

为加强工作交流，学习和探讨办刊经验，9 月 17 日至 9 月 19 日，上海市社联刊业中心一行在市社联党组成员、二级巡视员陈麟辉研究员带领下，分别赴江苏省南京市侵华日军南京大屠杀遇难同胞纪念馆、江苏省社科联、南京市社科联展开调研，并与南京大学联合举办“培育与大变革时代相称的社会学想象力研讨会”。

9 月 17 日下午，刊业中心一行赴侵华日军南京大屠杀遇难同胞纪念馆调研。在工作人员的陪同和讲解中深入了解中国抗日战争史和南京大屠杀的相关史料，并与馆长张建军、副馆长凌曦、《南京大屠杀研究》编辑王晓阳等进行了座谈。双方就刊物的运作机制、人事管理、经费来源及规范使用等展开深入交流。

9 月 18 日上午，刊业中心一行赴江苏省社科联调研。江苏省社科联党组书记、常务副主席刘德海，副主席尚庆飞，《江苏社会科学》杂志社主编李静以及相关编辑参与座谈。双方就坚持正确的办刊宗旨，把握舆论导向，防范意识形态风险，加强选题的策划，提高编辑的专业素养等展开了深入交流。

9 月 18 日下午，刊业中心一行赴南京市社科联调研。南京市社科联党组书记、主席曹劲松，党组成员、副主席季文，一级巡视员叶南客，《南京社会科学》虞淑娟副总编等参与座谈。双方就落实意识形态责任制，加强新时代期刊管理的基本经验；主动策划选题，提升综合性期刊学术品质的基本经验；完善体制机制，加强期刊人才培养和队伍建设的基本经验等展开深入交流。

9 月 19 日，《学术月刊》杂志社与南京大学当代中国研究院联合举办“培育与大变革时代相称的社会学想象力研讨会”。南京大学常务副书记杨忠教授，中国社会学会会长、上海大学“伟长特岗教授”李友梅，南京大学文科资深教授、当代中国研究院院长周晓虹教授，上海市社会科学界联合会党组成员、二级巡视员陈麟辉研究员，《学术月刊》姜佑福总编辑及“长三角社会学论坛”各个高校的学科带头人出席会议并分别作了精彩发言，积极回应大变革时代对国家和社会提出的挑战，并就《学术月刊》如何办好社会学栏目展开深入交流。

浙江省社科联一行来上海市社联考察调研

11 月 23 日，浙江省社科联党组书记、副主席郭华巍一行来上海市社联考察调研。双方就浙江省“十四五”社科发展规划编制工作和即将开展的省社科中心建设等方面的设想以及上海市社联的学会管理、科研组织、社科普及和上图东馆社科主题馆的建设等情况开展了深入交流。上海市社联党组书记、专职副主席权衡主持会议。

浙江省社科联一级巡视员邵清，浙江省社科联党组成员、副主席谢利根，浙江省社科联秘书长、规划处处长刘东，浙江省社科联办公室主任陈名义，浙江省社科联科研处处长胡晓立，浙江省社科联办公室二级主任科员宋朝阳，上海市社联党组成员、专职副主席解超，上海市社联党组成员、专职副主席任小文，上海市社联科研处处长金红，上海市社联办公室主任梁清参加了调研座谈会。

沪深双城互鉴共进学术研讨会暨第150期文汇讲堂在深圳大学举行

12月25日，由上海市社会科学界联合会、文汇报社、深圳大学联合主办的“沪深双城互鉴共进学术研讨会暨第150期文汇讲堂”在深圳大学举行，深圳大学党委宣传部、深圳大学社会科学部、文汇讲堂工作室协办。

由上海市社联和文汇报社带队的上海学者代表团汪涌豪、赵晓雷、曾刚、殷德生、包亚明，与深圳学者代表团陈峰、刘科、高建平、袁义才、胡野秋、周建新、郑尊信，共同就“创新、文化、开放”三个专题展开了专业和热烈的交流、切磋。

为期一天的研讨会上，上海市社联专职副主席解超开幕式致辞：回顾上海和深圳过去40多年走过的道路，创新是两地共同的亮色、开放合作是两地共同的特色、文化繁荣是两地共同的底色。正是高举创新和文化的大旗，经过40多年的改革开放，上海浦东和深圳创造了各自的奇迹，书写了各自的传奇。在这个宏大的历史进程中，两地哲学社会科学的专家学者们、理论工作者们，与时代同频共振，敢发思想先声，贡献专业智慧和专业力量。

成果发布和评价平台

CHENG GUO FA BU HE PING JIA PING TAI

成果发布与评价

2019 年度中国十大学术热点发布会在中国人民大学举行

1 月 9 日，2019 年度中国十大学术热点发布会暨哲学社会科学研究展望论坛在中国人民大学隆重举行。此次发布会和论坛由《学术月刊》杂志社、中国人民大学书报资料中心和光明日报社理论部共同主办。

上海市委宣传部副部长徐炯、中国人民大学副校长刘元春分别致辞，中国编辑学会会长郝振省发表讲话。光明日报社理论部主任薄洁萍代表主办方发布 2019 年度中国十大学术热点，《学术月刊》总编辑姜佑福介绍学术热点评选情况，中国人民大学书报资料中心总编辑高自龙主持会议。来自各社科院、高等院校、期刊社、出版社、各大新闻媒体、网络媒体等机构的专家、学者及代表共 150 余人参加了会议。

2019 年度中国十大学术热点聚焦了 2019 年我国哲学社会科学学术研究的焦点、亮点和创新点，是对 2019 年我国哲学社会科学学术研究成果的总结、归纳、凝练，也是对新时代中国特色社会主义伟大实践的记录、回应、助力。

随后举办的哲学社会科学研究展望论坛上，上海社科院原副院长黄仁伟研究员，中国人民大学习近平新时代中国特色社会主义思想研究院院长秦宣教授，教育部学位管理与研究生教育司司长、中国人民大学洪大用教授，中国社会科学院李存山研究员，中国人民大学中国扶贫研究院院长汪三贵教授分别做主题报告，他们从各自研究领域出发，总结回顾 2019 年我国哲学社会科学学术研究现状和关注重点，并对 2020 年学术界的研究方向和创新思路进行分析和展望。

中国十大学术热点评选活动始于 2003 年，已持续举办了十七届，成为我国有重要影响力的年度学术活动。该评选活动将大数据分析和专家评议相结合，参考年度报刊发文数据和重要学术会议的召开频次，经过读者调查、学者推荐、专家审议、投票评选等流程，评选结果客观准确，动态呈现出我国学术研究、理论发展的轨迹、特色和趋势，对于不断推进知识创新、理论创新、方法创新，推动中国特色哲学社会科学学科体系、学术体系、话语体系建设具有重要的现实意义。

上海市社联 2020 年度推介论文

“年度推介论文”活动由上海市社联自 2013 年组织发起并连续多年推出。2020 年的活动对上海学者年度内(2019 年 9 月 1 日至 2020 年 8 月 31 日)发表于国内学术期刊,引起学界关注的原创性学术论文作出推介,旨在反映上海哲学社会科学的发展水平,引领学术前沿,彰显时代主题。经各学科权威学者、学术期刊主编、资深学术编辑等多轮评审推荐,共产生本年度推介论文 10 篇(排名不分先后):

1.《马克思的现代技术之思》,载《学术月刊》2020 年第 4 期,作者:刘日明(同济大学人文学院)

2.《法国哲学四条重要发展路径之考察》,载《同济大学学报(社会科学版)》2019 年第 5 期,作者:冯俊(同济大学人文学院)

3.《发展与平衡的新时代——新中国 70 年的空间政治经济学》,载《管理世界》2019 年第 10 期,作者:陆铭　李鹏飞　钟辉勇(上海交通大学安泰经济与管理学院)

4.《司法人工智能的重塑效应及其限度》,载《法学研究》2020 年第 4 期,作者:马长山(华东政法大学)

5.《确立职业教育的类型属性是现代职业教育体系建设的根本需要》,载《华东师范大学学报(教育科学版)》2020 年第 1 期,作者:徐国庆(华东师范大学职业教育与成人教育研究所)

6.《〈金瓶梅〉成书之争与模糊判断》,载《文学遗产》2020 年第 4 期,作者:陈大康(华东师范大学中文系)

7.《近代长三角邮政空间的演化——兼论长三角基层市场网络》,载《中国经济史研究》2020 年第 2 期,作者:刘雅媛(上海社会科学院历史研究所)

8.《智能革命与国家治理现代化初探》,载《中国社会科学》2020 年第 7 期,作者:高奇琦(华东政法大学政治学研究院)

9.《中国社会学的知识生产范式——以晏阳初和费孝通的实践为例》,载《学术月刊》2020 年第 6 期,作者:李友梅　耿敬(上海大学社会学院)

10.《审美能力的构成》,载《文学评论》2019 年第 5 期,作者:刘旭光(上海大学文学院)

社科志编纂

《上海市志·科学分志·人文社会科学卷(1978—2010)》评议会在上海市社联举行

7月15日,《上海市志·科学分志·人文社会科学卷(1978—2010)》评议会在上海市社联群言厅召开。市社联党组书记、专职副主席、《人文社会科学卷》编委会主任权衡,市方志办党组书记、主任洪民荣出席会议并讲话。市社联党组成员、二级巡视员、《人文社会科学卷》编委会副主任陈麟辉,评议组专家及市方志办工作人员、《人文社会科学卷》编纂人员等20余人与会。会议由市方志办市志工作处处长黄晓明主持。

权衡在致辞中代表上海市社联、《人文社会科学卷》编委会向各位领导和专家对编纂工作的大力支持表示衷心感谢。该项工作自2014年年底启动以来,市社联动员全市社科界诸多力量,为这部志书付出了大量的心血与努力,最终形成目前的评议稿,并于2020年6月提交市地方志办评议。今天的评审会后,市社联将在市方志办的指导下,严格按照进度要求,根据与会专家提出的意见,认真修改完善,努力使本卷志书成为经得起时间检验,经得起学界检验的优秀志书,为上海地方志建设添砖加瓦。

会上,陈麟辉介绍了《人文社会科学卷》的编纂情况。《人文社会科学卷》编纂工作自2014年成立编纂办公室以来,基本上按计划逐步有序推进。在市哲学社会科学规划办公室支持下,2015年初确定为市社科规划1号委托课题,开始集中撰写。同时为提高编撰质量,严把意识形态关,市社联创新性的采用了审读人工作机制,邀请本市权威社科理论专家对各篇章进行审读。在全体编撰人员的共同努力下,于2020年3月完成了100万字左右的初稿,并于5月进行内部评审。

与会评议专家逐一对《人文社会科学卷》进行评议,评议专家组组长、浦东干部学院领导研究院院长奚洁人作总结。专家们一致认为,《人文社会科学卷》评议稿是一部比较成熟的志稿,篇幅宏大、分类合理、层次清晰、资料相当丰富、文字流畅,全面、客观、系统地反映了1978—2010年上海社会科学界改革、发展、奋进的历程和取得的成就,特色鲜明、特点突出。下一步,希望编纂团队能对图照、概述、大事记、行文规范等内容做进一步修改完善。

社科普及平台

SHE KE PU JI PING TAI

“东方讲坛”等科普专项

“问路百年成大道”望道讲读会举办 2020 上海书展特别活动 推介上海市庆祝中国共产党成立 100 周年研究丛书

8 月 13 日，“问路百年成大道”上海市庆祝中国共产党成立 100 周年研究丛书推介活动在上海市社联群言厅举办。本次活动由上海市社会科学界联合会、上海人民出版社主办，东方青年学社协办，是望道讲读会于 2020 上海书展期间组织的特别活动，也是上海市社联深化“四史”学习教育的一次专题学习活动。上海市社联党组成员、专职副主席、秘书长解超出席。

本期望道讲读会隆重推介的是上海市庆祝中国共产党成立 100 年研究丛书。99 年前，中国共产党在上海兴业路上的一间石库门里诞生。近百年艰辛求索，筚路蓝缕，国家和上海在中国共产党的正确领导下，完成了从站起来到富起来的光辉历程，正在经历从富起来到强大起来的历史新飞跃。近百年伟大历史进程蕴含的重大经验、价值追求、制度理念、文明成果，为构建中国特色哲学社会科学话语体系，提供了不竭的思想源泉和精神养料。这套丛书史论结合、论从史出，从党史、党建、政治学、法学、哲学、新闻传播学等人文社会科学多个学科领域回溯精研中国共产党百年历程，是上海社科界庆祝中国共产党成立 100 周年的献礼之作。这一系列成果共 24 项，由上海市哲学社会科学规划办公室、上海市推进中国哲学社会科学学术话语体系建设工作领导小组办公室于 2017 年共同立项实施，全套丛书预计在 2020 年末面世。

主办方特邀上海市庆祝中国共产党成立 100 周年研究丛书的主要编撰者来到现场，为听众讲读专著。讲读会由华东师范大学政治系主任吴冠军教授主持，上海师范大学历史系教授、中共上海市委党史研究室特约研究员苏智良，中共上海市委党校常务副校长研究员徐建刚，同济大学马克思主义学院教授李占才，华东政法大学原校长、中华司法研究会副会长何勤华教授先后登台演讲。他们分别从党在上海的革命纪念地历史、党的百年自身建设历史、近代以来中国超越资本主义文明的理想与追求、中国特色社会主义法治的形成与发展等方面，解读了中国共产党党史研究的最新成果，并现场解答了部分听众问题。

2020 上海书展期间，上海市社联等单位共同主办“你好，我的城——新时代人民城市建设面面观”望道讲读会特别活动

8 月 16 日，“你好，我的城——新时代人民城市建设面面观”望道讲读会 2020 上海书展特别活动在上海市社联群言厅举办。本次活动由上海市社会科学界联合会、上海人民出版社主办，上海东方青年学社协办。上海市社会科学界联合会党组书记权衡，上海人民出版社社长、总编辑王为松出席。上海市社会科学界联合会党组成员、专职副主席解超主持。

2019 年 11 月 2 日，习近平总书记在上海考察时，提出了“人民城市人民建、人民城市为人民”的重要论断，深刻回答了城市建设发展依靠谁、为了谁的根本问题，深刻回答了建设什么样的城市，怎样建设城市的重大命题。在 2020 年十一届市委九次全会上，通过了《中共上海市委关深入贯彻落实“人民城市人民建，人民城市为人民”重要理念，谱写新时代人民城市新篇章的意见》，对加快建设具有世界影响力的社会主义现代化国际大都市作全面部署，把“人民城市人民建，人民城市为人民”贯彻落实到上海城市发展全过程和城市工作各方面。

“城市怎样让人民生活更美好”，也是望道讲读会关注的话题。在自然与人文，个体与群体，继承与创造，奉献与获得的有机接续，融合互动中，培育健康的城市生命体，关乎人民的幸福感和安全感。在 2020 上海书展期间，望道讲读会聚焦“人民城市”这一重要理念，特别邀请同济大学常务副校长伍江，上海市文联副主席、作协副主席孙甘露，复旦大学教授唐亚林，小红书执行总编辑陈冬芳，分别以“以人为本，有机更新”“让阅读走入日常”“人民城市论：理论发展与实践进展”“引领品质生活，打造上海城市文化”为主题，从城市规划、城市文化、城市治理、城市生活精神等多视角、多层次，共同探讨如何打造人人都能有序参与治理、人人都有人生出彩机会、人人都能享有品质生活、人人都能切实感受温度、人人都能拥有归属认同的人民之城。

“人民”，始终是望道讲读会的初心指向。从社会科学以文化人、以文育人、以文培元的使命出发，自创办以来，讲读会一直秉承在信息时代引领大众开启阅读之风，追求守望内在精神理想的初衷，通过结合讲座和阅读两大社科科学传播的重要抓手，突出话题开放、互动交流、中西会通、古今对话的独特形式，让读书丰富人民的精神生活，让人民走进思想的广阔天地，打造了一个“博约兼顾、广深结合”的思想文化交流平台，一个引领大众阅读的文化符号。

思想点亮未来·张学良:迈向世界第六大城市群,长三角究竟凭什么?

长江三角洲地区是我国经济发展最活跃、开放程度最高、创新能力最强的区域之一,在国家现代化建设大局和全方位开放格局中具有举足轻重的战略地位。那么,长江三角洲这个概念是怎么来的?又该如何全面思考长三角一体化发展?上海财经大学讲席教授张学良从历史的维度、现实的基础、国际的比较与未来的趋势等角度对此作了阐释。以下是他在“东方讲坛·思想点亮未来”系列讲座(第七季第1场)上的演讲。

长江三角洲,一般我们简称为长三角,我相信大家对这个词已耳熟能详。事实上,长三角的内涵并非一成不变。一方面,它从最初的自然地理学概念被逐渐赋予了经济区的含义;另一方面,随着区域经济联系的增强,长三角所包括的空间范围也随之扩大。今天,长三角地区的发展处在一个新的历史时点上,正在向一个世界级的城市群迈进。

如果将长三角地区视为一个独立的经济体,在全球可以排到前五位

长三角地区是我国经济发展最活跃、开放程度最高、创新能力最强的区域之一。2018年11月5日,国家主席习近平在首届中国国际进口博览会开幕式上宣布,支持长江三角洲区域一体化发展并上升为国家战略。这一重大战略决策标志着长三角区域一体化发展进入新阶段。

国家“十三五”规划纲要提出,优化提升东部地区城市群,建设京津冀、长江三角洲、珠三角世界级城市群,提升山东半岛、海峡西岸城市群开放竞争水平,培育中西部地区城市群,发展壮大东北地区、中原地区、长江中游、成渝地区、关中平原城市群,规划引导北部湾、山西中部、呼包鄂榆、黔中、滇中、兰州—西宁、宁夏沿黄、天山北坡城市群发展,形成更多支撑区域发展的增长极。

长三角三省一市总面积35.8万平方公里左右,经济总量在2019年达到3.4万亿美元左右。这些数字意味着什么?打个比方,如果将长三角地区视为一个独立的经济体,在全球可以排到前五位,经济总量与德国、印度相当,也与20世纪80年代我们作为追赶对象的亚洲四小龙相当。其中,江苏省经济总量约为1.4万亿美元,经济体量与澳大利亚相当,高于荷兰、瑞士等国家,相当于居世界第13名左右的国家。但是同时也要看到,长三角地区存在区域发展不平衡问题,各个城市的经济总量、人口总量与城市化率还存在着很

大的差异，区域发展还有很大潜力与空间。

长三角区域一体化的发展，需要我们从历史的维度、现实的基础、国际的比较与未来的趋势这几个角度来思考。

从东晋到今天，长三角至少经历了“江、河、江、湖、海”五个时代

（一）从历史地理的维度认识长三角

“三角洲”是一个地理学概念。公元前5世纪，古希腊历史学家希罗多德用希腊字母Δ(Delta)代指尼罗河口的三角形平原，此后Delta一词便用以表示河口的冲击地貌。根据我和我的团队的研究，Delta一词于19世纪晚期伴随西方地理学知识传入中国。

长江三角洲最早映入我们的眼帘，可以追溯到1862到1865年，当时英国人查理·戈登率领洋枪队以及一批英国工兵在镇压太平军的途中，第一次测绘了长江下游北至镇江南至杭州的这一三角形区域，并于1865年在伦敦出版了题为“Military Plan of the Country Around Shanghai”的地图，该图成为西方人研究长江三角洲地区所依据的最早的实测地图。根据该图，《北华捷报》前主笔马诗门撰写了《中国的长江三角洲》一文并发表在《地理杂志》上，该文可能是迄今所见西方最早有关长江三角洲的地理学论述。

1917年，中国近代地质学先驱丁文江前往苏浙皖三省调查长江下游地质情况，并于1919年以英文形式发表了题为《芜湖以下扬子江流域地质报告》的文章，第一次系统阐释了长江三角洲的形成与演变机制。自此，Yangtze Delta的用法虽逐渐固定下来，但地理教科书及报章杂志中出现了“扬子江三角洲”“大江三角洲”“长江三角洲”等不同译法。1935年，《各学校地理课程标准改正文》刊登，要求将师范地理教材标准中的“大江三角洲”改为“长江三角洲”，此后“长江三角洲”的表述逐渐固定下来。

从历史地理的角度，我们不仅要知道长江三角洲概念的由来，还要看到它背后的经济发展的逻辑。唐代以来，江南逐渐成为中国最重要的经济区，明清时期这里的商品经济发展到王朝时期的顶峰，形成了以大运河为纽带，以苏州、杭州为中心的区域经济地理格局。历史上，长江三角洲所在的“江南”是一张名片、一个符号，是一种向往、一种实现：满足了那个时代人民对所有美好生活的向往，代表着对美好生活的所有憧憬，以及为此实现的努力付出与制度安排。

（二）长江三角洲经济区的历史演进

从历史的维度来追溯，南京早在我国唐宋以前就是“六朝古都”，以南京为中心，带动了整个长江中下游地区的发展，还未真正形成的江南地区进入了“长江时代”。隋唐时期，扬州因京杭大运河的贯通而成为商品贸易、人口往来的集聚地，成为江南乃至全国的经济、文化中心，长江三角洲所在的江南地区进入了“运河时代”。南宋定都临安即杭州，杭州成为当时中国南方的政治、经济、文化中心，“上有天堂，下有苏杭”，很多国外传教士、文人学者到访杭州，真正形成中的江南地区进入“钱塘江时代”。明清时期兴起了一个新的“江南时期”，即进入“太湖时代”，主要是依托太湖流域，苏州成为长江三角洲所在的江南地区的中心。1840年后，上海开埠，五口通商使上海的优势与龙头带动作用得到了极大发挥，长江三角洲地区乃至中国进入到“海洋时代”，上海与长江三角洲成为我国对内与对

外开放的门户窗口。

可以说长江三角洲地区，大约从东晋到今天，至少经历了“江、河、江、湖、海”五个时代。随着这五个时代的变迁，长江三角洲地区的经济重心不断地转移，并在不同历史时期至少有南京、扬州、杭州、苏州与上海这五个城市在长江三角洲经济区中成为“首位城市”，并分别形成了在当时相对完整的城镇体系，带动了近代长江三角洲地区村镇体系发展。

长江三角洲地区城镇星罗棋布，江南市镇大多位于交通便利之地，地处城市和乡村之间，以工商活动为主要功能，辐射范围广，商业活动与周边农村联系紧密，宜居宜业。此外，长江三角洲地区与水相关的概念非常多，水网密布河浜纵横，交通往来有舟楫之便，素有“水乡”之称。明清时期，区域内交通以内河航运为主，主要水系为南北向的大运河与东西向的长江航道，而支线则包括太湖水系内吴淞江、黄浦江、蒲汇塘等以及南部的钱塘江。由此方便了人们的居住，丰富了生产和生活，也加强了区域的联系。也是在明清时期，商品经济的发达带来了商业资本的繁荣，进一步促进了长三角地区人口集聚、商品和资本的流通。在长江三角洲地区，政府引导下的“区域一体化”也起步较早，例如，为促进长三角地区汽车互通，苏浙皖三省于 1932 年便成立了“苏、浙、皖三省道路专门委员会”，掌管三省道路干线的拟定、审核、实施与指导等工作。

从历史维度看整个长江三角洲地区，以江南为代表的历史的传承，包括财富的传承、文化的传承、商业意识的传承、从商精神的传承等，集大成和商业的文明的巅峰都是在长江三角洲。在很长的一段时间内，长江三角洲地区从物质上到精神上的追求，一直走在中国乃至世界的最前面。

今天的长江三角洲区域一体化发展到达了什么程度？

长江三角洲三省一市总面积 35.8 万平方公里，2019 年长江三角洲城市群总人口 2.27 亿，GDP 总量达 23.73 万亿，以占全国 3.72%的国土面积，集聚了全国 16.22%的人口，贡献了 23.94%的 GDP。在经济体量庞大、人口高度集聚的背后，长江三角洲地区已形成了市场主导、政府引导的良好发展模式，市场在资源配置中起决定性作用的同时，政府发挥了更好的引导作用。由省级决策层面、市级协调层面、部门执行层面共同组成的“三级运作、统分结合”的区域合作机制，嵌套民间层面自发形成的其他沟通机制，又成立了长三角区域合作办公室、长三角生态绿色一体化发展示范区管委会等创新型机构，使得长三角形成了特点鲜明的区域合作机制体系。可以说，在长江三角洲形成了“大树底下好长草”“大树底下好乘凉”的跨省域毗邻区协同发展格局，经济实力越强的城市越具有辐射带动作用，特别是上海的龙头带动作用突出。

随着我国经济迈入高质量发展阶段，长江三角洲社会经济发展已经到了从量的提升转到质、量共抓的新时期，既面临我国深化对内开放、率先探索形成国内国际双循环新发展格局的重大机遇，也面临经济密度不高、增长动力不足、区域内发展不平衡等诸多挑战。长江三角洲地区更高质量一体化发展的关键在于打破行政壁垒，促进要素自由流动和优化配置，通过新型区域合作与深度对内开放，带来经济的新增量、发展的新动能，形成可复制、可推广、可持续的多赢合作新模式。近年来，长江三角洲地区开始探索新型城市合作模式，包括毗邻区合作、示范区合作、新型“飞地经济”、城市对口合作、跨区域跨流域生态补偿等方式，通过城市功能统筹、交通对接、产业与创新协同、公共服务共享、环境共治等手段，不断完善和提升区域一体化实现路径。

今天的长江三角洲区域一体化发展到达了什么程度？呈现出怎样的特征？各个城市之间的联系，谁与谁最为紧密呢？我们可以用大数据与新技术来做些探秘。

我们的研究表明，长江三角洲城市之间一体化程度最高的前十对城市为：上海和苏州、上海和杭州、上海和南京、上海和嘉兴、杭州和宁波、上海和宁波、上海和常州、上海和南通、宁波和舟山、上海和无锡。从中可以发现，上海是名副其实的中心城市，前十对城市中除了宁波和舟山、杭州和宁波之外，其他八对都与上海相关，大家都愿意与上海“交朋友”。

此外，还有一些数据。比如，基于上市公司总部与企业分支机构数据，作为长江三角洲地区的龙头城市，上海在长江三角洲资源配置网络中的核心节点作用较为突出。基于国家知识产权局联合专利申请数据，在长江三角洲内部，城市间专利联合申请活跃，区域创新共同体雏形初现，G60 科创走廊成效初显，特别是在上海大都市圈内部，各城市联合申请专利更加频繁，企业联合创新优势明显。

长江三角洲地区的崛起，可以理解为是一种复兴或回归

我们还要在国际比较中看长江三角洲的发展方位。工业革命首先从欧洲开始，第一次工业革命形成了以伦敦为中心的英国中南部城市群。随后，伴随着第二次工业革命，又形成了欧洲西北部城市群。19 世纪末 20 世纪初，世界经济中心由欧洲转向北美洲，美国成为全球的经济中心，形成了两大世界级城市群，即北美五大湖城市群与美国大西洋沿岸城市群。20 世纪六七十年代日本崛起，日本太平洋沿岸城市群成为世界第五大城市群。今天，长江三角洲地区正在向世界第六大城市群的目标迈进。

从上面描述的世界级城市群的发展轨迹看，似乎是从欧洲到北美洲再到亚洲，但如果我们从长周期看，至少从公元 1200 年前后到鸦片战争前的这 600 年的时间里，长江三角洲所在的中国江南地区，已经是一个世界级的经济区域，是世界经济的中心之一。所以，我理解的世界经济中心的转移，应该最早是从中国的江南地区，转向欧洲的两大城市群，再转向美洲的两大城市群，又回到了东亚和中国，这样就形成了一个“闭环”。今天长江三角洲地区的崛起，可以理解为是一种复兴，或者是一种回归。从这个意义上说，长三角地区正在加快建设世界级城市群，我们认为有其历史必然性和空间演化逻辑。

但是，将长江三角洲放在今天的国际比较中，我们也要看到其与世界先进城市群还有差距。数据显示，与其他世界级城市群相比，长江三角洲的空间面积最大，但经济密度远不如世界先发城市群。此外，2019 年长江三角洲地区生产总值和人口分别占据全国总量的 23.9%和 16.2%，美国大西洋沿岸城市群和北美五大湖城市群的面积之和与长江三角洲基本相同，但 2010 年它们的经济总量和人口总量就已达到全美的 49.6%和 37.2%。如果以人均 GDP 作为对经济效率和人民生活富裕程度的考量，2019 年长江三角洲地区的人均 GDP 为 1.45 万美元，不及 2010 年西方先进城市群的三分之一，劳均产出为 2.2 万美

元，不及西方先进城市群的五分之一。2019 年长江三角洲城镇化率为 68%，而世界先进城市群城镇化率近 90%。

可以看出，我们与世界先进城市群还有很大的差距。我国需要全方位推进长江三角洲区域一体化发展国家战略，以先行先试、发挥示范带动作用为使命，既要注重把握世界城市群发展的一般规律，又要立足现实，充分考虑长江三角洲地区的具体实际；既要着眼于发挥当前比较优势，又要体现高质量发展与可持续发展的内在要求。一方面需要依赖创新驱动战略促进技术进步和产业升级，另一方面还须持续推进城镇化进程以改善劳动力空间配置，以城市集聚经济提升效率水平。

未来长三角的增长与发展需要做好四篇文章

2020 年 8 月 20 日，习近平总书记在合肥主持召开扎实推进长三角一体化发展座谈会并发表重要讲话，强调长三角一体化发展不是一日之功，我们既要有历史耐心，又要有只争朝夕的紧迫感，既谋划长远，又干在当下。现阶段，我们要把长三角一体化发展放在国家区域发展总体战略全局中进行统筹谋划，紧扣全国发展强劲活跃增长极、高质量发展样板区、率先基本实现现代化引领区、区域一体化发展示范区、改革开放新高地的战略定位。

在上述战略定位中，排在第一位的是建设“强劲活跃增长极”。“强劲”指的是速度，长江三角洲地区人民还需要更加勤奋努力，更加注重创新，注重技术进步，实现强劲的发展与增长。“活跃”指的是质量，经济要活跃，发展要有活力，质量就要高。长江三角洲地区要实现在适度增长速度前提下的高质量发展，又要保持高质量发展保障下的适度增长速度，这对长江三角洲地区来说，是一种责任，也是一种使命。

如果以 2035 年长江三角洲建设成为世界级城市群为期，计算下来，GDP 的年均增长率需要保持在 6%以上，经济总量才能实现由现在的 3.4 万亿美元到 2035 年 10 万亿美元的跨越。所以说，发展是量变和质变的辩证统一，不能顾此失彼，经济从高速增长迈向高质量发展的新阶段，更需处理好质与量的关系，要以量的提升来促进经济集聚水平，进而带来质的飞跃。

同时需要指出的是，“十四五”时期乃至更长一段时间，长三角的增长与发展应该是一种“多彩”的增长与发展，需要做好四篇文章。一是“生态文章”，找到实现路径，将绿水青山转变为金山银山；二是“民生文章”，找到市场机制，实现教育、医疗、养老等高品质公共服务；三是“文化文章”，深入挖掘江南文化，提升长三角地区文明水平；四是“创新文章”，在技术创新与产业转型升级中实现增长与发展。总之，要将长江三角洲地区科技创新优势、资源生态优势、文化文明优势、战略叠加优势真正转化为发展的优势、增长的优势，在发展中补齐民生短板，提升老百姓的获得感、幸福感与满意度。

思想点亮未来·张自慧:孔子将人生分为六个阶段,为何一以贯之的是这个字?

在人类文明史上,中华文明是唯一没有中断而延续至今的古老文明。中华文明为何具有如此大的"韧性"?上海师范大学哲学系主任张自慧教授认为,这与儒家所尊崇的礼乐文化关系密切,与孔子所遵奉和倡导的"礼"与"仁"不可分离。孔子以"兴于《诗》,立于礼,成于乐"的思想建构了融"诗礼乐"于一体的儒家教化模式,也由此形成了中国独特的文明类型。以下是她在"东方讲坛·思想点亮未来"系列讲座(第七季第10场)上的演讲。

中国是世界上有自己独立起源的文明国家之一,中华文明生生不息,从未中断。中华文明为何具有如此大的"韧性"?在我看来,这种"韧性"肇始于中华先民的理性早慧,而这与儒家所尊崇的礼乐文化关系密切,与孔子所遵奉和倡导的"礼"与"仁"不可分离。今天的演讲,我将围绕"孔子之礼与成人之道"这个题目,与大家做分享交流。

"周孔之道"与孔子的"礼乐人生"

人们常说,中华民族是"礼仪之邦",中国文明是"礼乐文明"。如果说龙是中华民族的图腾标识,那么礼则是华夏文明的文化标识。在敦煌莫高窟的一幅壁画上,中华民族的人文始祖伏羲和女娲一人拿"规",一人持"矩",其意是为中华民族立"规矩",这里的"规矩"就是后世的"礼"。几千年来,中国社会的基本治理方式是"以人文化成天下",其具体手段就是以礼乐教化天下民众。孔子以"兴于《诗》,立于礼,成于乐"的思想建构了融"诗礼乐"于一体的儒家教化模式,也由此形成了中国独特的文明类型。

在孔子的人生中,对其影响最大的人当属西周初期杰出的政治家、军事家、思想家和教育家周公。周公制礼作乐,拉开了礼仪之邦的文明序幕,被尊为"元圣"和儒学先驱。孔子崇拜周公,以周公之志作为自己的梦想和追求;他是儒家学派的创始人,被誉为"天纵之圣"和万世师表。司马迁有"五百年必有王者兴"之说,他认为孔子是继周公之后500年,中国历史上出现的另一位文化伟人。有学者指出,孔子是大圣人,是儒家思想的集大成者,而他的思想源头却在周公那里。可以说,周公与孔子是中华文明的奠基者,是礼仪之邦的开拓者,周孔之道形塑了中国文化的精神气质和中华民族的精神风貌。

作为礼乐文化传承和弘扬的关键人物,孔子的主要贡献体现在他以"可施于礼义者"为圭臬删述"六经"上。司马迁在《史记·孔子世家》中说,孔子"删《诗》《书》,订《礼》《乐》,

赞《周易》,作《春秋》"。《诗》《书》《礼》《易》《乐》《春秋》即"六经"(因《乐》佚失,后来被称为"五经"),是中华文明的元典。在这些元典里,"写着中国的灵魂,指示着将来的命运"。由于孔子以"可施于礼义者"为标准对"六经"进行删述,这就使"六经"从某种意义上说具有了以"礼"教化民众的功能,因此学术界有"六经皆礼"之说。从《论语》所映现的思想体系看,孔子在周礼思想的基础上,构建了儒家的伦理思想体系,奠定了中国文化"大传统"的坚实根基。

不仅是传承和弘扬,从某种程度上说,孔子的人生也可被称作"礼乐人生"。面对春秋时期礼乐精神的颓废,孔子援仁入礼,对礼进行了新的诠释。在《论语》中,孔子将礼提到了治国理政的高度,他主张"为国以礼",对民众"齐之以礼"。同时,孔子将礼乐作为教化民众、和谐社会的重要手段,相信个人和国家可以立于"礼"、成于"乐"。孔子的礼教思想对中华民族礼仪之邦的形成和礼乐文明的繁盛居功至伟。

那么,孔子是怎么阐释"礼""仁"之间关系的?我们来看看他与弟子间的对话。当弟子颜渊问何谓"仁"时,孔子回答:"克己复礼为仁。一日克己复礼,天下归仁焉。为仁由己,而由人乎哉?"颜渊以此语为"纲",询问其"目",孔子回答:"非礼勿视,非礼勿听,非礼勿言,非礼勿动。"可以看出,礼是实现仁的手段和通向仁的路径。

从孔子的人生实践看,其人生也是以礼规约的一生。他将自己的人生分为六个阶段,"吾十有五而志于学,三十而立,四十而不惑,五十而知天命,六十而耳顺,七十而从心所欲不逾矩"。在这六个阶段中,"礼"是一以贯之的主线。"吾十有五而志于学","学"的主要内容是"礼",即掌握礼的内涵与要义;"三十而立"是立于"礼",即让自己的视听言动合乎礼;"四十而不惑"是通过领悟天地人之道而不惑,而"礼以天作""乐以地成",从天地之道可以推衍出礼乐之道,遵行礼乐之道能够使人喜怒哀乐"发而皆中节",最终使心灵秩序和社会秩序"中和位育";"五十而知天命"中的"天命"不仅是命运,更是使命,是孔子"以天下为己任"、为国以礼、修齐治平的使命和担当;"六十而耳顺"是顺应天命,这种顺应是通过礼敬他人和仁爱天下实现的;"七十而从心所欲不逾矩"是一种合乎礼、达于"时中"之理想境界。

孔子一生以礼乐教化为天职,他"以诗书礼乐教,弟子盖三千焉,身通六艺者七十有二人";他告诫弟子"不学《诗》,无以言;不学礼,无以立",要求学生"文之以礼乐""修己以敬""修己以安人""修己以安百姓"。由此可见,孔子的一生是学礼、行礼、教礼的一生,是承继、倡扬和推行礼乐教化与人文化成的一生。

"不学礼,无以立"与"学礼以成人"

今天,我们常说"礼仪",但其实在我国古代,"礼"与"仪"最初是独立使用的,它们各自有着丰富的内涵。礼包括典章制度、道德规范和礼节仪式三层意蕴;仪包括准则、法度,典范、表率,形式、仪式,容貌、风度,礼品、礼物五种内涵。从本质上说,礼是一种道德规范,其实质是对他人的尊重。孔子曰:"礼者,敬人也。"《礼记》开篇即曰"毋不敬",范祖禹说:"经礼三百,曲礼三千,一言以蔽之曰毋不敬。"如果说"礼"是发自内心深处对他人的尊敬,那么"仪"则是恰到好处地向别人表达尊重和敬意的具体形式。礼与仪合并在一起,就是礼仪，它是指人们在社会交往过程中应该遵循的行为规范和准则。

礼仪、礼貌是为做大事而做准备的小事。“天下大事，必作于细；天下难事，必作于易。”对于一个人的成人与成才而言，视听言动合乎礼，既是提升道德修养的“入口”，也是由自然人成长为社会人的“门径”。荀子曰：“礼者，所以正身也。”《尚书》云：“不矜细行，终累大德。”在儒家看来，“人无礼，则手足无所错（同“措”）也”；“人有礼则安，无礼则危”。因此，孔子告诉弟子“不学礼，无以立”。

每个人“生而为人”，但并非“生而成人”，前者是自然人之概念，后者则为社会人之意涵。关于“成人”的内涵，古代典籍中多有记载，在儒家那里，“成人”是一个兼具道德性与社会性于一体的范畴。《礼记·学记》云：“一年视离经辨志；三年视敬业乐群；五年视博习亲师；七年视论学取友，谓之小成。九年知类通达，强立而不反，谓之大成。”可以看出，“离经辨志”考察的是学习的志趣和能力，“敬业乐群”“博习亲师”“论学取友”考察的不仅有知识素养，更有交际能力和礼仪素养，此乃“小成”；而只有拥有了“知类通达，强立而不反”的理性智慧，方能抵达“大成”之境。无疑，礼仪修养和道德境界是成人的重要参数。儒家认为：“礼也者，犹体也。体不备，君子谓之不成人。”“人之能自曲直以赴礼者，谓之成人。”因此，当子路问何谓“成人”时，孔子回答：“若臧武仲之知，公绰之不欲，卞庄子之勇，冉求之艺，文之以礼乐，亦可以为成人矣。”“见利思义，见危授命，久要不忘平生之言，亦可以为成人矣。”古代男子二十岁要行冠礼，其意是要告诫步入成年的年轻人：“成人之者，将责成人礼焉也。责成人礼焉者，将责为人子、为人弟、为人臣、为人少者之礼行焉。……孝弟忠顺之行立，而后可以为人；可以为人，而后可以治人也。”可见，“成人”是一个很高的人生目标，不是到了一定年龄就自动生成的，而是需要经过不懈努力才能达到的境界。

马克思曾说，人的本质是一切社会关系的总和。社会属性是人的本质属性，一个人只有与周围人和谐相处，才能为个人成功营造良好的氛围。而人与人之间的交往，必须遵循一定的行为规范和准则，这些行为规范和准则，就是礼仪，例如见面的称呼与问候、举手投足、仪表仪态等。当一个人能够严格践履礼仪规范时，其离“仁”的道德境界就不远了，这就是孔子所说的“克己复礼为仁”。对此，社会学家费孝通解释说：“克己才能复礼，复礼是进入社会，成为一个社会人的必要条件。”他认为扬己与克己是东西方文化差别的一个关键。

在中国文化中，礼仪是为人的标志，是文明与野蛮的分界线。《礼记》云：“鹦鹉能言，不离飞鸟，猩猩能言，不离禽兽。今人而无礼，虽能言，不亦禽兽之心乎？……是故圣人作，为礼以教人，使人以有礼，知自别于禽兽。”意思是说，如果无礼，那么人与禽兽也无异了。同时，礼仪是律己的规范和交往的准则，是规约人们言行举止、仪表仪态、语言谈吐的准绳。是否遵循礼仪的规范和准则，是判断一个人有无教养的重要标准。每个人都有自己的个性和欲望，如果我们对自己的个性不加约束，任凭自己的欲望膨胀泛滥，就会伤害他人的自由和利益。因此，柏拉图提出了“灵魂马车”之说，提醒人们要用理性之马牵制和约束感性之马，做自己灵魂的主人；孔子也将“黄金法则”告知世人：“己所不欲，勿施于人”，“己欲立而立人，己欲达而达人”。一个人要自立于社会，成为社会人，就必须遵守作为“礼”的社会规范和交往准则；一个国家要自立于世界民族之林，就必须遵守世界的“公约”和“公理”,必须尊重其他国家和民族。正如荀子所说:“人无礼不往,事无礼不成,国家无礼不宁。”

“文质彬彬”与“行礼以成君子”

“君子”是中国文化特别是儒家文化中一个十分重要的概念,从某种意义上说,儒家文化乃至中国文化就是“君子文化”。几千年来,在这种文化的影响下,君子已成为中国人追求和向往的人格理想和精神境界。那么,何谓君子呢?君子是中华礼仪之邦在礼乐文明的浓厚氛围中培育出的人格高洁、形象典雅的士,是人生品行的标杆。在《论语》中,“君子”一词出现了106次;在孔子删订的《诗经》中,“君子”出现了180余次,其中以“君子”为主角的诗篇有40余首。所以,学者辜鸿铭认为,“孔子全部的哲学体系和道德教诲可以归纳为一句话,即‘君子之道’”。

其实,“君子”的本义是“君之子”,乃是阶级社会中对上层贵族的通称。古代“君子”与“小人”相对应,君子指士以上的上等社会的成员,小人指士以下的庶民百姓。后来封建制度被破坏,二者的关系由社会阶级的区别转化为道德品格的区别,这一转化始于孔子“礼下庶人”的私学教育。因此,从某种程度上说,道德品格意义的“君子”和具有平民意识的孔子密切相关,是他为出身低微的人们架起了一座通向“君子”的桥梁,为中国古代的道德教育和人才培养树立了一个有形的标杆;甚至可以说,孔子用他的智慧和行动勾画出了“中国人”的理想形象。孔子之后的孟子、荀子以及其他儒家学者,皆以其对“君子”的理解,继续完善着君子的内涵,追求着理想的人格。

“君子不器”,成己达人。“君子不器”,意思是君子不能像器皿一样,只有一定的用途,而应“士志于道”,能够心怀天下,有高远的理想和追求,做到成己达人。孔子多次谈到“君子谋道不谋食”“君子忧道不忧贫”“士志于道”“朝闻道,夕死可矣”。不以“器”为目标的君子,以“大道”“大义”“大仁”“大礼”为追求,是孔子心目中“以天下为己任,鞠躬尽瘁,死而后已”的“士”,是孟子心目中“富贵不能淫,贫贱不能移,威武不能屈”的“大丈夫”。

“文质彬彬,然后君子”。就一个人的形象而言,孔子认为“质胜文则野,文胜质则史”,即质朴多于文采,就会显得粗野;文采多于质朴,就难免流于浮夸。只有质朴和文采配合适当,才能成为君子。孔子强调“过犹不及”,主张“允执其中”。他将“中庸”视为“至德”,《礼记·中庸》更是借孔子之口说:“君子中庸,小人反中庸。君子之中庸也,君子而时中;小人之中庸也,小人而无忌惮也。”在其心目中,君子“不怨天,不尤人”;能做到“不忧”“不惑”“不惧”;“君子喻于义,小人喻于利”;“君子和而不同”,“周而不比”,“矜而不争,群而不党”;“君子喻于义”,内心坦荡荡;君子“行己有耻”,“讷于言而敏于行”等,而这一切分寸和适度的把握和掌控都是通过践履“礼”而达到的,因为“礼,时为大”,“礼以制中”。因此,“时中”是君子不可或缺的品质。

君子以礼修身,温润如玉。有一次,子贡向孔子请教:君子以玉为贵而以珉为贱,这是为什么?是因为玉少而珉多吗?孔子回答:这并不是因为玉少就认为它贵重,也不是因为珉多而轻贱它。从前君子将玉的品质与人的美德相比。玉温润而有光泽,像仁;细密而又坚实,像智;有棱角而不伤人,像义;悬垂就下坠,像礼;敲击它,声音清脆而悠长,最后戛然而止,像乐;玉上的瑕疵掩盖不住它的美好,玉的美好也掩盖不了它的瑕疵,像忠;玉色晶莹发亮,光彩四溢,像信;玉的光气如白色长虹,像天;玉的精气出于山川,像地;朝聘时用玉制的珪璋直接通达情意,像德;天下人没有不珍视玉的,像尊重道。《诗》云:"言念君子,温其如玉。"因此,君子以玉为贵。孔子把玉的品质比作君子之德,生动形象地说明了仁、义、礼、智、信"五德"是君子必备之道德素养。

总之,孔子所遵行和倡导的"礼",依于天道,顺乎人情,既是中华民族智慧的结晶,又是中华文明的标识。奠基于周公、成熟于孔子的礼乐教化思想,是中国古代独特的教育模式;而以此为基础所形成的"人文化成"理路,则是中国社会治理的基本范式。英国历史学家汤因比曾指出,世界上有两大文明,一是源于古希腊文明的西方文明,一是源于中国礼乐文明的东方文明。中华民族崇尚和平,反对武力;崇尚"王道",反对"霸道"。正是这种以"生生之谓盛德"、以"礼宜乐和"为特质的礼乐文化,使中华文明充满"韧性",洋溢着勃勃生机与活力。在 21 世纪的今天,孔子之礼仍具有现实价值,通过与时俱进,其依然可以成为国人"变化气质,涵养德性"的成人之道。

思想点亮未来·虞云国:远胜过《清明上河图》,这部名著展现了广阔的宋代社会风俗史

作为中国古代四大名著之一的《水浒传》,是一代代中国人古典文学的启蒙,书中一百零八位梁山好汉的故事至今仍脍炙人口。在著名宋史专家、上海师范大学人文学院教授虞云国看来,除了把《水浒传》当故事看,还可以从文学、历史学、社会学,甚至人生启蒙的角度来品读这部名著。撇开主题思想不论,《水浒传》堪称是一部以梁山好汉兴灭聚散为主线的宋代社会风俗史,在广度与深度上远胜过张择端的《清明上河图》。以下是他在"东方讲坛·思想点亮未来"系列讲座(第七季第 14 场)上的演讲。

《水浒传》是中国古代四大经典小说之一,我从小就喜欢读,我的文学和历史启蒙,就是与父亲一起守着一台旧收音机听评话《水浒》。幼时在小人书摊看《水浒传》,也曾看得天昏地暗、如痴如醉。后来专业学宋史,又与《水浒传》产生了很大的交集。历史上的宋江起义发生在公元 1120 年前后,恰是北宋的后期,而《水浒传》描写的就是这次起义。2020 年,我出版了随笔《水浒寻宋》,意在从《水浒传》中寻找打捞宋代社会生活的遗痕。今天的演讲,就和大家聊聊我读《水浒传》的一些心得与收获。

《水浒传》的五种读法

任何一部经典在每个时代、每一个人那里都会有不同的读法。我想,无论是看连环画,还是看小说的文本,甚至看电视剧,第一种最常见的读法就是故事的读法,了解小说的情节和故事的演变,受到故事的感染,或者接受有关的教育。这种读法尽管是入门的读法,但并不是最经济的读法。

第二种读法,文学的读法。实际上,文学的读法常常自然而然地渗透在读故事的过程中,比如,我们会问这个人物的个性到底怎么样?《水浒传》的主题思想到底是什么?《水浒传》的语言艺术怎么样?你在问这些问题、思考这些问题的时候,已经进入了文学读法里的文学鉴赏的读法。

如果进入大学的中文系,那就要进入文学读法里更高级的读法,即文学考证的读法。文学考证的读法,主要是关注《水浒传》故事演变的过程,考证《水浒传》的作者到底是施耐庵还是罗贯中,或者是否是施耐庵和罗贯中一起把它改定的。《水浒传》有各种各样的版本,有 70 回本、100 回本、120 回本,不同版本是怎么样演化过来的?文学考证的读法就是

关注这些问题。

第三种读法，历史学的读法。它的主要特点就是要考证、研究水浒故事中，究竟哪些在历史上是实际存在过的。我们知道《水浒传》是描写北宋末年以宋江为领袖的农民起义的一部社会历史小说，小说里面哪些内容能够在历史上找到根据呢？

我国著名的历史学家、文献学家余嘉锡先生，在 1939 年写了一部《宋江三十六人考实》。他在这部《考实》里面就说，《水浒传》的浪里白条张顺，这个人物的原型是在南宋末年才形成的。南宋末年，蒙古军队包围了襄阳城，襄阳城危在旦夕。当时宋朝就派了两个水军将领，一个叫张贵，一个叫张顺，和《水浒传》里的张顺是同名同姓。张贵和张顺沿着长江、顺着汉水运送救援物资到达襄阳城下，张顺又冲出襄阳城继续和蒙古军队周旋。最后他的死法和《水浒传》里张顺的死法一样，也是身上中了很多的箭。所以余嘉锡认为，这个南宋末年救援襄阳城的张顺就是《水浒传》里张顺的原型。

第四种读法，社会学的读法。我们又可以把社会学的读法分为两种，一种是社会史的读法，另一种是社会学个案的读法。所谓社会史的读法，就是小说尽管是虚构的，但是它反映的是北宋末年的一段社会历史，所以在《水浒传》里也一定会有那时候社会生活的影子。这种读法是把小说虚构的文本当作北宋末年社会历史的写照来加以解读。

第二种社会学读法，就是社会学个案的读法。学者萨孟武写过一本书，叫《水浒传与中国社会》。他在这本书里主要就是把《水浒传》里的人物和事件当作社会学的个案来研究。尽管小说是虚构的，但虚构的内容中也有社会现实的因素，所以他就把《水浒传》当作社会研究的典型材料来证明社会学的某些论点和依据。比如说，快活林酒店的所有权到底是谁的？小说是这样讲的：原先由施恩经营这些酒店，但蒋门神过来以后，武功比他高强，就把原先施恩的所有权给夺了过去。武松为了报恩，醉打蒋门神，把所有权重新夺回来交到施恩手里。但是如果读得仔细的话，就会发现，施恩原先也是通过一定的手段把酒店强夺过来的。那么，这家酒店的所有权，就是一个很值得研究的社会学问题。萨孟武在书中列了十多个类似的问题，用《水浒传》里的虚构材料作为他进行社会学研究的典型个案。

第五种读法，就是实用励志型的读法，即通过阅读《水浒传》，把其中一些思路或方法运用到自己的学习、工作和职场里去。我们知道，毛泽东就将他阅读《水浒传》得到的启发，运用到了新民主主义革命与社会主义革命中去，《水浒传》对他的革命生涯是产生很大影响的。

《水浒传》是如何成书的？

我小时候读《水浒传》是从阅读连环画开始的，然后又读了 70 回本，成年以后又开始读 120 回本。我大学读的是历史系，留校工作以后又是研究宋史，《水浒传》由此和我的专业有了交集。

大约在 21 世纪初，我开始有目的地写一些关于《水浒传》的随笔。在写这些随笔时，我已经有意识地从历史学者的角度重新解读《水浒传》了。既然要写《水浒传》随笔，就要对其成书过程有一个历史性的把握。那么，《水浒传》是如何成书的呢？

我们在宋代有关记载里可以看到,当时的娱乐活动中心是“瓦子勾栏”,勾栏里面有各种各样的文艺表演,其中有一种表演相当受老百姓的欢迎,那就是勾栏说书。说书人表演所用的底本,后来把它叫作话本。在我掌握的材料中可以看到,在南宋勾栏说书里已经出现了这样四个人物。第一个叫作石头孙立,《水浒传》里有这个人物,但在小说中他的绰号由“石头”改为“病尉迟”。还有一个人物叫作青面兽,那肯定讲的是杨志的故事。另外是花和尚,那就是讲鲁智深。还有武行者,也就是武松。所以,有确切的根据可以说,孙立、杨志、鲁智深、武松这四个人物在南宋话本里基本上已经形成了。这些话本有一个陆续汇总的过程,到南宋末年就形成了保存到现在的《大宋宣和遗事》。《大宋宣和遗事》中水浒故事的梗概和现在《水浒传》的有关情节已经很相近了,可以将它看成是《水浒传》的雏形。

到宋末元初,有一个画家兼文学家叫龚圣予,他对北宋末年的宋江佩服得不得了,认为宋江是了不得的人物。所以他就写了一篇文章叫《宋江三十六人赞》,同时还把这三十六人画成人物画。把这三十六人和《水浒传》里三十六天罡星对照一下,大概有三十一二位是完全吻合的。可见在南宋末年,《水浒传》的梗概基本上已经成形了。

南宋灭亡以后就是元朝。元代有一种新的文学样式叫作杂剧,从有关记载看,元代出现过和《水浒》有关的杂剧大概有十来个,现在完整保存下来六个,其中有些内容已经吸收到现在百回本《水浒传》中了。在元代,《水浒传》沿着说书话本和元杂剧这两种文艺样式继续发展。大概到元末明初的时候,对这两条发展的源流有一次汇总性的整理。一般认为,施耐庵和罗贯中是这次整理的具体执笔者。但在我看来,主要恐怕还是施耐庵的功劳。为什么呢?因为在《水浒》里存在一些历史常识和历史地名的低级错误,而罗贯中改编的《三国演义》在这方面的差错基本上很难找到。如果罗贯中也参与整理的话,这些低级错误可能就不会出现,所以这个著作权还是应该归于施耐庵。

这次整理的主要部分就保存在现在百回本的《水浒传》中,除了征辽部分是后来加进去的,其他部分基本上是元明之际整理的结果。为什么这么说呢?因为元代有些风俗习惯和制度规定毕竟和宋代不一样,在百回本里也可以看到,当时的说书人为了提醒观众,会特地交代在宋代是怎么样的。但百回本里却没有特意提到元代怎么样的叙述,因此百回本基本上保存了宋代话本的某种原始状态。

一部广阔的宋代社会风俗史

既然百回本《水浒传》保存了很多宋代话本的原形,那么,我们就完全可以从中寻找宋代社会的遗痕。所以,我打通刚才所说的历史学、文学和社会史的读法,开辟了读《水浒传》的一个新视角。

法国著名作家巴尔扎克有一部《人间喜剧》系列小说,恩格斯对其给予了很高的评价,认为《人间喜剧》给我们提供了一部法国社会,尤其是巴黎上流社会卓越的现实主义历史。恩格斯说,他在小说中学到的东西,甚至比从当时所有的职业历史学家、经济学家和统计学家那里学到的全部东西还要多。恩格斯这段话,对我有很大启发。事实上,《水浒传》堪称是一部以梁山好汉兴灭聚散为主线的宋代社会风俗史,在广度与深度上远胜过张择端的《清明上河图》。我们完全可以把《水浒传》当作形象反映北宋末年、进而推广到整个宋代社会历史风俗的文学材料。

我在研究《水浒传》和写《水浒》随笔的过程中，有意把视角集中在风俗名物方面。由于对《水浒传》的全面整理是在元末明初，其中肯定也融合进了一些元朝的因素，但是这些因素通过我的专业训练是能够把它排除的。除了元朝带来的特殊因素外，绝大部分风俗名物在古代的变迁是很缓慢的。而宋史学界对于宋代风俗名物的研究有两个不足。第一，这些研究是以相当专门的学术论文和学术专著的形式出现的，广大读者很难接触到这些专著和论文。第二，对于宋代风俗名物的研究还存在很多空白，在这方面也是大有可为的。综合上面原因，我有意识地以《水浒传》里的风俗名物作为研究的切入点，把《水浒传》作为文学化的社会史料来加以历史学的解读。

在材料运用上，我确立了一个原则，就是以宋代的材料为主，兼及元代的材料。除了考证宋代的东西，明代材料基本不用。在材料取舍上，也以历史著作为主，兼及笔记和类书以及有关谱录。宋代名物谱录很多，比如《酒谱》是专门讲酒的。这些谱录和笔记里也有很多关于宋代风俗名物的描述和记载。我尤其重视的是文学性材料，宋元两代文学体裁很多，包括宋诗、元诗，还有宋词、元散曲，其中也有很多描写当时风俗的内容。另外，宋元话本、南戏，金元时期的杂剧等，记载了一些宋代或者元代初年的生活场景，有些生活场景在历史书里一般是不记载的，它们常常让我有意想不到的收获。

唐宋元三朝的男子也有簪花习惯

在《水浒传》中寻访宋朝，可以发现许多鲜活有趣的风俗细节。

举个例子，我们现在要出门去旅游的话，吃饭和住宿还是大问题，在宋代更是如此。宋代将旅途中的吃饭叫作“打火”，我把《水浒传》以及相关的宋元笔记、小说里面的“打火”，全部找出来进行梳理，发现在宋代，人们长途旅行过程中的“打火”形式相当复杂。至少有以下四种：第一，客人自己带着食材，借用店家的炊具进行烹调；第二，客人叫店家代买食材，自己利用店家炊具来“打火”；第三，客人利用店家的食材，利用店家的炊具来“打火”；第四，让店家直接为他来“打火”。

又如，《水浒传》里有一个人物，叫作一枝花蔡庆。蔡庆是个刽子手，为什么刽子手头上会戴一枝花呢？我借鉴前人成果加进自己的研究分析，发现实际上唐代后期开始，男子就有簪花的习惯。在很多笔记、小说和戏曲中都可以找到男子簪花的例证，而《水浒传》里也有很多英雄好汉簪花的例子，说明唐宋元三朝的男子都有簪花的习惯。

这种簪花习惯催生了宋代的鲜花种植业。鲜花成批量种植以后，催生了鲜花销售业。但鲜花毕竟受时令的限制，所以又出现了生花制造业，也就是假花。假花出现以后，鲜花种植业和假花制造业就产生了行业竞争。有篇随笔叫《一枝花》，就展现了宋代社会经济的广阔风貌。进入元朝以后，人们依然保留着簪花习俗，大概到明代以后这种习俗才逐渐消失。

在我的书中，还有一篇是讲钱塘观潮的。现在每年农历八月十八，人们依然有到海宁观钱塘潮的风俗。南宋时期有一篇话本，其中有一首词描写的就是当时在杭州观看钱塘潮的情景。我们知道，钱塘潮来的时候浪潮很大，如果观潮的人走得过近的话，潮头可能会把人卷进去，甚至酿成悲剧，这种情况在南宋也有发生。这首词中，作者在后半部分就这么讲了，被潮水卷到水里去的人是“头巾如洗，斗把衣裳去挤”。人被潮水打湿了，当然上岸以后要先把衣服拧干。去哪儿拧呢？大庭广众之下不行，就要到桥下比较隐蔽的地方去挤干它。因此他说“下浦桥边，一似奈何池畔”。奈何池畔是讲阴间里的奈何桥，因为潮水把头发都给打散了，所以是“披头似鬼”。衣服拧干以后，潮水也过了，回到杭州城里把衣服烘干穿上，第一句话是“犹问几时起水”，还要问观潮的人“钱塘潮什么时候来的?”这首词就很幽默地把南宋时期看钱塘潮的风俗栩栩如生地描述出来了。

宋代的足球比赛什么样?

有一些风俗名物，单纯用文字是表达不清楚的。我在《水浒寻宋》里特别注重图文并茂，希望通过插图让信息进一步丰富起来。

比如讲到客店，宋代客店到底长什么样呢？我找到了刘松年的《四季山水图》，其中冬景这一幅就是描绘一个白雪皑皑的冬天清晨，住店客人告别了客店，骑着马过小桥的情景，这样就把宋代客店的形象呈现给了读者。再比如说“打火”，在《宋画全集》里有一个无名氏的作品，画中女店主正在为要出门上路的客人烧早饭，门外已有担夫准备着，马也准备好了。这位客人，也许还没睡醒，正伏在餐桌上打瞌睡，这就很形象地反映了宋代旅行过程中“打火”的情况。

这里，我还想特别讲一下宋代的足球运动。足球起源在中国，而宋代是它的黄金时代。我找到一幅马远的绘画，画中表现了一场表演赛，一个人把球颠到半空中，旁边的人都在围观，这是对宋代足球运动的生动描绘。我们现在的足球是对抗赛，有双球门，把球攻入对方球门算取胜。而在宋代，足球的球门是单球门，双方都要向球门中间那个圆孔踢，这个圆孔的大小比当时的足球略大一圈，踢进去难度很大。种种关于宋代足球的细节，通过图画可以表现得更详尽和直观。

《水浒传》有一个人物叫神算子蒋敬。算子就是算筹，由一根一根算棒组成，有时候算盘也可以用算子来称呼。那么，这个算盘到底是不是宋代出现的呢？我们找到了相关的依据，在南宋末年成书、元明翻刻的一本看图识字读物里，既有算盘又有算子，说明在当时这两种计算工具是并行的。元代还有一幅货郎图，货郎担上插着一把和现在的算盘一模一样的东西，这就说明在宋末元初算盘已经进入到寻常人家了。

事实上，只要在《水浒传》里细心梳理、认真发掘，宋元时期的制度衙署、法律宗教、社会经济、市肆商业、科技军事、阶级身份、礼仪习俗、衣食住行、戏曲杂技、体育游戏等，都留有弥足珍贵的吉光片羽与毫不经意的雪泥鸿爪，足以成为还原一代制度风俗或典故名物的文学性资料。这也提醒我们，在阅读文学名著的过程中，要善于用另外一种眼光和方法去阅读，或许就能收获不同于往常的启发和体悟。

科普活动

上海市社联推出“中国之治，懂了！”13集党的十九届四中全会精神解读系列短视频

由上海市社会科学界联合会策划并制作的“中国之治，懂了！”13集十九届四中全会精神解读系列短视频引起众多关注。这部理论短视频的成功得益于四个“切准”：

第一，切准最具传播效果的时间节点。互联网时代，“快”字当头。党的十九届四中全会闭幕后，为第一时间满足广大干部群众的理论学习需求，在市委宣传部指导下，市社联相关业务处室立即组织召开选题策划会和制作策划会，在短短1周内完成了嘉宾遴选、脚本撰写、采访摄制，从样片制作到首集短视频正式推送上线仅用9天，每周推送3集，平均每集制作周期约2天。

第二，切准最受广大民众关切的内容。十九届四中全会《决定》中提到222次“制度”、129次“完善”、95次“发展”、83次“治理”……怎样在有限的时间里讲清楚全会主要精神，又回应社会关切热点？权衡、桑玉成、唐亚林、叶青、李琪、陈东、黄晓春、文军、诸大建、刘统、信强、黄仁伟、吴海红等13位沪上知名专家学者受邀出镜，紧扣十九届四中全会《决定》内容，“以点带面”解读中国国家制度和国家治理体系的显著优势、伟大成就及完善、发展之路。“什么是中国国家治理体系的‘纲’和‘魂’”“中国政府为何效率高？秘诀在这里”“民生保障从‘有没有’到‘好不好’”……13集短视频“硬核解读四中全会关键词”，帮助广大党员干部和市民群众深刻理解十九届四中全会精神的核心要义和理论精髓。

第三，切准最高效的推送方式。作为一部理论普及作品，“中国之治，懂了！”系列短视频在“普”上下足功夫。从首集上线开始，该系列短视频得到了中央网信办全网推送，不仅发布在上观新闻、澎湃新闻、看看新闻等上海主流媒体新媒体平台，而且被腾讯视频、秒拍、爱奇艺、优酷、土豆、搜狐视频、凤凰视频、乐视、暴风影音、百度视频、哔哩哔哩、PPTV、风行、快手等热门商业视频网站首页和移动客户端热推。

第四，切准最有时代感的网络风格。在互联网上做理论宣传，既要“准”，还要“活”。策划伊始，市社联就明确要按照“互联网”的传播风格设计制作这部理论短视频。在确保科学性和准确性的前提下，每集视频在5分钟左右的时间内，将专家解读与MG动画、实景画面相结合，片末还别出心裁地安插了“彩蛋”环节：动漫形象，追剧常用的1.25倍速快进，弹幕评论……这些当今网络上时兴的呈现方式，拉近了理论宣传与网友们、特别是年

轻人的距离，不少“90后”“00后”纷纷点赞。

据上海市委网信办统计，自2019年12月26日上线，至2020年1月21日18:00，该系列13篇相关视频稿件全网传播共5461篇次，仅在上海主流媒体平台和部分商业网站总点击量1522.4万次，成为了继“社科专家带你读懂十九大”“为什么是上海”“40年，上海的变迁故事”之后，市社联利用互联网开展理论宣传和群众性教育的又一次成功实践。

解疑释惑　助力防疫：上海市社联着力推进疫情期间的新媒体社科普及工作

新冠肺炎疫情发生以来，上海市社联综合研判经济、社会与舆情发展变化趋势，审时度势调整社科普及工作部署，集中力量开展新媒体社会科学普及，策划拍摄了“学人论疫——你需了解的社会科学知识”4集主题系列短视频，还录制播出了“科技与人文对话·瘟疫与人类文明”广播和视频节目，及时、精准、高效地发挥了疫情防控中社会科学知识与思想解疑释惑、明理正道的积极作用。

一、跳出疫情影响，着力发挥新媒体科普优势，放大社科知识和思想的传播力

疫情就是命令，防疫就是责任，要回应群众关注，凝聚社会力量，做好疫情期间的舆论宣传引导工作，社会科学界必须及时发声，社会科学工作者责无旁贷。疫情期间，社科普及既有的各类现场活动、线下讲座等都受限暂停。面对疫情带来的冲击，市社联迅速调整社科普及的内容和形式，集中力量策划、制作聚焦防疫的新媒体社科普及产品。2月中旬，市社联全面恢复社科普及工作，召开了多次线上选题策划会和工作协调会，远程组织联络社科专家和制作团队开展工作，2月底即制作推出了“学人论疫——你需了解的社会科学知识”系列短视频，3月又推出了“科技与人文对话·瘟疫与人类文明”广播和视频节目。走新媒体科普的道路，这一特殊时期的应势而变让社会科学跳出了时空限制直达受众，也让社科普及的传播效应实现了一次飞跃。

二、直击疫情相关社会热点，用思想性和针对性的内容实实在在回应公众关注

疫情期间，各类信息充斥互联网空间。在纷繁复杂的网络舆论环境中，市社联开展新媒体社科普及保持了不讲空话、不说大话，科学、理性、务实、思辨的一贯本色。比如“学人论疫”系列短视频，邀请复旦大学历史系教授高晞、华东理工大学社会与公共管理学院院长何雪松、华东师范大学心理学系教授席居哲、华东政法大学继续教育学院副院长苏晓宏四位专家，分别从历史、社会、心理、法律四大领域，以“疫病史话”“病毒与流动社会”“应对疫情心处方”“疫情防控中的法、理、情”为主题，用社会科学的知识解答问题，用社会科学

的智慧破除疑惑,引导公众全面、辩证、长远地看待疫情冲击。该系列视频2月27日起陆续推送上线,获市委网信办全网推送,上观、文汇、澎湃、土豆、爱奇艺、哔哩哔哩等各类媒体平台广泛传播,截至3月15日在上海市主流新媒体及部分视频网站的点击量近300万次,获得了众多网友的转发与点赞。

三、推进跨界合作,汇聚人文社会科学与自然科学的两界智慧,形成抗击疫情的科普合力

新冠肺炎疫情自发生以来,已不仅是一场医护人员与疫病的战斗,还牵动着经济、法律、文化等各个社会领域,牵动着每个社会成员身心生活的方方面面。疫情发展牵涉面之广,疫情防控工作之复杂,已远远超出了单一学科的知识范畴,需要人文社会科学与自然科学的两界合力。市社联与上海人民广播电台联合推出的“星期广播科学汇·科技与人文对话”系列节目,就是旨在搭建“两界对话”桥梁的活动品牌。3月,首期“星期广播科学汇·科技与人文对话”聚焦疫情,邀请复旦大学公共卫生学院流行病学教授王伟炳、复旦大学历史系教授韩昇、上海科学学研究所副研究员李辉,从流行病学、历史学和科学学三个角度,通过介绍科学上的有效做法、历史上的成功经验、科技进步与社会发展的内在关联,共同阐明瘟疫与人类文明的辩证关系,帮助公众从自然科学与人文社会科学的多个维度理解新冠疫情对社会发展与人类命运的影响。该广播节目已于3月29日和4月5日分上下两集在上海新闻广播FM93.4/AM990播出,现场嘉宾演讲与对话视频也已陆续上线。截至4月16日,收听人次超300万,阿基米德App节目收听量超2万次。

聚焦浦东创新征程 宣传上海改革开放历史
——上海市社联推出《而立之歌》系列短视频

为隆重纪念浦东开发开放30周年，自4月18日起，由上海市社会科学界联合会制作的12集系列短视频《而立之歌——探寻浦东开发开放30年“创新之钥”》，在上观新闻上线。

短视频先后邀请王战、王安德、黄奇帆、王新奎、朱晓明、刘樱、张载养、胡炜、周汉民、马伊里、赵义怀、权衡等12位浦东开发开放重大实践的主要亲历者、见证者，担任各集采访嘉宾，引领观众上溯30年前浦东开发开放创新的源头起点，纵览创新实践的历史背景、主要进程、重大事件与现实经验。每集视频都力求成为一组解读上海改革开放历史的学习教育案例。

短视频沿着浦东新区从无到有，全方位展开创新实践的核心历史脉络，牢牢抓住“创新之钥”这一关键线索。前10集重点聚焦浦东开发开放30年来坚持的主要创新战略；最后两集，专门解读浦东新区当下与未来的创新发展，分别诠释了党的十八大以来浦东开发开放的创新成就、新时代浦东改革开放的未来与发展。12集视频从不同领域的创新视角切入，凝练描绘出上海改革开放史上“开发浦东、振兴上海、服务全国、面向世界”的伟大创新实践。

短视频在每集6分多钟的篇幅里，力求精心制作，从多个维度集中展现浦东开发开放的创新征程。不仅现场摄录了一批重要的史料档案实物，还从大量纪录影像与新闻资料中遴选出一批珍贵的历史镜头呈现给观众。拍摄团队不仅深入浦东四大开发区，还远赴洋山深水港进行实景拍摄。此外，每集还充分运用图解、动画、特效等技术手段刻画镜头，使观众的认知与体验得到进一步加深。

视频上线之后反响热烈。5月20日，在《解放日报》头版专题报道中，被列为上海“四史”学习教育高质量开局的主要学习资源。全部视频资源将持续在“学习强国”上海学习平台发布。市委网信办已精选其中适合网络传播特点的9集短视频，组织上观、文汇、新民、话匣子、看看、东方网、澎湃、界面、周到上海、第一财经等主流新媒体，观察者网、趣头条、腾讯、新浪等商业网站，以及哔哩哔哩、爱奇艺、PPTV、土豆等视频网站推送。截至6月2日，9集短视频总点击量达468.8万余次。

科技与人文对话·在奥林匹克日到来之际，听三位专家聊聊个体极限与社会进步

每年6月23日是国际奥林匹克日，而2020年似乎与以往有些不同。受全球疫情影响，东京奥运会成为现代奥运史上第一次延期举办的奥运会。“TOKYO 2020”的字样不会变，它向未来诉说着一段特殊的记忆——尽管奥运会未能如期，奥运精神永不中断。

2020年6月11日，在奥林匹克日到来之际，上海市社会科学界联合会、上海市体育局、上海人民广播电台共同主办“奥林匹克，个体极限与社会进步”星期广播科学汇·科技与人文对话623国际奥林匹克日主题活动。

本次活动邀请了射击奥运冠军陶璐娜、华山医院运动医学科主治医师戈允申、上海体育学院教授刘清早，从自身专业出发，围绕“潜能”“极限”“奥运”三个关键词展开主题演讲，并就奥运精神、极限挑战、运动健康、赛事经济等话题，进行跨学科讨论。

陶璐娜女士为本次活动起了个好头，她结合自己如何克服心理压力成功在奥运会等国际大赛摘金夺银为国争光的亲身经历，为当代运动员传授了在比赛场上能拥有稳定的平常心的技巧的同时，阐述了要在紧张的环境下克服高压，寻找自己的潜能，在压力中实现自我超越，在赛场上得到好成绩。

戈允申医师则为人体在运动中所承担的极限，以及运动员或是老百姓在平时锻炼中为了到达突破极限而可能造成的运动损伤进行了讲解。戈医师认为人体的极限是由心肺功能，肌腱，人体各个器官的不同而因人而异的。

国际知名的运动健将例如戈医师喜欢的足球巨星C.罗纳尔多就天生比常人拥有更强健的运动基因，他的人体极限较高，因此不容易受伤。但即使是C.罗纳尔多，也需要专业科学的训练团队为他保驾护航，因此戈医师呼吁，在我们日常的锻炼日常的运动中，也不要过量过度，要合理运动合理健身，这样才能减少医院的“负担”。

活动上，陶女士认为，现代科技的进步可以帮助运动员开发潜能突破自己的极限。对此，戈医师补充道，现代医疗技术的发展也可以帮助运动员在突破极限的过程中，更快更好的医治可能遭遇的伤病。

最后发言的是刘清早教授，作为中国改革开放后第一批专业运动员，虽然由于伤病原因早早退役，他也笑称自己是“三级残废”，半月板受损，韧带撕裂，术后恢复效果不理想也导致了他只能在他热爱的体育项目中从事文职。

不过，作为如今中国体坛乃至世界体坛范围内享誉全球的老教授，2008年他还获得

了国际奥委会主席罗格以及名誉主席萨马兰奇亲笔签名由国际奥委会颁发的官方荣誉证书，表彰其为传播奥林匹克精神和文化所作出的突出贡献。刘教授将他的一身奉献给了中国体育事业，奉献给奥林匹克精神的传播。他认为，现代奥林匹克精神是一种集文化，教育等众多因素于一身的集大成者，是一种文明的象征。

活动后续的对话环节中，刘教授和陶女士、戈医师多次强调奥林匹克以及体育的公平公正性。虽然他们也承认了部分赛事项目存在不公平的现象，但是世界体坛正在努力改变旧状。与此同时，他们呼吁运动员超越极限，拥有更快更高更强的专业水平，就能忽视一些主客观上的不公正，拿到名副其实的冠军金牌。最后他们认为，现代体育的意义更多时候也促进了世界和平，用体育传播爱。

活动音频将上海新闻广播、五星体育广播播出，文字与视频内容将在“上海新闻广播”微信公众号、“东方讲坛”微信公众号发布。

科技与人文对话·守护城市安全:用科技建构坚硬屏障的同时,也要有人文的温度

说到“安全城市”,很多人脑海中会冒出这样的问号,我们生活的城市安全吗?“事实上,从城市防灾、减灾和救灾来说,我们面临的挑战非常严峻。就上海而言,每年 6—9 月遭受台风气象影响是‘常规动作’。至于人因灾害,每天上海发生的火灾平均 30 次左右,还有化学事故、地下空间、生命线工程安全、公共卫生、生态安全和社会安全等等。今年突如其来的疫情更是敲响了公共卫生安全的警钟。”在上海科技节期间,由上海市社会科学界联合会、上海人民广播电台等单位主办的“科技与人文对话:安全城市,守护生命”应急科普论坛上,有专家这样说。

城市风险各种各样,不确定性无处不在,如何筑牢城市安全防线?论坛现场,同济大学上海防灾救灾研究所副所长韩新,上海市公共卫生临床中心党委书记卢洪洲,复旦大学国际关系与公共事务学院教授、数字与移动治理实验室主任郑磊,上海政法学院教授、上海市社会建设研究会副会长汤啸天,从各自不同的学科视角予以解答。专家们一致认为,在借助科技进步建构坚硬屏障的同时,也要让这个“屏障”本身有人文的温度。公共安全体系的建立中,我们每个人既是受益者,也都是参与者,更多的急救知识应当在全社会普及,让每一个生命都能得到最及时救护。

用科技的力量筑牢坚硬的安全屏障

守护城市安全,首先“要有过硬的硬件”,许多风险是来自设施在规划设计施工时的不完善。从建筑设计的角度,我们如何做好预案,规避风险?以火灾为例,韩新结合他亲自参与的火灾项目试验——上海长江隧道、国家会展中心、上海中心大厦,向观众科普了一座座建筑的建成背后,怎样通过技术的力量,用重重的防灾测试来保障它们的安全性。其中,许多建筑在世界上独一无二的规模和体量,都需要消防设施和防灾设施的创新。

“比如说,上海长江隧道 8.9 公里长,这个断面是世界范围内城市过江隧道断面最大的,由直径 15.5 米的盾构来挖的,这个过程中很多现有灾害可能造成的危害和相关的消防设施、防灾设施都没有答案可抄。为了确保安全,我们在青浦专门建了一个试验基地,120 米长,整个断面和长江隧道的断面一模一样。然后我们用不同火灾的类别模拟分析它可能造成的危害。因为小轿车或者大卡车、中巴车在隧道里面着火,情况是不一样的。通过这样的测试可以对防灾设施的性能和所需要达到的设计指标有一个直观的了解和

分析。”

在保障公共安全上,此次疫情是否也对“硬件”提出了更高要求?韩新认为,“我们现在探讨建筑要防火、抗震、抗风,能不能加一个功能要求,将来对于某些特定的公共建筑、体育场馆也具备转换为临时的类似于应急隔离的能力,这都是非常值得探讨的问题,上海市各个区的功能布局怎么有效地和公共卫生体系结合,最终还是要靠设施、设备提升我们的应对能力。”

经历这次疫情,人们也深切感受到了公共卫生体系的重要性。我们的医疗体系又是如何守护生命的?在未来是否可以前瞻性地做一些预防?论坛中,卢洪洲介绍了此次疫情中上海公共卫生中心科技抗疫的表现,包括2020年1月11日首先把全基因序列向全球发布,上海如何通过强有力的防护措施避免大规模社区感染,以及一系列发表于国际顶尖期刊的前瞻性临床研究等等。在他看来,此次疫情的发生是一个偶然却又是一个必然,但无论如何,科技一定会战胜疫情。“病毒在地域上可能达到一亿种,我们了解的病毒只有6000多种。我们现在在做的工作,就是把可能导致人类致病性的病毒用生物安全方法找到,把病毒做动物实验,做特效药物研发、疫苗研发,今后再有类似情况发生,疫苗就已经有了。还有公共卫生体系建设包括预警预测、触发机制都要进一步加强。”

数字化治理最终还是要“以人为本”

此次“科技战疫”中,大数据技术的应用在追踪疫情与人群接触史,避免大规模社区性传染上发挥了重要作用。但与此同时,也引发了不少争议的声音:公众知情权和隐私权该如何平衡?郑磊就提到,“我们统计了疫情期间全国发布病例数据的字段,所谓字段就是信息量,有年龄、居住区域、小区、工作性质,行动轨迹、诊疗情况等等,但接下来我们就碰到一个问题,发布这么多细节,什么样的尺度才是合适的?比如说某地公开了病人的私家车车牌号,这样真的合适吗?”

可以看到,技术的确为我们建构了坚硬的屏障,但它本身是冷冰冰的,没有温度。如何在建立屏障的同时,让这个“屏障”本身也有温度?在郑磊看来,城市数字化的治理,归根到底还是回到以人为本。科技的目的就是服务于人民,让人民生活更美好、更安全。因此,要把市民当成服务的对象,把服务融入管理之中。

“比如,同样是隔离,有些地方是直接上锁,你出不来,也不能动。但上海是通过门磁,你开门的同时我就能用技术手段发现,接下来就是体现人的温度的时候了。志愿者会马上打电话过去问,不是问阿姨你怎么今天出门了、你不应该出门,而是问阿姨你有什么需要帮忙的吗?是要倒垃圾还是收快递,我们马上派人来。这就把服务融到里面去,仍然用了科技的力量,但在细节当中体现温度感。如果你很生硬的,有技术就为所欲为,你有任何一举一动我都要监控你,那被管理方一定觉得没有温度,我就是个被管控的对象,而不是被服务的对象。”郑磊这样说。

汤啸天也认为,如果我们把采集到的数据从人性化的角度,从为人民谋利益的角度去思考,设计一个个应用场景,把应用场景和人文理念结合起来,就可以使数据变得更有温度。“比如说,针对独居老人的安全问题,如果我们能够从数据中检测老人的生活状态,及时予以帮助，这个场景就是值得开发和应用的。上海现在已经有这样的项目，就是统计老太太家里的水表的数据。如果一个独居老太太水表24小时没有数据，为零状态，非常可疑，志愿者就应该投入服务。这个数据就传递了人与人之间爱的温度。”

急救技能是当代“见义勇为”的新内容

“公共安全体系的建立中，我们每个人既是受益者，也都是参与者。”突如其来的灾害之外，日常生活中的小细节里，其实处处隐藏着“不安全性”：在马路上走，多少人曾被飞驰而过的外卖车，或是迎面而来的未拴绳的宠物狗，吓了一大跳？夏季跑步时，因为心脏骤停而突然倒下甚至猝死，这样的新闻报道也是屡见不鲜……意外，随时可能到来。与会专家们一致认为，在突发状况下让每一个生命都能得到最及时救护，更多的急救知识应当在全社会普及，不仅保护自己，同时也帮助他人。

在汤啸天看来，急救技能是当代“见义勇为”的新内容。“中国有54万心脏骤停者，院外心肺复苏成功率却不到1%。这是因为猝死的黄金救治时间只有4分钟，从目击者打120求助到救护车抵达现场，平均却需要9分钟，而我们国内经过心肺复苏培训合格的公众不到全国人口的千分之一。目前国内公共场所比如上海已经在车站、机场、地铁站设有除颤器，我觉得远期目标是，要像放灭火器一样安放除颤器。可问题是，有多少人能够在关键时刻正确使用？所以我们说见义勇为不能仅仅依靠急中生智，当然急中生智很重要，但是如果你没有相应的知识基础和技能，这个智是生不出来的。”卢洪洲也指出，“其实除了传染病以外，人类的很多疾病是和生活行为方式相关的，比如说高血压、糖尿病、肿瘤等。让老百姓每一个人都掌握健康的基本知识，是一个城市综合能力非常重要的标志。”

但是，现实中因见义勇为反被讹诈的情形也时有发生，让热心市民不免“畏手畏脚”。对此，汤啸天认为，“城市要有人守护安全，而法律更要为守护者提供守护神。”据他介绍，在美国有《好撒马利亚人法》，规定紧急状况下施救者因其实施的是无偿救助行为，如果给被救助这造成某种损害时应当免除责任，核心内容就是要保护那些无偿的施救者。“根据我国国情，应当完善、保护、奖励见义勇为行为的法律制度，使更多人能够见义勇为进而见义智为。从今年1月1日开始实施的新修订的《上海市志愿服务条例》里，明确有一些对于志愿者的保护性条款，比如针对与所从事的志愿服务活动相关的信息和培训。就见义勇为的保障体系建设而言，除了认定、保护、奖励、援助之外，还应当包括知识传授、行为指导、心理疏导、法律服务等各个方面。见义勇为也是有成本的，降低见义勇为的风险是我们法律工作者应当做的一件事。”他这样说。

奋进新时代筑梦新发展——第 19 届上海市社会科学普及活动周启动

10 月 25 日，由上海市社会科学界联合会主办的第 19 届上海市社会科学普及活动周在中国金融信息中心隆重开幕。市委常委、宣传部部长周慧琳讲话并宣布科普周开幕，市委宣传部副部长徐炯为中共上海地下组织斗争史陈列馆暨刘长胜故居、中国共产党代表团驻沪办事处纪念馆(周公馆)、中国左翼作家联盟会址纪念馆、浦东开发陈列馆、上海交通大学钱学森图书馆、国歌展示馆六家 2020 年新增"上海市社会科学普及示范基地"授牌。市社联党组书记、专职副主席权衡致开幕辞，市社联党组成员、专职副主席解超主持。开幕式上还通报表扬了 2019 年度社会科学普及工作成绩突出单位和个人。

开幕式结束后，本届科普活动周推出了首场活动——"十四五"规划与上海未来发展主题论坛。2020 年是"十三五"收官，"十四五"开局承上启下的关键一年。恰逢以"十四五"规划和 2035 年远景目标为主要议题的党的十九届五中全会召开在即。站在历史的重要关口，上海市经济学会会长周振华、上海音乐学院院长廖昌永、复旦大学教授彭希哲、上海市科学学研究所副所长于新东，就如何对上海的发展进行再审视、再谋划，如何切实体现上海在全国发展大局中的坐标和方位，如何体现当好全国改革开放排头兵、创新发展先行者的定位和站位等话题，从"十四五"规划出发，共论上海的未来。

本届科普活动周以"奋进新时代筑梦新发展"为主题，吸引了全市上百家社会单位参与。百余项精彩纷呈的社科普及活动，将为广大市民献上一场文化思想大餐。

借助全市社科普及大联动的平台优势，通过切身实感的科普内容和丰富多样的科普形式，紧扣时代脉搏，广泛凝聚共识，推动以习近平新时代中国特色社会主义思想为核心的党的创新理论大众化普及化，是本届科普周的一大特色。科普周期间，将聚焦"四史"学习教育、中国进口博览会等重大主题，推出多项反映党的创新理论、中国特色社会主义伟大实践的科普活动。

10 月 27 日，上海市社会科学界联合会、上海市政治学会与上海申通地铁集团有限公司联合打造的"'四史'关键词"主题 13 号线地铁专列将在淮海中路站启动。本次地铁专列从市社联与市政治学会、澎湃新闻共同发布的"'四史'关键词"专栏文章中取材，精选党史、新中国史、改革开放史、社会主义发展史中的代表性事件，以文字介绍与图片呈现相结合的方式展示在地铁车厢里，构建起流动的"四史"学习阵地。

10 月 27 日，6 集系列短视频《为什么是上海(第二季)——探寻"王牌"成长之路》发布会将在市社联举行。《为什么是上海》系列短视频共三季18集，由市社联拍摄制作，以建党百年为时间基线，立足“四史”，聚焦上海，彰显了上海这座人民城市的红色文化底色，是一部“四史”学习教育的生动教材。在2018年《为什么是上海(第一季)——探寻上海红色基因》6集短视频的基础上，《为什么是上海》第二季，将集中展现新中国成立初期上海在国民经济、科学技术、思想文化等方面的重要地位。第19届上海市社会科学普及活动周期间，从10月27日起，第二季在上观新闻App上线播出并全网推送。

第三届中国国际进口博览会于11月5日在上海举办。进博会是世界各国人民物质成果、生活方式和发展理念的大交流与大融合，是构建“人类命运共同体”的重要实践平台。在全球化进程跌宕起伏的当下，这一理念显得尤为重要。10月28日，在“科技与人文对话”广播节目将邀请上海市商务发展研究中心国际贸易研究部主任张娟、华东师范大学政治系主任吴冠军、华东理工大学食品药品监管研究中心副主任刘少伟等来自社会科学和自然科学的两界专家，从贸易、科技、产业、人类发展多个角度，与听众共同探讨“进博会如何改变我们的生活”。

科普活动周期间，市社联还将联合复旦大学、中共二大会址纪念馆、静安区文物史料馆、上海市新四军历史研究会等多家单位推出“梧桐树下的红色印记”主题校园巡展、“让红色场馆走进大众视野”现场体验活动、《中共上海地下党口述历史》系列纪录片展映、“定向南京路”青少年“四史”教育主题定向等数十项主题活动，让党的创新理论精髓走进群众，深入人心。

此外，还会有更多贴近社会发展和百姓民生的精彩社科普及活动与市民见面。法治图书漂流进地铁、“康乐工程再出发”社区治理大家谈、“悦读阅美点亮童年”亲子科普绘本阅读DIY活动、“忆‘金’彩岁月奔幸福小康”老物件展、“立民族之魂树文化之根”魅力汉语网上语言文字知识竞赛等一百多项科普活动，将覆盖全市16个区，涉及社会科学的各个领域和当前人民群众关心的热点话题，满足不同受众的精神文化需求。

上海市社会科学普及活动周是一个全市范围的群众性社会科学普及活动平台。自2002年创办以来，我们一直致力于探索社科普及的运行规律，积极构建社科普及的新模式，努力开发社科普及的社会化渠道，有效整合社科普及的各类资源，逐步构建起社科普及的协作网络，经过多年积累和发展，科普周逐渐培育出了一批深受群众喜爱的活动品牌。至今，科普周已经连续举办了18届，共开展了3000余场特色鲜明、内容丰富、针对性强、影响面广的科普活动，参与人次突破160万，成为上海市民一年一度的文化节庆。

流动的学习阵地——满载"'四史'关键词"的13 号线地铁专列投入运行

10 月 27 日，上海市社会科学界联合会、上海市政治学会与上海申通地铁集团有限公司联合打造的"'四史'关键词"主题 13 号线地铁专列在淮海中路站启动。市社联党组书记、专职副主席权衡，市社联党组成员、专职副主席解超，上海申通地铁集团有限公司党委副书记葛世平等出席并共同启动主题地铁专列。

习近平总书记指出，历史是最好的教科书，也是最好的清醒剂。为了引导广大市民朋友按照总书记的要求，读好历史这本"最好的教科书"，本次地铁 13 号线专列从市社联与市政治学会、澎湃新闻共同发布的"'四史'关键词"专栏文章中取材，精选党史、新中国史、改革开放史、社会主义发展史这"四史"中的代表性事件，以文字介绍与图片呈现相结合的方式展示在地铁车厢里，构建起流动的"四史"学习阵地。

在为期一个月的时间里，市民群众和广大乘客可以利用乘坐地铁的时间，围绕"四史"进行流动式学习，也可以扫描二维码进入专题页面进行延伸性学习，从历史中汲取精神力量、汲取经验智慧。

启动仪式上，解超向申通地铁集团代表赠送科普读物。与会领导共同推动拉杆开启"'四史'关键词"地铁专列并与现场市民一同乘坐专列。

学会服务平台

XUE HUI FU WU PING TAI

上海市社联举行会长论坛,共商全球疫情蔓延对国际政治、经济格局的影响及我国的应对策略

随着新冠肺炎疫情在全球蔓延,这场百年未遇的大疫情正在对国际政治、经济格局产生深远影响。4 月 3 日,上海市社联召开了一场专题会长论坛,与会者围绕“全球疫情蔓延对国际政治、经济格局的影响及我国的应对策略”进行了深入交流和讨论。市社联主席王战,党组书记、专职副主席权衡出席会议,党组成员、专职副主席任小文主持会议。

一、 这次疫情是一次超级非传统安全威胁

上海市社联主席王战指出,此次疫情对于社科学者提出了若干新课题,需要做全景式、前瞻性研究。他列举了 16 个方面的问题,主要包括全球治理、世界经济、地缘政治、区域合作、货币关系、军事防务、公共卫生、科技发展、文化、宗教、“一带一路”建设、国家治理、意识形态、全国“十四五”规划制定、上海“十四五”规划制定以及港澳台问题。

上海市国际关系学会会长、上海国际问题研究院研究员杨洁勉认为,这次疫情是一次超级非传统安全威胁,对国际格局的影响不容小觑。从冷战结束以后,国际格局受到四次比较大的冲击,第一次是 1997 年的亚洲金融危机,第二次冲击是 2001 年的“911”事件,第三次是 2008 年的金融危机,而此次暴发的新冠肺炎疫情是第四次,国际力量对比正在接近质变的临界拐点。但他同时指出,国际新格局的形成不是毕其功于一役,历史是不会直线前行的。经过此次疫情,要充分认识非传统安全的重要性。以往在国际关系领域,研究地缘战略、地缘政治多了一点,而非传统安全具有超越地缘战略、超越国家的特性,需要做深入研究,尤其是要加强综合安全防控。

上海联合国研究会副会长、上海国际问题研究院院长陈东晓指出,此次疫情是全人类面临的一场危机,因此,需要从复合系统思维出发来观察和分析。百年未遇之大疫情与百年未有之大变局叠加,会加速现有国际体系向某种临界点推进。此次疫情带来的影响可能超出了以往单纯经济衰退带来的影响,原来的分析框架已经用不上了,因此必须要考虑到所有的薄弱环节。从全球层面看,此次疫情将带来全球化加速重构,安全性考量会上升,未来全球化可能加快以三大区域化为中心的建设。同时,全球力量转移的节奏被打乱,原有的“东升西降”中的“东”不再是制度概念,而是地区概念。未来究竟是大国竞斗还是大国协调,关键要看超越地缘政治的非传统安全多大程度上能黏合国际合作协调。

疫情后的世界会怎么样?上海市美国学会会长、上海社科院研究员黄仁伟认为,现在

国际上对此有不同的判断和预测，其中有比较悲观的，也有相对比较乐观的。我们应考虑到各种可能，做最坏的准备，但同时要做最积极的努力。

二、 对世界经济的影响不亚于 2008 年金融危机

上海市世界经济学会会长、上海社科院研究员张幼文认为，这次疫情对世界经济的影响，不亚于 2008 年金融危机。疫情将带来各国国内民族主义上升、政府经济职能增强、贸易保护主义抬头、国际投资收缩等方面的影响。他认为，这场疫情以后，全球的进出口关系会重构，会重新布局。谈到国际投资收缩，他表示，投资环境的竞争会成为未来全球化当中一个新的特点，“过去的全球化，我们面临的压力是发达国家叫你开放市场，要你改革，跟着发达国家的标准去做。但是未来，从好的方面来说，发达国家不会积极推动这样一种贸易市场准入，但是它会收缩对外投资，这个对我们资本的来源是一个新的考验。”

上海欧洲学会会长、上海社科院研究员徐明棋指出，这次疫情总体上来说，导致全球经济的严重衰退不可避免，失业率可能会进一步上升，发达国家的失业率可能上升到 20%。美元占主导地位的国际金融体系将会仍然被维持，但是疫情过后，美元的价值会出现下降，由此将会迎来国际金融市场的进一步动荡。在这样的背景下，国际货币多元化的趋势会进一步显现，这为欧元、人民币国际货币功能的增强提供了一定的机遇，但是短期内这两种货币不可能取代美元。

上海市国际贸易学会会长、上海对外经贸大学教授黄建忠认为，此次疫情是很严重，但是它不足以成为划定一个时代的标志，也就是说它在整个世界经济发展史上没有具备这么高的位置。因为所有的问题还是原来的问题，并没有因为疫情的出现而使世界经济面临的矛盾和问题有所改变。“这次疫情完全是 2008 年金融危机以后所有的世界经济矛盾在这个过程中的一次凸显，也可以说是一群黑天鹅碰到一起了。”在他看来，这次疫情究竟是推动全球化往前走还是促使其倒退，目前作判断还为时过早，但有一定可以肯定，疫情必然会加速全球化重构，包括理念的分化、行动的分化、未来的分化。由此，全球化将进入一个分散化的新模式时代。

三、 中国需要在实事求是的基础上顺势而为、精准施策

上海市经济学会副会长、上海交通大学教授陈宪指出，从宏观经济学的角度来说，此次疫情既冲击了需求，也冲击了供给。由于疫情对经济的最主要影响是活动限制，因此服务业受到的直接冲击是最大的。现在中央提出，在疫情防控常态化条件下，加快恢复生产生活秩序。这个“加快恢复生产生活秩序”，就是要让大家的活动正常化，而活动正常化是服务业复苏的一个前提。服务业是最大的就业池，大部分服务行业是劳动密集型的，是低收入、中低收入群体集中就业之所在。服务业复苏，对于稳就业，乃至稳低收入和中低收入群体的收入，有着至关重要的作用。

上海市宏观经济学会会长、市发改委原巡视员王思政认为，面对疫情对世界经济带来的影响，中国需要在实事求是的基础上顺势而为、精准施策。关键是救活企业，保住基本民生。同时要大力发展数字经济，尽管短期内数字经济对 GDP 可能没有明显的拉动作

用，但它已成为一种趋势，未来需要在新产品上有所突破。当前，中国经济已从高速发展转向高质量发展，此次疫情也让我们思考一个问题，即高质量发展如何与国际标准接轨。

上海市金融学会副会长、同济大学教授石建勋指出，疫情对经济的影响，短期取决于我国复工复产复市的进度，中期受制于外贸出口订单，长期来看，可能影响全球产业链布局和世界政治经济格局。打好经济保卫战，重点在于稳定就业、保持经济不衰退、供应链不中断。

上海市社联党组书记、专职副主席权衡作会议总结。他指出，此次全球经济增长趋势受到影响，既来自包括疫情在内的连续冲击，也来自长期结构性矛盾积累，两者交织，呈现出更为复杂多变的局面。由此，也让我们进一步对经济全球化进行反思，除了原有的自由贸易、公平贸易，需要更重视安全全球化。疫情对国际政治、经济的影响是多方面的，比如使全球供应链、产业链出现变化，从原有的大国分工体系可能会转向国别产业链。此外，对全球能源市场、全球治理体系、国际关系等均不同程度产生影响。对于这些影响，可以从短期、中期、长期等不同角度进行深入研究。

“四史”学习讲坛名家访谈专场暨沪上学者走进档案馆活动在上海中心举行

6月12日，“四史”学习讲坛名家访谈专场暨沪上中青年学者走进档案馆活动在上海中心举行，本次活动由中共上海市委宣传部、上海市社会科学界联合会等单位指导，上海市档案学会等承办。市委宣传部副部长徐炯，市社联党组书记、专职副主席权衡，市档案局(馆)长徐未晚，上海城投(集团)有限公司党委副书记杨茂铎等出席活动。市档案局(馆)、市市级机关工委、市政府合作交流办、市社联、市地方志学会、陆家嘴金融城发展局和上海中心等单位领导及企事业单位职工代表、档案工作者代表共40余人参加活动。

“上海中青年学者走进档案馆活动”是市委宣传部和市档案局(馆)为贯彻落实习近平总书记重要讲话精神，建立健全“不忘初心、牢记使命”长效机制，根据市委“四史”学习教育工作部署，加强“四史”研究，为中青年学者多出研究成果创造有利条件、主动提供档案服务的新举措。启动仪式上，沪上中青年学者代表领取了市档案馆学习研究“四史”查档卡，市档案馆向中青年学者代表赠送了馆藏档案编研成果。

作为2020年国际档案日宣传活动的重要组成部分，“上海服务全国的回溯与展望——2020年国际档案日‘四史’学习讲坛名家访谈专场”邀请市委党史研究室主任严爱云，上海首批援藏干部代表、浦东新区政协原副主席张兆田，云南省保山市政府驻沪联络处主任杨新锦和上海市档案馆保管部副主任彭晓亮，从党史研究专家、援藏干部、对口受援地区代表和档案人的不同视角，讲述上海在不同时期服务全国的历程，雪域高原的筚路蓝缕和今昔巨变，沪滇两地人民在脱贫攻坚和对口支援中结下的深情厚谊，档案见证上海援疆的点点滴滴。主持人张颖与四位嘉宾现场访谈互动，分享上海服务全国的温暖记忆。整场活动由东方网全程直播，现场与线上观众听众踊跃参与，沪上浓厚的“四史”学习氛围又添亮色。

上海市社联举行2020年秋季会长论坛，学习贯彻党的十九届五中全会精神

12月4日，上海市社联举行2020年秋季会长论坛。本次论坛的主题是“新阶段·新理念·新格局——学习贯彻党的十九届五中全会精神”，邀请了四位专家学者作学术报告。市社联党组书记、专职副主席权衡出席论坛并做总结，党组成员、专职副主席任小文主持论坛。市社联所属各学术团体负责人和专家学者120多人参加会议。

论坛上，上海经济与信息化委员会总工程师刘平、中欧陆家嘴国际金融研究院副院长刘功润、上海市美国学会会长黄仁伟、上海市公共政策研究会会长胡伟分别围绕“学习贯彻十九届五中全会精神，深入谋划好上海产业‘十四五’规划”“以高质量创新，驱动浦东引领区核心区高水平发展”“2021年大国关系与地缘政治走向”“统筹两个大局，把握战略机遇期”作了学术报告。

刘平从“新发展格局、高度重视实体经济发展、保持制造业比重基本稳定、构建‘3+6’新产业体系、加强关键核心技术攻关、数字化转型、企业主体培育、产业人才集聚”八个方面，结合上海产业经济发展的实际情况，针对世界经济发展的变化，对包括上海支柱产业调整、城市的数字化转型等“十四五”期间上海产业发展的重点内容作了全面的解读。

刘功润分析了浦东特殊的战略意义，强调浦东改革开放再出发既呼唤高质量创新，又需要“五位一体”的驱动力。他认为，浦东未来的竞争点就是拼硬核实力，以及软硬实力的互换；五个中心建设将趋向融合，其中科创是牵引；数字经济不是互联网经济，也不是平台经济，而是实体经济，数字要素呈显性化发展。上海要抓住机遇、乘势而上，不断推动浦东高水平改革开放。

黄仁伟从大国关系与地缘政治的角度，对中美、中欧、中日、中印、中俄、中国与东盟等重要大国(地区)的关系做了清晰地分析，同时对疫情防控、经贸合作等因素对未来地缘政治走向的影响进行了深刻的思考。

胡伟基于五中全会对当前发展所处的历史方位、战略机遇期的判断，从历史的角度，回顾分析了改革开放以来，党中央在统筹国内国际两个大局中的作用，引发了我们在未来“十四五”期间如何更好地把握战略机遇期的深入思考。

权衡在总结中指出，新发展阶段、新发展理念、新发展格局，是准确把握十九届五中全会精神的核心要义，希望各学会对此作全面深入系统的研究。权衡表示，五中全会有许多新论断、新提法、新战略，这需要各学会在今后研究中要重点予以关注：一是从深入对全面

现代化的理论和现实问题开展研究；二是学理性、系统性对重要战略机遇期开展研究；三是开展对高质量发展的深入研究；四是关于国际国内“双循环”新发展格局的研究；五是开展关于促进全体人民共同富裕的研究；六是构建高水平社会主义市场经济体制研究；七是推动高水平制度型开放研究；八是关于科技创新自立自强的战略研究；九是对统筹发展和安全问题研究；十是对数字化转型和治理能力、治理体系现代化研究。

权衡希望各学会以本次会长论坛的学习研讨交流为契机，充分发挥学会集聚专家学者的优势，把学会工作与中心工作结合起来，组织力量对五中全会提出的重大论断、重要思想、重要观点等开展理论研究和宣传阐释工作，进一步发挥学会服务国家服务社会服务学科的功能。

上海新冠肺炎临床救治专家组组长张文宏做客“四史讲堂”讲述国际抗疫史

5月29日，由上海市社会科学界联合会、上海市地方志办公室、东方网共同主办的四史讲堂在社科会堂开讲，特邀上海新冠肺炎临床救治专家组组长、复旦大学附属华山医院感染科主任张文宏作主题演讲。市地方史志学会会长王依群主持本期讲堂。市社联党组成员、专职副主席任小文，论坛的主办、协办学会代表等出席活动。

新冠病毒从哪里来？对此，张文宏说，这不是一个社会问题，不是哲学问题，也不是一个政治问题，这是一个科学问题。在人类的进化过程中，很多细菌也和人类一同进化了，与人类共生，不会造成伤害。他直言，人类不断向自然界索取，很多病毒就开始跟人类进行交流，在此过程中，会产生一场又一场的瘟疫。不同国家的人对新冠病毒恐惧程度不同，采取的措施也不一样，如今，中国在新冠肺炎疫情防控中取得胜利，而美国和欧洲的发病人数依旧居高不下。

疫情防控进入常态化，疫情还要持续多久呢？张文宏笑称，这要看美国了，美国没有结束，全世界没有结束。当今世界经济全球化，国家之间怎可能“老死不相往来”。张文宏转述与国际知名传染病专家的对话，事实上，只要全世界停摆几个星期，就能“搞定”病毒，但是，停摆两天都很难。

张文宏表示，当新冠肺炎来临，“白衣战士”义无反顾逆行奔赴“抗疫”战场，这段历史会被写入社会主义发展史。

演讲中，张文宏金句频出，现场气氛热烈，他还就疫苗开发、如何更好地预防抗击疫情和与会者进行了交流。

上海宋庆龄研究会会长薛潮做客“四史讲堂”讲述宋庆龄与新中国

6 月 12 日，由上海市社会科学界联合会、上海市地方志办公室、东方网共同主办的“四史讲堂”在社科会堂开讲。本期讲堂由上海宋庆龄研究会承办，上海宋庆龄研究会会长、市第十四届人大常委会副主任薛潮同志作主题演讲。市社联党组书记、专职副主席权衡出席讲堂，市社联党组成员、专职副主席任小文主持本期讲堂，讲堂的主办、协办学会代表等 80 多人出席活动。

薛潮运用宋研会独家拥有的大量珍贵、丰富的宋庆龄档案文献、书信、照片、文物和音视频资料，从“宋庆龄是新中国的缔造者之一；宋庆龄奋斗在新中国建设的第一线；宋庆龄是新中国的和平友好使者；宋庆龄为新中国对外传播历史写下重要一页；宋庆龄创造新中国妇女儿童事业发展诸多第一”五个方面，全面、生动、鲜明地阐述和揭示了国家名誉主席宋庆龄同志为缔造和建设新中国，几十年如一日奋斗不懈的光辉历程、独特贡献、伟大精神和崇高品格。

薛潮强调，宋庆龄为新中国奋斗的一生，充分体现了她对孙中山革命思想的坚守；宋庆龄与中国共产党贯穿一生的联系、合作与支持，最后是完全的投身于中国共产党所领导的伟大革命运动；建立新中国，是党领导的新民主主义革命走向全面胜利和迎接社会主义建设的重大实践，宋庆龄以其特殊的身份全力投身其中，起到了非常特殊的作用，在相关历史书写中留下了重要的篇章；宋庆龄对中国共产党的性质、宗旨、使命和任务的高度认同和全力支持。她一生最终的政治选择，就是坚定对马克思主义的信仰，走社会主义道路，加入中国共产党。

薛潮指出，宋庆龄毕生为中国人民谋幸福、为中华民族谋复兴。“永远和党在一起”，不仅是宋庆龄一生秉持的坚定信念，也是她光辉一生的真实写照，更是她一生最大的亮点！宋庆龄为新中国奋斗的一生，是加强“四史”学习的鲜活教材。

任小文在总结中指出，薛潮会长的演讲内容丰富，语言幽默，气氛热烈，大家听了觉得干货多、收获大。薛潮会长的讲座给我们上了“四史”学习教育十分具有启迪意义、也非常生动的一课，进一步厚植了我们对马克思主义的信仰、坚定了对中国特色社会主义的信念、增强了对实现中华民族伟大复兴中国梦的信心。

苏智良做客“四史讲堂”讲述中国共产党从上海启航

7月10日，上海市社会科学界联合会、上海市地方志办公室、东方网共同主办的“四史讲堂”在社科会堂开讲。上海师范大学教授苏智良作题为“1920年·中国共产党从这里启航”的主题演讲。市社联党组成员、专职副主席任小文出席，上海市地方史志学会会长王依群主持。本期讲堂由上海市地方史志学会、学林出版社承办，主协办学会代表等60多人出席。

苏智良从上海的城市化、现代化、国际化、新阶层的产生、上海建党的文化起源以及租界的有利环境等方面分析了中国共产党在上海成立的原因。他重点讲述了1920年前后，活跃于老渔阳里2号、新渔阳里、三益里等地的陈独秀、李达、李汉俊等关键人物及其建党活动。苏智良表示，上海是中国共产党的初心之地，这里记录了党的历史上的许许多多的第一。从老渔阳里2号到新渔阳里6号、三益里17号到成裕里、辅德里、延庆里、树德里，上海的这些石库门见证了中国第一个共产党组织、第一个社会主义青年团组织的诞生，中国共产党创办的第一所干部学校、第一所工人学校，成立第一个共产党领导的工会组织，召开第一次全国代表大会；第一份党的机关刊物《共产党》月刊，发表第一份《中国共产党宣言》，出版第一份面向工人阶级的通俗理论宣传刊物《劳动界》，创办第一家出版社——人民出版社；通过中国共产党的第一个纲领，制定第一部《中国共产党章程》，第一次提出党的民主革命纲领，第一次明确提出无产阶级在民主革命中的领导权和工农联盟问题，第一次对党的基层组织作出规定等种种“第一”。对于这些丰富的红色资源，苏智良提出了关于寻访和保护红色史迹的思考，以及把红色资源利用好、红色基因传承好、红色传统发扬好的建议。

活动现场，主办方还特别设置了赠书环节。现场嘉宾将苏智良所作的《初心之地·上海红色革命纪念地全纪录》一书赠送给相关单位和学会代表等。与会者还就红色资源保护等问题同苏智良进行了互动交流。

杨洁勉做客“四史讲堂”纵观中国共产党外交理论百年发展

7月23日，由上海市社联、市地方志办公室、东方网共同主办的“四史讲堂”在社科会堂开讲。上海市国际关系学会会长杨洁勉以“中国共产党外交理论百年发展”为题做主旨演讲。市社联党组成员、专职副主席任小文主持讲堂。本期讲堂由上海市国际关系学会承办，主协办学会代表60等多人出席。

杨洁勉从“革命求生存”“斗争求承认”“和平求发展”“合作求共赢”，以及探索建成“强大求公正”外交理论五个方面，历数了我们党在外交理论建设过程中经历的发展阶段。特别是党的十八大以来，在习近平新时代中国特色社会主义思想和习近平外交思想的指导下，党的外交理论进入了体系建设和理念创新的活跃期，倡导包括“正确的义利观”在内的新理念，确立了“共商、共建、共享”建设国际体系、国际秩序和全球治理的中国特色大国外交理论。

杨洁勉强调，回顾和学习百年历史，我们更加深刻地理解和认识中国共产党外交理论的历史作用、现实意义和长远影响，为了建设更加系统和前瞻的强国外交理论体系，我们需要从现在起就为“强大求公正”的外交理论而努力，从而提高实践自觉和理论自觉，继续推进马克思主义的中国化、当代化和大众化，在与国际社会更加紧密的互动中建设和发展中国特色强国外交理论，并更好地服务于中华民族的伟大复兴和构建人类命运共同体。

任小文在总结中指出，杨洁勉会长的演讲以党的外交理论百年发展为切口，折射出近百年来中国共产党领导中国革命、建设、改革所经历的艰难历程和取得的辉煌成就，将马克思主义的科学理论与中国国情相结合，艰难困苦，玉汝于成，成功开辟了中国特色社会主义发展道路，这不仅是中国自身的宝贵经验，更是对世界社会主义发展的重要理论贡献。我们要通过学好社会主义发展史，进而更加自觉地走中国特色社会主义道路，深刻认识到上海在国家发展战略中承担的使命任务，奋力创造新时代上海发展新奇迹。

蒋乾麟做客“四史讲堂”讲述新中国成立以来人民军队建设的三次历史性转折

7月31日，上海市社联、市方志办、东方网共同主办的“四史讲堂”在社科会堂开讲。中国人民解放军原南京政治学院院长蒋乾麟教授以“新中国以来人民军队建设的三次历史性转折”为题做了主旨演讲。市社联党组成员、专职副主席任小文出席，上海市地方史志学会会长王依群主持，学会代表50多人参加。

蒋乾麟从“执政条件下军队建设的历史性转折”“改革开放新时期军队建设的历史性转折”“由大向强新时代军队建设的历史性转折”三个方面，紧紧围绕强军这一主题，讲述了新中国以来的人民军队建设。蒋乾麟强调，建设一支听党指挥、能打胜仗、作风优良的人民军队，是党在新形势下的强军目标。蒋乾麟认为，强军不仅是一个国家在军事方面夺取战略竞争主动权的必然选择，而且是应对国家安全和发展利益风险挑战的迫切需要，是实现中华民族伟大复兴的内在要求。

王依群在总结中指出，党和政府很早就庄严地向世界宣示坚定不移地走和平发展道路的决心，在当前形势下，面对国家安全环境的深刻变化，面对强国强军的时代要求，我们更要加强人民军队建设，这不仅是新时代坚持和发展中国特色社会主义的需要，也是实现中华民族伟大复兴的战略支撑。

与会者还就人民军队建设的有关问题同蒋乾麟进行了互动交流。

王思政做客“四史讲堂”细述上海改革开放创新发展的探索追求

9月11日，上海市宏观经济学会会长王思政做客“四史讲堂”，以“上海改革开放创新发展的探索追求”为题做主旨演讲。本次活动由上海市社联、市地方志办公室、东方网共同主办，上海市宏观经济学会承办。活动由市社联党组成员、专职副主席任小文主持，来自主协办学会代表50余人参会。

王思政从8个方面梳理了上海改革开放的创新发展的历史。他认为上海的改革探索，既是振兴上海，更是服务全国，面向世界。上海的发展过程，既有浦东开发开放的波澜壮阔，也有加快城市建设、改善人民生活的精耕细作，更有敢为人先、大胆探索的不懈追求。王思政长期在上海市发展改革委系统工作，他用自己的亲身经历，结合主持过的多项上海市重大项目规划，让抽象的历史变得更加鲜活生动，引领现场观众经历了一场上海改革和发展的时空之旅，以上海发展的历史为“时”，将上海放在全国和全球发展的大背景下为“空”，既充满新意，又极富信息量。

任小文在总结中指出，对历史的最好纪念，就是创造新的历史。新时代要有新使命新作为，上海要按照习近平总书记提出的当好全国“改革开放排头兵、创新发展先行者”的要求，在新时代坐标中坚定追求卓越的发展取向，奋力创造新时代上海发展新奇迹，更好服务全国改革发展大局。

朱佳木做客“四史讲堂”讲述新中国史的分期、主线和主流

10 月 15 日，中华人民共和国国史学会会长、中国社会科学院原副院长朱佳木做客“四史讲堂”，以“关于新中国史的分期、主线和主流”为题做主旨演讲。

朱佳木在报告中阐述了新中国史的分期、主线和主流三大问题。关于分期，他从经济与社会发展模式的角度，将新中国史分为向社会主义过渡、探索中国自己的社会主义道路、开创中国特色社会主义道路、开创中国特色社会主义道路新局面、中国特色社会主义道路更加成熟和定型五个时期。关于主线，他认为建设和探索中国的社会主义、争取早日实现工业化和现代化、维护国家主权、安全和领土完整构成了新中国史的三条主线。关于国史主流的问题，他认为关键在于如何看待改革开放前那段历史，以及如何看待改革开放前后两个历史时期的关系。总的来说，改革开放前与改革开放后的两个历史时期是内在统一、不可分割的整体，共同组成了新中国伟大光辉的 71 年。

朱佳木在报告中指出，在当前形势下，应在人民群众尤其是青年学生中大力开展唯物史观指导下的国史教育，普及科学的国史知识，把正确认识和解释国史纳入社会主义核心价值体系的建设中，融入国民教育、干部和党员教育，为广大群众坚定“四个自信”，为巩固各族人民团结奋斗的共同思想基础，提供历史依据。

本次活动由市社联、市地方志办公室、市委党校等共同主办。市地方志办公室党组书记、主任洪民荣，市社联专职副主席任小文，东方网常务副总编张桑，以及相关单位代表200 余人参加了报告会。

任仲伦做客“四史讲堂”讲述改革开放背景下的上海电影

10 月 30 日，中国电影家协会副主席、上海电影家协会主席任仲伦做客“四史讲堂”，以“改革开放背景下的上海电影”为题做主旨演讲。上海市地方志办公室党组书记洪民荣，上海市社联党组成员、专职副主席任小文出席，上海市地方史志学会会长王依群主持。本次活动由市社联、市方志办、东方网共同主办，市地方史志学会、上海电影家协会、上海通志馆承办。活动有来自主协办学会的代表 50 余人参会。

上海是中国电影的发祥地，电影（初时称为“西洋影戏”）作为一门新兴艺术和文化娱乐形式，随着众多的舶来品传入上海，并逐渐发展起来。任仲伦表示，上海电影在 20 世纪三四十年代形成首次高潮，得益于城市的开放本性、得益于城市的工业文明和市民阶层，更是得益于新型电影工作者的整体崛起。“第一次上海电影的崛起依托于开放，那时候上海电影人才也很多。”此后上海电影逐渐占据新中国电影的半壁江山，在 20 世纪五六十年代形成第二次高潮，具有时代特征的优秀电影持续涌现，主创队伍代际鲜明、人才辈出，影院建设、电影发行、电影技术以及电影教育等都整体大发展。第三次高潮是 20 世纪 80 年代，“没有一座城市像上影一样有这么多好作品，有谢晋这样的优秀人才。《庐山恋》就是在改革后开放的风气下诞生”，任仲伦说，这一时期的上海电影响应改革开放号召，不仅深刻影响了人们的思想启蒙，以谢晋电影为代表深刻推动着社会进步，而且各种创作样式涌现且开风气之先，经历计划经济转型阵痛的电影产业意识与布局形成，一批优秀电影和电影企业开始崛起，国际合作产生领先效应。

中国在从电影大国走向电影强国，任仲伦表示，中国电影应该抓住机遇、努力发展，通过影片把中国故事讲给世界听，让世界听得懂中国故事。中国电影迅速适应改革开放，并迅速转型。在他看来，电影的变革一定要按照国际规则、尊重市场经济规律，也遵循艺术创作的规律，必须首先重视社会效应。他指出，建设电影强国必须有一批强大的电影企业，在这方面，中国仍需努力。任仲伦十分看重“人才”与国际合作。他指出，制片人和销售市场，是一个强大的电影企业赖以生存的两个基本核心竞争力。改革开放后上海国际合作频繁，也体现在上海电影的创作价值上。他充分地肯定了上海当前的文化品牌建设，力争将上海打造成中国电影的创制中心。

与会代表还围绕中国电影评价、科幻电影制作、民营电影企业的发展等问题展开深入的互动交流。

张学良做客“四史讲堂”讲述长江三角洲一体化发展的探索与追求

11月27日，上海市大数据社会应用研究会副会长兼秘书长张学良做客“四史讲堂”，以“长江三角洲一体化发展的探索与追求”为题做主旨演讲。上海市地方史志学会会长王依群、市方志办二级巡视员王继杰出席，市社联党组成员、专职副主席任小文主持。本次活动由上海市社会科学界联合会、市地方志办公室、东方网共同主办，上海市大数据社会应用研究会承办。来自主协办学会代表50余人参加活动。

2020年8月20日，习近平总书记在合肥主持召开扎实推进长三角一体化发展座谈会并发表重要讲话，强调长三角一体化发展不是一日之功，我们既要有历史耐心，又要有只争朝夕的紧迫感，既谋划长远，又干在当下。张学良聚焦“长三角一体化发展进入新阶段”“长三角一体化发展探索——历史视角下的长三角”“长三角一体化发展的未来趋势”三个方面，从历史的维度、现实的基础、国际的比较与未来的趋势等角度对长三角一体化的发展进行了探讨和阐释。

他强调，现阶段我们要把长三角一体化发展放在国家区域发展总体战略全局中进行统筹谋划，紧扣全国发展强劲活跃增长极、高质量发展样板区、率先基本实现现代化引领区、区域一体化发展示范区、改革开放新高地的战略定位。长三角要迈向世界级城市群的增长与发展应该是一种“多彩”的增长与发展，要立足“十四五”时期乃至更长一段时间，做好“生态文章”，将绿水青山转变为金山银山；做好“民生文章”，提供教育、医疗、养老等高品质公共服务；深入挖掘江南文化，做好“文化文章”，提升长三角地区文明水平；做好“创新文章”，在技术创新与产业转型升级中实现增长与发展。总之，要将长三角地区科技创新优势、资源生态优势、文化文明优势、战略叠加优势真正转化为发展的优势、增长的优势，在发展中补齐民生短板，提升老百姓的获得感、幸福感与满意度。

与会代表还围绕宝山区如何更好融入长三角一体化高质量发展、如何助推长三角教育协同发展等问题展开深入的互动交流。

熊月之做客“四史讲堂”解读大上海为什么魅力四射

12 月 11 日，中国史学会副会长熊月之做客“四史讲堂”，以“大上海为什么魅力四射——从城市品格读懂上海”为题做主旨演讲。上海市地方史志学会会长王依群主持。本次活动由上海市社会科学界联合会、市地方志办公室、东方网共同主办，市地方史志学会、学林出版社、上海通志馆承办。来自主协办学会的代表 40 余人参加活动。

大上海为什么魅力四射？奥秘即在于其城市品格：开放，开启活力之源；创新，激发不竭动力；包容，厚植温暖情怀。城市品格是城市精神文明建设的核心部分之一。

熊月之表示，上海是开放的，自然禀赋和产业结构决定了上海开放的品格。熊月之认为，在上海开埠之前，内在已经萌动着对外开放的需求了。创新品格则是伴随着城市发展、人口聚集。一个人做一件事情会做好，做十件必然做不好，所以分工带来创新，创新带来进步。“城市创新能力跟人口集聚能力有直接比例关系，这个城市集聚的人异质程度越大，互相取长补短机会越多，创新能力就会强。”熊月之用生动的故事介绍了城市品格，在他看来，证明上海包容品格的一个典型案例，就是当年我们接纳了犹太难民，而这些犹太人也成为城市文化的一个重要资源。熊月之强调，我们今天提出人民城市人民建、人民城市为人民，提出人人都有出彩的机会，对城市发展来说是相当关键的。上海靠什么吸引人？其实就是城市的整体综合环境。我们克服了近代史上的很多弊端，克服了计划经济时代的一些问题。今天，大家再也不会听到“宁要浦西一张床，不要浦东一间房”的说法。每个上海人都会明显感受到身边的变化，这种变化与上海开放、创新、包容的自觉性有关，与整座城市的自我调整能力有关。

第十届上海市政协副主席、上海市教育发展基金会理事长王荣华听完深有感触，他指出，上海在近代中国有特别地位，特别作用，特别使命，是一座光荣的城市，是一个不断见证奇迹的地方。在突如其来的全球疫情考验之下，上海在以国内大循环为主体、国内国际双循环相互促进的新发展格局中承担了新的历史使命，这样关键节点上，“四史讲堂”推出熊月之研究员的讲座，对上海城市品格的由来及内涵做了系统、权威的解读，非常及时。“希望通过阅读、讲座、走访等形式，让更多的市民了解上海故事、上海精神、上海品格、上海文化。”

上海市社联第十四届(2020)"学会学术活动月"开幕式暨会长论坛隆重举行

9月18日,上海市社联举行第十四届(2020)"学会学术活动月"开幕式暨会长论坛。中共上海市委宣传部副部长徐炯出席会议并讲话,市社联主席王战致辞并宣布开幕,党组书记、专职副主席权衡主持开幕式,党组成员、专职副主席任小文主持会长论坛。市社联所属各学术团体负责人和专家学者80多人参加会议。

徐炯在讲话中指出,当前,我们正处于"十三五"规划收官、制定"十四五"规划宏伟蓝图的重要时期,处于上海在新的更高起点上谋新篇开新局,全面建设全球城市和具有世界影响力的社会主义现代化国际大都市的重要时期。各学术团体要把深入学习宣传贯彻党的十九大和十九届二中、三中、四中全会精神,深入贯彻习近平新时代中国特色社会主义思想作为首要政治任务;把培育学术功能,构建中国特色哲学社会科学,服务学科发展、服务理论发展作为主攻方向;把关注学科前沿,推动学科对话,回应时代需求作为创新动力;把聚焦中心工作,服务上海经济社会高质量发展作为重大任务。自觉践行"人民城市人民建,人民城市为人民"重要理念,进一步明确任务,把握导向,推动理论创新,共同营造上海哲学社会科学界良好的学术氛围,促进上海哲学社会科学事业攀登新的高峰。

王战在致辞中指出,今年是全面建成小康社会的收官之年,也是开启全面建设社会主义现代化国家新征程的接力之年。这是中国共产党领导全国人民实现中华民族伟大复兴中国梦进程中一个极其重要的时间节点,具有重要的里程碑意义。站在"两个一百年"奋斗目标的历史交汇点上,面对更加复杂的国内外环境,我们广大社科工作者要坚持用马克思主义观察时代、解读时代、引领时代。期待各位专家学者、青年才俊以及各学会会员在本届"学会学术活动月"的舞台上展现风采,为学科发展作出学术团体应有的贡献,也为党和政府的决策发挥智囊团作用。

权衡介绍了今年以来社联开展的一些主要工作:组织动员社科界围绕党和政府中心工作开展决策咨询,持续推动习近平新时代中国特色社会主义思想学理化、系统化研究,汇聚多方力量推出一批学术话语体系建设基地;为认真贯彻落实市委和市委宣传部"四史"学习教育专项部署,精心制作了一批高质量学习资料;依靠学会精心办好列入市委四史学习教育内容的"四史讲堂",举办江南文化讲堂助推长三角一体化发展,积极推动筹建一批新兴的智库型学会服务市委市政府中心工作等。权衡表示社联的很多工作离不开在座的专家学者和各学术团体的大力支持,希望各学术团体在活动月期间开展学术活动,既要做好疫情防控更要提高研讨会的质量和影响力，形成一批好的成果服务好上海经济社会发展。

在会长论坛上，华东政法大学法律学院教授、上海市民法典宣讲团成员杨代雄，复旦大学社会发展与公共政策学院党委书记、上海自贸区综合研究院秘书长尹晨教授，同济大学教授、上海可持续发展研究会会长诸大建，上海国际问题研究院院长、上海联合国研究会副会长陈东晓分别围绕“作为社会生活百科全书的民法典”“‘双循环’的新要求与自贸试验区的新动力”“2020—2035：中国绿色发展的四个关键问题”“动荡变革期与中美战略竞争”作了学术报告。

杨代雄表示，《民法典》包括社会生活方方面面的问题，总共有七编 1260 个条文，在新中国立法史上是条文数目最多的一部法律，也是新中国所制定的所有法律当中唯一以“法典”来命名的法律。《民法典》是关于权利的规范体系，整部法典是以权利作为逻辑主线构建起来的。它规范人们的生老病死、人们的生活学习和生产经营，与社会风尚、社会治理息息相关，是权利法，是社会生活的百科全书。

尹晨指出，要形成以国内大循环为主体、国内国际双循环相互促进的新发展格局，必须让要素市场、服务市场循环流动起来，形成更高水平的对外开放新格局。自贸试验区的建设不是短跑，需要持久动力，核心是促进循环的市场化配置机制，实现制度红利，促进新旧动能转换，为“双循环”提供新动力。

诸大建认为，中国在 2035 年实现绿色发展奇迹，需要关注经济社会与资源环境的四个关键问题：一是城市从增量扩展到存量优化；二是能耗从高碳结构到低碳结构；三是垃圾从末端治理到源头减少；四是交通从汽车拥有到共享出行。解决了这四个关键问题，才能确保我国的粮食安全、能源安全、气候安全等，实现经济社会高质量发展。

陈东晓认为，我们要进一步研究新冠疫情重构安全局势、世界经济动荡变革、全球发展历程转型、国际政治格局变化等问题对中美关系的影响。在此基础上运筹中美战略竞争要讲定力、讲智慧、做准备，要防止特朗普政府在大选期间进一步对华剑走偏锋无所不用其极，要抓住重点进行反制；要保持与美国社会联系合作的韧劲，要激活交流合作的清单，最终推动中美双方朝着一个新的平衡方向发展，为重建动态平衡的中美新型大国关系而努力。

在学术活动月期间，市社联所属的 50 余家学会等单位将以跨学会活动的形式，围绕主题开展 27 场高质量的学术研讨活动，内容涵盖全面小康、新发展格局、“十四五”规划与上海发展、长三角一体化发展、社区治理等多个方面。

学会学术交流

XUE HUI XUE SHU JIAO LIU

语言、教育、文化、新闻

上海市研究生教育学会召开第九届会员代表大会

1月10日，上海市研究生教育学会召开第九届会员代表大会，进行换届选举。大会审议并通过了学会第八届理事会工作报告、财务报告和新的章程，选举产生了新一届学会理事会和监事。在随后召开的第九届理事会第一次会议上，与会理事选举产生了新一届学会领导班子，毛丽娟为理事长，董秀华、吴宏翔、黄宏伟、张文、郭长刚、杨振华、朱平芳为副理事长，束金龙为秘书长。

上海市教育学会召开第九届会员代表大会

7 月 4 日,上海市教育学会第九届会员代表大会暨换届大会在上海科学会堂国际会议厅举行。市教委主任王平,市社联专职副主席任小文出席会议并讲话。

任小文在讲话中高度评价了上海市教育学会的工作。在举办学术活动时能认真组织,积极投入,精心设计。活动学术影响大,社会波及面广,得到各方面的好评。希望学会在新一届领导班子带领下,继续积极对接上海教育改革创新发展的新形势和新要求,积极开展学术研究活动,努力提升上海教育的品质,扩大上海教育的影响。

会员代表大会审议并通过了《上海市教育学会第八届理事会工作报告及财务报告》和《上海市教育学会章程》修订说明,选举产生了第九届学会理事、监事。在随后召开的九届理事会第一次会议上,选举产生了新一届学会领导班子。尹后庆为会长,桑标、范国睿、苏忱、徐淀芳、徐向东、刘京海、卞松泉为副会长,朱蕾为秘书长。

会议特邀上海国际问题研究院副院长严安林作“从反修例风波看香港国安立法”主题报告。

上海市教育学会、上海市教师学研究会联合举办“科学教育创新论坛”

9月24日，由上海市教育学会、上海市教师学研究会联合举办的“科学教育创新论坛”在中国北斗产业技术创新西虹桥基地顺利举行。本次论坛列入上海市社联第十四届“学会学术活动月”项目。市教育学会会长尹后庆出席会议并致辞。

尹后庆表示，习近平总书记提出“对科学兴趣的引导和培养要从娃娃抓起”，上海也正在建设有全球影响力的科创中心，教育应该为国家培养科创人才。希望未来能够加强教育与科技的联系，有更多的老师、学生走进北斗西虹桥基地，不仅学习科学家们的爱国主义精神，而且从小培养他们对科学的兴趣。让青少年科学教育做得更加扎实，使更多具有创新精神、实践能力的孩子涌现出来，为国家、为上海的未来发展做出教育人的贡献。

“科学教育创新论坛”上半场由市教育学会副会长苏忱主持。上海北斗导航创新研究院院长、北斗西虹桥基地首席科学家郁文贤作题为“北斗：战略高新技术重塑产业格局暨北斗智能信息产业发展思考”的主题报告。他介绍了北斗导航系统的研发历程、应用场景以及对未来的畅想。“战略核心技术改变世界格局，而且其中很重要一个就是卫星上的问题。”北斗导航系统采用了双向传输的技术，卫星能够向终端发送信号，而终端也能够向卫星发送信号的。截至2020年，55颗导航卫星组成的北斗卫星导航系统，广泛应用于交通运输、海洋渔业、水文监测、气象预报、测绘地理信息、通信系统、电力调度、救灾减灾甚至野生动物保护等领域，未来还将逐步渗透到人们生活的方方面面。

论坛下半场由市教师学研究会副会长凤光宇主持。上海市市北中学老师阚黎霞和上海市风华中学老师杨国强分别作微报告。上海市教委研究室原副主任陆伯鸿点评。阚黎霞老师介绍了学校IYPT课程的设计与实施。课程以实验为抓手的，设计了面向所有学生的认知型实验，面向部分有更强学习能力学生的拓展型实验和研究性实验。课程以问题为导向，实现了学生从“动手写”向到“动手做”的跨越，是理论与实验相互融合的跨越，也培养了学生科研的兴趣。杨国强老师介绍了学校在技术与环境支持下的科技课程探索。风华中学综合实验室主体设备集成了中学各类理科实验所需要的水、电、气等要素，以及交互式电子白板、桌面摄像、专业的信息化实验系统，可以同时满足物理、化学、生命科学、通用技术等学科的实验环境需求。依托这样一个综合实验室，学校开发设计了融合多学科的实验课程，而不再拘泥于单学科实验。如围绕电路设计任务，创设了一个汽车电路设计公司的情景，激发了学生的兴趣，也培养了学生的科学探究态度，促进工程思维等综合思维能力的培养。

“北斗是创新，今天微报告的两个课程也是创新。”上海市教委研究室原副主任陆伯鸿表示，科学教育就像一辆车，发动机好、加满油固然重要，但关键还是要方向正确。北斗系统由空间段、地面段和用户段三部分组成，对应到科学教育上，空中的对应课程标准、核心素养和指导纲要，地面对应开发课程，而用户对应的就是学生。陆伯鸿指出：“课程是定位的关键，决定了科学教育的最终方向。”

尹后庆表示，希望有更多的科学教育可以培养学生的问题意识，引导学生关注生活，让学生在真实的情境中发现问题，用研究的思路去思考问题，用科学家的方法去解决问题。

上海炎黄文化研究会等举办“多学科视野：治国理政的中国智慧”研讨会

9月26日，上海炎黄文化研究会、上海市历史学会、上海市哲学学会、上海市伦理学会、上海东方研究院等举办“多学科视野:治国理政的中国智慧”学术研讨会。该场研讨会是上海市社联第十四届(2020)“学会学术活动月”的活动之一。上海炎黄文化研究会会长杨益萍主持研讨会并致辞，50余位专家学者与会。

杨益萍指出研讨会的主题是探究我国治国理政取得成功的深刻根源。党的十九大报告指出，中国特色社会主义道路、理论、制度、文化不断发展，拓展了发展中国家走向现代化的途径，给世界上那些既希望加快发展又希望保持自身独立性的国家和民族提供了全新选择，为解决人类问题贡献了中国智慧和中国方案。要讲好治国理政的中国故事，既要不忘本来，总结治国理政的历史智慧，又要不断领悟、归纳、弘扬实践智慧、理论智慧。

围绕研讨会主题，与会学者就撰写的大会论文作主题发言，包括:熊月之研究员的“从抗疫实践看上海城市治理”、江时学教授的“从‘拉美之乱’看‘中国之治’的可贵之处”、王锐副教授的“全面理解中国革命——中国现代史上的‘全能主义’概念再思考”，陈卫平教授的“孔子‘为政以德’的理论内涵”、高惠珠教授和秦媛讲师的“优秀传统文化创造性转化为治国理政新智慧的路径探析——基于唯物史观新视野的研究”，周中之教授的“法治思维下当代中国慈善组织的治理和监督机制”、邵龙宝教授的“儒学治国之道在当代中国治国理政中的价值”，章建文研究员的“浅谈治国理政核心理念——坚持以人民为中心”(以上为东方研究院推荐)，朱荫贵教授的“从小三线建设看治国理政的东方智慧”、杨剑龙教授的“治国理政与上海跨文化交往能力研究”、汤啸天教授的“我对人民建议征集制度的建设构想”、胡申生教授的“中国古代的‘赈穷济困’思想及其在治国中的实践”、司徒伟智高级编辑的“惟诚信者胜:古代诚信文化与治国理政”。

市历史学会会长章清在总结点评中对与会专家的发言予以了高度评价。他指出，专家学者从各自的专业角度研究治国理政的中国智慧，可大致分为历史的智慧、现实的智慧、上海的智慧三大板块。三个板块的论文又具有共性，都是探寻和阐发治国理政中国智慧的历史渊源和发展历程、辉煌表现，都是视野开阔，论述深到，生动活泼，新见迭出，与人启迪。

本次研讨活动获得各学科与会者好评。大家一致认为，通过研讨，对于治国理政中国智慧的丰富蕴涵，理解领悟得更全面深入了。我们需要不断总结发扬中国智慧，继续克服前进路上的艰难险阻。可以预期的是，在习近平新时代中国特色社会主义思想指引下，全党全国人民团结一心，继续发扬中国智慧治国理政，一定能够无坚不摧，无往不胜。

上海炎黄文化研究会举办 2020 学术年会

11 月 21 日，上海炎黄文化研究会在文联会议厅举行 2020 学术年会，主题为“传统精神文化与夺取双胜利”。会议由副会长杨剑龙主持。

会长杨益萍在致辞中表示，本次学术年会以“传统精神文化与夺取双胜利”为主题，旨在从传统精神文化的角度发掘中华民族取得“双胜利”的深层原因，进一步弘扬中华优秀传统文化，振奋民族精神，促进改革开放建设事业全面发展。

围绕年会主题，10 位专家作了交流发言，具体为洪纽一的“抗疫中人民群众的历史地位”、徐培华的“伟大抗疫精神与中华文化信念”、许良的“眠食为养人健康”，汤啸天的“再接再厉夺取疫情防控常态化的全面胜利”、胡申生的“‘守望相助’是中国古代基层团结抗灾的精神特质”、施炎平的“海派儒学与上海都市文明建设”、刘平的“战争之殇与慈善之光——抗战时期的上海流浪儿童救助”、蔡志栋的“中国人民取得防疫发展双胜利的哲学法宝”、王佩玲的“‘双胜利’中有优秀传统文化的精神力量”、司徒伟智的“从战疫胜利反思对待传统文化应有的谦卑”。各位专家的发言从不同角度阐述了优秀传统精神文化的巨大作用。

与会专家的发言以抗疫斗争的实践证明，优秀传统文化在新时代依然发挥重要作用。这种作用，既体现在老祖宗创造的科技成果即用中医药抗疫、病患隔离方法抗疫的成果上，又体现在“讲仁爱、重民本”，坚持人民至上，生命至上的决策中，也体现在“千人同心，则得千人之力”的家国情怀里。

此外，年会还通过短片介绍了炎黄宣讲团一年来工作进展情况，秘书长潘为民作《在会员中开展 2020 年度人民建议征集活动的情况汇报》。

上海社会科学普及研究会召开第八届会员代表大会

11 月 19 日，上海社会科学普及研究会召开第八届会员代表大会，进行换届选举。大会审议并通过了学会第七届理事会工作报告和财务报告，选举产生了新一届学会理事会和监事。在随后召开的第八届理事会第一次会议上，与会理事选举产生了新一届学会领导班子，周智强为会长，胡键、吴新文、袁峰、毛力熊、应毓超、吴涛、姚掌宏、徐伟清、邓智团、张惠虹为副会长，应毓超为秘书长。

随后，上海社会科学普及研究会和中共黄浦区委宣传部联合举办了“2020—2035：中国绿色发展的四个关键问题”专题讲座，同济大学特聘教授、上海市可持续发展研究会会长诸大建围绕学习贯彻十九届五中全会精神，聚焦新发展理念、实现高质量发展等相关问题，就双循环经济社会发展需要与资源环境消耗脱钩的问题进行了深入分析。

哲学、史学

上海市中共党史学会等举办“1920:红色基因与创党实践”学术研讨会

9月26日,由上海市中共党史学会、上海市新四军历史研究会主办,上海交通大学马克思主义学院、上海大学马克思主义学院、上海市高校思政课协作组承办的“1920:红色基因与创党实践”学术研讨会在上海交通大学顺利举行。研讨会是上海市社联第十四届(2020)“学会学术活动月”的活动之一。上海交通大学党委副书记周承,中共上海市委党校副校长徐建刚,市中共党史学会会长忻平,中共上海市委党史研究室主任严爱云,市中共党史学会副会长、上海交通大学建党精神研究中心主任陈挥,上海大学马克思主义学院党委书记刘绍学、市新四军历史研究会会长刘苏闽少将等50余位专家、学者参加了此次会议。会议围绕中国共产党的创建、传承红色基因、建党精神等专题展开。

一、 中国共产党的创建研究

上海是党的诞生地,专家学者围绕中国共产党早期在上海活动等方面内容开展研究。

徐建刚指出,明年中国共产党即将迎来100年诞辰,研讨会为2021年中国共产党建党百年研究打下基础。他以南昌路100弄2号的老渔阳里从不知名到申报全国文物保护单位的转变为例,指出党史研究需要学术支撑才能取得很好的效果。

周承指出,加强党的建设并将之体现到学校办学治校教书育人的方方面面。加强党史、新中国史、改革开放史、社会主义发展史的学习和教育,也是我们加强党的领导,加强党的建设重要工作。要从建党历史和建党精神中汲取源源不断的力量,紧紧围绕习近平新时代中国特色社会主义思想继续朝着实现中华民族伟大复兴而奋勇前进。

陈挥指出,上海石库门建筑是见证中国共产党创党实践的空间场域,上海石库门文化是形塑中国共产党精神特质的重要渊源,上海石库门精神是伟大建党精神的重要组成部分,居于源头的起始地位。站在“两个一百年”的历史交汇期,回溯中国革命的历史原点,我们要重新审视上海石库门建筑蕴藏的红色文化和革命精神,从中汲取全面建成小康社会、乘势而上开启全面建设社会主义现代化国家新征程的精神动力。

上海交通大学教授黄伟力指出,中共一大具有开创性的历史贡献:以实现共产主义为目标,为党确立了明确的政治方向;坚持实行党的统一领导,初建党的组织领导体系;以政治纪律为核心，提出对党员和党的工作的纪律要求，由此中共一大培植了党百年发展的政治根基。

二、 传承红色基因研究

严爱云指出，上海是党的诞生地，也伟大梦想的启航地。马克思主义与上海工业运动实践的结合，铸就了我们党实事求是的红色基因，追求真理的科学精神。红色基因是新时代共产党人的信仰之源、力量之泉。近年来我们党史界以追寻党的初心出发地，以对历史负责的态度，孜孜不倦地不断推出社会关注的有影响力的成果。

刘苏闽指出，红色是中国共产党最鲜明的政治底色，红色基因是我们党在长期奋斗中确认的先进本质、革命精神、光明传统和优良作风的总称。要丰富发展和弘扬传承新时代红色基因，一是红色政权的引领与红色理论的武装，二是五四运动狂飙突进，红色力量发展壮大，三是红色先驱建党创址，四是红色使者帮助。

刘绍学指出，20 世纪 20 年代的上海大学以养成建国人才、促进文化事业为宗旨，汇集社会名流，是一所红色学校。要注重对上海丰富红色文化资源的利用，重视把红色文化资源融入课堂中。

上海理工大学马克思主义学院院长金瑶梅指出，要传承与弘扬上海长三角技术的红色基因，指出问题在于长三角区域党建一体化缺乏计划性、系统性、长期性、全面性，党建力量依然存在短板，而建设折射长三角，则可以采取一系列的措施，比如说多渠道、全方位、广角度贯彻落实习近平新时代中国特色社会主义思想。

上海大学马克思主义学院副教授李瑊提出，要将创建新型政党的理念付诸实践，就要突显先进政党的精神品格，要具有强烈的责任感、使命感，开拓创新、坚韧不拔，加快开启马克思主义中国化的进程。

三、 建党精神研究

忻平认为 2020 年是中国共产党和社会主义青年团在上海老、新渔阳里发起和初建的百年纪念之年，明年是中国共产党正式创建一百周年。2016 年 7 月 1 日，习近平总书记在庆祝建党 95 周年大会上指出："我们要永远保持建党时中国共产党人的奋斗精神，永远保持对人民的赤子之心。"

张云认为上海建党精神是中国共产党精神谱系的开篇之首，原因在于，首先中国共产党的第一个组织是在上海诞生的，其次是一大、二大和四大均在上海召开，第二是中共中央驻地在上海长达 13 年之久，第四是中国共产党的初心主要是在上海形成的，第五是以具体的时空环境为定位的精神元素，第六是上海建党精神与上海的城市文明传统和海派文化具有相互吸纳、前后传承的不可分割性。

上海交通大学教授胡涵锦认为，要深入学习习近平总书记关于建党精神的重要论述，要理顺斗争精神和四个伟大的关系，处理好斗争精神和斗争本领的关系，有立场、有原则地开展斗争精神，增强自觉性。

市中共党史学会副会长徐光寿指出，从四大维度来考虑"科学的中共创建史观"，即哲学层面的必然性与偶然性关系，地理学角度，时间层面的历史角度即三年两会，以及包括渔阳里精神、共产党宣言精神、红船精神的精神谱系角度。

上海交通大学马克思主义学院博士生穆鹏程认为，中国共产党“建党精神”作为新时代党的重要政治话语，蕴含了“坚持与发展”“思前与启后”“建党与党建”等多重辩证逻辑。“坚持与发展”辩证逻辑是对“建党精神”理论根基的省思，“思前与启后”辩证逻辑是对“建党精神”历史延展的爬梳，“建党与党建”辩证逻辑是对“建党精神”实践形态的厘析。

上海财经大学博士后王岩分析了中国共产党将百年旅程坚持下来的动力和勇气，提出了“变”与“不变”，“不变”的是坚持马克思主义、坚持中国共产党的领导核心、坚持共产主义、坚持中国道路、坚持全心全意为人民服务、坚持社会主义制度；“变”的是时空转换、人员更迭、经济社会发展水平的提升、社会主义要矛盾、国际环境，在“变”与“不变”的辩证关系中，我国正不断前进着。

政治、法律、社会、行政

上海市工人运动研究会、市中共党史学会联合承办“纪念五卅运动95周年、上海总工会成立95周年座谈会”

5月28日，由上海市总工会、中共上海市委宣传部、中共上海市委党史研究室主办，市工人运动研究会、市中共党史学会联合承办的“上海百年红色工运资源发掘宣传暨纪念五卅运动95周年、上海总工会成立95周年座谈会”在上海市总工会召开。市人大常委会副主任莫负春，市委宣传部副部长、市精神文明办主任潘敏，市委党史研究室主任严爱云出席会议并讲话，上海市社联副主席、市中共党史学会会长忻平作交流发言。

上海是中国工人阶级的摇篮，是中国共产党的诞生地、中国工人运动的发祥地。百年来，在党领导下的上海工运光辉历程中，留下了丰富的史料和遗址。研究会将继续梳理百年红色工运的重要人物、重要遗址（旧址）、重大事件、重点纪念场馆等，深入发掘宣传上海工人阶级和工人运动的光荣历史、奋斗历程、辉煌成就，更好地传承发扬红色基因和信仰之光，拓展“四史”学习教育内容和阵地，为迎接建党100周年做好充分准备。

上海市妇女学学会、市婚姻家庭研究会举行 2020 年第一期“会长讲坛”

上海市妇女学学会、上海市婚姻家庭研究会理事会议暨 2020 年第一期“会长讲坛”于 6 月 12 日下午在巾帼园举行。讲坛由市妇女学学会会长徐枫主持，市妇女学学会、市婚姻家庭研究会理事、会员及市妇联系统干部等百余人参会。

全国政协委员、上海市妇联兼职副主席、市婚姻家庭研究会副会长黄绮结合参加全国“两会”感受，作题为“民法典——闪耀人性光辉、增添社会活力的法典”的专题讲座。她就民法典在中国特色社会主义法制体系中的地位、意义、基本内容等作全面梳理，并围绕民法典中的人格权、婚姻家庭、继承、民事侵权责任等内容作了重点解读。

上海人大工作研究会举办“长三角一体化协同立法研究”研讨会

9月15日，上海人大工作研究会举办“长三角一体化协同立法研究”研讨会，本次会议系上海市社会科学联合会第十四届(2020)“学会学术活动月”项目。与会嘉宾共同探讨梳理长三角立法协同亟待研究的重点和难点问题，为更好推动长三角一体化发展建言献策。

一、 破除行政划界带来的藩篱

长三角立法协同，始于2007年苏、浙、沪人大常委会法制工作机构等签署的《苏、浙、沪法制协作座谈会会议纪要》。在多年实践摸索的基础上，2018年形成了系列制度成果。2019年发布的《长江三角洲区域一体化发展规划纲要》(以下简称《规划纲要》)和《长三角生态绿色一体化发展示范区总体方案》，分别提出建立地方立法工作协同常态化机制，提出为一体化示范区改革创新探索实践提供法制保障。

立法协同的工作模式也初步形成。2014年，上海市人大审议通过《上海市大气污染防治条例》，以专章形式率先规定了长三角地区大气污染防治的主要内容。安徽省、江苏省和浙江省人大分别通过大气污染防治地方立法，三省一市共同协商确定一个示范性条款文本，由各地人大常委会分别审议通过后实施的协调互补的立法协同模式正式形成。另一方面，形成了全过程的立法协同模式。2018年签署的《关于深化长三角地区人大常委会地方立法工作协同的协议》对立法计划、规划的协调对接、法规草案相互征求意见、立法信息的共享协作等区域立法协同的关键环节作出针对性的规定。

“长三角地区地域相连、人缘相亲、文化相通、经济相融，企业合作紧密，居民往来频繁，有着天然的亲近感和凝聚力。”市十三届人大法制委主任委员张凌说，近年来，长三角一体化发展不断深化，但也应清醒地看到，还面临着一系列亟待解决的问题，比如，区域内发展不平衡不充分，基础设施、生态环境、公共服务一体化发展水平有待提高，阻碍经济社会高质量发展的行政壁垒仍未完全打破，统一开放的市场体系尚未形成等。因此，迫切需要依托立法协同，来建立和巩固地区的共同行为准则，破除行政划界带来的藩篱，推进资源优势互补、发展利益共享。

二、 若不出台标准，还是差异化执法

如何在“不破行政隶属、打破行政边界”的前提下，实现立法协同层面的共商、共享？

立法协同的根本目的在于保障《规划纲要》的落地，需要地方人大和地方政府共同推进。市人大法制委、常委会法工委办公室主任张明君提到，“如果政府层面对这些问题还没有达成共识，人大就匆忙进行立法，会存在很大的问题。”他认为，如何有效地将人大和政府职能整合起来，形成综合发挥地方性法规、政府规章和政府规范性文件作用的立法协同工作机制，仍有待破题。

立法协同的进度也亟待推进。目前，长三角立法协同最主要的着力点集中于生态环境保护领域。道路交通、营商环境等领域的协同仍处于探索阶段，从而导致相当数量的规则不一致问题仍未得到解决。比如，在示范区的公共交通方面，由于行政法规未对省际长途客运和货运车辆的更新淘汰标准作出规定，各地对区域内公交和出租车的监管标准各异，造成示范区的公共交通监管困难。“在长三角一体化发展的实践中，对立法协同的需求还是非常强烈的。比如说示范区搞的跨省公交，社会需求很强烈，但是这个公交跨省之后，按照现有的法律之后必须是长途车，不能公交化运营，这里面就有矛盾，这就需要法律的支撑。”长三角区域合作办公室副处长吕军焘说。

立法协同的成果也有待落地。比如，在生态环境保护领域，即便三省一市的大气污染防治地方立法规定要标准对接，但目前相关部门还未出台常态化污染标准，仍然是差异化执法。

三、 争取重大事项综合授权试点

建设示范区是实施长三角一体化发展战略的先手棋和突破口。长三角立法协同规划要聚焦示范区，鼓励示范区在地方立法权限内先行先试，形成经验后在长三角区域内复制推广。同时，规划要聚焦生态、生产、生活。

立法协同的核心，是长三角相关工作“标准”的统一，建立“长三角”区域标准。从当前来看，生态环境共保联治、基础设施互联互通、优化营商环境是较为成熟的立法协同领域，要着力加强关于标准统一的规定，探索形成符合长三角区域实际的区域标准。对一些尚不具备立法协同基础的领域，可以考虑标准统一先行。在标准统一的基础上，逐步推进规章、地方性法规相关内容的统一。

“立法项目建议的准确有效传递是实现高质量立法协同的关键步骤。”程传维等认为，可以考虑建立三省一市人大、政府相关部门的立法协同建议征集机制，同时建立建议办理机制。在收集到立法建议的基础上，由三省一市人大、政府相关部门开展协商研究，确立各项目的事权归属，明确系属于国家、地方事项，还是属于人大、政府事项。属于国家事项的，加强研究适时提请国家有关部门；属于地方事项的，由相关部门在一定期限内会同研究。

“积极争取全国人大、国务院就重大事项授权”，争取综合授权试点，对于制约长三角一体化发展的重大制度性障碍，梳理形成改革事项清单，批量申请授权，努力攻坚一批战役战略性改革和创造引领型改革，探索可复制、可推广的经验。

上海市信访学会和上海市社区发展研究会等联合举办“共建共治共享理念下基层信访工作模式创新”专题研讨会

9月24日，由上海市信访学会、上海市社区发展研究会、国家信访局信访理论研究(上海)基地、上海市信访办联合主办，虹口区人民政府、市律师协会协办的“共建共治共享理念下基层信访工作模式创新”专题研讨会在虹口区四川北路街道举行。本次会议系上海市社会科学联合会第十四届(2020)“学会学术活动月”项目。市信访办、市人民建议征集办主任、市信访学会会长王剑华，市社联党组成员、专职副主席任小文，虹口区二级巡视员杨鼎忠，市律协副会长杨波出席会议并致辞。国家信访局研究室副主任马永辉出席会议并作总结讲话。解放日报社党委副书记、上海社会科学普及研究会会长周智强在会上作点评发言。会议由市社区发展研究会会长徐中振主持。

在这场开到老百姓“家门口”的研讨会上，基层干部、“小巷总理”、社区群众与社区治理领域的专家学者思想碰撞、互相启发，共同为吸纳民智民慧、把矛盾化解在基层提供“最接地气”的方案。

任小文在致辞中指出，信访工作与社会治理紧密相连，相辅相成，信访学会和社区发展研究会围绕这一主题，立足基层实际组织研讨，把准研究方向，回应时代和现实需求，切中信访工作的实践热点，通过推动社会治理和信访制度的理论创新和良性互动，更好服务上海城市治理能力现代化，更好体现“人民城市人民建”的发展理念。

王剑华指出，信访工作是社会治理体系的重要组成部分，新时代信访工作的高质量发展，一定要在社会治理能力现代化的框架中谋划、思考、推进。做好信访工作的重心在基层，办法在基层，活力在基层，加强源头始终是信访工作的治本之策。为抓好源头，夯实基层基础工作，上海近年来大力推进街镇“人民满意窗口”创建，并在今年铺开“家门口”服务体系建设，努力让老百姓在家门口就感受到党委政府的服务和温暖，有困难在家门口就能够得到解决。信访工作为群众而生，从群众中来，到群众中去，让群众满意。“家门口”信访服务真正好用、管用，必须实事求是、眼睛向下，必须符合人民所思所盼，符合基层所需所愿。

马永辉强调，信访工作要贴近基层，抓住基层就是抓住了群众信访的源头，要完善矛盾源头预防、排查、多元化解机制，通过上下联动有效地推动信访问题化解。信访工作要服务基层，抓住基层就是抓住解决问题的关键，服务基层和解决问题是一致的，既要重视法治，也要重视德治，形成向上向善的重要力量。信访工作要依靠基层，抓住基层就抓住了创新机制根本，创新要依靠群众的力量，从基层的力量，从思路上创新，增强主动服务意识，把服务做到群众的家门口，形成一套服务群众的体系化、标准化操作模式，切实夯实基层组织，打通适应社会治理的“神经末梢”。

信访工作是我们密切与人民群众联系的特殊桥梁和纽带，是党和政府做群众工作的重要窗口和阵地。虹口区从建设全市第一个区级层面联合大厅，到创建中心城区第一家“人民满意窗口”，规范了接待流程，畅通了渠道，努力使矛盾风险不上行、不外溢。在全面推广信访“家门口”服务后，如何创新基层信访工作模式，沈嗣全认为有三点需要深入思考：一是如何发挥联系群众的优势，提高问题解决、协调的便捷性；二是如何整合各方资源，畅通信访办理渠道；三是如何推行激励机制，打造优秀的信访代理队伍。

宪法赋予了公民批评建议、检举申诉、控告的权利，赋予了信访制度政治沟通和权利救济的功能，信访制度是我们保持政治初心和政治定力的基础制度。未来的信访制度要融入共建共治共享治理格局，就要动员社会各方，其中律师就是一支有生力量。上海律师协会副会长杨波表示，上海律协将在今后公共法律服务体系建设中，将信访工作作为重要一环，进一步推动律师参与，打造标准化工作机制，争取出上海典型、上海经验，赋予“枫桥经验”新的时代内涵。

上海市统战理论研究会举办“统一战线与人民城市治理现代化”学术研讨会

9月23日下午，上海市统战理论研究会、上海市社会主义学院在市社会主义学院联合举办“统一战线与人民城市治理现代化”学术研讨会。本次会议系上海市社会科学联合会第十四届(2020)“学会学术活动月”项目。中共上海市委统战部副部长房剑森出席会议并讲话，市统战理论研究会副会长、上海市社会主义学院副院长邬万里主持会议并致辞。

房剑森指出，要准确认识和把握人民城市治理现代化与统一战线的关系。推进人民城市治理现代化与做好统一战线工作都要坚持中国共产党的领导，都要加强和改善党的建设；推进人民城市治理现代化与做好统一战线工作都要坚持为人民服务的宗旨；推进人民城市治理现代化与做好统一战线工作都要坚持以人为本的工作原则。要继续深化研究，为统一战线服务人民城市现代化治理提供理论支撑。要深入研究如何发挥统一战线人才荟萃的优势，为人民城市治理现代化提供智力支持；要深入研究如何发挥统一战线联系广泛的优势，为人民城市治理现代化凝聚各方力量；要深入研究如何发挥统一战线协调关系化解矛盾的优势，为人民城市治理现代化营造良好氛围；要深入研究如何发挥统一战线民主监督、参政议政的优势，为人民城市治理现代化护航助力。

上海师范大学哲学与法政学院教授、上海市统战理论研究会副会长商红日，上海社科院法学研究所殷啸虎，复旦大学马克思主义学院副教授、复旦大学统战理论研究基地副秘书长肖存良，上海市社会主义学院教研部教授、上海市社会主义学院城市民族和宗教研究中心主任蒋连华，上海市社会主义学院教研部主任、上海市社会主义学院新型政党制度研究中心主任刘晖分别作题为《城市治理中的统一战线效能及其实现机制》《如何更好发挥专项民主监督在推进人民城市建设和治理中的作用》《统一战线与人民城市治理现代化》《统一战线服务人民城市治理现代化的理论逻辑》《多党合作在推进上海城市现代化进程中治理效能的提升路径》的发言。

上海市社会学学会等举办“疫情灾害防控与社会治理转型”研讨会

9 月 24 日，由上海市社会学学会、上海市人口学会主办，华东师范大学社会发展学院、华东师范大学公益慈善事业管理研究院和上海市社会科学创新研究基地“中国特色的转型社会学研究”基地共同承办的“疫情灾害防控与社会治理转型”研讨会，在华东师范大学举办。本次会议系上海市社会科学联合会第十四届(2020)“学会学术活动月”项目。华东师范大学社会发展学院党委书记熊琼教授主持会议，华东师范大学人文与社会科学研究院院长吴瑞君教授，中国社会学会会长、上海市社会学会会长李友梅教授，华东师范大学社会发展学院院长文军教授分别致辞。

文军对本届市社联学会学术活动月活动、举办此次研讨会的背景和华东师范大学社会发展学院在疫情期间做出的学术研究进行了介绍。他宣读了李友梅会长为本次会议作的书面致辞。李友梅在致辞中代表学会感谢华东师范大学和所有协办单位为本次研讨会做出的努力。按照习近平总书记的指示，积极鼓励各位研究者“从国情出发，从中国实践中来，到中国实践中去”，要“深入调研，查实情，出实招”，“把握规律”，“树立国际视野”，鼓励社会研究者深入社会实践，鼓励各位参会者发表真知灼见。

会议上半场主旨演讲由华东师范大学社会发展学院社会学系主任刘拥华主持，华东理工大学社会与公共管理学院副院长杨发祥评议。上海大学社会学院院长张文宏、中共上海市委党校社会学教研部主任马西恒、华东理工大学社会与公共管理学院院长何雪松、复旦大学社会学系主任李煜、华东师范大学人口研究所博士生程晨代表人口研究所所长丁金宏分别作题为《重大突发公共事件中的社会资本培育》《中国特色公共领域与社会治理共同建构》《口罩的多面性：防护用品、礼物与象征》《疫情灾害对社会结构的冲击》《新冠肺炎病死率演化特征分析》的发言。

下半场专题研讨由华东政法大学社会发展学院院长易益典主持，上海社会科学院社会学研究所所长、研究员李骏和上海紫江公益基金会秘书长陈琳进行点评。华东师范大学社会学系吴越菲副教授、华东师范大学社会工作系副主任吴同副教授、华东师范大学社会学系薛红老师、华东师范大学人类学研究所朱宇晶老师分别作题为《作为一种感知的公共危机及其治理——以社区为中心的考察》《党组织与基础性权力：公共危机下的基层动员与社会成长》《社群书写：从自我疗愈到社会支持》《块茎式生存：草根公益慈善组织的发展路径探析》的发言。

上海市法治研究会等召开“公民法治行为的实践养成”专家研讨会

为建设国际一流营商环境、促进高质量经济发展、构建共建共治共享的社会治理大格局，9月10日，市法治研究会与市法宣办共同召开“公民法治行为的实践养成”专家研讨会。此次研讨会是市社联第十四届(2020)“学会学术活动月”活动项目之一。市法治研究会副会长王奕蓉主持会议。

通过探讨垃圾分类、交通整治、烟花爆竹禁燃、防疫抗疫等实践探索对于公民法治行为养成的主要做法和经验总结，研讨会达成以下共识：

一是城市治理法治化是地方政府运用法治思维和法治方式解决“城市病”，应以确保规则的制定与执行、发展的实现和服务的提供，实现尊重私权与制约公权的目标。

二是上海法治秩序生成的特殊动力是公民法治行为实践养成。在坚持党的领导下开展普法依法治理，坚持问题导向补齐城市短板，坚持改革创新提升城市品质的基础之上切实提升法治上海、平安上海建设水平。

三是以权利实现为目标，分析尊重、保障并帮助每个市民实现权利路径；以规则治理为方式，研究严格执法、阳光执法的综合性治理制度框架；以参与共建共治共享为内容，阐释促进城市管理中的公民参与，增强城市的包容性与认同感经验；以精细服务和强有力督查为保障，梳理全市营造法治氛围，运用现代科技手段，建立网格智慧管理系统，全方位立体式推进法治建设落地生根亮点。

上海市政治学会举办“庆祝中国政治学会成立40周年暨全过程民主理论”研讨会

9月19日，由中国政治学会、上海市政治学会、中共上海市委党校主办，上海市社会科学(学术话语体系)创新基地承办的“全过程民主理论”研讨会在中共上海市委党校举办。研讨会是上海市社联第十四届(2020)“学会学术活动月”的活动之一。中国政治学会常务副会长、中国社科院政治学研究所所长张树华，上海市社联党组成员、专职副主席解超出席会议并讲话，上海市政治学会副会长兼秘书长程竹汝主持会议。

40年前，伴随着改革开放的春风拂面，中国政治学会恢复重建。40年来，中国政治学会伴随改革开放的时代步伐，自觉服务于党和国家事业发展大局，不断紧抓时代命题、回应时代呼唤，围绕国家治理、民主与法治、政府职能转变、基层民主发展、执政党建设、“一国两制”等一系列重大时代课题进行深入研究，形成了一系列代表性研究成果，极大地推动了学术研究与学科发展。尤其是党的十八大以来，政治学研究聚焦中国特色社会主义制度、国家治理体系和治理能力现代化、协商民主、全面从严治党、全面深化改革等领域，为党和国家决策提供了理论支撑和智力支持。与会者表示，新时代的中国政治学者要有更强的使命感，推动中国特色社会主义事业创造新辉煌。

本次研讨会的主题是全过程民主。2019年11月，习近平总书记考察上海时，充分肯定虹桥基层立法联系点的成功经验和推进全过程民主的示范意义。“我们走的是一条中国特色社会主义政治发展道路，人民民主是一种全过程的民主”，习近平总书记的谆谆话语，道出了我国社会主义民主的真谛。

张树华表示，全过程民主的提法反映了以习近平同志为核心的党中央推进中国特色社会主义民主政治的意愿，也反映了广大人民的呼声。政治学界应紧跟新时代理论发展的步伐，要在创新方面有所作为。要坚持为人民做学问，把论文写在祖国的大地上，深入实际，反映中国改革开放实践的伟大创新，善于总结和提炼中国改革开放的经验和理论，从而为构建中国特色哲学社会科学作出政治学界应有的贡献。

解超首先代表上海市社联对研讨会的举行表示祝贺。他指出，习近平总书记去年在上海考察工作期间强调，我们走的是一条中国特色社会主义政治发展道路，人民民主是一种全过程的民主。全过程的民主包括民主选举、民主决策、民主管理、民主监督等过程。在人民民主的探索过程中我们已积累许多宝贵的经验。作为中国特色社会主义政治制度及国家治理体系的重要组成部分，全过程民主无论就其理论的构建、制度的设计、实践的提升都仍有进一步探索、完善的空间。这也正是我们今天深入推进相关领域理论与实践的研究的价值所在。

上海市委党校副校长朱亮高认为，全过程民主最真切地反映了中国特色社会主义民主的本质特征，并通过自身实践充分证明了它的成功之处和魅力所在。全过程民主超越简单的选举民主，是全环节、全流程、全领域的民主形式，这为政治学研究提供了新课题、新内涵、新视角。上海要建设成为具有世界影响力的社会主义现代化国际大都市，需要展示城市底气、底蕴，释放城市朝气、活力，这些都需要付诸民主来实现。涵养高品质城市建设与治理，优化城市布局，不断破痛点、疏堵点、解难点，需要不断丰富民主形式、拓宽民主渠道、建立民主平台，形成全过程民主参与的生动实践。

复旦大学浦兴祖教授指出，要做到真正的全过程民主，就必须克服在民主建设中存在的三种形式主义：一是理论形式主义，即在理论上讲民主很重要，但只停留在理论上，不能够转化为实际的效能；二是制度形式主义，即仅仅停留在制度层面上，不去运作；三是运作形式主义，即在实际运作中只是摆摆样子、走过场。

国防大学政治学院孙力教授认为，正确认识全过程民主，需要把握好几对关系，包括民主与集中的关系、民主与法治的关系、民主与科学的关系、民主与首长负责制的关系。比如，民主与集中的关系。有人常常将民主与集中对立起来。这是错误的。实际上，集中并不是在民主之外的，民主如果要真正运行，必须要有集中。集中是民主的一个环节，如果只有民主没有集中，民主就只是一句空话。

东华大学秦德君教授认为，全过程民主是对我国人民民主和中国特色社会主义制度的人民性、民主性、开放性、优越性等特质的体现。全过程民主不是某个时段、某个场合、某些问题上才有的“间歇性民主”，它贯穿于我国公共生活全过程。

与会者认为，人民当家作主是社会主义民主政治的本质和核心。保证和支持人民当家作主不是一句口号、不是一句空话，必须落实到国家政治生活和社会生活之中，保证人民依法通过各种途径和形式行使管理国家事务、管理经济文化事业、管理社会事务的权力。而全过程民主就是重要的实现形式。

上海市社区发展研究会等举办“社区党建与社会治理共同体构建”专题研讨会

9月22日，上海市社区发展研究会、上海市建设交通工作党委联合主办“社区党建与社会治理共同体构建”专题研讨会。该场活动是上海市社联第十四届(2020)“学会学术活动月”的活动之一。市建设交通工作党委书记王醇晨，市社联党组成员、专职副主席任小文，市建设交通工作党委副书记周志军出席会议并讲话。原市委组织部副部长冯小敏、原市委宣传部副部长潘世伟、解放日报社党委副书记周智强在会上作点评发言。会议由市人大法工委原副主任委员施凯主持。

会议聚焦当前行业党建与基层党建相互融合的现实问题，围绕社会治理共同体的构建进行了深入探讨。黄浦区半淞园路街道党工委书记卢正介绍了贯彻落实“人民城市人民建，人民城市为人民”重要理念，在实践中以“三三模式”推进社会治理创新的探索；上海市物业行业协会党支部书记王志兴汇报了物业行业协会坚持党建引领，推动行业发展与参与社会治理的实践探索；复旦大学国际政治与公共事务学院政治学系主任刘建军教授提出了通过党建引领推进基层社会治理的新思路；上海大学社会学院副院长黄晓春教授指出，要以创新行业党建为切入点来推动基层社会治理的持续创新；上海社会科学院社会学研究所张虎祥副研究员结合建交系统“建设先锋”示范项目的实践，介绍了以行业党建与社区党建融合构建社会治理共同体的思路。

在专家点评环节，周智强认为在当前社区治理中应该再造公共性，在化解矛盾的实践中促成共同体；冯小敏指出，要推动自下而上的议题形成、平台构建以及规则设定，以物业行业先锋建设提升治理绩效；潘世伟指出，基层治理的生活化及公共性培育将能够破解当前基层面临的现实问题并提升社区党建的内涵与绩效。

在总结发言环节，市社区发展研究会会长徐中振指出，要进一步推动条块结合的格局取向，通过对治理主体性的培育尤其是社会组织及居民参与，在提升社区党建的同时构建社会治理共同体；任小文介绍了今年学会学术活动月的有关情况，并强调要在社会治理创新中坚持问题导向、推动民主协商的实践；王醇晨肯定了近年来上海物业管理行业党建联建的成效，并对今后完善体制机制、强化行业管理、主动融合整合深化物业行业党建并由此推动基层社会治理典范建设提出了要求。

上海金融法制研究会召开“推进科创板法律制度建设”研讨会

9月24日下午，上海金融法制研究会召开“推进科创板法律制度建设”研讨会。此次活动是上海市社联第十四届(2020)“学会学术活动月”项目之一。会议由研究会副会长吴弘主持。70余名金融界实务工作者、高等院校专家学者、上海证监局和相关司法机关同志参会。

会议围绕科创板相关制度规则，分析了发行上市审核、发行承销、上市公司信息披露和持续监管、并购重组、中介机构履职、交易机制等方面的实施情况，探讨了如何进一步推进科创板法律制度建设，巩固科创板法律制度创新成果的基础法律保障。

上半场，上海证监局法制工作处二级调研员宋宇力，东方证券股份公司东方证券研究所合规与风控专员任芷萱，上海市人民检察院第四检察部主任胡春健，上海金融法院综合审判一庭庭长单素华分别作题为“科创板监管改革与完善”“科创板市场化定价下券商研究业务的实践与推进”“科创板风险防控20条解读”“科创板注册制司法保障问题分析”的发言。

下半场，上海市人大财经委李晓冉，上海市地方金融监管局俞燕，交通银行上海市分行朱迪，华东理工大学法学院郑依彤分别作题为“科创板创新驱动资本市场制度改革路径”“科创板信披制度的设计理念”“科创板注册制背景下信息披露的重要性及其监管建议”“科创板差异化表决权制度的规则、问题与改进”的发言。

上海市领导科学学会举办“人民至上领导价值观与决胜全面小康社会”学术论坛

9月26日，上海市领导科学学会主办的“人民至上领导价值观与决胜全面小康社会”学术论坛在上海应用技术大学举行。该论坛是上海市社联第十四届(2020)“学会学术活动月”的活动之一。中共上海市委组织部原副部长、上海市党建研究会党建智库首席专家冯小敏，市领导科学学会会长、上海应用技术大学党委书记郭庆松，市领导科学学会学术委员会副主任、解放日报社党委副书记周智强，上海中医药大学附属曙光医院党委书记马俊坚出席会议并发言，上海市文史研究馆党组成员王群主持会议。来自上海部分高校、政府部门等联办单位的领导和工作者参会进行探讨和交流。

郭庆松表示，这次疫情发生就是一个非常值得研究的情境，面对危机和灾难的时候中国共产党领导力更是起到了力挽狂澜、扭转乾坤的作用。突如其来的新冠疫情是近百年来人类遭遇的影响范围最广的全球性大流行病，我们用三个月的时间取得了武汉、湖北保卫战的决定性的成果，归根到底是中国共产党的领导力发挥了不可替代的至关重要的作用，抗疫斗争伟大实践再次证明中国共产党所具有的无比坚强的领导力。

冯小敏表示，坚持人民至上的价值观，是讲人民幸福获得感，今天是要把理念和现实相统一，来进一步的谱写新的篇章。中国共产党来自人民，植根人民，服务人民，坚持人民至上，为人民幸福而奋斗，是立党之本，执政之基，力量之源。

周智强表示，从政府的职能来说，就是提供公共服务，提供公共产品，但是这个不是简单的政府来提供，需要老百姓参与，因为这里面有一个治理的要求，所以就有一个在人民城市重要理念指导下再造公共性。坚持和贯彻习近平总书记以人民为中心的思想，就是要站稳人民立场，保持人民情怀，多谋民生之利，多解民生之忧，把群众工作做实做细做透，统筹发展全局，聚焦民生需求，完成制度安排，体现制度优势。

马俊坚表示，要提升新时代公立医院党委领导力，要积极践行人民至上的领导价值观，抓在日常，在非常时刻彰显强大优势，要把提升新时代公立医院党委领导力作为长期而重要的课题抓实抓好，以提高政治领导力为统领，全方位提升医院党委的能力水平，不断推动公立医院党建和改革发展各项工作高质量落实，为维护群众生命安全，持续增进人民健康福祉，彰显公立医院有力担当与新作为。

中共上海市委党校科研处处长周敬青教授从理论层面、党史视角阐述了我们党的组织路线是建成小康社会的坚强保证，组织路线是新时代党建当中的一个亮点、重点、创新点，第一次提出了完整的党的组织路线，毛泽东说过我们的路线是人民的路线，共产党的路线是人民的路线，组织路线说到底是人民的路线，我们的干部、我们的人才你为人民服务了就是符合我们党路线的准则，所以是在党建理论方面的进一步深化。

中共浦东新区泥城镇党委书记王国娟和宝山区对口支援与合作交流工作领导小组办公室副主任李艳阳从实际工作出发，介绍了疫情防控和脱贫攻坚中坚持党建引领和机制创新，用使命和担当书写了“人民至上”的答卷。

市领导科学学会名誉会长、中国浦东干部学院首任常务副院长奚洁人教授聚焦“人民至上的价值领导力”，他认为，第一要始终坚定人民至上的价值理想，矢志不渝的信仰人民的力量。第二毫不动摇人民至上的价值立场，敬畏慎用人民赋予的领导权力。第三忠实履行人民至上的价值宗旨，自觉增强真诚为民的群众服务力。忠实履行人民至上的价值宗旨，首先要坚持不懈强化宗旨意识，解决好党员、干部是人民公仆的角色定位问题。敬畏人民群众对我们工作的认同、评判和检验。奋斗，永远为人民的美好生活而奋斗，奉献，为人民的利益奉献一切。

上海科学社会主义学会等举办全面从严治党与中国之治暨反对形式主义与官僚主义学术研讨会

9月26日，由上海科学社会主义学会、上海市领导科学学会、上海应用技术大学马克思主义学院主办的“全面从严治党与中国之治暨反对形式主义与官僚主义学术研讨会”在上海应用技术大学隆重举行。会议开幕式由上海应用技术大学党委副书记宋敏娟教授主持。上海应用技术大学党委书记、上海市领导科学学会会长郭庆松，上海市社联专职副主席、上海科学社会主义学会会长解超分别致辞。

解超代表上海市社联对研讨会的举行表示祝贺，对会议的三个主办方表示感谢。他指出，反对形式主义与官僚主义要聚焦三个向度：从历史分析的向度意识到反对形式主义和官僚主义问题的长期性、艰巨性；从学理研究的向度保证反对形式主义和官僚主义举措的科学性、有效性；从当代实践的向度认识到反对形式主义和官僚主义活动的时代性、迫切性。他希望会议取得很好的研讨成果，并形成一定的专报。

郭庆松指出，中国特色社会主义制度最根本的特征就是坚持党的领导，坚持党的领导首要的就是要抓好党的政治生态建设，党的政治生态建设必须力戒形式主义和官僚主义。他结合市委巡视整改问题强调反对形式主义、官僚主义的重要性和现实紧迫性，主张就此开展全面研讨、全面解释，为党和国家治国理政提供智慧。郭庆松认为，此次研讨会大家一起深入学习习近平总书记关于形式主义、官僚主义论述，交流研讨新时代全面从严治党与中国之治的主题，意义非常重大。

会议研讨主要分三个阶段进行。主题发言环节由上海市领导科学学会秘书长、上海市委党校教授鞠立新主持；专题研讨和自由研讨环节由上海科学社会主义学会副会长、上海应用技术大学特聘教授孙力主持。与会专家学者主要聚焦形式主义和官僚主义的内生关系、表现形式、严重危害、产生根源以及对策措施等问题进行了热烈研讨。

上海市领导科学学会名誉会长、中国浦东干部学院首任常务副院长奚洁人教授作“坚持人民至上，力戒官僚主义”的主题发言。他指出官僚主义脱离群众、脱离实际、漠视群众的做法，同我们党的性质宗旨和优良作风格格不入，是我们党的大敌、人民的大敌，是人民群众深恶痛绝、反映最强烈的问题之一。官僚主义作为一种社会现象古今中外都有，本质上是剥削阶级官僚机构及其旧官僚的个人习气。官僚主义背后是官本位思想，价值观走偏，权力观扭曲。要根治官僚主义就必须坚持党的根本宗旨，坚持以人民为中心、人民至上的价值观，在端正领导干部价值观、权力观上下功夫。

解放日报社党委副书记、高级编辑周智强作“以坚实制度破除形式主义和官僚主义顽症”的主题发言。他认为形式主义和官僚主义是一对孪生兄弟,官僚主义催生形式主义、诱导形式主义,形式主义往往用来对官僚主义,是官僚主义应生物、伴生物。克服形式主义和官僚主义,需要坚持问题导向和制度建设。要聚焦突出问题、重点问题、显性问题,列出清单,排查原因,巡视问责,一查到底。为此就要建立制度化的下访调研机制;建立常态化督查机制;开展定期或不定期测评;用好考核评价的指挥棒。

上海科学社会主义学会副会长、上海师范大学比较政党研究中心黄福寿教授作“形式主义是消解国家治理效能政治病毒”的主题发言。他认为形式主义主要有三种基本类型,即好大喜功的主动形式主义、应付工作的被动形式主义、习以为常的集体无意识形式主义。当前,形式主义比较突出地表现以下几个方面:一是疫情防控当中的形式主义;二是理论学习当中的形式主义;三是巡视整改当中的形式主义;四是以形式主义反对形式主义。预防和反对形式主义,第一要切实构建人民为中心的价值导向;第二要强化人民监督政府治国理念;第三要构建常态化抗击形式主义政治病毒的机制。

上海应用技术大学曹峰旗教授作“从人性看权力与官僚主义的关系”的主题发言。他认为官僚主义是权力的副产品,社会治理可能需要官僚和官僚体制,但要反对官僚主义;官僚主义是人性缺陷在权力上的反映,人性的自利使人做坏事可能性更大,幽暗的人性和权力的结合就可能会产生官僚主义;克服官僚主义要从人性出发,把权力(也就是把人性)关进制度的笼子,还要加强教育、升华人性,扩大人性向善的空间或者途径。

苏州大学马克思主义学院院长田芝健教授以“像防治疫情一样坚决遏制形式主义”为题,分析了形式主义的严重危害和防治措施。他认为形式主义直接损害人民群众利益和党的形象,损害党群关系和干群关系,推高党内执政成本,从根本上侵蚀党的根本利益,造成党的先进性流失,损害国家治理效能,最终动摇国家政权的根基。反对和预防形式主义,要促进国家政权体系和基层治理体系结构性优化;促进国家政权机关和基层自治体系运行方式的法治化转型;促进国家政权和基层治理功能优质化升级,从而用体制力量增强各级领导干部和领导班子集体对形式主义的整体免疫力。

上海科学社会主义学会副会长、华东师大公共管理学院郝宇青教授以“失效的制度供给:基层治理中形式主义的重要原因”为题,分析了形式主义产生的制度根源。他认为形式主义泛滥是一个顽疾,有各种各样的原因,制度供给问题是一个值得探讨的视角。过多的制度供给可能会使制度得不到有效执行而疲于应付,从而会造成制度失效。这是基层治理中形式主义泛滥的重要原因。

复旦大学国际关系与公共事务学院臧志军教授以“形官主义与公权力的自我目的化”为题,分析了形官主义产生的管理根源。他认为,在实践操作层面,国家和社会的分离可能会造成国家和公权力的“自我目的化”,这种公权力的异化会导致形官主义。要有效反对形官主义,必须进一步构建和完善以人民主权以及为人民服务理念为核心的价值体系,进一步扩大公民的参与和社会主义民主,一定要形成多对少的局面;注重建立和完善切实有效的制度,进一步公开公权力运行流程,规范运作流程,完善成本核算制度,实现自下而上的监督。

上海应用技术大学于新东教授以“运用大数据提升形式主义、官僚主义的治理能力和水平”为题，从技术手段的视角分析了如何反对形式主义和官僚主义。他主张把大数据思维、方法和工具应用于反形式主义和官僚主义。一是通过海量数据和多维角度以及数据之间非线性关系，更加有效地透过现象把握本质，实现反形式主义、官僚主义的定量化和精准化。二是通过大数据对非因果关系的现象和背后结果的量化关系建设，实现反形式主义、官僚主义举措的覆盖率和有效化。

最后，上海科学社会主义学会副会长、中国浦东干部学院巡视吴解生教授作了总结发言。他分析了形官主义的文化根源，这也是反形式主义和官僚主义的重要方面。他指出，本次会议围绕当下形式主义和官僚主义的严重危害、表现形式、产生根源和应对举措，从历史上、理论上、现实上做了充分的探讨，充分展示了跨学会、跨学科合作研讨会的学术质量，有高度、有深度、有价值。

上海市马克思主义研究会、上海科学社会主义学会等联合举办“全面建成小康社会：马克思主义中国化新实践”研讨会

9月29日，由中共上海市党校、上海市马克思主义研究会、上海科学社会主义学会联合举办的“全面建成小康社会：马克思主义中国化新实践”研讨会在上海市委党校召开，上海市政协学习委员会常务副主任、市马克思主义研究会会长王国平，上海对外经贸大学党委副书记、上海科社学会副会长许玫出席研讨会并致辞，本市有关高校、科研院所、党校系统、学术团体的代表40余人参加研讨。会议围绕正确认识“全面”与“小康”的辩证关系、全面建成小康的困难与应对、决战决胜脱贫攻坚的决心自信和信心、为人类贡献摆脱贫困的中国方案等议题进行了研讨。

王国平指出，全面建成小康社会，是马克思主义中国化新的起点、新的实践成果和新的里程碑。党的十八大以来，以习近平同志为核心的党中央深刻回答了新时代坚持和发展什么样的中国特色社会主义、怎样坚持和发展中国特色社会主义这个重大时代课题，推动中国特色社会主义进入了新时代，进一步提出“全面建成小康社会”。当今世界正值百年未有之大变局，国际国内环境发生深刻复杂变化，各种风险挑战明显增多，2020年的新冠肺炎疫情对我国经济社会发展带来了前所未有的冲击，同世界其他国家相比，我国仍然保持了经济稳中向好、长期向好的基本趋势。只有全面把握战略机遇期内涵和条件的变化，才能应对挑战，赢得主动、赢得优势，确保决胜全面建成小康社会的胜利。

许玫指出，实践证明中国共产党领导是打赢脱贫攻坚战的根本保障，中国特色社会主义制度是打赢脱贫攻坚战的制度优势，以人民为中心的制度安排，为全球贫困治理贡献了中国的经验和中国的方案。这是马克思主义中国化生动的实践和展现，以人民为中心的制度安排提供了中国经验和中国方案，是马克思主义中国化最生动的实践展现。为了实现全面建成小康社会，打赢一场脱贫攻坚的硬仗，就要坚持以人民为中心的发展思想，不断保障和改善民生、增进人民福祉，走共同富裕道路，不断彰显我国社会主义制度和国家治理体系显著优势。

复旦大学马克思主义研究院副院长周文，上海交通大学马克思主义学院陈锡喜教授、杜玉华教授，市委党校马克思主义学院执行院长王公龙教授、马克思主义学院胡伟教授、党群工作部主任赵建平，华东理工大学马克思主义学院副院长邱卫东等学者围绕主题相继作了交流发言，上海科学社会主义学会副会长吴解生、上海师范大学黄福寿教授、上海

教育报刊总社社长仲立新分别担任学术致辞和主旨发言的主持，王公龙教授对会议作总结。

与会学者在研讨中指出，党的十八大以来，以习近平同志为核心的党中央高度重视脱贫攻坚工作，坚持把脱贫攻坚工作摆在治国理政的突出位置，对脱贫攻坚作出了一系列新决策新部署，是习近平新时代中国特色社会主义思想的重要组成部分。习近平总书记立足我国社会主义初级阶段的基本国情，依据我国社会主要矛盾的变化，坚持运用马克思主义立场观点方法，对我国贫困问题进行深入研究，审时度势做出不负时代与经得起历史检验的科学部署，充分体现了马克思主义与时俱进的理论品质，充分体现了坚持以人民为中心的发展思想。

与会学者一致认为，2020 年是脱贫攻坚的收官之年，年初暴发的新冠肺炎疫情更是给打赢脱贫攻坚战带来了巨大的新挑战。我们必须深学笃用习近平总书记关于扶贫工作重要论述，毫不动摇地坚持党对脱贫攻坚的领导，贯彻落实全面从严治党要求，夺取全面建成小康社会的最终胜利。

上海科学社会主义学会等举办“国家治理现代化的本质与特征”学术研讨会

9月27日，由上海科学社会主义学会、上海市社会学学会、上海市委党校社会学教研部联合主办的“国家治理现代化的本质与特征”学术研讨会在上海市委党校隆重举行，来自上海市党校系统、高校、媒体等单位的30多名学者参加了研讨活动。会议开幕式由上海市委党校社会学教研部主任马西恒主持。市社会学学会副会长文军，上海科学社会主义学会副会长兼秘书长吴解生分别致辞。

文军指出，从理论和实践上分析，现代化不是一个线性的或者是局部的过程，而是整体性的、全面的现代化，不仅是物质生产和科技现代化，还包括了文化和人的现代化。本次研讨会从理论与实践结合的层面来探讨国家治理现代化的议题，对于两个学会都是非常重要的研究议题，有助于今后进一步深入推进国家治理现代化领域的深入研究探索。

吴解生指出，面临百年未遇的大变局以及国际不确定因素增强的背景，国家治理体系和治理能力现代化的水平和效能将成为决定我国本世纪中叶建成现代化强国和实现中华民族伟大复兴目标的关键因素。无论是从我国社会主义初级阶段国情的实际，还是用纵观历史的眼光或是横贯全球治理的世界视野，围绕“完善中国特色社会主义制度”“满足人民美好生活期待”“全面依法治国”和“全面改革开放解决发展不平衡不充分问题与短板”的目标要求，弄清楚什么是我国国家治理体系现代化及其本质和特征至关重要。

主题研讨会分别由上海市委党校科社教研部主任官进胜教授和社会学教研部李蔚副教授主持，《解放日报》社党委副书记周智强和华东理工大学社会与公共学院副院长杨发祥教授分别作点评。

上海市委党校马克思主义学院执行院长、上海科学社会主义学会副会长王公龙教授以“中国制度优势的文化支撑”为题，指出伟大抗疫精神实现了马克思主义与中华优秀传统文化价值观的有机融合，是新时代价值融通的理论结晶。要把价值融通的基本规律贯彻在新时代治国理政的实践中，同时更加自信地向世界讲好价值融通的中国故事。

国防大学政治学院孙力教授以“国家治理的科学逻辑及其地位”为题，阐释了社会治理中如何注意科学性的问题。首先要正确处理好科学逻辑与政治逻辑、经济逻辑和文化逻辑之间的关系。其次是进一步优化决策机构的组成，如决策程序的安排、决策信息的收集、决策方案的评估等。只有在国家和社会治理中凸显科学的地位和科学家的地位，提高科技的含量，才能真正实现治理体系和治理能力的现代化。

上海市委党校科社教研部副主任丁长艳副教授以“使命型政治中的国家治理:生成、资源与框架”为题,认为建设和完善国家治理制度体系是一个历史性命题,中国共产党作为领导国家治理的使命型政党,具有四大基本特点:以承诺使命为指引,以马克思主义先进政党理论为指导,以动员和回应社会为重心,以治理绩效为结果。支撑现代化国家治理基础的政党、组织、社会、制度资源具有认同性、有效性、流动性和结构性。党是国家公权力的组成部分,坚持科学、民主、依法执政,需要不断优化国家治理基础资源的结构。

华东政法大学副校长张明军教授以“制度优势转化为治理效能的实现逻辑”为题,分析了制度具有价值和工具两方面的优势;制约制度优势转化绩效的要素,有支撑制度的文化因素和支撑制度有效运行的社会条件。提出了制度优势转化治理效能的路径:防范风险的制度及时调适,用现代化理念规制执行制度的主体,培养支撑制度有效运行的文化基础,推进人格化权力结构向法制化权力结构转型,促使人情社会向法治社会转型,建构释放制度优势效能转换的治理体系。

文军的发言以“新冠肺炎疫情的爆发及其社区共同体防控”为题,认为要认清新冠疫情暴发具有隐蔽性和流动性的社会特征,社会流动具有不可控性、扩展性和世界性特征,构成的不确定性是风险社会的本质和首要特征。只有以制度创新和集体行动为基础,构建一种与风险社会相适应的“人人有责、人人尽责、人人享有”的“社会治理共同体”,以文化、心理和情感认同的包容性、弹性和韧性,共同抵御疫情的蔓延和社会风险的扩散,保持社会稳定和安全,才能推动社会与经济协调健康可持续发展。

上海市委党校社会学教研部贺小林副教授以“超大城市公共卫生治理体系及优化路径”为题,阐述了构建超大城市的公共卫生体系的主要方面:组织架构、功能体系、支撑体系、方法体系、运行体系。并进一步提出构建超大城市公共卫生体系的八大机制,重点强化部门协同的机制,发挥政府职能部门专业管理的主体作用,有效破除部门之间的壁垒。

上海市委党校社会学教研部张晓杰副教授以“大数据驱动长三角区域公共服务便利共享”为题,分析了大数据在长三角一体化进程中,对于公共服务的便利化共享产生的驱动效应。客观因素主要是自然地理、行政体系和经济发展水平,主观因素主要是便利共享的意愿以及采纳技术条件的意愿。便利共享的意愿高度依赖于风险和收益之间的关系,以及政府之间利用互联网的新技术提升便利共享的意愿和能力。充分利用大数据驱动的内在机制,防止区域隔离成为阻碍经济社会均衡发展的障碍。

华东理工大学社会与公共管理学院院长何雪松教授以“人民城市的社会治理:价值与限度”为题,阐释了社会学与科学社会主义之间的亲和性;从生活、生计、生机三个维度对人民城市做了定义;分析了人民城市社会治理中的限度:需解决和处理治理过度与治理不足的问题。他指出,在推进智能化治理过程中,要警惕部门利益驱动,避免借各种技术手段来实现机构管理方便及其效益为出发点;以法治为维护人民合法权益为唯一的价值取向,辨别这些做法合理与否,是否符合“人民城市为人民、人民城市人民建”的理念,是否符合以人民为中心的发展理念,以及符合老百姓的生活、生计和生机的需求,维护社会公平,必须坚持经济发展和社会治理为人的全面发展服务的社会主义本质属性。

最后，马西恒作了总结发言。他分析了国家治理体系和治理能力现代化的本质问题，指出中国特色社会主义的自我完善需要充分考虑整体性、系统性、协同性；治理共同体要放大为构建国家治理共同体去思考，强调共同体内在的价值性、有机性、科学性。他认为本次研讨会实现了两个学科的深度对话，二者融合，充分展示了跨学会、跨学科合作研讨会学术研讨巨大吸引力和无限魅力。

上海市大数据社会应用研究会等举办“新基建与数字经济创新逻辑”研讨会

9月30日，由上海市大数据社会应用研究会、上海市经济学会、上海市法学会、上海开源信息技术协会联合主办，上海财大科技园有限公司、上海财经大学长三角与长江经济带发展研究院承办的“新基建与数字经济创新逻辑”研讨会在上海财经大学科技园成功举办。上海市大数据社会应用研究会副会长兼秘书长、上海财经大学长三角与长江经济带发展研究院执行院长张学良主持本次会议。

上海市大数据社会应用研究会副会长、华东政法大学政治学研究院院长高奇琦教授作了题为“智能革命与未来民主形态初探——一种新结构政治学的分析”的报告。通过对新结构政治学的分析框架的呈现，从系统、动力、行动者、过程四个层面，解释了对现在时代的理解。在系统层面，从时间和空间维度分析了我国大数据优势以及提高民主质量的重要性。在动力层面，从机制和场域维度分析了智能革命对于推动国家治理现代化的重要意义，以及要实现智能革命下的新民主形态，中国要做好动态平衡。在行动者层面，从组织和个人维度分析了组织与个人的合力，组织间的平衡对于实现全过程民主的重要性。在过程层面，从趋势和位置层面分析了新民主模式的可能和对未来民主形态的展望。

上海市大数据社会应用研究会理事、上海对外经贸大学人工智能与变革管理研究院副院长张国锋作了题为“开源—数字经济公共基础设施”的报告。主要谈到如下四点：第一，数字商品生产线是数字经济时代一个国家（或地区）的核心竞争力，开源软件生产线有利于提高社会资源配置效率；第二，开源是工业互联网、智能制造等数字经济发展的基础设施，项目开展必须优先保证开源；第三，开源是新经济社会创新体系的平台，对于在全社会形成创新创业生态意义重大；第四，开源需要理论和方法论指导，开源是数字经济时代的基础设施、数字经济商务模式，也是社会创新创业的平台。最后呼吁在全社会范围内掀起一场学习开源技术、弘扬开源文化的启蒙及教育活动。

上海市经济学会副秘书长、同济大学经济与管理学院钟宁桦教授作了题为“稳增长背景下我国地方政府性债务风险的防化”的报告。当前我国经济的下行压力不断增大，地方债务风险日益加剧，如何平衡好“稳增长”与“防风险”这两大目标，如何在有效管控地方政府性债务风险的情况下扩大地方政府性债务的规模以实现“稳增长”？钟教授以结构性去杠杆为原则，对近年来我国不同地区、不同类型的地方政府性债务做了初步分析，指出了我国地方政府债务的现状及主要特点，分析了我国地方政府债务管理中存在的主要问题，并结合实际，提出完善我国地方政府债务管理的建议。

上海市大数据社会应用研究会理事单位代表、上海宝纪信息科技有限公司董事长商志营作了题为“枢纽神经网络，连接经济与交通”的报告。项目组专注于城市枢纽需求预测、联动匹配、环境变化和安全运营等方面，研发了以“枢纽通交通数据综合发展平台”为核心的枢纽交通神经网络（简称“枢纽通”）。通过大数据分析和核心算法，合理调配现有交通资源，融合交通需求、资源的动态预测、实时匹配调度、多交通联动和安全运营管理，有效缓解交通供需矛盾，实现交通资源最大化利用，全面提供了城市交通的服务能力。商总还介绍了上海入境旅客跟踪系统，解决了疫情期间人工不足问题，数据完全准确，实现对密切接触者的瞬时排查、线路历史证据查看，等等。

上海市大数据社会应用研究会副会长、上海对外经贸大学人工智能与变革管理研究院院长齐佳音教授作了题为“人工智能应用：两难困境”的报告。齐佳音从人工智能应用在实际中成功的失败率，失败率高的原因，以及使用何种研究方法等实际角度出发，以“AI 销售助理”为例，从初始设计精神出发，到“AI 销售助理对销售人员的支持”和“AI 销售助理对管理层的支持”进行了因果循环的逐步研究，指出这项应用失败的核心原因在于没有很好的协调销售人员与 AI 销售助理之间的关系。销售人员对 AI 销售助理的广泛采用是 AI 销售助理的业务能成功的第一要素，AI 是一种利害均沾的信息技术，如何从 AI 获利且同时规避 AI 风险是现今的 AI 应用始终需要面对的问题。

本次研讨会现场讨论热烈，碰撞出思想的火花，充分体现了研究会成员与各学会同仁共同努力，运用众包、众筹、众创的“互联网＋”方式创新发展的理念，共同推动社会科学的不同学科之间的对话。

上海市公共政策研究会等联合举办“群众生活更美好——社区养老与社区创新”研讨会

9月29日，由上海市公共政策研究会、上海行政管理学会、上海交大健康传播发展中心、上海科投集团共同主办的“群众生活更美好——社区养老与社区创新”研讨会在金山区石化街道办事处顺利召开。该场活动是上海市社联第十四届(2020)“学会学术活动月”的项目之一。

此次研讨会通过组织基层政府、社区养老院、社区非住宅物业、养老机构、创新机构和社区学校的产学研各界代表，围绕老年人退休后生活方式、指导青年人创新发展等主题，探讨社区养老与社区创新的有机结合，发挥老年人余热，指导青年人更好创业，最终实现老有所养、老有所为、创有所依、创有所乐目标，使社区发展更和谐，让群众生活更加美好。

研讨中，来自企业、基层的代表介绍了本社区老龄现状以及存在的问题：一是目前养老服务市场处于初期发育阶段，可供选择的养老服务供应商(特别是专业化程度高的优质服务商)总量少；二是现有服务内容还不能满足老年人多样化的需求，缺少专业的服务团队和服务人员；三是全社会对老龄问题的严峻性、紧迫性认识不足，老年人在医疗康复、精神慰藉等方面的刚性需求还没有得到有效满足。

与会嘉宾回应了与会代表的问题，探讨了相关解决之道，介绍了国际国内有关问题解决的经验和案例。强调要抓住街道机构改革、职能转变的机会，聚焦南部片区活力不足、老龄化严重、闲置物业较多等问题，统筹谋划招商引资与民生问题解决，面对老人、老社区等老问题，积极探索新思路、新业态、新模式，加快促进民生与发展均衡发展、协同发展，形成发展新格局。

上海市中国特色社会主义理论体系会、上海市改革创新与发展战略研究会联合举办“构建新发展格局与上海高质量发展”研讨会

9月24日，由上海市中国特色社会主义理论体系研究会、上海市改革创新与发展战略研究会主办的“构建新发展格局与上海高质量发展”跨学会研讨会在沪召开。中共上海市委宣传部副部长、上海市“两个中心”常务副主任徐炯出席会议并作总结发言。上海市中国特色社会主义理论体系研究中心副主任、上海市改革创新与发展战略研究会会长李琪主持会议。

徐炯表示，本次研讨会聚焦“构建新发展格局”主题，是对习近平总书记关于“十四五”规划系列重要论述的一次专题学习。2020年以来，习近平总书记多次强调，要推动形成以国内大循环为主体、国内国际双循环互相促进的新发展格局，这是根据我国发展阶段、环境、条件变化所提出，是重塑我国国际合作和竞争新优势的战略抉择。在经济社会领域专家座谈会上，习近平总书记辩证分析了国内外环境深刻变化带来的新机遇、新挑战，作出“十四五”时期我国将进入新发展阶段的重要判断，重点讲了6个方面的问题，并要求理论工作者深入思考，取得进一步研究成果。习近平总书记在讲话中，专门就马克思主义政治经济学的学习、运用与研究提出要求，指出新时代改革开放和社会主义现代化建设的丰富实践是理论和政策研究的“富矿”，广大理论工作者大有可为。我们思想理论工作战线要继续深化学习、深入实践，更好领会贯彻习近平总书记的重要讲话精神，不断加强研究阐释，不断推进理论创新。

上海市社联党组书记、专职副主席权衡，华东师范大学经济与管理学部学术委员会主任袁志刚教授，复旦大学管理学院宁钟教授，上海社会科学院应用经济研究所刘亮副研究员，上海交通大学安泰经济与管理学院陈宪教授，上海财经大学资深教授鲁品越，中国浦东干部学院余佶教授，上海财经大学讲席教授丁晓钦，上海外国语大学国际关系与公共事务学院院长郭树勇分别作主题发言。

权衡认为，在目前全球疫情尚未得到有效缓解的新态势下，我国需要构建双循环新发展格局。加快形成新发展格局，不仅是由于我国参与国际经济大循环的国际环境和条件已经发生深刻变化，也是我国发展进入新阶段、解决新问题做出的主动性战略调整和优化，我们亟须做好以下工作：一是要加快建设统一开放竞争有序的大市场体系，形成新发展格局中市场机制高效率配置资源的基础和条件；二是要加快推动新型城镇化建设和新

型基础设施建设，形成新发展格局中高质量发展的新动力；三是要推动收入分配改革，形成合理有序的分配格局，形成新发展格局中发挥消费拉动作用的物质基础；四是要推动建设高标准高水平开放型经济，以制度性开放经济为新发展格局奠定良好的体制机制。

谈到“国际货币体系大变局的拐点与中国战略选择”，袁志刚提出，中国在未来需要持续推动人民币国际化，加强与欧元区的战略合作，助力“一超两强”的国际货币新格局的形成。我们应明确，促进一种货币的国际化有两个途径：一是在国际贸易中更多地使用该货币，二是由国际金融市场推进该货币的使用。应加速推进金融市场改革，形成庞大的统一内需市场，夯实人民币国际化的基石。

复旦大学管理学院宁钟教授以“构建集群式供应链：助推新发展格局”为题作了发言。他表示，产业集群作为当前经济发展过程中的一种新模式，在不断发展的过程中，产业链条上的多条供应链之间不断耦合发展形成产业集群式供应链，这种产业集群中的核心企业与其上下游供应商及配套企业组成的链状组织结构，对产业转型和升级具有重要推动作用。因此，构建集群式供应链是在推动形成“双循环”新发展格局这一战略抉择中的重要一环，我们应畅通国内产业链、供应链，着力打造集群式供应链现代化和科技化，同时加强国际社会协作，维护全球集群式供应链的安全和稳定。

刘亮表示，上海已经基本具备成为对外对内双循环枢纽的基础条件，应抓紧新机遇，将上海打造为内外双循环的重要枢纽。面对国际国内复杂严峻的发展形势，党中央提出了“把满足国内需求作为发展的出发点和落脚点，逐步形成以国内大循环为主体、国内国际双循环相互促进的新发展格局”的重大科学判断和重要战略选择，这将是我国未来部署“十四五”规划以及未来经济社会发展较长时期的重要指导思想和出发点，也将是上海进一步服务国家新战略成为新枢纽实现新飞跃的重要新机遇。

陈宪提出，区域一体化为破解行政壁垒创造了不可多得的机遇和条件，我们应主动作为，打破行政壁垒，构建上海大都市圈发展新格局。行政区域划分和管理体制是造成区域间不同程度行政壁垒的主要原因，编制和实施跨行政区划的都市圈发展规划和重点领域专项规划，有助于打破行政壁垒。同时，需要加快组织编制并实施都市圈发展规划和重点领域专项规划，进一步提高规划的法治意识和引领作用，确保都市圈发展规划和重点领域专项规划得以落地。

鲁品越围绕“构建上海科创中心与国内市场‘由内而外’双循环机制”话题作了分享。他表示，在建立国内市场与国际市场的双循环机制中，要特别注重建构具有生长性的循环网络，即“研发中心—市场”两极之间的循环机制。我们应明确，任何科技发明要转化为生产力，都需要有一个积累资金和经验的不断扩张过程，需要强大的市场支撑。我们应充分利用中国自己的国内市场优势，建立能够不断生长的高科技研发中心与市场之间的循环机制，促进我国经济向高质量发展转型。

余佶表示，城乡融合发展是形成新发展格局的重要路径。加快形成以国内大循环为主体的新发展格局，要求城乡要素自由流动、平等交换和公共资源合理配置。因此，应顺应人民意愿，建立健全城乡融合发展体制机制和政策体系，协调推进新型城镇化和乡村振兴，让改革朝着推动形成新发展格局聚焦发力。这不仅需要优化城镇化空间格局，加强新型城镇化建设，还需要坚持农业农村优先发展，贯彻乡村振兴战略。

丁晓钦提出，上海作为新时代全国改革开放的排头兵、创新发展的先行者，在“四个放在”的指引下，服务全国发展改革大局，代表国家参与国际竞争与合作，正在努力成为国内大循环的中心节点、国内国际双循环的战略链接。其体现了引领促进国内大循环的“上海担当”，展现出推进国内国际双循环的“上海精神”，也将打造出全国率先实现高质量发展的“上海样本”。上海应抓住扩大内需的战略基点，打通生产、分配、流通、消费的各个环节，使其成为国内大循环的中心节点，在全国率先实现高质量发展。同时，上海作为中国改革开放的前沿窗口，应进一步推进更深层次、更宽领域、更大力度的全方位高水平开放，积极维护全球产业链、供应链的稳定和畅通。

郭树勇认为，在分析新发展格局的国际背景和环境特点时可以发现，新冠肺炎疫情的发生和世界经济不平衡发展加速了百年未有之大变局的演进，产生了内外循环相互促进的战略需求。同时，国际关系的不确定性和国际社会的分化性相对增多，外交成本和国际循环的阻力明显增大，使得以内循环为主体成为理性选择。另外，大国博弈进入了新阶段，外部环境充满不确定性。正是在此背景下，党中央果断提出以国内循环为主体、国内国际双循环相互促进的新发展格局。

在随后的交流发言中，上海社会科学院应用经济研究所副所长李湛教授、复旦大学马克思主义研究院副院长周文教授、上海社会科学院法学研究所副所长李建伟副教授、华东政法大学科学研究院副院长王永杰教授、上海社会科学院图书馆馆长钱运春副研究员、上海社会科学院世界中国学研究所乔兆红研究员和上海师范大学马克思主义学院周书俊教授等学者围绕会议主题作了交流发言。

与会学者表示，中国改革开放40余年的发展，以及在此基础上形成的巨大制造业规模和市场规模，为国内国际双循环的新发展格局奠定了坚实的后盾。为使新发展格局行稳致远，上海大有可为，一是要突破关键性技术，在关键核心技术上实现自主创新；二是要实现综合性的竞争优势，以人才为新发展格局的重要依托。同时，国有企业是未来新发展格局下不可忽视的重要力量，要重视实体经济，打造资本市场的同时要对实体经济作出长远规划。

上海市犯罪学学会第九次会员代表大会暨第一届大数据人工智能时代的犯罪治理高峰论坛隆重召开

10 月 24 日，由上海市犯罪学学会、华东政法大学主办，江苏网进科技股份有限公司、华东政法大学中国犯罪治理研究院协办的“上海市犯罪学学会第九次会员代表大会暨第一届大数据人工智能时代的犯罪治理高峰论坛”在华东政法大学长宁校区隆重召开。来自上海、浙江、安徽等地科研院校、政法机关和阿里巴巴集团、国药控股等企业的共 150 余位代表参加了会议。

会议第一部分是上海市犯罪学学会第九次会员代表大会，大会审议并通过了学会第八届理事会工作报告、财务报告和新的章程，选举产生了新一届学会理事会和监事。在随后召开的第九届理事会第一次会议上，与会理事选举产生了新一届学会领导班子，应培礼为会长，蔡田、朱慧、刘刚、刘晶、倪铁为副会长，虞浔为秘书长。

上海市社联副主席、华东政法大学校长叶青教授代表上海市社联、华东政法大学对学会换届大会的成功举办和本次高峰论坛的召开表示热烈祝贺。他回顾了上海市社联、华东政法大学与上海市犯罪学学会的深厚渊源，华东政法大学也将一如既往地支持学会开展工作。

会议第二部分是第一届大数据人工智能时代的犯罪治理高峰论坛。在主旨报告环节，江苏网进科技股份有限公司李参宏副总经理、上海市人民检察院法律政策研究室检察官林竹静博士、华东政法大学刑事法学院王奕教授分别作题为《大数据智能分析在检察监督线索发现中的应用与实践》《检察大数据(上海)实验室的实践与思考》《互联网空间的法外之地——暗网》的报告，浙江省温州市人民检察院副检察长吴习彧，中国犯罪学学会副会长、上海社会科学院法学研究所刑法室主任魏昌东教授作了点评。

会议最后，中国犯罪学学会副会长、上海政法学院严励教授对会议作了学术总结。他认为犯罪学是一门与社会发展紧密结合的学科。当前中国互联网建设正走在世界前沿，这为中国的犯罪学研究提供了绝佳的研究时机。尤其在地处国际金融中心的上海，上海市犯罪学学会更应当肩负起新时代犯罪学研究的历史使命，在理论研究和实践探索中发出更多的中国声音。

上海市延安精神研究会召开专题研讨会深入学习贯彻《习近平总书记给中国延安精神研究会第六次会员大会贺信》精神

10月25日，由上海市延安精神研究会主办、上海中医药大学马克思主义学院承办的“上海学习贯彻习近平总书记给中国延安精神研究会第六次会员大会贺信精神暨‘延安精神与新时代的幸福观’”专题研讨会在上海中医药大学举行。上海中医药大学党委书记曹锡康、上海市延安精神研究会会长叶骏分别致辞，上海中医药大学马克思主义学院院长王芳主持开幕式。研究会理事、各高校马克思主义学院院长和有关专家学者近60人参会。

会议旨在深入学习贯彻2020年9月《习近平总书记致中国延安精神研究会第六次会员大会的贺信》精神，认真领会贺信的深刻思想、丰富内涵和重大意义，为研究会在新的历史条件下，深入研究、大力宣传、认真践行延安精神进一步明确了目标任务和实施路径，为全面建成小康社会，乘势而上开启全面建设社会主义现代化国家新征程提供强大精神动力。研讨会围绕“延安精神与新时代的幸福观”举行主旨报告和主题论坛。上海海洋大学马克思主义学院院长、研究会副会长董玉来主持主旨报告。

曹锡康谈到，在新的历史条件下，大力弘扬延安精神，对走好新时代的长征路具有重要的意义。高等学校学习弘扬延安精神，要坚持和加强党对高校的全面领导，坚持社会主义办学方向，坚持马克思主义的指导地位，做好立德树人、培根铸魂的工作，为党育人，为国育才。

叶骏谈到，习近平总书记的贺信再次强调了延安精神的历史意义和时代价值，对研究会的工作提出了明确的要求和方向。在当前错综复杂的国际环境和疫情、经济等多重因素交织的社会背景下，研究会一定要夯实理想、信念，要坚持正确的政治方向，深入研究、积极宣传、带头践行，将研究会的各项工作与正在推进的中国特色社会主义伟大事业，与实现中华民族伟大复兴的中国梦结合起来，更好地服务党和国家工作大局，提供强大精神动力。

复旦大学马克思主义学院教授朱鸿召作主旨发言，从延安幸福观的生成机制三个方面，用一个个生动的故事描述了延安人的幸福感与幸福观。他阐述了独立自主是幸福的前提，劳动创造是幸福的真谛，集体温暖是幸福的基础，理想情怀是幸福的格局。并从历史逻辑和理论逻辑和现实逻辑分析了延安时期幸福感生成机制。他谈到，延安时期文化人，当时他们有很强烈的生活的幸福感，这种幸福感并且是经过了半个世纪的浮沉之后初心不改。其背后有理性的幸福观,这个幸福观如何形成,值得我们探究,对当下新时代小康之后怎样让我们有这种幸福感是有启发的。

上海师范大学人文学院教授邵雍认为,在延安召开的中共七大是一次团结的大会、胜利的大会,是承前启后、具有里程碑意义的大会。朱德等老一辈的革命家在中共七大召开中发挥了很大的作用,特别是朱德主持起草的七大军事报告《论解放区战场》,全面总结和概括了党的建军经验,深刻阐述了毛泽东军事思想,是党和人民军队历史上一篇重要的经典之作。党的七大将毛泽东思想写在了党的旗帜上,确立毛泽东思想为党的指导思想并写入党章,确定了七大在党的历史上重要的历史性贡献。

会上,《人民论坛・学术前沿》主编郑韶武,华东师范大学马克思主义学院教授曹景文,上海交通大学马克思主义学院长聘教授、研究会副会长张远新,东华大学马克思主义学院院长王治东,上海海事大学马克思主义学院院长董金明,同济大学马克思主义学院教授薛念文,上海大学马克思主义学院副院长邱仁富,上海师范大学马克思主义学院副院长耿步健,上海体育学院马克思主义学院常务副院长胡德平,上海杉达学院马克思主义学院院长邵龙宝等10位专家,分别在主题论坛上作交流发言。

研究会常务副会长、上海师范大学党委副书记裴小倩在总结中谈到,专题研讨会的与会专家分别从马克思主义历史学、文学、哲学、政治学等不同学科的角度,论述了延安精神中的幸福观以及时代体现,大家从不同的视角相互启发、深化、碰撞。使我们感受到在延安精神研究会的宣传和践行中应有的学术视角和理论深度,以及对现实的启发。研究会将通过专题研讨、延安精神进校园等的工作载体,进一步与上海高校马克思主义学科建设合作,深化延安精神理论研究的成果,彰显新时代延安精神理论研究的力量。

专题研讨会后,研究会举行了第三届理事会第三次会议,讨论研究2021年工作计划。大家一致认为,随着时代的发展,延安精神被注入新的活力,新时代弘扬延安精神,要在深刻理解延安精神丰富内涵的基础上,结合时代特点,积极宣传延安精神、认真践行延安精神、大力弘扬延安精神,为实现"两个一百年"的奋斗目标,为实现中华民族伟大复兴中国梦,彰显新时代延安精神的新内涵,让延安精神薪火相传。

上海市大数据社会应用研究会举办“第三届上海市大数据社会应用研究会年会暨新基建与数字经济创新逻辑论坛”

11月15日，第三届上海市大数据社会应用研究会年会暨新基建与数字经济创新逻辑论坛在线上举行。中国工程院院士、原合肥工业大学副校长杨善林，中国工程院院士、原中国人民解放军信息工程大学校长邬江兴，上海对外经贸大学校长汪荣明等领导和嘉宾在线出席会议。会议开幕式由研究会副会长齐佳音主持。

汪荣明在致辞中介绍了上海对外经贸大学建校60年来有关情况。他希望以本届年会的召开为契机，围绕“数字经济与创新发展”“交叉学科与新兴方向”“计算社会科学”等主题展开深入探讨，努力为贯彻新发展理念、构建新发展格局、实现高质量发展作出积极贡献。

在会议主旨报告环节，杨善林院士作了题为《人工智能与知识工程》的主旨报告。他指出，以技术变革为先导、数字经济为发展目标、大数据与人工智能为核心生产要素的第四次工业革命方兴未艾，将为产业带来“产业的数字化”和“数字的产业化”两方面影响。围绕“大数据”研究脉络，杨善林表示，从管理的角度来看，大数据是一类能反映物质世界、精神世界运动状态以及状态变化的资源，它具有决策有用性、功能多样性、应用协同性、快速增长性和安全风险性。当前，数据形式内容杂乱、时空数据缺失等问题依然存在，实现“数据”到“数据资源”的转化道阻且长，关键是加强数据治理以提高数据资源利用效率。杨善林认为，目前，有关人工智能基础理论和基本方法的研究正处在新的攻坚期，如何聚合群体智能形成更高级的智能，如何对碎片化知识加以整理构建知识森林等问题，是当下管理学科学者可以关注的融合点。

邬江兴院士作了题为“数字经济痛点与内生安全亮点”的主旨报告。他指出，新基建助推数字经济高速发展的同时，我们将面对更为严峻的网络空间内生安全问题和挑战。邬江兴以云服务、5G等新兴技术存在的内生安全问题为例，指出大数据技术的内生安全问题在于大数据的发现仍然处于只知其然不知其所以然的状态，一旦数据和算法被污染，结论可能就大相径庭；而人工智能技术存在的内生安全问题在于不可解释性、不可预测性、不具推理性。邬江兴表示，新基建需要安全可信、自主可控的新底座。

研究会会长吴力波教授作了题为“大数据驱动下的社会科学创新趋势分析”的主旨报告。她指出，从大数据跟社会科学的融合来看，计算社会科学将成为未来社会科学向前发展的重要方向，计算社会科学最大的特点是要依赖于大规模的人类行为数据来进行相关计算方法的开发和应用，其先决条件包括对于各种空间数据、社交网络数据和人类对于文本图像编码的研究，特点主要表现为应用统计模型来捕获内部的多种依赖性。吴力波还从经济学学科角度分享了大数据对于经济学数据模型和应用的创新。

会上，吴力波会长宣读了“大数据抗疫”征文优秀论文获奖名单。与会专家学者还在分论坛上围绕“数字经济与创新发展”“交叉学科与新兴方向”“破产及重整案件智能化交互平台：理论、框架和展望”“数智赋能下的新基建与双循环”四个主题发表了真知灼见，就大数据如何服务新基建和数字创新提出了建议。

上海市人民政协理论研究会召开会员大会暨理论研讨会

11 月 18 日，上海市人民政协理论研究会召开会员大会暨理论研讨会，围绕“坚持和完善人民政协专门协商机构制度”主题深入交流。市政协主席董云虎出席并讲话。市政协副主席方惠萍，市社联专职副主席任小文出席会议，市政协秘书长、市人民政协理论研究会会长贝晓曦主持。

会议审议了研究会第三届理事会 2020 年工作报告，发布了 2021 年重点研究课题。2020 年以来，研究会重点围绕“凝聚共识的内涵、机理、载体及评价体系”“政协制度的确立、发展及效能”“提案的国家治理功能”“强化委员责任担当的制度建设”等开展课题研究，取得高质量成果。研讨会上，全国政协文化文史和学习委员会副主任、中国人民政协理论研究会副会长刘佳义聚焦强化专门协商机构建设作主旨发言。邢邦志、胡卫、刘其龙、姚俭建、程汝竹等政协委员、专家学者作交流发言。

董云虎强调，人民政协理论研究是党的思想理论建设的重要内容。要筑牢思想根基，深入领会把握习近平新时代中国特色社会主义思想和党中央对政协工作的新部署新要求，确保理论研究方向正确、任务明确，着力用理论引领人民政协实践的创新发展，推动人民政协更好服务新一轮改革发展大局。要抓住中国共产党成立 100 周年的重要契机，深挖历史资源，深入研究阐释党的统一战线理论和实践发展辉煌历程，充分彰显其历史价值、时代意义，更好汇聚实现民族复兴中国梦的磅礴力量。要紧跟时代步伐，深入研究回答关乎人民政协事业发展全局的重大问题，为政协担当新方位新使命提供理论支撑、智力支持，助推人民政协更好彰显统一战线组织的政治功能。要强化问题导向，着力聚焦解决履职实践中的薄弱环节，围绕健全政协协商机制、推动政协工作向基层延伸、更好联系界别群众、打响政协履职品牌等，认真总结工作经验，明确加强和改进措施，更好推动政协工作提质增效、彰显特色。要注重内外结合，着力建强建优研究会和研究基地，建好有凝聚力的平台载体，形成有引领力的研究导向，打造有创造力的工作队伍，推出有影响力的精品力作，推动上海政协理论研究推陈出新、走在前列。

上海市公共政策研究会等举办第二届“海上策论”学术论坛

11 月 28 日，上海市公共政策研究会、上海市行政管理学会、上海市委党校共同主办的上海市公共政策研究会年会暨第二届“海上策论”学术研讨会在上海市委党校召开，本次论坛的主题是“大变局与新征程：展望十四五开局”。上海市委党校常务副校长徐建刚、上海市社科联专职副主席任小文出席会议并致词，上海市委编办副主任钱明涛主持会议。

徐建刚表示，党的十九届五中全会审议通过的《十四五规划和二〇三五年远景目标的建议》是全面建设社会主义现代化国家的纲领性文件，标志着我们党对建设中国特色社会主义的认识、规律把握达到一个新的高度。习近平总书记亲临上海，充分肯定浦东开发开放 30 年经验，对推进更深层次改革、更高水平开放提出新要求、作出新部署，为我们奋力创造新时代上海发展新奇迹发出了时代号令。这些生动实践和创新理论为习近平新时代中国特色社会主义思想在上海的落地生根指明了方向，也为海上策论选题、破题、研究提供了根本遵循。

任小文谈到，刚刚闭幕的市委全会指出要准确把握“十四五”发展环境和背景的深刻变化，把学习宣传贯彻习近平总书记在浦东开发开放 30 周年庆祝大会上的重要讲话精神持续引向深入，要主动服务和融入新发展格局，加快打造国内大循环的中心节点、国内国际双循环的战略链接。下一步，期待研究会充分发挥自身优势，深入贯彻落实习近平总书记考察上海重要讲话精神，认真学习贯彻党的十九届五中全会精神，为建设中国特色哲学社会科学和繁荣发展上海哲学社会科学事业做出新的贡献。

在随后的主旨发言阶段，上海市人大常委会副主任肖贵玉、上海市公共卫生临床中心党委书记卢洪洲、FT 中文网财经版主编徐瑾、海军少将刘苏闽、上海市公共政策研究会会长胡伟等先后围绕大变局下的制造业透视、全球疫情趋势与中国公共卫生对策、新征程上中国经济的趋势分析、中国海军如何走向世界、两个大局与战略机遇期以及中美关系等议题作主题演讲。

肖贵玉认为，百年未有之大变局中最大的变量是中美关系，制造业的竞争是大国竞争的主战场，是热战之外的决战，而上海在制造业竞争中的两个重点分别是突破卡脖子技术和打造自己的杀手锏。新中国成立以来，上海为全国制造业的发展作了巨大贡献，如今的第四次工业革命又为上海提供了一个千载难逢的机会。在波澜壮阔的新一轮工业革命向纵深快速推进的重要历史关口，上海责无旁贷地要成为中国参与、推动和引领第四次工业革命的骨干力量，担负起支撑大国崛起的重大使命。

卢洪洲认为，现在全球疫情还在蔓延，短期内仍是难以控制，中国已经成为全球疫情风险最低的国家。中国的疫情防控之所以成效显著，一方面源于党和政府高度重视，社会主义体制具有优越性，另一方面源于我们强大的追踪能力，超快速度的大规模核酸检测能力。从全球来看，要控制住疫情必须依赖有效的疫苗。但即便疫苗研发成功了，全球70多亿人所需疫苗的生产、运输和接种等问题，对于现有的公共卫生系统来说也是一个严峻考验。

徐瑾指出，中国经济最大风险在于债务。近年中国的债务与GDP的比率已经超过发达国家，而且杠杆增加的速度惊人，这也是高层屡屡强调“去杠杆”与经济步入“L形走势”的关键因素。中国的债务杠杆率之所以高，既有微观原因亦有宏观因素。从内部分析，疫情冲击之下，中国经济不得不重启投资，重新出现债务飙升的情况。从外部分析，贸易战仍在继续。在这一波疫情影响下，中国经济GDP增速一度跌为负数，但迅速触底反弹。不过，这个反弹主要还是靠投资驱动，未来可能面临信用被动收紧带来的压力。

刘苏闽在发言中用多个“第一次”概括了近年来中国人民海军走向世界的步伐及其价值。一是海军舰队第一次穿越马六甲海峡，进入印度洋航行，成为由近海走向远海、由浅蓝走向深蓝的重要历史性标志之一；二是海军舰艇编队第一次停靠异国军港，出访官兵作为友好使者，踏上异国土地，展现了我军威武之师、和平之师、文明之师的良好形象；三是舰艇编队第一次在出访国军港接受了友军官兵、当地群众、华侨华人的参观，成为人民海军发展史上最早的“军舰开放日活动”；四是舰艇编队在返航途中，首次在海上与多国军舰相会，开启了中华人民共和国海军与外国海军舰艇交往的先河等。这些中国海军的“第一次”影响深远！

胡伟在研讨中指出，当今世界正经历百年未有之大变局，我国发展的外部环境日趋复杂，国际国内诸多矛盾叠加，风险挑战显著增多，我国发展面临着前所未有的复杂环境。要统筹中华民族伟大复兴战略全局和世界百年未有之大变局，科学把握我国发展的重要战略机遇期及其变化。在改革开放的历史进程中，党中央很好地统筹了国内国际的两个大局，实现了对内改革和对外开放的相互促进，为我国的发展赢得了重要的战略机遇期。如果两个大局统筹不好，战略机遇期可能受到挑战甚至丧失，改革开放就无法进行下去。百年未有之大变局中，中美关系是主要矛盾，要正确认识中美冲突的实质，当前两国关系处在历史上最严峻的时刻，美国总统的换届不会改变这一基本格局，将给我国发展的战略机遇期带来重大挑战。

与会学者一致认为，未来我国的发展将面临更加严峻和复杂的国际国内局面，必须精心维护我国发展的重要战略机遇期。在以习近平同志为核心的党中央坚强领导下，我们要在大变局下攻坚克难，努力实现“十四五”规划和2035年远景目标，在新征程上不断夺取新胜利。

上海金融法制研究会等举办“新形势下上海国际金融中心法制环境的优化”研讨会

12 月 3 日，上海金融法制研究会与上海市立法研究所共同举办“新形势下上海国际金融中心法制环境的优化”研讨会。此次研讨会也是上海金融法制研究会 2020 年学术年会。研究会会长沈国明与上海市人大法工委副主任孙福庆先后致辞，副会长兼秘书长吴弘做总结，副会长刘明明主持会议。与会的本市金融机构、监管部门、司法机关、高校科研单位 80 余人出席会议。

沈国明在发言中认为，全球疫情加剧了经济周期性低迷，世界经济金融格局也进入了深刻变革时代，上海国际金融中心建设面临着新的机遇与挑战。新形势下，研究会要学习宣传贯彻好习近平法治思想，根据国际、国内环境发生的变化，探讨上海国际金融中心建设进程中的法制新需求、新对策，并为修订《上海市推进国际金融中心建设条例》提出对策建议，供本市立法与管理部门的领导决策参考。

孙福庆认为，“十三五”提出基本建成上海国际金融中心，目前上海金融市场和金融机构体系不断完善，与自贸试验区及临港新片区、长三角一体化、科创中心等国家战略联动效应日益增强，服务实体经济能力不断提高，成绩显著。“十四五”期间要思考怎样处理好金融开放与安全、创新与监管、短期与中长期目标、政府职能部门与企业各自的痛点堵点这四方面的关系，持续优化金融生态环境，进一步巩固上海金融改革开放的前沿地位。

在研讨会第一阶段，上海市人大财经委办公室副主任张震，上海市人大常委会法工委立法二处处长、上海市立法研究所副所长王娟，上海社会科学院法学所副所长李建伟分别作题为“推进国际金融中心建设立法的回顾与展望”“关于修订《上海市推进国际金融中心建设条例》的若干思考”“数字货币发展与立法”的专题报告。在研讨会第二阶段，上海市人民检察院第二分院检察一部副主任吴菊萍、同济大学法学院副教授范黎红、华东政法大学经济法学院副研究员欧阳天健、上海大学上海会展研究院院长助理裘小婕分别就“上海地方金融监管相关问题研究——以金融检察视角反观地方金融监管”“违约潮背景下涉资管产品法律实务问题研究”“上海地方金融监管立法研究”“进博会推进人民币国际化中的金融法律规制问题研究”等议题进行了交流发言。

吴弘在总结中谈到，各位发言嘉宾畅所欲言、集思广益、群策群力，对新形势下上海国际金融中心法制建设面临的众多情况，发表了真知灼见、进行了思想碰撞、取得了丰硕成果，对于进一步加快推进优化上海国际金融中心法制环境的优化，发挥了积极的推动作用。

上海市社会学学会召开专题会议学习十九届五中全会精神

12月14日下午，上海市社会学学会召集学会负责人和党工组成员召开“开启全面建设社会主义现代化国家新征程，学习中共十九届五中全会精神”专题会议，共同学习五中全会精神。

会长李友梅教授、党工组组长罗国振教授，副会长文军教授、张文宏教授，分别结合自己近期的学习和科研经历，围绕中国当前面临的机遇和挑战、乡村振兴、社会建设、大安全观等主题谈了自己的学习体会。大家认为，在当前决胜全面建成小康社会取得决定性成就，我国发展环境面临深刻复杂变化的大背景下，上海社会学界同仁应该凝心聚力，紧密围绕国民经济和社会发展第十四个五年规划和二〇三五年远景目标中提到的相关重大问题展开研究。学会秘书长刘玉照，副秘书长李煜、杨发祥也参加了会议，并谈了自己的学习体会。会议还讨论了进一步加强学会组织建设问题。

上海市形势政策教育研究会举行“每月谈”讲座暨 2020 年学术年会

12 月 15 日，上海市形势政策教育研究会举行“每月谈”讲座暨 2020 年学术年会。研究会原常务副会长、浦东新区政协原副主席邵煜栋作题为“中国特色社会主义的生动实践——浦东开发开放 30 周年回眸”的报告，会长沈明达主持会议，研究会理事和新老会员 70 余人出席。

邵煜栋以浦东开发开放全过程亲历者、贡献者的身份，满怀深情地回顾了浦东开发开放的历程，讲述了浦东开发开放的主要做法和经验，指出浦东开发开放是历史必然和历史能动的结合；是高起点规划和扎实奋斗的结合；是大胆的创新发展和严格的党建党纪的结合；是经济快速发展和民生大幅改善的结合。他以丰富的图片和大量的数据，充分展现了浦东开发开放的辉煌成果，展望了浦东新区进一步开发开放的灿烂前景。

沈明达作了题为“守正创新，攻坚破难，进一步推动本会工作迈上新台阶”的报告。他指出，在 2020 年，研究会在市社联的领导下，团结依靠全体理事和会员，围绕第六届理事会的工作目标“不忘初心，承优立新，紧跟时代，开拓前进”，致力于创新研究会工作内容和形式；致力于为广大会员提供优质的信息服务；致力于提高研究会的学术研究水平；致力于提升会员内部交流刊物《观点》的办刊质量；致力于加强研究会的自身建设等，实现了一系列新的突破，进一步推动了本会工作规范化、制度化运作。

会上还分别对获得研究会 2020 年学术研究优秀成果奖以及“全民抗疫与制度优势”主题征文活动优秀论文奖的会员进行了表彰。

上海市工人运动研究会等举办“新就业形态下的劳动群体与工会工作”学术研讨会

12月11日，上海市工人运动研究会和复旦大学马克思主义学院、上海工会管理职业学院等举办了“新就业形态下的劳动群体与工会工作”学术研讨会。上海市总工会党组书记、副主席黄红出席研讨会并讲话，上海市总工会副主席周奇，复旦大学马克思主义学院院长李冉出席会议并致辞。上海工会管理职业学院党委副书记、院长李友钟主持本次研讨会。会议邀请了上海高校院所专家学者、工会实务研究者近60人开展研讨交流。

在研讨发言中，华东政法大学经济法学院教授田思路、复旦大学马克思主义学院副教授严金强、华东师范大学经济与管理学部讲师邱婕、华东理工大学法学院讲师粟瑜、华东理工大学社会与公共管理学院社会学博士研究生沈锦浩、上海市总工会劳动关系工作部部长周永宝、上海江三角律师事务所主任陆敬波、上海外服（集团）工会主席归潇蕾、上海工会管理职业学院讲师金世育分别作了题为“远程劳动的制度发展与法律适用”“中国特色社会主义劳动关系新模式探讨——以华为合作共享型劳动关系模式为例”“补齐短板：‘共享员工’模式的实践与规制”“网约劳动的‘商化’及其法律规制”“互联网技术与网约工抗争的消解”“灵活就业群体权益维护与上海工会工作的思考应对”“刍议新就业形态中的劳动保障‘法律短板’”“后疫情期多元化用工趋势与发展探索分析”“新就业形态下行业工会建设：上海样本”的发言。

田思路提出政府要制定相关法律政策，积极促进远程工作的发展。发挥远程工作灵活性、自主性强的特点，通过劳资协商，订立书面协议，明确远程劳动者的劳动时间、休息休假、工资报酬、职业病与工伤认定、社会保险等法律适用，增强发生重大疫情、自然灾害等情况下的灵活应对能力，最大限度保护特殊时期劳资双方的合法利益。

严金强认为建立在合作劳动基础上的华为企业劳动关系模式，以“强劳动弱资本”为特征，以合作劳动而非私人资本为中心开展生产组织和收益分配，在确保经济公平的同时，又不失经济效率。因此这种劳动关系模式兼具有合作性和共享性，是中国特色社会主义劳动关系新模式的重要实现形式。

陆敬波指出新就业形态中劳动者法律保障问题突出，与传统就业相比，其最突出的特点和最大的优势就是“灵活多样”，主要通过“劳动关系灵活化”与“去劳动关系化”两种途径实现。新就业形态去除了劳动关系的“强从属”，但并未代之以“无从属”，而是代之以“弱从属”。

金世育提出行业工会功能受限的原因在于其组织架构与新就业形态的不契合。联合制、代表制的组织原则在新就业形态下需要深度研究与运用。

复旦大学马克思主义学院教授肖巍、上海财经大学法学院教授王全兴分别对发言予以集中点评。

黄红在总结中对本次学术研讨会取得的成果予以高度肯定，指出一要高度重视、持续关注对新就业形态劳动群体与工会工作相关问题的研究，秉承问题导向、效果导向，为破解问题出研究成果、出破解之策、出政策思路；二要继续发挥好马克思主义工运理论研究基地的辐射引领作用，从进一步优化研究基地合作共建机制，进一步整合工会内外研究资源等方面着手，不断增强工会研究的社会参与度与学术影响力；三要知行结合，切实加强理论研究的成果转化、成果运用工作，做到多出人才、多出成果。

会上还举行了2020年“马克思主义工运理论研究基地优秀工运理论研究成果”颁奖仪式。

上海市戒毒学会召开第五届会员代表大会

12 月 25 日，上海市戒毒学会在市司法局召开第五届会员代表大会。市司法局党委委员、副局长、戒毒局党委书记王东晟出席会议并致辞。

大会审议通过了学会第四届理事会工作报告、财务报告和学会章程，选举产生了学会第五届理事、监事。在随后召开的第五届理事会第一次会议上，与会理事选举产生了新一届学会领导班子，宋卫东为会长，谷超、杜江、赵芳、朱东、陈亮、徐定为副会长，徐定为秘书长。

上海市工人运动研究会召开会员大会暨《上海工会志》宣传会议

12 月 30 日，上海市工人运动研究会召开 2019—2020 年会员大会暨《上海工会志》宣传会议。市总工会党组书记、副主席黄红出席并讲话，市总工会副主席桂晓燕对《上海工会志》的编纂出版工作做总结回顾，市工运研究会常务副会长、市总工会研究室主任崔校军主持会议。

大会审议通过了研究会《第九届理事会 2019—2020 年工作报告》；选举通过了有关人事任免；通报表彰了 2018 和 2019 年度上海工会优秀调研报告、论文。

黄红对市工运研究会的工作及《上海工会志》的编纂成果给予高度肯定。她指出，理论研究和调查研究对于做好各项工会工作具有极其重要的作用。当前，面对新形势、新任务、新挑战，要进一步注重发挥理论研究和调查研究在分析形势、剖析问题、掌握需求、把握规律等方面的重要作用，着力在研究重大问题、难点问题、实践问题、创新问题上下功夫。她强调，工会工作的创新发展，需要工运研究的推陈出新。要聚焦工会事业发展需求，开展重大课题调研；要聚焦形成合力，上下联动开展调研；聚焦组织保障，有力有序开展调研，不断壮大工会工作的研究力量，不断提高研究的科学化水平，多出成果、出好成果，续写上海工会发展新篇章。

会上，市工运研究会会长、复旦大学国际关系与政治事务学院陈周旺教授作关于“中国特色社会主义工会理论的发展”的学术报告。

理论经济、综合经济、产业经济

第十四届上海青年经济学者论坛在沪举行

1月9日，第十四届上海青年经济学者论坛暨上海青年经济学者优秀成果奖颁奖仪式在上海对外经贸大学举行。本次论坛以新中国70年经济发展与理论创新为主题，面向全国45周岁以下的青年学者征集论文，共收到来自全国27家科研院所、金融机构等合计82篇稿件。基于“公平、公开、公正”的原则，采用双向匿名的评审，经过初审、复审、终审，最终评选出18项上海青年经济学者优秀成果奖，其中一等奖2篇、二等奖6篇、三等奖10篇。上海对外经贸大学副校长陈洁在致辞中对所有参会的专家学者表示热烈欢迎，她指出上海青年经济学者论坛为上海青年经济学者砥砺思想、交流研究成果搭建了一个重要的学术平台，在营造本市经济学界开放、活跃的学术氛围、发现与培养优秀青年经济学者等方面发挥了积极作用。

论坛上，本届上海青年经济学者优秀成果奖一等奖获得者华东师范大学青年教师杨连星报告了获奖成果《反倾销贸易壁垒与中国企业创新》，他的研究显示，加入WTO以来中国逐渐成为反倾销的头号目标国，基于2000—2013年微观企业数据，他指出反倾销贸易壁垒对微观企业专利研发数量和质量均形成了显著的抑制效应，并且这种负向影响具有显著的行业“溢出效应”，反倾销可能通过改变企业所在市场的规模与竞争程度等对企业创新产生抑制作用，具体体现在反倾销抑制效应对于出口额占比较高与生产率较高的企业影响更大。此外，反倾销显著地抑制了企业发明专利水平，且此抑制效应能持续数年之久。解决这一问题，要积极构建多层次的贸易摩擦预警体系，全方位补齐企业应对贸易摩擦短板，同时要加大对具有核心创新能力企业遭遇反倾销调查的创新补贴，夯实中国创新能力建设。

另一名一等奖获得者暨南大学青年教师梁文泉汇报的成果是《消费的损失——户籍、留守儿童和移民汇款》。他重点研究户籍制度对移民汇款行为的影响，指出城市落户难度越高，移民汇款回家的概率和金额越高，并分析了户籍制度增加移民汇款的作用机制，他认为户籍制度显著地增加出现留守儿童的可能性，增加移民汇款的概率和金额，同时他还指出户籍制度只会对已婚有孩子的家庭产生显著的正影响，认为留守儿童是户籍制度增加移民汇款的作用机制。他还分析了户籍制度对移民家庭产生的福利效应，认为留守儿童的存在不但增加了移民家庭在城市的净消费支出，而且还减少了移民家庭在城市的总收入，因此降低了移民家庭的福利水平。他认为通过推进户籍相关的供给侧改革，能够减少留守儿童,提高移民家庭的福利水平。

在专家视点环节,复旦大学长江学者特聘教授袁志刚以“中国宏观经济增长面临的挑战和对策”为题做了报告。袁志刚教授以劳动生产率为切入点,展开分析了三个故事。首先是农村改革成功带来的 3 亿剩余劳动力的转移与中国积极面向全球化带来的中国经济的腾飞。其次是 90 年代的国企抓大放小、金融改革、银行上市等直接与间接带来的制造业竞争力上升、外汇储备增加、民营企业大发展。最后一个故事是中国的人口消费,虽然消费不是经济增长的源泉,但消费规模就能够培育出阿里巴巴和华为这类企业,类似华为所研发的 5G 将会是中国的巨大优势。而中国面临的挑战是目前中美贸易的不确定性和投资的下降。而中国未来的希望就在于制度红利,劳动力的教育和人力资本的投资,只有劳动生产率提高了,国家的未来才有坚实基础。

上海财经大学金融学院副院长朱小能教授以“大数据信息环境与股票市场”为题进行了报告。他以年报 pdf 文档大小为基准可以判断公司业绩为起点,继而转向中国股市与经济基本面,他认为一个健康的衍生品市场、一个健康的股票市场都需要良好的经济环境,这样才能够保证股票市场的有效性,良好的资源配置才能够解决实体经济的发展,而只有所有人一起努力,才能够创造一个良好的信息环境,进而发挥金融市场服务实体经济资源的功能和优化资源配置功能。

上海经济学会会长、上海全球城市研究院院长周振华研究员作总结发言,他指出,本届上海青年经济学者论坛获奖论文不论是从论文选题还是论文质量都较往年有了较大的提高,显示上海青年经济学者不仅在研究方法、研究手段上具备了一流学者的基本素养,更重要的是研究视野更宏大了,关注的问题都是与中国经济发展密切相关的现实问题,这表明上青年经济学者既具有全球视野,又能根植于中国现实,具备以解决中国问题为己任的学术品质,这一点尤其值得肯定。周会长进一步指出,中国改革开放已经进入一个新的时代,为青年经济学者提供了丰富的研究素材,青年经济学者未来大有可为。他还提醒青年经济学者,在研究现实经济问题时需要考虑问题的复杂性,尤其是要首先从逻辑上厘清各种变量的关系,逻辑理顺,才能够对现实经济问题有透彻的理解和把握,才能够让学术研究更进一步。

上海经济学会副会长兼秘书长、华东师范大学经济学院院长殷德生教授介绍了本届论坛的论文评审程序及论文评审结果,并回顾了历届论坛在挖掘青年人才方面所取得的成就,他指出论坛的一些获奖者已经成为上海乃至全国有重要影响力的学者,一些论坛获奖者还成为重要学术机构的领导,论坛经过 14 年来的发展,已经产生了越来越大的社会影响力,获得了上海乃至全国青年经济学者的高度认同,并且已经打造成为上海经济学界的一个重要的学术活动品牌。本次活动由上海市经济学会、上海市人民政府发展研究中心联合主办,上海对外经贸大学承办。来自复旦大学、上海交通大学、华东师范大学、上海财经大学、上海大学、上海师范大学、暨南大学的青年学者 60 余人参加了本次论坛。

上海市世界经济学会召开"新冠疫情对世界经济的影响及中国的应对"网络学术讨论会

3 月 27 日,上海市世界经济学会组织召开主题为"新冠疫情对世界经济的影响及中国的应对"网络学术讨论会,孙立行秘书长主持,张幼文会长做主旨发言。会议通过网络视频的形式,邀请本市世界经济研究领域的知名专家学者,围绕新冠疫情对全球经济产生的影响、中国应该采取的措施和上海如何应对等问题,进行了在线研讨。

张幼文认为,传统经济学分析无法判断本次疫情带来的影响,需要用新的逻辑分析方法,提出更多问题及解决办法。本次疫情的影响可以概括为六个特点:"重、外、广、快、缩、轻"。重:世界经济可能停摆两个月,增长率可能为负增长,停产使得中国形势非常严峻;外:本次事件是突发的公共卫生事件,并非经济危机导致,因此,扩张性的政策对经济刺激作用极为有限;广:世界上大多数国都疫情受影响,相互间的资源帮助较为困难,疫情还会导致民族主义思潮抬头;快:疫情产生的是突发性冲击而非渐进性改变,供给和需求两方面都会受影响;缩:内向化抗风险的需要将导致国际投资收缩;轻:为应对疫情而诞生的轻型化业态,对 GDP 的增长贡献尚不确定。因此,我们不仅要研究新冠疫情带来的短期影响,更不能低估其对政治经济各方面的长期影响。

近十位专家学者围绕疫情发展对国内外经济的影响、全球治理体系、国际层面上的供应链外交等方面进行了多方位的交流研讨,一百多位会员在线参加研讨会。大家对特殊时期的视频会议形式给予了较高的认可,认为今后可以多利用这种便捷高效的会议形式。

上海市国际贸易学会、上海市世界经济学会主办系列研讨，共商新冠肺炎疫情对世界经济和社会的影响

2020 年，新冠肺炎疫情在 200 多个国家和地区蔓延，对各国的经济和社会冲击巨大。近日，上海市国际贸易学会和上海市世界经济学会新兴经济体委员会主办系列研讨会，聚焦新冠肺炎疫情对世界经济和社会的影响、新兴经济体的应对政策和新冠肺炎得到有效控制后世界经济和社会的走向与格局等问题开展研讨。

南京大学长三角经济社会发展研究中心学术委员会副主任张二震教授指出，这次疫情导致的危机与大萧条不一样。第一，这次疫情不是经济周期问题，是全球公共卫生事件，对经济是短期冲击。尽管疫情短期内会对全球生产和需求造成全面冲击，有引发世界性经济衰退的风险，但发生全球性金融危机的可能性不大。第二，第二大经济体中国取得了抗疫的阶段性胜利，目前正在有序复工复产，给世界增添了信心。第三，疫情发生前，包括美国经济在内的世界经济运行正常，疫情过后，各国经济没有理由不出现明显反弹。

疫情对国际产业链的影响不可忽视，可能导致各国政府和企业采取包括向安全度高的市场转移、加强国内重要节点布局等措施保障本国经济运行供给侧的安全。但即使如此，经济全球化仍是大趋势。以生产要素流动为主要特征的经济全球化有可能暂时受阻，但不可能逆转。此外，疫情也催生了新的经济全球化需求，比如，医疗卫生相关产业，网络、大数据等信息通信产业。

应对疫情冲击的同时，中国应该继续推进全方位对外开放，以更高水平开放推动高质量发展。参照江苏应对疫情的做法，一是稳定外资外贸基本盘，做到“保障外贸产业链、供应链畅通运转，稳定国际市场份额”。二是强化外资外贸联动发展，将招商引资作为稳外贸的抓手。三是严格执行《外商投资法》，进一步优化营商环境。

南开大学经济学院院长盛斌教授指出，全球价值链促进了各经济体之间的关联与互通，提高了世界范围内的资源配置与效率优化，但同时也加大了通过大量中间品贸易（包括原材料、半成品、零部件、资本品和服务外包等）而引发的全球系统性风险。当前全球价值链体系正在经历新冠肺炎冲击的严峻考验。

与之前所遭受的全球金融危机和局部性的自然灾害冲击不同，新冠肺炎对全球价值链的影响主要表现为直接冲击实体经济、阻断人的流动、造成所有国家上下游产业之间的多元交互影响以及引发各种形式的贸易保护主义。

新冠肺炎对全球价值链的冲击主要通过三个途径。一是“关联效应”，即一国发生严重疫情将影响向其他国家出口中间品（前向关联），以及从其他国家进口中间品（后向关联）。一旦全球价值链断裂，每个国家都要承受供给冲击或需求冲击。二是“牛鞭效应”，由于处在价值链上游的供应商往往维持比其下游厂商更高的库存水平，因此疫情所导致的下游需求萎缩将通过乘数效应放大到上游供给，从而导致更严重的混乱与波动。三是“二元边际”效应，即新冠肺炎冲击将主要影响贸易的规模与数量（集约边际），而对贸易的种类与市场（广延边际）影响相对较小。

新冠肺炎对全球价值链的冲击程度取决于疫情的发展情况、市场的反应、各国救助刺激政策与国际合作。从全球价值链的产业与国别特征来看，新冠肺炎冲击在不同行业和国家不尽相同。复杂GVC（全球价值链）生产比简单GVC生产受冲击更为严重，因为前者涉及中间品贸易在全球的多次跨境，因此，电子通讯、交通运输设备、精密仪器等技术复杂产品的制造行业受到的冲击最严重。此外，新冠肺炎的冲击，对制造型行业与国家以后向关联为主，对资源型行业和国家以前向关联为主，对创新型行业和国家来说两种兼而有之。从全球价值链的地理分布来看，短期内区域价值链的中心国家受到冲击最大，如亚洲的中国、欧洲的德国和北美洲的美国。作为全球最大的中间品进出口贸易国，中国逐步复工生产对稳定全球价值链具有重要的积极向好意义。

从中长期看，此次新冠肺炎冲击可能会重现或加剧价值链“国内化”的趋势。数字经济将通过数字化服务贸易与智能制造得到进一步发展，这同时也可以部分抵消制造业价值链“去全球化”带来的影响。此外，加强高效和安全的全球供应链管理将成为在国际、国家和企业层面上的一个重要问题。

湖南大学研究生院院长张亚斌教授指出，新冠肺炎疫情对贸易的冲击，类似于新冠病毒对人体的冲击。如果人体没有大的基础性疾病，病毒的影响就小，反之则很大。反观当今世界经济与贸易，是存在不少基础性“疾病”的，如产能过剩、动能不足、结构固化等，对于外来冲击的“免疫力”就比较差，再加上主要经济体在疫情应对政策方面尚未表现出积极协同的趋向。因此，我的预期并不太乐观。

新冠肺炎疫情不仅会在短期导致国际贸易总量下挫，甚至会在中长期导致国际贸易格局嬗变。受新冠肺炎疫情冲击最大的是全球价值链。一方面，疫情倒逼各主要经济体加快实现价值链的本土化；另一方面，有些国家也想借疫情冲击之机推动产业链回归。这都有可能导致旧的全球价值链瓦解及新的全球价值链重构，国际贸易格局因而可能发生重大改变。如果疫情持续加重，各主要经济体面临经济增长与社会就业的压力，会更加倾向于贸易保护主义。更坏的结果是，民粹主义、种族歧视、意识形态与文化对立，导致各主要国家的应对政策不是相向而行，而是背道而驰。

基于以上分析，我国在近期的贸易政策选择上，应进一步强化与友好国家在防控疫情方面的合作，并与外贸发展结合起来，针对重点产品、重点地区扩大出口；大力发展跨境电商，通过网上交易会、博览会、洽谈会等形式拓展贸易业务；对外向型企业进行有效扶持与救济，帮助这些企业渡过难关。长期来看，我国应更积极地寻求贸易政策与产业政策的联动，加速推进区域性全球价值链的重构。我国具有产业体系齐全、市场体量巨大、基础设施健全和物流体系发达等优势，本身也是全球价值链的中心之一，这有利于我国构建区域性全球价值链。我们之所以需要国际贸易，是因为国际贸易可以优化资源配置，提升规模经济，产生竞争效应；可以深化专业分工，产生技术外溢，促进技术进步；可以增加总需求，促进经济增长与社会就业。在过去的 40 多年，我国确实从经济全球化中获益颇多，但这种获益主要是遵从上述路径由我国改革开放内生出来的，因此，我国既要坚定维护并推进经济全球化，也要在贸易保护主义面前保持应有的自信与定力；既要努力做到稳外贸，也不必不惜代价、得不偿失地盲目扩大出口。

复旦大学文科处副处长、经济学院罗长远教授指出，全球资本流动环境面临四个冲击。第一，资本来源地和目的地都是现在疫情的震中，市场不确定性陡增。新冠疫情产生的市场不确定性和政策不确定性都是前所未有。第二，短期资本和长期资本均受到冲击。1997 年和 2008 年的金融危机受到冲击的主要是短期资本，但此次疫情首先影响的是实体经济，短期资本和长期资本（即直接投资）都受到较大冲击。第三，发达国家的双向保护主义。主要表现在发达国家同时限制资本输出与输入，尤其针对中国资本流入的限制和针对商品流动的贸易保护。第四，全球垂直专业化分工接近极限。主要表现在发达国家准备对“微笑曲线”全产业链“通吃”、中国已经是中间品来源高地及越南、印度等国吸引外资能力尚无法与中国媲美。

在我看来，资本流动前景具有三个趋势。第一，预计全球投资将步入低谷。针对资本流入，我国需调整依赖外资的发展思路，从聚焦外资转移到聚焦国内资本上来；针对资本流出，疫情对我国经济造成较大冲击，不宜在此时进行大规模资本输出。第二，美欧自顾不暇。根据当前疫情对美国的冲击影响以及美国政府的立场，预计中美之间双向投资不容乐观。同时，欧盟对来自我国的资本限制逐渐增多，但对于扩大对我国投资仍抱有期待。第三，东亚地区机会犹存。与欧美相比，当前我国最稳定的外资来源地和对外投资目的地仍然是东亚。

因此，疫情冲击下的中国方案建议借鉴美墨加自由贸易协定（USMCA），加快推进中日韩自贸协定，并学习西欧“空客”模式，促进东亚合作产业发展。

广东外语外贸大学广东国际战略研究院孙楚仁教授指出，疫情暴发不是恶化而是改善了中美双边政治关系和经贸关系，疫情暴发降低了中美冲突，促进了双边合作，特别是促进了双边经贸合作。这是因为：第一，在两国经济和人民安全受到威胁的特殊时期，中美都需要对方的支持；第二，在医学和生物学领域中美之间需要进行合作研究，例如基因组测序、流行病研究的数据交换和诊断、公共卫生措施领域合作以及生物医学研究领域中的基础研究和转化合作研究等；第三，疫情全球传播带来的抗疫困难，欠发达国家对援助需求增加，在多边交流和贸易受阻、全球价值链受到威胁之际，中美两国精诚合作非常有战略意义，可以在一定程度上避免疫情复合危机进一步复杂化、长期化。

复旦大学经济学院副院长田素华教授指出，新冠肺炎疫情对美国经济影响至少有四个方面。第一，需求端受到结构性冲击。第二，企业大面积停工停产。第三，劳动失业迅速增加。第四，资本市场剧烈震荡。对此，美国采取了相应政策，但这些措施面临诸多困难：第一，推出三轮经济刺激，但居高不下的财政赤字率加剧了美债危机风险，且与美国自由市场的经济风格相悖。第二,重启量化宽松货币政策,但实施过于匆忙,约束货币宽松的客观条件使其成效有限。

就此来看,美国经济严重依赖国际市场,会有选择地扩大进口,对贸易伙伴国实施差别化贸易政策;对必需品降低进口关税,对可替代品提高进口关税,以弥补财政赤字和保护本国企业。美国比其他国家更需要全球经济,频繁"退群"只是以守为攻策略,美国不会轻易放弃由其自身主导的全球治理模式。第一,美国财政政策面临债务危机压力,货币政策作用空间有限,美国会倚重对外贸易政策并继续主导全球治理。第二,单纯的贸易、投资、金融全球化必须有经济治理全球化和经济以外领域的政治、文化、公共卫生防控全球化等作为保障。加强现有国际组织改革,提倡国家间群防群控,各国共同担负全球事务责任,才有可能尽快恢复世界经济常态。短期内新冠肺炎疫情会使商品供应短缺、劳动失业增加、工厂大量关闭,长期则会成为人类社会重构全球化的新动力。

吉林大学经济学院副院长丁一兵教授指出,首先,疫情作为外生冲击在短期内对全球经济,尤其是贸易的发展造成了相当程度的负面影响。尽管许多机构预计2021年全球经贸增长会出现明显反弹,但反弹时间和程度仍要取决于疫情发展情况。具体就全球价值链体系而言,第一,虽然暂时性的冲击已经形成,但相对中长期时间内全球价值链在结构性特征不变的情况下明显收缩的可能性很小;第二,虽然价值链分工本身具有一定程度的区域化、集团化特征,但全球价值链分割为几个独立性较强的体系也并不容易;第三,全球价值链的空间结构和内容结构仍会继续变化,会出现某种程度的价值链转移和重构,但是否造成明显的长期结构性变化仍有待观察。从受影响程度看,国际化程度越高、生产链条越长、价值链空间分布越分散,受负面冲击的影响会越大。这也意味着未来企业在价值链安排上将综合考虑降低成本和控制风险的不同需求。

就国家层面而言,美、中、德作为价值链网络的枢纽国家,受疫情冲击相对更大。中国作为价值链中主要提供中间产品、中下游产品的国家,由于受到下游需求和上游供给两方面影响,相比主要提供最终需求与主要提供上游产品的国家,在此次疫情冲击中其供给变化的对外影响与受到的外部影响都更加明显。同时,由于中国在大国中增长表现更加突出,对外依存度也相对更高,更需要弱化外生负面冲击的影响。从产业层面看,中国GVC参与度较高的产业主要是电子、化工、机械和一些传统劳动密集型产业,其中多数生产链条长、国际化和分散化程度高。考虑到中国作为东亚价值链网络枢纽的地位,以及维持就业、收入分配和外资相对稳定的需求,中国目前有充分的理由大力维护多边经贸体系与多边合作平台、维护自由贸易与全球价值链的稳定运转。

要判断疫情的中长期影响及全球价值链的长期发展趋势,首先要明确在疫情之前全球价值链是否已经出现长期结构性变化。在对现阶段全球分工模式与价值链中长期变化做出准确的事实判断的基础上,才有条件对中国的国际分工地位、贸易利得、就业和收入分配的未来趋势进行正确的事实判断乃至价值判断。

武汉大学经济与管理学院副院长余振教授指出,我们从存量、增量、变量的"三量分析框架"分析当今的世界格局。存量即经济全球化,目前"逆全球化"回潮,民粹主义和贸易保护主义抬头,大国博弈加剧,给经济全球化带来困境;增量即技术进步,它促成了全球生产网络的形成和国际分工体系的构建,是世界经济格局演变的基本动力。未来随着大数据、物联网等前沿技术的普及和商业化,技术的重要性将达到空前高度;变量是本次疫情,IMF 发布的《世界经济展望报告》显示,预计 2020 年全球 GDP 增长将萎缩 3%。总之,世界经济格局显现多极化与不确定性态势,经济总量南升北降,新兴国家货币崛起,发展中国家工业化成果显著,疫情之下需求、供给、债务和政治的不确定性显著增强。

价值链上的催化效应和全球化的混合效应弱化了"贸易压舱石"的作用继而带来对贸易的长期冲击,甚至引申到对经贸规则的主导权之争,中美关系依然远虑和近忧并存。对此,中国应采取坚持开放,参与治理,自我调整的应对策略。中国是多边主义和自由贸易的坚定维护者,坚持协商一致原则,尊重成员各自的发展模式;中国也是全球贸易公共品的积极提供者,在电子商务、投资便利化、中小微企业以及数字主权等问题上积极贡献中国方案;中国也十分重视区域经济合作,未来将依托"一带一路",加快推动 RCEP 和中日韩自贸区建设。中美贸易之战具有长期性,未来中美摩擦会向更多领域蔓延,应做好充足准备,并应该就战略性问题加强沟通,增进相互了解,推动中美经贸合作和两国关系健康稳定向前发展。

上海大学悉尼工商学院院长吕康娟教授指出,此次疫情对不同行业造成了不同程度的影响。对服务业来说,从时间上对比,现在我国服务业产值占 GDP 比重超过 50%,大于 2003 年的 40%,所以疫情对服务业造成的影响大于 2003 年的 SARS;从空间上对比,美国服务业产值占 GDP 比重约 80%,所以疫情对美国服务业的影响也远大于对中国服务业;从服务业内部结构对比,我国服务业中生产生活性服务比较多,而美国的娱乐产业占服务业比重较大,美国的服务业分支在中国人的消费领域中占比非常小。这说明不同经济体服务业内部结构不同,新冠肺炎疫情对服务业的影响也不尽相同。

对制造业来说,从国内视角来看,我国制造业产值占 GDP 约 30%,疫情使中小微企业、国有企业都损失惨重,虽然国家给予了企业一些税费减免,但作用有限,并且未来的损失是未知的,具有很大不确定性。绝大部分制造业受到了致命打击,在疫情期间能够成功转型的企业是极少数的。从全球视角来看,疫情期间全球价值链的断裂以及美国制造业回流都释放出逆全球化信号,未来系统性影响未知。

对金融行业来说,疫情对开放型金融体系冲击强烈,向世界传导的风险非常大。我国应警惕美国无限量化宽松政策给金融市场带来短期资本流动性冲击,和因流动性泛滥导致的通货膨胀与失业率高涨导致的滞胀。

尽管本次疫情对经济的冲击非常大,但我国经济的长期向好趋势不会变,希望我国能有效拉动内需,利用好我国市场实现稳定的经济复苏。此外,本次疫情从侧面反映出数字化和智慧化的公共管理会是很大的增长点。因此,我们应当顺应信息化的时代浪潮,尽最大可能实现信息化发展,企业之间实现共赢。

上海大学管理学院院长镇璐教授指出,新冠疫情对商科专业的影响,大体可分为以下几个学科:对于工商管理,需要思考如何构建韧性企业以应对外部事件的冲击,迅速适应商业模式和行业结构的改变,并从变革中抓住机遇,部署企业的未来变革。不仅要学习传统企业管理理论,也要关注企业在极端环境下的生死存亡。企业可以把国家的需求与企业的自身发展相结合寻求生存，或实现企业的改革和创新，利用好人工智能、大数据等等新技术。

对于工程管理，未来可与新技术结合推动工程管理行业向更加高效、透明、负责的范式转变，并改变工程管理的运作模式。对于人力资源管理，要根据不同的企业类型思考人力资源管理的变革。对于劳动密集型企业引入机器人，对高科技行业采用弹性工作制，对需要消费者聚集的行业可搭建网络平台开展业务。另外，还要顾及对员工的心理辅导和特殊时期企业的金融管理问题。

对于物流管理，提出了更多应用场景的要求，无人化、少人化的物流场景将会有较大的发展。未来透明可控的数字化物流信息平台将会成为企业建设物流管理机制的必备内容。另外，物流设施的共用性、通用性会成为焦点，对多种业务的兼容性和对紧急业务的包容性是物流行业未来的发展点。

对于信息管理，受疫情影响利好因素比较多的行业。未来，社会的基础功能将全面实现线上化，国民信息化技术将得到提升；无人化商业模式会迎来发展良机；流通行业也会实现数字化升级，许多社会职能的实现也将应用数字化。

对于管理科学，应该思考如何从系统工程的角度应对公共卫生危机背景下的复工复产和统筹管理，结合新技术做出可执行并可复制、可推广、可评估的复工复产平台。

上海大学 MBA 中心主任孟添博士指出，从经济层面来讲，面对本次突发的全球疫情与经济危机，欧美与中国政府出台的应对政策力度较大。总体上感觉，目前的货币政策，有的放矢，较有成效。虽然国内疫情已取得阶段性胜利，但中国作为全球供应链的一部分仍可能会面对较大负面影响，产业面临的风险还未显现开来，目前无法预测，要做好充分准备与尽可能的调查。拉动经济的三驾马车中，眼下只有拉动内需是促进经济复苏的最好办法。以消费券为例，这种财政补贴政策目前学界对它的作用评价褒贬不一。与 1—2 月全国消费受损量看，这次将消费券与金融科技相结合，即利用第三方支付平台发放优惠券，不仅提高了实施效率，还可以提高发放过程的透明性、公平性与针对性，并可以更好地评估发放消费券带来的经济拉动效应，量化评估政策影响。但消费券仅是刺激消费的启动键，起到初始带动作用，并不能长期带动消费，只是短期强刺激。长期还是需要政府在供给端降费减税，补贴企业，控制失业率，从而稳定消费。

从管理层面来看，从企业的本质出发，在本次疫情中企业“创造与满足顾客需求”的基本商业逻辑并没有改。总体上，中小企业受到很大冲击，但也能看到一些亮点与创新。如受疫情影响巨大的餐饮业，一些火锅店跟随顾客需求的变化开拓了火锅外卖业务的新市场，成功转型；疫情对教育行业也有颠覆性影响，几乎改变了全国大多数老师的教学方式与对在线教学的认知，这种方式可能在疫情过后会继续延续。

“黑天鹅”的到来似乎帮助我们认清行业中一直未去正视的“灰犀牛”，让我们学会正视改变，敢于舍弃既得利益，以开放的心态去适应改变，拥抱变化，寻找机会，不断创新。

第六届“中国经济与世界经济对话”高层论坛在上海举行

6 月 5 日,由上海市经济学会和上海市世界经济学会共同主办的第六届“中国经济与世界经济对话”高层论坛在上海举行,本次论坛主题为“新冠疫情下的挑战与对策”,来自上海的世界经济研究专家围绕后疫情时期中国经济与世界经济的应对,发表观点和意见。

上海市世界经济学会会长张幼文研究员认为此次疫情深刻改变了世界经济与中国经济的关系,要素投入型增长模式的外部拉动力将减弱,中国应该加快 5G 网络基础设施建设,依托新内涵下的“人口红利”,即人口规模优势将中国经济迅速推至数字经济前沿,以释放新增内部推动力。中国的经济发展战略也应充分利用人口规模优势来促进产业及产品创新。疫后 5 年内,全球供应链重构将遵循风险最小化原则,呈现供应链本土化、出口地多样化特征。5 年后若无其他重大冲击,全球供应链构建才会遵循成本最低化原则。疫后 5 年内世界贸易结构是次优化配置,5 年后才可能恢复常态。各国的贸易保护主义将导致成本寻求型外资减少,美国将继续打压中国高技术领域以维持其技术和战略优势。中国未来的引资战略要以国内经济整体配套能力和市场规模为引资新优势,以市场寻求型外资为引资新目标。中国未来的对外投资战略则要以获得国外资源和扩大出口为目的,并兼顾国内经济长期可持续发展目标。全球化的新环境要求中国主动构建全球价值链以实现更多样化的开放模式。新的开放战略应以国内大循环为主,即通过国内经济体制改革来服务于开放战略,并重视国内、国际大循环之间的互动。

复旦大学经济学院袁志刚教授认为疫情冲击下,世界主要经济体呈现低增长、低通胀和低利率的日本化趋势。该现象背后的深层矛盾是全球产能过剩,收入差距扩大和严峻的老龄化。世界经济已充满进一步增长的矛盾和陷阱。目前中美经济关系正在从“中美利坚”的正和博弈阶段趋向“中美部分脱钩”的零和博弈阶段。未来既要避免“修昔底德陷阱”也要避免“金特尔伯格陷阱”。双方应珍惜中美贸易谈判第一阶段成果。中国需不断深化本国改革开放,并最大程度拓展中美关系中正和博弈的空间,避免或缩小零和博弈空间。美国必须正视中国的崛起。共建在主权国家差异基础上的现实主义全球政治经济架构是最好的选择。

复旦大学经济学院华民教授认为,发达国家间的同质性是“二战”后国际经济治理体系维持可协调的失衡之基础。随着发展中国家融入全球化,各国间经济增长不断趋同,但发达国家与发展中国家之间的制度异质性依旧存在,这导致失衡的协调成本不断提高、国际监管机构功能失效，失衡逐渐演变成博弈。大国博弈的后果是原来的凯恩斯体系崩溃，新体系却无法建立。这必然引起国家之间、民族之间的冲突。一个分裂和冲突的世界不会繁荣，民粹主义、文明的冲突已经上演，经济衰退只是其前奏。两次世界大战、东西方的冷战，让人类承担了巨大的成本。修昔底德之争是人类最愚蠢的选择，我们必须找到和平正向激励之路。

上海社会科学院副院长干春晖教授认为疫情加剧了大国间博弈和地缘政治冲突，中美关系以及中国与世界的关系将发生实质性变化，新的国际秩序可能正在形成。疫后产业链布局将稍牺牲效率和利润而更关注稳定和安全，产业链布局会近岸化、区域化。预计未来中国的亚洲跨国公司总部功能会增强。中国将凭借生产的集群优势、完备分工体系的优势而占领产业制高点。中产阶层队伍的扩大，新基建的实施都有利于这些优势的发挥。疫情背景下以数字经济为特征的产业异军突起，通信技术使联通性产业迅猛发展，这有可能改变传统理论中第三产业效率低下的特征，并促进中国经济结构优化。疫情加速了产业痛点暴露，迫使企业数字化运作，打通产业间低效率联系领域，推动中国经济转型升级。

上海交通大学安泰经济与管理学院潘英丽教授认为各种冲突加剧了全球经济不平衡，世界经济有可能进入慢性萧条阶段，中国经济也受到下行压力。所以在对外投资时要充分评估投资环境等因素。中国的经济转型任务急迫且艰巨，结构优化和市场化内涵下的经济转型关键点是培育高效率的企业组织。未来利用外资的目标应指向易于催生高效率企业组织的生态环境。政府要主动从管理型政府转向提供公共服务型政府，以维护市场秩序为目标。建议以税制改革为突破口来推动政府转型，使税制向自然人倾斜，引导政府职能目标从招商引资转向城市宜居度、吸引高收入人才等。可以尝试将GDP总量指标改为人均指标并引入第三方评估。唯有以市场需求为导向，以高效率的企业组织为核心，以政府职能目标转变为突破口，方能不断深化体制改革，切实推动中国经济转型升级。

上海对外经贸大学国际经贸学院院长黄建忠教授认为目前全球化处在“熔断”时刻，世界经济周期可能进入大萧条阶段。存量层面全球化处于总体平行和部分结构交互状态，增量层面则是全面脱钩状态。未来全球化将呈现碎片化、区域化和结构化状态。以科技革命和产业革命为代表战略机遇期面临巨大变数。疫情作用下没有全球化背景的产业革命和技术发展有可能是“双刃剑”，未来的战略机遇期重塑的特点是结构主义时代，需要打破“不可能三角”。中国要坚持改革开放，稳定中美关系，积极参与世界秩序的改革重构。建议我们用扩大开放实现工业4.0基础上的科技普惠性回归，主动构建具有链主地位的安全且稳定的供应链，以尽力延续战略机遇期并寻找机会。

华东师范大学经济学院院长殷德生教授认为全球产业链格局呈现典型的区域化特征，世界产业链呈美、中、德三足鼎立格局，城市群驱动下的中国产业链也呈区域化特征。中心分别是京津冀、长三角、粤港澳大湾区以及成都和重庆。从需求端来看中国与以中日韩为核心的东盟经济网络密切联系，并且该网络自我循环完整，但中国还处于该网络的中下游。中国的数字化人才和数字化产业的关键领域都聚集在数字融合化程度遥遥领先的几大城市群。建议以中日韩为核心的东盟经济网络和以北上广三大城市群为支点，聚焦跨境数字贸易领域，加速中国在产业链数字化领域的发展。中国应高度重视市场规模与数字贸易规则的主导权，将产业链的数字化作为中国从东亚区域产业链走向全球产业链的桥头堡，并围绕此设计开放战略。

上海财经大学科研处处长靳玉英教授认为次贷危机前全球化进程就已出现停滞，现在的产业链重构是之前经济全球化失衡的结果，疫情并非关键因素。2018 年中国制造业产出超过美国、德国和日本的总和。疫情凸显了产业链低端产品的重要性，促使各国重新审视产业安全。未来世界与中国在制造业领域的竞争将愈发激烈，全球价值链将呈现本地化、邻近化和多元化特征。情景分析表明外循环不好时可通过扩大内需的方式来应对，建议从营商环境、全面深化开放等方面发力。

上海市集体经济研究会召开第七届会员代表大会

8 月 13 日，上海市集体经济研究会召开第七届会员代表大会，进行换届选举。上海市社联党组成员、专职副主席任小文到会并讲话。

任小文在讲话中肯定了研究会理事会的工作，对研究会顺利完成换届表示祝贺，希望研究会在未来的工作中能围绕重大时间节点、围绕重大任务开展形式多样的课题研究和决策咨询服务。

大会审议并通过了学会第六届理事会工作报告、财务报告和新的章程，选举产生了新一届学会理事会和监事。在随后召开的第七届理事会第一次会议上，与会理事选举产生了新一届学会领导班子，关坚韧为会长，范杰、马艳、傅尔基、张桂珠、苏雪明、赵东升为副会长，苏雪明为秘书长。

尹晨作题为"'双循环'的新要求与自贸试验区的新动力"的发言

9 月 18 日，上海市社会科学界联合会第十四届（2020）学会学术活动月开幕式暨会长论坛在上海社会科学会堂举行，复旦大学社会发展与公共政策学院党委书记、上海自贸区综合研究院秘书长尹晨以"'双循环'的新要求与自贸试验区的新动力"为题发言，以下为发言内容。

最近一段时间，构建以国内大循环为主体、国内国际双循环相互促进的新发展格局成为各界关注的焦点，也是学界面临的一项重要研究课题。如何理解"双循环"新发展格局的重要意义？"双循环"新发展格局会带来哪些新的要求？它对自贸试验区意味着什么？自贸试验区如何做好对接？今天的演讲，我就围绕上述问题和大家分享一下个人的思考。

一、"双循环"新发展格局的重要意义

要理解"双循环"新发展格局的重要意义，就必须认识到目前我们遇到的很多问题是中长期的，必须从持久战的角度加以认识。当前中国处于近代以来最好的发展时期，但与此同时，世界正处于百年未有之大变局，两者同步交织、相互激荡。全球化是历史潮流，但目前也遭遇逆全球化思潮，单边主义、保护主义抬头。中美大国战略博弈全面加剧，国际体系和国际秩序面临深度调整。国际大循环动能明显减弱，中国传统的"两头在外、大进大出"的发展模式难以为继；国内大循环活力日益强劲，超大规模内需市场已经成为中国经济发展的显著比较优势和强大的发展韧劲所在，孕育着巨大的潜力与活力。

上述背景表明，构建新发展格局是以习近平同志为核心的党中央根据我国发展阶段、环境、条件变化作出的战略决策，是事关全局的系统性深层次变革。它不是权宜之计，也不是短期之策，更不是被动之举，而是适应我国经济发展阶段和社会主要矛盾转变、着眼我国长远发展的主动选择。构建新发展格局，不但为"十四五"期间的国家发展，也为今后相当长一段时间内中国经济行稳致远、实现高质量发展提供了根本遵循。

二、"双循环"涉及"内外"，但重点是"循环"

中央提出构建新发展格局已有一段时间，但是我发现，仍然有相当一部分人对于新发展格局的理解存在偏差。在我看来，"双循环"涉及"内外"，但重点是"循环"。我理解的"双循环"，不仅包括产品市场的充分循环，还包括要素市场和服务市场的充分循环。而目

前，后两个市场的充分循环还是短板。要素市场循环和服务市场循环的“补短板”将成为“双循环”的必然要求。

从促进要素市场循环来看，除了建立和完善传统的土地、劳动力、资本、技术等要素市场，还要大力建立和发展第五个要素市场——数据要素市场。促进土地市场循环，需要建立健全城乡统一的建设用地市场，探索建立全国性的建设用地、补充耕地指标跨区域交易机制。促进劳动力市场循环，除了深化户籍制度改革、畅通劳动力和人才社会性流动渠道等外，还需要在传统人口红利减退的情况下，大力推进人才红利的涌现。促进资本市场循环，重点在于建设多层次、开放型、直接融资与间接融资相结合的金融市场，增加有效金融服务供给。促进技术市场循环，要顺应中国从技术引进向技术创新转变的大势，要构建有利于激励、保护自主创新、技术转移、技术应用和国际科技创新合作的体制机制。促进数据市场循环，则要加速培育数据要素市场，促进数据开放共享、数据资产化、数据交易、数字内容生产和数据有序流动。

从推动服务市场循环来看，党的十九大提出当前社会的主要矛盾已经转化为人民日益增长的美好生活需要和不平衡不充分的发展之间的矛盾，服务业，尤其是教育、医疗、养老、公共卫生等服务业发展离人民的需求还有不小差距。服务经济在“十三五”期间发展迅速，在疫情防控期间更是爆发出蓬勃活力，但总体发展潜力仍然巨大。根据中信银行(国际)有限公司的测算，2019 年我国商品进出口总额占全球商品贸易总额的 12.1%，但同期服务进出口总额仅占全球服务贸易总额的 6.6%。

促进循环不仅仅局限在流通环节，而是要打通生产、消费、流通、分配等所有环节。促进循环，就需要打破阻碍循环的垄断，打破阻碍循环的内外、地区、行业及层级壁垒，清理废除妨碍统一市场和公平竞争的各种规定和做法，大幅降低制度性交易成本，建设统一、竞争、有序、开放的大市场。而现在即便是在开放度最高的自贸试验区，也仍然存在“蜂窝煤”、碎片化、“孤岛”化等现象，一体化市场建设仍然任重道远。长三角一体化、京津冀协同发展、粤港澳大湾区建设，以及建设自由贸易港，都是先行先试、积极探索实现超大市场自由流动和有效循环的新路径。

“以国内大循环为主体”，要求进一步培育和发展内需，进一步发挥超大规模市场的潜力，进一步推进供给侧结构性改革，进一步激发市场主体的活力。受新冠疫情冲击，全球产业链、供应链和价值链的重心从过去的单纯追求效率，变成兼顾安全、稳定和繁荣。中国需要依托超大规模市场和完备产业体系，创造有利于核心技术自主创新、快速大规模应用和迭代升级的环境和制度优势，解决“卡脖子”的关键技术问题，把关键核心技术牢牢掌握在自己手里，构建满足“以国内大循环为主体”要求的技术和产业体系。

“国内国际双循环相互促进”，要求面对全球化的逆风和回头浪，中国要坚定不移扩大对外开放，构建更高水平的对外开放新格局。什么是更高水平的对外开放新格局？在我看来，这意味着要形成陆海内外联动、东西双向互济的全面开放格局；要在制造业基本开放的基础上，进一步扩大服务业的开放；要加快双向开放，资本流动不但要“引进来”，还要“走出去”，对外贸易不但要扩大出口，还要扩大进口；要通过进一步扩大开放和促进国际合作，强化中国在全球价值链的中心节点位置，提升中国全球核心要素的配置能力；要推进制度型开放，不但要推动更多的双边和多边经贸协定的签订和落实，还要积极参与国际经济治理体系的完善和规则体系的构建；要以问题导向推进系统集成的开放，切实提高市场主体的获得感，促进整体营商环境的改善和提升。

习近平总书记说："狂风骤雨可以掀翻小池塘，但不能掀翻大海。"我觉得这句话很精辟，也很深刻。通过构建新发展格局，中国经济可以获得更大的韧性和更多的发展空间，这有利于我们形成新型全球化的浩瀚大海。

三、"双循环"给自贸试验区发展带来新目标和新动力

上面，我主要讲了构建新发展格局的背景、意义和新要求。接下来，我想结合自贸试验区来谈一下具体我们该怎么做。大家都知道，自贸试验区承担了国家任务，是为国家全面深化改革和进一步扩大开放探索新路径、积累新经验的综合性试验区域，是改革的掘进机、开放的破冰船。

不管是从 2013 年 9 月开始运行的上海自贸试验区，还是刚运行满一年的江苏、河北、云南、黑龙江、山东、广西等自贸试验区，所有的自贸试验区都干劲十足，只争朝夕。但事物发展有其自身规律，当前尤其需要注意的是，自贸试验区建设要避免"极点"效应。所谓"极点"效应，是耐力运动中常出现的一种不适症状。如果以短跑的状态跑长跑，在 300 米后就会出现两腿发软、全身乏力、呼吸困难等不适感，这种生理现象称为"极点"。这时跑者需要调整状态，坚定目标，调整呼吸和步伐，挺过"极点"，才能顺利完成后面的长跑。

从国家战略来看，自贸试验区建设是中长跑，不是短跑。如果以冲刺心态、达标心态建设自贸试验区，将不可避免出现"极点效应"，热情消退、后续乏力。因此，自贸试验区建设需要与时俱进、行稳致远，需要有持久的目标和动力。

2013 年以来，对标国际最高标准、对接服务国家重大战略、促进高质量发展、探索建设具有中国特色的自由贸易港等，都为自贸试验区的持续发展源源不断地提供了新目标和新动力。而"双循环"新发展格局则为新时期自贸试验区的发展提供了系统化的、最新的强大动力。

四、自贸试验区如何对接"双循环"新发展格局

那么，自贸试验区如何对接"双循环"新发展格局呢？

首先，自贸试验区要进一步加强主动探索。

"双循环"新发展格局是事关全局的系统性深层次变革，内涵非常丰富。形成新发展格局除了面上推进，在重点领域仍然可以沿着改革开放的经验路径，即"顶层设计＋基层探索＋锦标赛机制"的路径突破。自贸试验区应该在"双循环"的顶层设计下，更大范围地在重点领域、难点领域、痛点领域"大胆闯、大胆试、自主改"，为"双循环"探出新路、积累经验。

自贸试验区应进一步加大差别化探索。除了投资、贸易、金融、政府职能等"规定动作"以外，可以根据各自贸试验区的实际情况和特点，各有侧重地进行推进。通过主动对接服务"双循环"新发展格局，结合自身特点和优势，主动探索更多"自选动作"的先行

先试。

已有的自贸试验区在条件符合的情况下，可以有序进一步扩区。扩区的主要目的是提高自贸试验区承担探索任务的试验承载能力，能有更大的空间、更加充足的资源、更多的市场主体进行制度创新、技术创新、产业创新和功能提升。扩区是为了提高自贸试验区的行政层级，有效承接和落实十九大提出的“赋予自贸试验区更大的改革自主权”。扩区是为了克服已有的自贸试验区片区狭小、分散、碎片化的问题，在一个整体连片的完整行政地域内探索系统集成的创新，从而更好地发挥自贸试验区的辐射带动作用。

其次，自贸试验区要围绕“双循环”新发展格局开展制度创新。

自贸试验区的制度创新与“双循环”的新要求高度契合，核心都是促进循环，促进市场化的资源配置。自贸试验区要加大力度，制度创新的重点要从市场配置和循环的便利化向自由化升级。目前上海自贸试验区临港新片区和海南自由贸易港走在探索“自由化”的前列，已经初步形成了“5＋1＋2＋1”的制度创新框架。具体来说，就是促进投资自由、贸易自由、资金自由、运输自由、人员从业自由，促进数据安全有序流动，建设具有国际竞争力的税收制度和全面风险管理制度，打造适应“自由化”的法律法规体系。下一步，上海自贸试验区临港新片区和海南自由贸易港要抓紧细化和落实体制机制创新，以“五个自由＋一个流动”为突破，推动更大范围、更深层次、更高水平产品市场、要素市场和服务市场的自由流动和循环，并形成可复制可推广的经验。其他的自贸试验区也应结合各自特色和优势，在促进市场配置和循环的自由化方面大胆探索，争取形成首创性的制度创新成果。

自贸试验区的制度创新不能为创新而创新，而是要以制度创新和政策供给来加速建设具有国际竞争力的开放型产业体系和经济功能。自贸试验区要率先聚焦“牵一发而动全身”的关键环节，以“坦克开路”的方式，摧枯拉朽地突破阻碍流动和循环的障碍和藩篱。“特斯拉速度”就是一个典型案例。2018 年 6 月 28 日，国家发改委和商务部发布《外商投资准入特别管理措施（负面清单）》，取消了新能源汽车整车制造的外资股比限制；7 月 10 日，特斯拉与上海临港管委会、临港集团签署了协议，在临港地区独资建设特斯拉超级工厂；2019 年 1 月 7 日，特斯拉超级工厂奠基；12 月 30 日，首批国产特斯拉汽车正式交付。下一步，自贸试验区应全面复制推广特斯拉审批模式和服务模式，让“特斯拉速度”成为常态速度、标准速度。

自贸试验区要积极探索“双自联动（自贸试验区＋自主创新示范区）”的升级版，以系统集成的制度创新和政策供给，促进集成电路、生物医药、数字经济、智能制造等核心产业的发展，解决“卡脖子”的核心关键环节，培育一批把关键核心技术牢牢掌握在自己手里的企业，占据新一轮国际竞争合作的制高点。

自贸试验区可以以相互间的联动协同发展，进一步对接服务京津冀协同发展、长三角一体化发展、粤港澳大湾区建设、长江经济带建设等国家战略，打造世界级的城市群和都市圈，打造新发展格局的增长极。

第三，自贸试验区要建设成为“国内国际双循环相互促进”的重要连接点。

自贸试验区具备成为“国内国际双循环相互促进”重要连接点的天然优势，也承担着建设“双循环”重要连接点的重要使命。比如，习近平总书记就对上海自贸试验区临港新片区提出了“五个重要”的指示，即将临港新片区建设成为集聚海内外人才开展国际创新协同的重要基地、统筹发展在岸业务和离岸业务的重要枢纽、企业走出去发展壮大的重要跳板、更好利用两个市场两种资源的重要通道和参与国际经济治理的重要试验田。这一指示的核心精神实际上对所有自贸试验区都适用。

要把自贸试验区建设成为“双循环”的重要连接点，就需要在“双循环”产品市场、要素市场和服务市场集聚优势的基础上，进一步加强在“双循环”中的全球核心资源配置能力，进一步助力中国提升在全球产业链、供应链和价值链的中心节点地位。加强资源配置能力，就需要培育和发展全球化的资源配置主体，自主掌握关键核心资源，不断完善资源配置所需要的基础设施网络，同时提供国际化、市场化的制度型公共产品，形成难以撼动的功能性优势。

要把自贸试验区建设成为“双循环”的重要连接点，就需要对标国际经贸最高规则。当前，国际经贸规则的演变主要体现在从“边境”规则向“边境后”规则延伸，更多地体现为对整体治理体系和治理能力现代化的要求。因此，自贸试验区需要加大压力测试，先行先试投资、贸易、金融等治理体系和能力的现代化。同时，自贸试验区也要顺应趋势，大胆探索“巨系统”的社会治理体系和能力的现代化，大胆探索环境治理、创新治理等新的治理领域，推动治理体系和治理能力的现代化。目前越来越多的自贸试验区已经认识到这个问题的重要性。比如，2019 年 7 月海南自贸试验区就发布了“警保联控”社会治理新模式、创新精准政治监督模式、一体化大数据社会治理体系等 10 项社会治理类制度创新案例。

要把自贸试验区建设成为“双循环”的重要连接点，还需要以制度型公共产品的供给来加快经验的复制推广，同时为积极参与并完善全球治理作出贡献。自贸试验区需要进一步“大胆试、大胆闯、自主改”，同时也需要及时总结、归纳，将探索出的“双循环”经验提升为制度创新成果，将“珍珠”式的制度创新成果集成“项链”式的制度型公共产品，以满足经验复制推广的需要，满足国内规章制度、法律法规完善的需要，满足双边和多边谈判、“一带一路”政策沟通的需要，更要为中国积极参与乃至部分引领全球治理作出贡献。

上海市房产经济学会等举办“上海‘十四五’发展规划编制研究”论坛

9月24日，上海市房产经济学会、上海市城市经济学会、上海易居房地产研究院联合主办“上海‘十四五’发展规划编制研究论坛”。该论坛是上海市社联第十四届(2020)“学会学术活动月”的活动之一，由市房产经济学会副会长、秘书长忻一鸣主持。主办单位领导、会员代表100余人参加了论坛。

“十四五”规划编制涉及经济社会方方面面，同人民群众生活息息相关，社会关注度很高，需要切实把社会期盼、群众智慧、专家意见、基层经验吸收到“十四五”规划编制中来，确保“十四五”规划编制顺应人民意愿，符合人民所思所盼。会上，有6位专家学者围绕主题发表了演讲。

上海市房地产科学研究院严荣副院长以“关于住房发展‘十四五’规划几个重点问题的思考”为题发表演讲。他提到了编制过程中必须坚持的三个导向，即问题、需求、目标三个导向，同时，他还对完善住房发展政策体系、提高百姓居住品质等方面提出了建议。

上海市城乡建设和交通发展研究院袁钢院长演讲的题目是“‘十四五’上海城乡建设管理信息化创新思考”。他认为信息化管理是现代信息技术与先进的管理理念相融合，对改变传统管理方式，提升管理水平将发挥重大作用。他分析了国内外信息技术发展和应用的最新动向，提出了信息技术在城乡建设和管理方面的重点领域和主要应用场景，对提高上海城乡建设管理水平会发挥积极作用。

上海易居房地产研究院杨红旭副院长演讲的题目是“新加坡、香港、上海房价与住房状况比较与启示”。他通过对中国香港和新加坡的住房发展的对比分析，探究其背后原因，也分析了上海房地产发展现状，提出了租购并举，大力发展住房租赁市场、继续坚持“房住不炒”等五点政策建议。加深了我们对中国香港、新加坡房地产市场的了解，也对上海的房地产市场稳步发展提出了很好建议。

上海市物业管理事务中心彭晖副主任演讲的题目是“‘十四五’期间本市公房管理体制机制创新研究”。他回顾了本市公房管理的发展过程和基本现状，提出了党建引领、集团托底；条块结合、属地监管；问题导向、聚焦民生；居住自治、社区共治的加强公房管理的整理思路与对策建议。同时，他希望本市公房管理体制机制的研究工作是动态的，应该随着本市城市和房屋精细化管理工作的深入推进而持续跟进，其研究成果也应在工作实践中得到充分运用完善。

上海市房产经济学会金守祥副会长演讲的题目是“宝山区‘十四五’住房发展规划研究”。他回顾了宝山区“十三五”期间住房发展情况、存在的主要困难和问题，提出了“十四五”的指导思想、总体目标和具体任务，提出了拓展多元化的住房发展融资渠道、进一步完善住房发展的体制机制等多个目标措施，使我们对宝山区住房“十四五”期间的发展脉络有个初步的了解。

南房集团陈椰明董事长演讲的题目是“上海南房集团‘十四五’发展战略规划”。他根据集团的实际情况，以创新、与时俱进、奋发有为的工作思路，提出了南房集团“十四五”期间的发展规划。他的演讲，使我们进一步了解房地产企业发展的特点、发展的过程。

论坛以翔实的资料，科学的研究方法，提出了诸多新的工作思路和发展建议，对拓展研究思路，提升研究水平，为房地产业的健康发展，为城市建设管理部门的科学决策发挥积极作用。

上海生产力学会等举办“砥砺前行，推动浦东高水平改革开放——纪念浦东开发开放30周年”学术研讨会

9月25日，由上海生产力学会、上海市领导科学学会、上海社会科学普及研究会、上海科学社会主义学会等联合举办的“砥砺前行，推动浦东高水平改革开放——纪念浦东开发开放30周年”学术研讨会在北外滩航运服务中心隆重举行。研讨会是上海市社联第十四届学会学术活动月的项目之一。会议由上海生产力学会会长真虹主持。

上海交通大学教授，徐汇区人大原主任、党组书记陈高宏作“决策浦东开发开放的战略思考”主题发言。他认为决策浦东开发开放有三大支柱：一是政治大局的决策，浦东的开发开放是中国改革开放的一面旗帜；二是经济大局的决策，上海加工配套的能力较强，黄浦江两岸发展差异能够形成级差地租效应；三是时代大局的决策，在和平发展的时代背景下，浦东开发开放是战略机遇期的最佳选择。总结浦东开发开放的历史经验，既要理解其背后深刻的战略背景，又要坚定信念，坚持走改革开放的道路。

上海应用技术大学党委书记、上海市领导科学学会会长郭庆松作“加强浦东开发开放的前沿探索和前瞻布局”主题发言。他认为浦东作为先行者的先行者、排头兵的排头兵，应当在对标世界一流方面加强前沿探索和前瞻布局，争创世界一流。在重点领域、关键核心技术方面加强前沿探索和前瞻布局，借鉴美国芯片管控对华为等企业造成重创的经验教训，不断加大力度加强数字经济等产业的发展。在开发开放的路径上加强前沿探索和前瞻布局，不断探索适合浦东开发开放的体系、机构和制度。

上海社会科学院国家高端智库资深专家、上海生产力学会学术委员会副主任杨建文作“浦东开发开放的灵魂是创新”主题发言。浦东的开发开放是在现有体制下通过坚持“创新”形成的重大突破。浦东开发开放解决了三大问题，即城市体制改革、推进对外开放和应对西方国家制裁。浦东开发开放将国家战略作为使命，解决了浦东浦西的统筹关系。在今后的发展中，浦东开发开放更要明确战略定位，在上海“五个中心”建设中继续发挥作用，进一步开拓创新，探索发展道路。

上海市人民政府发展研究中心上海发展战略研究所所长、上海生产力学会副会长李显波作“浦东发展的动力”主题发言。他认为浦东发展的动力在于三张王牌，分别是体制机制的不断创新、多元包容的城市气质和进行国际合作的世界眼光。浦东开发开放的平台式运作已取得一定成效，未来应着重培养成长型的企业主体，提高内生创新能力。

浦东改革发展研究院综合经济研究室主任、上海生产力学会青年学者纪慰华作“上海自贸试验区、临港新片区与浦东新区联动发展”主题发言。她认为各个功能区的联动发展，包括经济功能和制度创新功能的联动发展，可以推动上海实现国家战略的要求。

上海科学社会主义学会副会长兼秘书长吴解生认为，在回顾、总结浦东开发开放30年所取得的巨大成就时，还需要充分认识到浦东在教育、医疗卫生、公共服务的基础设施、生态环境建设方面，尚存在进一步提升的空间。

上海生产力学会顾问、上海市人民政府发展研究中心原党组成员顾性泉研究员作为浦东开发开放的亲历者，回顾了记忆深刻的多个瞬间。他认为，浦东开发开放的成功与党中央的坚强领导和地方政府的锐意进取是分不开的。

上海市领导科学学会原会长、中国浦东干部学院原常务副院长奚洁人对研讨会进行了点评，他认为浦东开发开放的会议主题很有意义，制度和技术的创新都非常重要。上海生产力学会名誉会长、学术委员会主任、原《人民日报》副总编周瑞金认为对外开放倒逼国内改革，在“加快形成以国内大循环为主体、国内国际双循环相互促进的新发展格局”的进程中，长三角应该发挥更大作用。

上海市市场监督管理学会举办 2020 上海市场监管论坛

11 月 20 日，上海市市场监督管理学会举办“2020 上海市场监管论坛”。上海市社联党组书记、专职副主席权衡出席并致辞。上海市市场监管学会会长彭文皓在论坛上宣读了市场监管局陈学军局长的书面致辞。上海市市场监管学会理事、监事等 100 余人参加论坛。

权衡代表市社联对论坛的召开表示祝贺，对学会多年来支持市社联工作表示感谢。他充分肯定了第八届理事会在彭文皓会长的带领下近一年来取得的工作成绩。权衡表示，上海市社联作为党和政府联系社会科学界专家的桥梁和纽带，作为学会的服务平台，将一如既往全力支持学会围绕中心工作，聚焦市场监管等深入开展研究和决策咨询。

在论坛主题演讲环节，权衡围绕“双循环”新格局与上海“五型”经济发展，深入阐释了新发展格局提出的背景和现实意义，指出“双循环新格局”不是应对外需不足的权宜之计，也不是关起门来搞建设；理解内循环与外循环的关系，核心是要形成相互促进的新发展格局。上海提出发展“五型”经济，是对上海经济进入新发展阶段下经济发展出现阶段性特征的科学归纳。作为服务内循环的中心节点城市，在新发展格局条件下，发展“五型”经济，将进一步发挥上海“五个中心”的集聚和辐射功能，有效集聚全球资源，辐射全国市场，发挥上海在双循环新格局下的资本链接、技术链接、人才链接、服务连接、贸易链接、投资链接等战略连接作用。

会上，围绕“优化营商环境，激发市场活力”主题，4 位专家也应邀先后就长三角一体化发展、高质量发展及市场反垄断等内容做了主题演讲与交流互动。

论坛展示了市场监管学会在优化营商环境、激发市场活力、助力复工复产、推动高质量发展等 2020 理论研究与实践创新十佳成果，并对上海市市场监管系统荣获中国市场监督管理学会公布的第八届市场监管优秀论文和优秀课题成果的获奖单位和个人进行了表彰。

上海市基本建设优化研究会召开第七届会员代表大会

12 月 10 日，上海市基本建设优化研究会召开第七届会员代表大会，进行换届选举。大会审议并通过了第六届理事会工作报告、财务收支审计情况报告和新的章程，选举产生了第七届理事会和监事。在随后召开的第七届理事会第一次会议上，与会理事选举产生了新一届研究会领导班子，王洪卫为会长，孙继伟、何芳、杜守继、陈杰、刘乃全、崔光灿、孙英隽、方芳为副会长，方芳兼任秘书长。

上海市渔业经济研究会召开第八届会员代表大会

12 月 11 日，上海市渔业经济研究会召开第八届会员代表大会，进行换届选举。大会审议并通过了第七届理事会工作报告、财务收支审计情况报告和新的章程，选举产生了第八届理事会、监事会。在随后召开的第八届理事会第一次会议上，与会理事选举产生了新一届研究会领导班子，杨正勇为会长，段君恒、沈竑、蒋科技为副会长，晋洪涛为秘书长。

上海市土地学会召开第八届会员代表大会

12 月 22 日，上海市土地学会召开第八届会员代表大会，进行换届选举。市社联党组成员、专职副主席任小文到会并讲话。

任小文在讲话中充分肯定了学会理事会的工作，对学会顺利完成换届表示祝贺。他希望学会在今后的工作中，要坚持以习近平新时代中国特色社会主义思想为指导，围绕中心服务大局，直面上海“十四五”发展的目标任务，进一步发挥学术社团的聚力作用、议程设置的引领作用、应用型学会的智库作用，为上海经济社会高质量发展做出新的贡献。

大会审议并通过了学会第七届理事会工作报告、财务报告和新的章程，选举产生了新一届学会理事会和监事。在随后召开的第八届理事会第一次会议上，与会理事选举产生了新一届学会领导班子，林驹为会长，管韬萍、侯斌超、许丽萍、彭震伟、王克强、于冷、袁东华为副会长，施玉麒为秘书长。

上海市民营经济研究会召开第八届会员代表大会

12月22日，上海市民营经济研究会召开第五届会员代表大会，进行换届选举。市委常委、统战部长郑钢森出席会议并讲话。市社联党组成员、专职副主席任小文到会并为研究会专家授牌。

郑钢森在讲话中向新当选会长及理事会成员表示祝贺并指出，民营经济研究要注重研究"爱国敬业、诚信进取"的沪商精神，并赋予其丰富的时代内涵；要从不同历史维度、商会组织发展、重点人物等方面研究沪商历史，对沪商发展进行系统全面总结，激励当代民营经济和民营企业家健康发展。

大会审议并通过了研究会第四届理事会工作报告、财务报告和新的章程，选举产生了新一届学会理事和监事。在随后召开的第五届理事会第一次会议上，与会理事选举产生了新一届研究会领导班子，赵福禧为会长，汤亮、汤蕴懿、白晓江、鲍炳新、陈坤校、林先燎、李建伟、曹东勃为副会长，刘云为秘书长。

金融、财税、会计审计、其他经济

上海市信用研究会、市伦理学会、市法治研究会联合举办“夯实信用基础，开创新时代信用综合治理之路”学术研讨会

9月25日，上海市信用研究会、市伦理学会、市法治研究会联合举办“夯实信用基础，开创新时代信用综合治理之路”学术研讨会。论坛是上海市社联第十四届(2020)“学会学术活动月”项目之一。论坛由市信用研究会会长、上海立信会计金融学院教授洪玫主持。来自国内信用、伦理、法学、社会学和经济金融领域的专家学者和实务工作者从信用综合治理的伦理基础、信用综合治理的法治基础和信用综合治理的经济基础三个主题从不同视角跨学科研讨新时代信用综合治理之路。

市伦理学会副会长、华东师范大学教授余玉花认为，信用治理主要有三种形式：一是社会征信体系的治理形式，二是法律治理形式，三是政府治理的形式。法律治理实际上就是司法治理；政府治理就是行政治理；社会征信其本质是道德治理。对社会征信体系的信用治理要特别的慎重。社会征信体系的治理属于社会性的道德治理，其突出功能是，通过信用评价使失信人声誉受损，降低当事人在市场上的竞争能力从而达到惩罚失信的效果。但正因为如此，社会征信体系的声誉机制的使用要分外的慎重，避免产生不应有的道德伤害。

市伦理学会副会长、复旦大学教授高国希认为，对诚信伦理基础的探讨，一是可以从后果即从功利主义的角度来展开思考，人如果讲诚信的话，可以促进一般的福利，而非某个特定的福利；二是义务论的角度，规范必须要执行，不论你是否喜欢，遵从义务、责任是不以兴趣和利益为转移的；三是契约论的角度，为了使各不相让的个体权利达成一致，就必须立定契约，契约论由此而兴起；四是德性论的角度。人之为人首先要有诚信的品格，要根据真情实感行事，即在不同的生活领域当中，存在着不同的诚信表现。

市伦理学会常务理事、上海师范大学教授张自慧认为，“诚”是天地最大的“德性”。“信”是作为“万物之灵”的人类效法“天之道”的“人之道”。只有让自己具备与天地一样的“德性”，人才能让自己有资格与天地并立，才能“赞天地之化育”并“与天地参”。“诚”多指道德主体的内在德性，“信”多指“内诚”的外化，即道德之践行，二者是相互贯通，互为表里。今天，面对诚信缺失的现状，我们需要遵行“天道”，牢记“诚信如神，夸诞逐魂”的信

条,做到"诚于内"而"信于外",让诚信和信用从他律变为自律。

市伦理学会常务理事、上海财经大学教授郝云认为,社会主义市场经济的信用伦理建设要与经济信用,法律信用相结合。突出伦理目标,就是突出"信",即诚信,在"信"的基础上发挥"用",而不是把信用作为工具。因此,信用伦理的建设十分必要。而信用伦理建设既要发挥伦理机制的作用,又要借助于经济和法律的作用的发挥。主要通过以下几个方面。一是伦理自律机制的作用。自律机制的发挥要与经济和法律作用相结合。二是培养契约精神,加强伦理规范意识,明确规范要求。三是利用道德奖惩机制正面引导企业的责任意识等。

市伦理学会会长、上海社会科学院哲学研究所陆晓禾研究员认为,信用问题涉及根据问题,规范的根据、关系的根据、工具的根据,因此,涉及伦理学,涉及社会规范和社会法规,涉及经济组织、经济制度、经济政策、经济学等。信用综合治理问题是对信用问题的多维度多学科多领域的治理,信用综合治理应该适用所有信用相关者,不仅被信者,被治者,而且信者、治者。

一、 信用综合治理的法治基础

上海市人大常委会法工委一级调研员郑辉认为,我国创造性地将社会信用体系建设与经济社会治理、"放管服"改革相结合,为完善社会主义市场经济体制、实现国家治理体系和治理能力现代化做出了有益探索,为增强市场主体诚信意识、营造优良的营商环境和消费环境提供了有力支撑,取得了显著成效。我国社会信用立法需要关注的几个问题:一是关于立法的定位和调整的范围,重点讨论失信行为和失德行为的界定;二是关于信用联合惩戒制度的建构,分类建立行政性惩戒机制、重点规制行政"黑名单"措施的实施、联合惩戒机制不得违法设定限权性行政惩戒措施;三是关于失信行为人的信用修复制度。

市法制研究会理事、上海纽迈律师事务所合伙人方正宇律师认为,建设信用体系的目的之一,就是通过对于个体进行信用评价进而做出区别对待,最终维护社会的整体利益。在疫情防控期间,整体利益得到了空前的重视,与此相对应,信用体系也被赋予了更高的期待;在面临疫情威胁的背景下,2020 年各地包括上海的"互联网+政务"取得了超常规的发展,如"随申码"的广泛使用。未来在信用法治建设中,也需要更多借力高科技领域的各项新成果,以便民为前提进行各项数据的收集、使用和展示。而对于相关技术的使用以及相关制度的建立,也需要从技术和法制两方面进行审核,以确保信用体系建设本身的合法有效。

市信用研究会特聘研究员、浙江大学光华法学院研究员黄韬认为,国家发改委、中国人民银行等部门于起草并公布《关于进一步规范公共信用信息纳入范围、失信惩戒和信用修复构建诚信建设长效机制的指导意见》在核心内容上强调了将公共部门使用失信惩戒等社会信用相关的治理手段导入法治化和规范化的轨道,一定程度上回应了近年来公众对于信用治理被泛化和公权力约束弱化的担忧。不过,《指导意见》固然可以在一定时空范围内约束和规范地方和部门权力的行使,但考虑到体制层面上法治政府抽象目标和公共部门社会治理现实需求之间固有的冲突,未来我国社会信用体系的良性发展仍有漫长的道路需要探索。

上海政法学院上海全球安全治理研究院教授张继红认为，随着征信业的发展，个人信用信息被过度采集、滥用及非法使用，征信机构收集的信用信息不准确等问题突出。我国对征信机构采集和使用个人信用信息作出了基本的行为规范，但围绕个人信用信息的保护出现了理论上的分歧，即信用权是否应为一项独立的民事权利。考察个人信用权益纠纷司法案例可以发现个人信用纠纷案件在案由选择、侵权主体、判决结果、侵权责任的承担方式等四个方面存在显著差异，裁判标准不一、直接经济损失难以定性赔偿等问题突出，得出个人信用权单独立法暂无必要，可通过细化司法解释具体规则来填补经济损失方面的救济不足。

市法治研究会理事、上海社会科学院法学所研究员彭辉认为，办学规范的校外培训是学校教育的有效补充，对培养学生兴趣、发展学生特长、发展素质教育有着重要作用。培训机构作为一支重要教育力量，如何发挥这支力量的教育作用，使学生满意、家长满意、社会满意，是提高培训机构教育质量极为关键的问题。信用管理是加强校外培训机构管理的重要有效措施，要健全违规行为的发现机制以及完善联合执法机制，进一步完善校外培训机构黑白名单制度，及时向社会公布名单信息，并且探索第三方对校外机构信用分级评估和动态管理机制，并在部分区域开展试点、探索经验。

市法治研究会副会长王奕蓉认为，法安天下，德润人心。法治是信用综合治理的重要组成部分，此专题聚焦信用综合治理的法治基础开展研讨。五位学者专家围绕信用立法的地方实践、疫情防控中的信用法治建设、信用治理的法治化规范化前景，个人信用信息的保护和利用，以及校外培训机构的信用监管，从宏观到微观，从理论到实践，从体系到个案，发表了真知灼见。法治要义乃规则之治，在法治信用建设中，必须从国家立法、信息规制、个人信息保护、信用监管等方面加强规范，推进信用制度建设。

二、 信用综合治理的经济基础

市信用研究会理事、华东师范大学经济与管理学部教授方显仓认为，考察在校学生失信失范的表现及其制度经济学原因：行为动机双重性、外部的“有限理性”和机会主义倾向。提出正式信用教育制度（体系）构建的公平性、效率性、长效性和可操作性原则，实行以政府与行业联盟混合的信用教育治理体系模式，即信用制度及信用评价总体规划与原则由政府主导确定。具体建设路径及实施细则由教学单位行业联盟主导确定。在此基础上提出信用教育制度体系构建，包括建立荣誉守则制度、失信行为惩戒机制（必要时进行立法）、建立学生负责人问责制度、设立征信课、提高信用自律与监督功能。

市信用研究会特聘研究员、浙江财经大学金融学院教授叶谦认为，信用评级是信用综合治理进行分类监管、精准监管的重要依据。而金融市场信用违约评级指标和模型、评价模型中征信数据的采集面临一系列问题和挑战。一是评价报告需求定位不清，应用场景受限；二是评价维度标准不一。金融市场信用评估对债务履约能力和意愿的评价有较为规范和统一的评估体系。而综合治理中信用评价主要基于行为评价，相对动态和多样，给评价维度及指标体系设定带来巨大挑战；三是数据可获得性和质量。目前综合治理中行业数据仍然难以共享，行业主管部门主导并锁定数据源限制了数据采集和处理。

市信用研究会秘书长、上海海事大学经管学院副教授袁象认为，在互联网时代，传统的社会治理模式难以适应互联网社会的现实需求，信用体系建设可以以信用信息产生、归集、共享、应用和修复的全过程为载体，带动社会治理的服务手段与监管措施覆盖事前、事中、事后全过程，可以实现对社会主体的全生命周期管理。因此，社会信用体系的不断完善和发展，可以不断推进国家治理体系和治理能力的现代化进程。信用作为教育治理的抓手已经形成共识，上海市教育系统已经着手利用信用手段加强对教育培训机构的管理，但要确保诚信档案信息化平台建设的科学化、合法化。

市信用研究会理事、上海师范大学全球城市研究院副教授王宇熹认为，生态信用作为社会信用体系的新兴领域，是指社会成员在“人与自然和谐共生”问题上遵守法律法规或社会约定、践行承诺，而建立的人与生态之间的信用关系。生态信用是生态产品价值实现机制试点的重要内容，也是高水平推进我国城市治理现代化的重要基石。浙江省丽水市首创生态信用制度，制定并印发《丽水市生态信用行为正负面清单（试行）》《丽水市企业生态信用评价管理办法（试行）》等 4 个文件，丽水经验对于上海有重要生态信用应用场景借鉴意义，对于综合改善上海全市的生态环境状况，提高生态环境 EI 指数有着重要实践指导价值。

市信用研究会理事、华夏经济发展研究院研究员潘文渊认为，社会信任的建立是一个长期的过程，而且必须辅之以制度性信任的确立。社会信用体系是社会主义市场经济体制和社会治理体制的重要组成部分。信用综合治理是一个庞大复杂的系统，包含信用主体，信用关系，信用制度，信用法规和信用组织管理体系所构成的有机系统。全面推进加强政府信用体系、企业信用体系，个人信用体系的建设，有利于促进社会互信，规范市场经济秩序，改善市场信用环境；也有利于社会信任的建立，创新现代化治理模式。信用综合治理也是一个生态系统，在不断的发展完善之中，需要跨学科的智慧共同研究。

市信用研究会副会长、华东师范大学社会发展学院教授熊琼认为，信用是实现国家治理体系和治理能力现代化的重要手段。夯实信用综合治理的法治基础至为重要。市场经济是建立在法制和信用基础之上的商品经济，法制的基础是信用。其经济学意义在于它构成了社会的“信任结构”。在市场经济中，信用既作为一种基本道德准则和经济活动的基本要求来规范市场主体的各种交易行为，又作为一种法律制度来约束授信人和受信人的权利和责任。运转良好的经济制度是建立在共有信用之上的，依据良好的法律制度实施信用综合治理，有利于促进良法善治，从而促进经济稳步发展和社会繁荣稳定。

上海市教委政策法规处陆海佳认为，信用是信仰、规则、资本，它涉及伦理、法治和经济。教育领域的信用同样不仅涉及“德”，还涉及财商。一是要强调社会责任。良好的社会信用是经济、社会健康发展的前提，提高社会信用度有助于降低社会和经济活动的交易成本，创造新的社会价值。二是要防止信用泛化现象。要坚持依法依规，合理适度，防止失信行为认定和记入信用记录泛化、扩大化。三是建立信用动态管理。运用大数据建立信用积分制度，健全信用动态评价体系，实施分类管理和差异化管理。四是积极推进信用制度在教育治理体系中的应用场景。

中国建设银行上海市分行授信部副总经理张晔认为，目前由于信用信息数据采集难、共享难、信息数据不真实的现象，企业信用信息环境不理想，银行业也是如履薄冰。如何对企业和个人的信用信息识别、检测和管控成为银行风险控制的重点。一是要有相对规范的评级体系，科学的信用评价指标和标准，要实施动态的评价；二是信用监测体系基础是数据，数据是关键生产要素，要对各方面的信息进行检测；三是要有奖惩机制，建立信用联合奖惩机制；四是技术方面要保障数据的安全，确保隐私数据的安全性。

市信用研究会副会长、上海师范大学上海全球城市研究院执行院长茆训诚教授总结认为，信用综合治理重点要界定清楚道德的边界、法律的边界，以及对社会经济的影响。一是信用文化建设。进一步思考我国信用文化建设的内涵、实现路径和相关的制度保障，对于完善我国社会信用体系建设、营造良好社会信用环境具有重要意义；二是法律界定。厘清信用的法制监管机制，保障信用信息充分共享和依法依规充分公开、实施大数据监管；三是建立健全政府信用社会评价机制，提高全民的信用观念，理顺政府职能，做好建立社会信用体系的基础性工作及规范信用的评价机制。

市信用研究会副会长、上海交通大学安泰经济管理学院刘海龙教授总结认为，三个学会的专家学者从信用制度建设、信用观念树立，诚信治理结构，信用恰当运用与合理定位，信用过度滥用，信用修复，信用监管，信用环境，信用评价，教育培训等方面进行了广泛的讨论交流。与会者认为建立科学合理恰当的信用体系是社会和谐、活而有序的基本保证，要加强诚信教育，防止信用过度滥用，深入研究法理基础，分析问题要有时空观念，要用动态的、发展的和系统的思维方式看问题。

洪玫总结指出，信用是实现国家治理体系和治理能力现代化的重要手段。而引起社会关注最多、最广泛的是信用综合治理问题。信用治理问题之所以受到广泛的关注，还在于信用在市场经济中的基础地位和在经济运行机制中所起到的关键作用。本次跨学会研讨会聚焦夯实信用基础，具体包括信用制度基础和信用信息基础，从三个维度，即信用伦理基础、信用法治基础、信用经济基础阐述信用综合治理问题；探讨如何构建信用综合治理的理论体系，通过建设更加注重法治化、标准化、规范化和权益保护的社会信用体系，积极推动国家治理体系和治理能力的现代化。教育领域通过信用治理，达到优化教育环境，加强教育领域信用体系建设，为全面实施素质教育创造良好的环境氛围。

上海城市金融学会召开第八届会员代表大会

7 月 23 日，上海城市金融学会召开第八届会员代表大会，进行换届选举。市社联党组成员、专职副主席任小文到会并讲话。

任小文在讲话中肯定了学会理事会的工作，对学会顺利完成换届表示祝贺，希望学会继续发挥金融研究作用，推动金融服务上海“五个中心”建设和“四个功能”落实；发挥社团组织作用，推动金融人才培养。

大会审议并通过了学会第七届理事会工作报告、财务报告和新的章程，选举产生了新一届学会理事会。在随后召开的第八届理事会第一次会议上，与会理事选举产生了新一届学会领导班子，付捷为会长，张颖、张陆洋、吴冲锋、殷德生、刘莉亚为副会长，邹冬沪为秘书长。

上海市金融学会召开金融租赁学术研讨会

近日，上海市金融学会举办的“金融租赁学术研讨会”在上海金砖大厦举行。中国人民银行上海总部调查统计研究部主任吕进中、交银金融租赁董事长赵炯、上海市人民政府参事盛松成、复旦大学经济学院院长张军等专家学者和实务部门领导近 30 名与会，共同探讨金融租赁业发展现状、机遇问题和进一步发展的政策建议。

吕进中在致辞中指出，今年是上海市金融学会成立 40 周年，回顾前 40 年峥嵘岁月，学会紧紧围绕经济金融发展实践，呈现了一系列重要的原创性思想和实践价值成果。未来，学会将继续聚焦上海国际金融中心建设等核心使命，汇聚各方思想和智慧，将自身打造成为金融中心建设理论实践和中国金融改革创新研究的前沿阵地。他表示，本次研讨会的主题就是立足于党中央、国务院提出的“六稳”、“六保”等核心任务和要求，探讨如何让融资租赁等新兴金融形式发挥更大的支持实体经济的作用，以及对上海国际金融中心建设、自贸区建设、长三角一体化等重大战略的推进作用。

盛松成围绕金融租赁行业重点关切的利率问题，发表了题为“积极支持小微企业、不搞大水漫灌——对当前我国货币政策的理解”的演讲。他认为，我国经济将逐步企稳，稳健的货币政策将更加灵活适度；同时，他探讨了美联储应对疫情冲击的措施及影响等热点问题，并强调了财政赤字货币化的要害是缺乏市场制约等观点。

张军以“金融租赁行业面临的机遇和挑战”为题，探讨了金融租赁行业发展战略、服务、创新、监管和法律等议题。

与会专家学者和实务部门领导研究者围绕疫情对金融租赁行业的影响、金融租赁公司流动性管理、股权投资试点、专业子公司设立、项目公司经营范围、不良资产处置、监管的统一性和专业性等热点问题进行了深入交流，提出了一些有价值的建议。

此次学术研讨会时值上海市金融学会成立四十周年之际，上海市金融学会举行系列学术活动，以学术研究形式传承学会光荣传统，积极砥砺前行打造重要学术平台和金融研究智库，为金融改革发展和上海国际金融中心建设提供更多的服务和支持。

上海市金融学会、上海现代金融学会等联合举办推进"双循环"经济发展新格局研讨会

9月21日，上海市金融学会、中国人民银行上海总部调查统计研究部、上海现代金融学会联合举办"推进'双循环'经济发展新格局"研讨会。本次会议入选上海市社联第十四届(2020)学会学术活动月。会上，6位金融机构的经济学专家围绕国内大循环的潜力和短板，我国产业链、供应链重构，金融如何适应"双循环"新格局等主题进行了探讨。

与会专家学者普遍认为，"双循环"是适应当前国内外经济形势最优的经济发展模式。中国发展内循环的潜力巨大，应对外部冲击的能力强于预期。"双循环"可借鉴新经济地理理论和贸易引力两大理论模型。目前来看，中国应对外部冲击的能力不断增强。中国对外依存度已从2006年的64%下降至目前的32%，但期间中国经济仍持续平稳发展。今后即便外部环境进一步恶化，对外依存度继续下降，中国仍能挖掘其他潜力保持经济平稳增长。中国内循环的潜力巨大。中国即将成为全球最大单体市场。目前我国零售总额约6万亿美元，美国6.5万亿美元，但中国增长潜力远大于美国。

多数专家学者认为，提振消费是促进内循环的关键。居民收入低、贫富差距大、储蓄意愿强是制约消费的主因。提升消费需要多方面的改革。一是大力推动服务业的发展，服务业的收入分配更倾向于按劳分配。二是改革税收体制，完善社保体系。三是协调金融市场和养老金体系的纵深发展，促进家庭投资收入的增长和多元化，避免过度依赖房地产。与会专家建议加快城市化进程，进一步放开城市户口，改革农村土地制度。目前，中国按户籍计算的城市化水平是44%，按常住人口计算是60%。这意味着16%的人口(约2.3亿人)在城市生活但没有城市户口，极大地制约了其对住房、汽车等耐用品和教育、医疗等服务品的需求。应当坚决切断房地产对消费的"虹吸"效应。

多数专家指出，金融应当在"双循环"中发挥重要作用。新经济发展格局下，金融应当守住底线，有所作为，重点做好防范和化解非传统金融风险，加大对科技企业和产业升级的支持。提高直接融资比重，促进多层次资本市场健康发展。同时，扩大多层次资本市场对外开放。在A股与国际市场对接的同时，推动国内金融行业与国际接轨，不断增强国内金融市场的全球竞争能力与抗风险能力，进一步提升国内金融行业服务实体经济的能力。

国际问题、涉港澳台、其他

上海市日本学会召开 2020 年新年会

1 月 18 日下午，上海市日本学会在上海对外经贸大学古北校区举办新年会，学会负责人、理事与会员等五十多人与会。

首先召开了第八届理事会第二次会议和学会工作交流会，由学会常务副会长陈子雷主持，会议审议通过了学会 2019 年工作报告及新年工作设想、拟表彰的学会专家学者名单、拟增聘顾问名单、新申请入会者名单等事项。胡令远会长汇报了学会的工作，从五个方面归纳了上海市日本学会工作的特点、介绍了今年的工作重点，特别指出要启动“青年沙龙”、“学术交流沙龙”工作，进一步加强对年轻学者的发现与培养。在交流环节，来自《文汇报》等媒体合作伙伴，以及上海日本研究交流中心、上海交通大学、复旦大学、同济大学等各主要会员单位的代表交流了新年工作设想。

学会副会长陆慧海主持了表彰会。学会向周斌、俞彭年、赵建民、吴寄南、王少普、谭晶华、樊勇明等七位业界名宿颁发荣誉证书和纪念品，感谢他们为上海日本研究和学会工作长期做出的卓越贡献。与会的六位老师也以“人生志业：我与日本”为题，声情并茂地讲述了人生历程和学术志业，与会代表听后无不深受鼓舞和激励。

学术研讨由学会副会长苏智良主持。研讨会的主题是“如何建构契合新时代的中日关系”。陈子雷（学会常务副会长、上海对外经贸大学日本经济研究中心主任）、李秀石（学会理事、上海国际问题研究院研究员）、周国荣（学会理事、上海市人民政府外事办公室副处长）、高洁（学会理事、上海外国语大学日本经济文化学院院长）分别从经济、政治、外交、人文交流等方面作了主题发言。

陈子雷的发言题目是“后奥运时代日本经济的展望”。他强调说，现阶段世界经济面临的最大问题是全球总需求不足，美日欧等竞相推出各自版本的“供给侧改革”，但似乎成效不彰。东京奥运会之后，日本经济走向值得关注，普遍认为其经济增长率会持续低于 1%，且伴随严重的少子、老龄化现象，日本未来的发展不容乐观。但无论如何，日本仍可作为一个逐渐衰落的富裕国家，保持一定的国际影响力。李秀石的发言题目是“安倍内阁推进‘战败束缚总决算’”。她指出，安倍内阁尤其是 2012 年底再度组阁以来，其一系列摆脱战后体制的做法，与其说是为了“实现正常国家化”，不如说是摆脱“战败束缚”。她强调说，“正常国家化”是日本国内的说法，中国学者不应随之起舞，应该根据实际情况提出中国对于此事的客观说法，即“战败束缚总决算”。日本是以“机制化”手法，将此目标逐渐加以实现。日本的和平宪法，从某种意义上说已经成为空壳。周国荣的发言题目是“以文化人、以情感人：开展中日人文交流之思考”。他从自身的实际工作角度出发指出，推动友城工作意义重大。目前上海已经与59个国家的70个城市结成友好姐妹城市，另与40个城市结成友好交流关系。2019年11月，在第二届中国进口博览会举办期间，市外办联合上海国际问题研究院成功举办了“友城论坛”，在今年的第三届中国进口博览会举办期间，市外办准备继续举办这一论坛并扩大规模。但与此同时，他也担忧中日之间年轻人交流太少，不利于两国关系的改善。高洁的发言题目是“双一流背景下中日高等教育合作的若干思考：以上外日院为例”。在发言中，她除了介绍上外日院在中日高等教育合作方面展开的各项工作外，重点对中日之间青年交流的现状表示担忧，尤其是青年学生对赴日交流学习表现出的不热心。她强调学校方面在推动合作时应更多、更全面地从学生的角度思考问题，为他们提供更便捷、更优质的交流和学习平台。另外，日本教育界提倡的“日本学”，促进了区域国别研究，在这方面与日本研究界可以深度契合。

学会秘书长蔡亮主持会议总结环节。名誉会长吴寄南指出，此次新年会让人感到有深度、有厚度、有温度。新年会集合了老中青三代，让人看到了上海市日本学会的生命力。名誉会长王少普指出，通过此次新年会可以看出，上海市日本学会在新一届理事会的引领下已经有了很好的开端。但今后的任务会更加繁重、更加艰巨。让我们一起努力，做出无愧时代的贡献。胡令远会长总结了三点意见：第一，对于学会老领导的鼓励十分感动，前辈学者是学会的宝贵财富和重要资源，他们的存在使学会的工作有了深厚的根基。但同时，我会年轻学者在学会内的活跃度尚有不足之感，这也是本届理事会未来工作的重点。第二，半天的新年会时间虽短，但内容充实丰富。但因为时间有限，感到专业交流的时间不充裕。期待今后创造更多专业交流机会，能够使大家充分、深入地进行学术交流。第三，目前我会很多工作刚刚起步，一是希望市社联一如既往给予指导和大力支持，二是理事会同仁同心勠力，扎实精进，使学会成为全体会员的共同精神家园，为国家和上海的对日研究与交流做出应有贡献。

上海国际战略问题研究会召开中美学者视频系列研讨会

4 月 8 日，上海国际战略问题研究会会长杨洁勉主持召开“加强国际抗疫合作和维护中美关系（一）”的视频研讨会。中方与会者有：上海国际问题研究院院长陈东晓、上海国际战略问题研究会副会长兼秘书长吴莼思、上海国际问题研究院世界经济研究所所长助理叶玉。美方与会者有：加州大学圣迭戈分校 21 世纪中国项目主任和原美国副助理国务卿谢淑丽（Susan Shirk）、斯坦福大学研究员和原美国国家情报委员会主任冯稼时（Thomas Fingar）、斯坦福大学研究员和原美国驻阿富汗大使艾江山（Karl Eikenberry）。双方与会者就当前和今后的中美关系进行了坦诚和深入的讨论，特别强调要在当前抗疫形势下把人的生命和健康放在首位，并要努力维护和发展中美关系。

4 月 9 日，上海国际战略问题研究会会长杨洁勉主持召开“加强国际抗疫合作和维护中美关系（二）”的视频研讨会。中方与会者有上海国际问题研究院院长陈东晓。美方与会者有：原美国总统特别助理和国家安全委员会东亚事务高级主任 Jeffery Bader、布鲁金斯学会非驻会高级研究员 Jonathan Pollack。双方与会者就当前和今后的中美关系进行了坦诚和深入的讨论，并务实地探讨合作抗疫和稳定中美关系的思路和举措。

上海市国际关系学会召开“后疫情时代的国际关系”学术研讨会

近日，美国前国务卿基辛格在《华尔街日报》撰文认为，新冠肺炎大流行将永远改变世界秩序。对此，国内学者认为，新冠肺炎疫情虽然目前还谈不上是世界历史进程的分水岭，但确实成了“二战”后最大的现象级事件。这一“百年变局”将如何影响中国的外部环境？后疫情时代，国际关系又将如何变化？4 月 29 日，上海市国际关系学会召开“后疫情时代的国际关系”学术研讨会，多位国际问题研究专家对此进行深入探讨。

一、 大国关系如何变化？

上海市国际关系学会副会长、上海社会科学院国际问题研究所研究员刘鸣认为，疫情或许不会永远改变世界秩序，但大国战略竞争将从军事、经济、高科技与基础设施建设转向舆论、政治、信息等。随着疫情危机加剧，美国在舆论场上发起了一场污名化中国，追责中国以及否定世界卫生组织同中国协调抗疫的“政治战”与“虚假信息战”。中国政府与舆论也对美国政客的言论进行了必要的反击。

美国政客的主要目的是全面诋毁中国声誉，同时，也是为美国抗击病毒不力“甩锅”。但其深层原因，是蓬佩奥、纳瓦罗等一批反华人士将疫情视为打压中国的最佳机遇，让美国人与一部分国家认为新冠病毒扩散到全世界的原因在于中国政治制度，赋予美国与中国战略竞争合法化、正义化的色彩。

刘鸣预计，中美关系会在相当长时间内受此阴影的影响与干扰。诋毁形象仅仅是手段，不是目的，中国需要防止美国超越红线的举动。不过刘鸣也指出，这些情况今后仍然可能改观。中美关系保持相对稳定的发展大势仍然可能性较大，逆流与不利因素无法根本性颠覆双边关系，个别点上的危机，面上的冲突与竞争不能主导两国领导人希望维持基本的合作与交往的意愿。

欧洲方面，中欧关系或将“喜忧参半”。上海欧洲学会副会长、复旦大学欧洲问题研究中心主任丁纯认为，疫情期间，中欧领导人外交及抗疫互助，欧洲抗疫的紧迫压力及复工复产对中国的依赖等，让欧洲无意掺和中美对峙和南海等区域热点问题，维护巩固了中欧关系。此外，中国向意大利等国派遣医疗队的举动也在一定程度改善了民间关系。

但与此同时，欧盟视中国为经济竞争者和体制对手的思维未变。竞合转型加速，警觉和防范加深。疫中一些成员国政府“甩锅”作派凸显，欧洲某些地区的舆情也对中国不利，中欧关系正面临着一定的考验。

面对疫情，中国和俄罗斯始终相互支持，密切合作。上海市国际关系学会副会长、上海俄罗斯东欧中亚学会会长范军认为，新冠疫情暴发同样是对中俄关系的一次考验。不过值得指出的是，经济方面，两国始终团结合作。今年第一季度，中俄双边贸易额同比增长 3.4%，这在世界经济整体下行背景下难能可贵。

二、 外部环境变化有何影响？

上海市国际关系学会副会长、上海社会科学院国际问题研究所所长王健认为，疫情加速了疫情前国际格局的基本走向。

首先，疫情加剧了国家本位主义和民粹主义上升，大国合作意愿下降，地缘政治和地缘经济较量加剧。此外，制度和价值体系竞争也日益凸显。中国与西方国家之间最核心的竞争是制度和价值体系之争。对中国抗疫的政治污名化或所谓的追责闹剧，也是为了遮盖西方制度体系在应对疫情过程中的无力，维持西方所谓的价值体系的正当性。王健认为，疫情结束后，我国的外部环境将更加严峻，必须做好充分的思想准备和工作准备。

上海市国际关系学会副会长、复旦大学国际问题研究院院长吴心伯则认为，当前疫情的冲击，加强了世界去中心化、去霸权化的趋势，也加强了区域化盖过全球化的趋势。在疫情冲击下，美国经济实力遭到削弱，经济结构性矛盾将更加突出，美国作为世界经济中心的地位会进一步下降。政治上，美国为了遏制中国力量和影响力的上升，不惜以牺牲全球化和全球治理为代价，导致美国作为全球治理主要推动者的地位也进一步下降。全球化步伐放慢，将会促使相关国家更重视区域合作，今后很长一段时期多中心的区域合作会在势头上盖过全球化。

吴心伯也指出，疫情让新兴经济体面临更大挑战。长期以来，新兴经济体的成长得益于全球化发展所带来的市场、资金和技术。然而，随着全球化步伐放慢，特别是美国转向经济民族主义和贸易、投资保护主义，这意味着新兴经济体必须加快培育自我造血功能，减少对发达国家特别是对美国的市场、资金、技术以及货币等方面的依赖。

三、 中国如何应对百年变局？

当前，世界正处于“百年未有之大变局”，这也带来了一系列机遇和挑战。

应对百年变局，如何塑造中国重要战略机遇期？上海市国际关系学会副会长、同济大学政治与国际关系学院院长门洪华认为，大前提是，国内先要稳住阵脚，尽快复工复产。在此基础上，要让中国机遇、中国贡献为世界所共享，用建设性的作为防止世界他国脱钩之念，加大与发展中国家合作的力度，推动国际合作的新境界。在地区层面上，中国还要优化地缘政治经济环境。在推动东亚地区合作，加强与周边国家合作的基础上，倡导并推动“一带一路”建设，这是将中国发展机遇转化为地区乃至全球机遇的重要抓手和核心路径。

上海市国际关系学会副会长、上海外国语大学国际关系与公共事务学院院长郭树勇则认为，全球性问题的本质是全球化负面效应，因此更需要施以全球治理。他认为，一种新的外交形态将会引起国际社会的关注，这种外交形态可以称为“扶助外交”。

一般的自助外交核心是自己帮助自己，不寻求他者帮助。扶助外交则不同，强调合作第一位，冲突第二位，合作时强者对弱者有帮助的义务。扶助外交有利他主义的成分，但不是空想主义。只要具备了一定的国际体系要求，形成了国际政治文化，建立了国际治理权威，就可以在某些领域施行并不断扩大。

在人类共同命运之下，有责任感和使命意义的大国或综合性国际组织将倾向于从人类全局和长远出发，而不仅仅从本国外交的成本收益出发来调整对外行为。郭树勇指出，本次疫情防控中，中国、英国、沙特、德国等就多次进行捐助等扶助活动，积极配合了世界卫生组织、联合国、G20 等全球治理平台。

上海市日本学会举行“新冠疫情下的中日关系：现状与走势”视频研讨会

5月15日，上海市日本学会与上海日本研究交流中心联合举办“新冠疫情下的中日关系：现状与走势”视频会议，就新冠疫情对中日关系的影响及其未来趋势等议题开展深入研讨。会议共分为三个部分。

第一部分为特邀演讲，由上海市日本学会副会长、上海日本研究交流中心常务副主任陆慧海主持。中国社科院日本研究所所长杨伯江、日本贸易振兴机构上海事务所所长小栗道明、上海市对外友协亚洲处处长曹海炯、复旦大学美国研究中心副主任信强分别以“新冠疫情与中日关系未来之断想”“在华日企的现状和未来日中经济关系的展望”“疫情下对日民间交往的上海实践”“新冠疫情对中美日关系及台海问题的冲击”为题，对中日关系发展、中日经济合作、中日民间外交、中日关系中的两岸因素等专题作了深入解读。

杨伯江指出，新冠疫情带给中日关系和日本自身的影响是深远、多重而复杂的，主要由两大因素决定：其一是新冠疫情本身的特点，与其他非传统安全领域的危机相比，新冠疫情造成的冲击在深度、广度、烈度上堪称战后以来前所未有；其二是疫情发生的时代背景，发生在百年未有之大变局的行进过程当中，造成变中有变、变上加变的叠加效应。小栗道明深入介绍了日本贸易振兴机构对华东地区710家日企的最新调查结果。结果显示，从2020年2月到4月，华东地区日企的复工复产率不断地提高。新冠疫情对产业链和企业员工的人员往来造成一定的影响。尽管如此，约九成的企业表示没有改变供应链的计划。

曹海炯介绍了上海市对外友协抗击新冠疫情的近期工作和体会。他指出，上海人民与日本众多友好团体的互动增进了中日民间的感情共鸣、风雨同舟，充分说明携手应对共同危机和挑战时构建人类命运共同体的应有之义。通过若干典型案例和故事，曹海炯指出上海对日民间交往充分体现了反应迅速、形式多样、效果深度的特点，使民间外交的责任担当在疫情中充分体现，也为对日交流合作拓展新的领域和新的方式提供了诸多启示。

信强分析了新冠疫情对中美日关系和台海问题的冲击，疫情改变了很多人对于世界政治的传统的理论认知和历史经验，因此也无疑会对国际秩序和关系造成不容忽视的影响。疫情期间，中美两个大国不仅没有能够搁置纷争、携手合作，反而导致战略竞争进一步地加剧，两国关系进一步恶化。与之相对应，中国民众的对日情绪趋于好转和改善，也为中日两国关系的提升创造了一定的条件和机会。

第二部分为主题发言，由上海市日本学会副会长、上海师范大学教授苏智良主持。俞彭年、吴寄南、王少普、蔡建国、陈子雷、季卫东、武心波、金永明、吴宇桢、蔡亮等沪上日本研究界的知名学者和新锐中坚作了精彩的交流发言。专家认为，新冠危机对全球治理造成了极大冲击，其深刻沉重可以说超过了 2001 年的"911 事件"和 2008 年的金融危机，而在合作抗击疫情的过程中，中日之间也实现了颇为良性的双向互动。突如其来的新冠病毒不仅引发了全球的公共卫生危机，改变了人们的思维和生活方式，而且对全球化以及国际格局、国际秩序、国际关系和国际治理体系都构成了重大的挑战。在危机应对中，各国对经济全球化、市场经济进行了干预，尽管如此，产业链的调整以跨国公司为主，根据其全球布局展开，而非完全按照政府的战略步骤。新冠疫情不仅引爆了全球公共卫生领域危机，而且还相继引爆了社会危机、政治危机、国际关系危机、全球经济危机等等，形成了一种多重危机的叠加爆发。但中日在疫情中同舟共济，共同谱写了中日合作的新的历史篇章。

第三部分为自由讨论，由上海市日本学会常务副会长、上海对外经贸大学教授陈子雷、上海日本研究交流中心副主任姜咪红主持，包霞琴、马利中等学者畅谈了各自的观点。专家认为，日本式抗疫充分展示了私权和公权的平衡，具有鲜明的日本特色。中日在抗议合作中守望相助、共克时艰，这既得益于中日关系重回正轨的大背景，也为这一重要的双边关系行稳致远提供了契机。全球化格局演变、美国大选选情、日美关系、两岸情势、国民感情等一系列因素仍深刻影响着中日关系的走势，需要两国认准大方向、发挥主动性，进一步携手加强双边及多边层面的合作。

最后，学会会长胡令远，副会长陆慧海分别对会议进行了总结。整场视频会议气氛热烈、高见迭出，取得了圆满成功，为上海日本研究学界交流思想、汇聚智识提供了有益的探索。

上海欧洲学会举办“当前英国外交与中英关系”座谈会

6月10日，上海欧洲学会举办“当前英国外交与中英关系”座谈会。上海欧洲研究领域的专家学者，围绕英国的经济、外交和中英关系等议题展开深入研讨。

上海社会科学院世界经济研究所姜云飞博士指出，英国同主要经济体之间的经济联系显著。英国自脱欧公投后由于英镑的贬值而吸引了大量投资，据2019年安永发布的报告，英国于2018年成为最具有吸引力的投资目的地。2019年英国科技领域吸引的风险投资总额仅次于美国和中国。金融科技、人工智能、深科技以及清洁能源是英国表现最好的行业。不过，尽管英国拥有具有竞争力的服务业，但其国际贸易已经连续20年处于逆差状态。新冠疫情冲击下，各国国际贸易都受到强烈冲击，英国的逆差状态可能进一步恶化。

上海外国语大学欧盟研究中心常务副主任忻华副教授认为当前英国国内出现了一股“经济民族主义”思潮。英国战略研究界感到英国对欧洲单一市场不能再抱有幻想，需要更多地发展本土市场和开拓亚太等全球其他地区的市场，这样的观点与“摆脱对中国的产业链依赖”的呼声结合在一起，就形成了当前的“经济民族主义”思潮。其次，英国一些人认为当前大国权力斗争的地缘政治正在回归国际舞台，中美战略对抗已成为塑造世界格局的重要现象，认为英国需要借重“英美特殊关系”。再次，英国仍然希望自己在美国和欧洲大陆之间发挥桥梁与纽带的作用。有人提出，英国凭着“英美特殊关系”，可以在美欧之间进行斡旋，借此提升英国在欧洲地区事务中的位置，使美国、欧洲和德国都重视英国。

上海欧洲学会原会长伍贻康研究员回顾了英国的外交历史，认为当前英国的自我定位和其客观地位存在差距，存在自不量力或者心有余而力不足的情况。英国加入欧盟一波三折，加入后难以成为操盘手和轴心，其脱欧既有偶然性也有必然性。如果英国无协议脱欧，其经济和国际地位必将大为下降。英国的全球战略从某种角度又回到了“三环外交”，中、俄在其中的地位没有很突出。

复旦大学历史系朱联璧副教授指出，英国保守党政府近期支持率下滑显著。从英国2015年大选以来，保守党政府长期处于“竞选状态”，主攻舆论宣传，而缺乏治理对策，以至于面对脱欧、抗疫与对华关系等问题时宣传先行，行动滞后，导致疫情暴发后民意支持率波动剧烈英国放弃欧盟，难免需要回到英国加入欧共体之前的外交策略上，即全方位加强和前英帝国控制地区的联系，如加强和美国各方面的联系，加强和英联邦国家和地区之间的联系,可以将之解读为21世纪的“三环外交”。

上海国际问题研究院叶江研究员指出,做出脱欧决定后的英国提出了“全球英国”的战略定位,必然要把中英关系放在一个重要的地位,中英不太可能脱钩。中英互有所需,双边关系的改善与发展需要找到抓手。从商务部发布的贸易数据看,2019年的中英贸易额接近700亿英镑,比欧英、美英的贸易额少,但远超日英的300多亿英镑。另外,2019年对华投资国中英国排第2位。这些都说明中英具有较为紧密的经贸关系。不过,也有一些对中英关系不利的因素,比如英国社会和舆论对华不是很友好,英美特殊关系以及相关的联盟关系等。

上海外国语大学英语学院陈琦副教授认为,脱欧后的英国与特朗普政府的美国,在对外战略、对华战略目标上存在显著差异。英国作为中等强国,有其自身的国家利益,在对华关系的定位上与美国存在重大区别。英国将中国视为实现脱欧后“全球英国”战略的重要一环,经济贸易重要的增长点。中英关系发展平稳,甚至有助于撬动中欧、中美关系的转圜。然而,2020年3月以来,随着新型冠状病毒疫情在英失控,英政府防疫措施备受国内批评的情况下,英国方面开始出现“调整”中英关系、“降低对华产业链依赖”等所谓“反思”的声音。在过去的两个月内,英国反华人士表现活跃,由以往零星的发声演变成团队化并试图夺取政府对华政策制定主导权。可以说,中英关系目前面临着挑战,正处在一个十字路口。但是明显的事实是,“全球英国”战略要最终落地,积极的中英关系必不可少,一个稳定的中英关系符合中英两国人民的利益。

上海国际问题研究院欧洲研究中心副主任龙静博士认为新冠疫情严重干扰了英国的外交议程。首先,英国与世界上其他经济体开展谈判的进程因疫情受阻。英国将加入“全面与进步跨太平洋伙伴关系协定”作为经济外交的首要任务之一。英国希望能够开展自贸协定谈判的主要经济体包括美国、中国、日本、澳大利亚等。但美国严重的疫情发展导致谈判延期。英国希望通过与其他经济体达成协议来施压欧盟的路径也难以奏效。其次,疫情导致贸易保护主义和经济民族主义势头更加强劲,国际合作陷入困境,不利于英国“拥抱全球化”战略的推进。再次,英国内部在对华态度方面出现了重新评估、再做定位、急需调整的呼声,对约翰逊政府既往的对华政策构成了巨大的压力。英国“后疫情时代”对华政策尚处于举棋不定的观望中。

上海国际战略问题研究会召开第七届会员大会暨国际形势报告会

6 月 23 日，上海国际战略问题研究会召开第七届会员大会，进行换届选举，上海市社联党组成员、专职副主席任小文出席会议并讲话。

杨洁勉会长代表研究会作第六届理事会工作报告，从研究会加强党建工作、强化机制建设，围绕中心工作、开展学术研究和建言献策，积极组织各类学术研究和社会活动，不断培育国际战略研究新亮点新高地、积极推动青年人才培养工作等方面全面回顾了研究会四年来的工作，得到与会代表的一致肯定。大会还审议并通过了第六届理事会财务报告、研究会新修订的章程，并以无记名投票的方式选举产生了新一届理事会成员。在第七届理事会第一次会议上，选举产生了常务理事和新一届领导集体，杨洁勉担任会长，王蔚、仇华飞、吴莼思、张侠、张家栋、武心波、金永明、宣建裕担任副会长，吴莼思兼任秘书长。

会议特邀上海市台湾研究会会长、上海国际问题研究院副院长严安林作“当前国际战略形势和中国的台港问题”主题报告。

上海市WTO法研究会举行WTO争端解决专题研讨会

6月30日,上海市WTO法研究会以视频会议的方式举行WTO争端解决新问题暨《皇冠上的明珠》一书出版专题研讨会。会议邀请研究会理事、华东理工大学国际合作与交流处副处长、新书作者彭德雷副教授做专题汇报。研究会副会长、华东政法大学自贸区研究院院长贺小勇教授,研究会副会长、上海交通大学凯原法学院胡加祥教授和澳大利亚新南威尔士大学法学院高级讲师周围欢博士担任与谈人,会议由研究会会长、复旦大学特聘教授张乃根主持。研究会15名会员参加了在线会议。

彭德雷首先回顾了本书的写作背景,特别强调WTO争端解决机制在以往化解全球经贸争端、维护经贸治理秩序方面发挥的重要作用,但是当前WTO争端解决机制正陷入前所未有的危机,全球经贸治理也正面临困难。WTO法学者期待素有"皇冠上的明珠"之美誉的争端解决机制能够重新焕发光芒,避免后疫情时代全球经贸治理陷入"丛林法则"。之后,彭德雷对WTO上诉机构当下面临的危机做了概括性介绍对最新实践,并对未来的前景进行了前瞻性思考。

彭德雷介绍后,三位与会人分别结合各自研究兴趣进行了点评和介绍。贺小勇对彭德雷的新作予以了高度评价,认为这凝结了彭老师多年来在WTO法领域中精耕细作的集中体现,中国应该认真思考如何更好在WTO改革中发挥作用。胡加祥结合最近正在研究的中欧推动的《多方临时上诉仲裁安排》(MPIA)探讨在当前危机背景下,是否可能以临时上诉仲裁机制作为临时替代机制保证WTO争端解决机制正常运转。周围欢结合其关注的WTO改革热点问题,探讨中国面临的问题和未来可能的贡献。

会上,同济大学法学院师华教授、上海大学法学院李本教授围绕以往和当前研究重点,分别从WTO规则解读和国有企业"公共机构"地位厘清及推动中国尽快加入《政府采购协定》两方面进行了交流和分享。

上海市太平洋区域经济发展研究会召开第六届会员大会

7 月 12 日，上海市太平洋区域经济发展研究会第六届会员大会在上海社会科学院小礼堂举行。金永明副会长主持会议。

会员大会审议并通过了《上海市太平洋区域经济发展研究会第五届理事会工作报告及财务报告》和《上海市太平洋区域经济发展研究会章程》修订说明，选举产生了第六届学会理事、监事。在随后召开的六届理事会第一次会议上，选举产生了新一届学会领导班子。张卫刚为会长，金永明、夏立平、高兰、包承柯、张继红、何奇松为副会长，金永明兼任秘书长。

上海欧洲学会举行“历史交汇期的中欧俄关系”跨学会学术研讨会

9月16日，上海欧洲学会举行“历史交汇期的中欧俄关系”跨学会学术研讨会。本次研讨会系上海市社会科学联合会第十四届(2020)“学会学术活动月”项目，由上海欧洲学会、上海市俄罗斯东欧中亚学会和上海市世界史学会联合主办。

在百年变局和世纪疫情交织的背景下，推进合作创造共赢成为世界多国的共识。在9月14日晚举行的中德欧领导人视频会晤上，中德欧领导人就中欧关系以及双方在经贸、绿色、数字、抗疫等领域对话合作深入交换看法，为下阶段中欧关系规划方向，确定重点领域，一致同意加强沟通协调合作。

因此，中欧俄关系应如何进一步发展，如何更好地携手面向未来成为与会学者关注热议的焦点。来自不同专业的学者们的思想碰撞和观点交流给与会人员带来了诸多启迪和思考。在研讨阶段，共有8名学者发言，发言内容涵盖了欧盟宏观层面研究、内部具体国别分析和中欧俄关系探讨。

欧洲在处理对外关系时，必然会受到外部变量的影响。在复旦大学国际关系与公共事务学院外交学系系主任张骥看来，美国是一个重要的因素。“特朗普对欧洲采取了现实主义的态度，在关税、军费分担、气候变化等问题上向欧洲施压。”张骥认为，但“欧洲实际上有所反弹，内部的态度是有分化的”。同时英国脱欧后，美欧关系就变成了两个层面，英国对美国的依赖性会进一步地增强，但欧洲大陆会与英国的对美政策保持一定的距离。

俄罗斯也是欧盟地缘政治环境中非常重要的一环，尽管在和欧洲的关系当中受到美国的掣肘，但是俄欧关系总体向好。“目前，欧俄、德俄关系的合作需求有所上升。”同济大学德国研究中心主任郑春荣从德国的视角对俄欧关系进行了全面的回顾和总结。尽管美国威胁实施域外制裁，但是默克尔在与俄罗斯合作的“北溪-2”项目上，依然有所坚持，“德国和俄罗斯形成了共生的关系，而俄罗斯也在思考一个问题，该如何更好地定位与欧洲的关系”。

同时，欧洲的对外关系近些年来受到内部的牵制。其中欧盟对中东的外交政策就是一个很好的例子，上海社科院国际问题所副所长余建华表示，“欧债危机、金融危机、脱欧危机，和难民危机等，使欧盟对中东越来越不能够发出统一的声音”。而俄罗斯则讲究巧实力通过“四两拨千斤”在中东施加影响力。

此外，今年新冠肺炎疫情也在很大程度上制约了欧盟对外关系的发展，欧洲各国为疫情所累。但是复旦大学欧洲问题研究中心主任丁纯认为,从抗疫的效能来说,欧洲各国通过财政货币手段、数据保护、欧盟与成员国的联动以及“恢复基金”等途径仍旧取得了不错的效果。

默克尔曾表示“欧洲人要将命运掌握在自己的手里”,所以欧洲在看向外部世界时,也会寻求拓展更多的空间和可能性。就如上海国际问题研究所俄罗斯中亚研究中心主任强晓云在会上所说“在中欧俄关系中,应尽可能寻找更多的经济领域的共性”。上海市俄罗斯东欧中亚学会会长范军进而指出,中国不会接受冷战和意识形态划线这些概念,中国选择的主题是古今中西或者说是百年未遇之大变局。

上海市国际关系学会等举办"主动塑造有利国际环境 建设两个百年目标"学术研讨会

9月29日，上海市国际关系学会、上海国际战略问题研究会、上海市日本学会联合举办"主动塑造有利国际环境，建设两个百年目标"学术研讨会。本次会议是上海市社会科学界联合会第十四届(2020)"学会学术活动月"项目之一。上海市国际关系学会会长、上海国际战略问题研究会会长、上海国际问题研究院学术委员会主任杨洁勉主持会议。

与会学者认为，2020年以来，新冠疫情带来的挑战让国际环境发生急剧变化，国际环境日趋错综复杂，当今世界正经历百年未有之大变局。对此，中国不应是"应变量"，而要主动塑造外部环境，化解矛盾，应对挑战，塑造有利的国际环境。

对于当前国际环境，最受关注的莫过于中美关系。多位专家指出，我国外部环境目前面临的最大挑战是美国对中国的遏制和打压。

同济大学国际与公共事务研究院院长夏立平认为，当前国际环境正在逐渐形成一种新的两强多元格局。由于美国将中国视为对手，中美间关系发生对立、对抗。但目前的格局和冷战时期不同，还包含中美俄、中美日等多个重要的三边关系。虽然全球生产链、供应链在部分重组，但区域经济一体化将继续发展，绝大多数国家其实也不愿意在中美之间选边站。专家也指出，美国大选成为中美关系中的"变量"。上海市美国问题研究所常务所长胡华认为，在中美关系下滑的背景下，美国11月大选前的"惊奇十月"有可能来临。中美关系近期还会发生什么变化，一切都还有待冷静观察和沉着应对。

在中美紧张局势下，随着日本新首相菅义伟的上任，不少专家也将目光转向中日关系。上海市日本学会副会长兼秘书长蔡亮认为，"百年未有之大变局"意味着近代以来世界权力首次开启了向非西方世界转移扩散的过程，国际权力和全球治理几百年来在少数几个西方国家之间"倒手"的局面正走向终结，而日本主要是从西方国家的身份认同上来看待"百年未有之大变局"的。基于此，日本现阶段的对华政策呈现出明显的制度制衡特征，意图在对华合作中既要分享中国的经济红利，又要形成对华的制度优势。对中国而言，抓住中日关系的主要矛盾，认清矛盾的主要方面就显得至关重要。胡令远认为，中日关系的复杂超乎想象。日本既是我国一衣带水的近邻，具有1.2亿人口的强国，也是美国的盟国。中日之间还存在领土主权争议、历史问题等结构性矛盾。在美国把我国视作战略竞争对手、倾力打压的国际格局下，日本的对华战略选项及其政策对我国所处国际环境举足轻重。胡令远也表示，中日关系中还有经贸关系这一"压仓石"。9月25日，日本新首相菅义伟与习近平主席通电话时表示，要与中国一道推动区域全面经济伙伴关系协定(RCEP)早日实现，这是一个很好的信号，“王毅外长有望近期访日，如何打造两国合作的新平台，加大区域经贸合作是未来的当务之急。”

在“百年未有之大变局”下，专家认为，中国应该主动化解矛盾、应对挑战，塑造有利的国际环境。

上海国际战略问题研究会副会长兼秘书长吴莼思首先对“塑造”概念进行定义。她认为，“塑造”并不意味着“强制”，在当前中国外交的语境下，“塑造”是要延续和平稳定发展合作的国际环境，主动强化与其他国家的良性互动关系，加固全球及地区多边机制，建立新的有助于维护国际和平稳定的平台，加固正在松动的国际和平稳定支撑体系。夏立平则认为，中国今年正处在中欧关系、中日关系等多个战略机遇“窗口期”。他认为，要塑造有利国际环境，第一，应强调中国与世界其他国家之间的人类共同价值观，阻击美国组建民主联盟的图谋。第二，要争取今年达成中欧投资协定，让中欧经贸关系上一个新台阶。第三，重点推进与周边国家的关系，加快构建区域经济合作机制，推动 RCEP 年内如期签署。第四，在外交上继续谦虚谨慎，主动塑造有利环境。

华东师范大学国际关系与地区发展研究院院长刘军认为，塑造国际环境必须围绕几个关键国家来开展。对美国，“斗”字当头成为当前中美关系的主要基调，但要尽量维护“斗而不破”的局面；对俄罗斯，要按目前的既定方针办，不跑偏，不减速，维护好来之不易的大好局面；对日本，既要看到美日之间的战略共性，又要看到美日之间的矛盾与差异；对印度，要在上海合作组织框架内多做工作，努力实现中方一带一路与印度发展战略的对接。胡华则指出，在中美关系中，上海也能够发挥特殊作用。从中美关系发展历史来看，1972 年，中美发表了《上海公报》，强调坚持一个中国原则。里根、克林顿和奥巴马都曾在任美国总统期间访问上海，小布什总统也以在任总统身份出席了 APEC 上海峰会。胡华建议，可以发挥上海“海派文化”的优势，推进中美民间合作，还可以利用“乒乓外交”50 周年等关键节点做好中美友好的舆论工作。

上海市国际关系学会副会长、上海社会科学院国际问题研究所所长王健认为，如何认识机遇和挑战的新变化，是中国主动塑造有利国际环境，建设“两个百年”目标的立足点和出发点。目前，中国在全球价值链和产业链当中的地位举足轻重，这是中国的最大机遇。中国正在从外向型发展转向内生性发展，从要素型发展转向创新型发展，从地区性发展机遇转向全球性发展机遇。如何面对这些机遇和变化？王健认为，中国要有在中美关系上打持久战的战略定力和耐心，争取中美之间的“新中间地带”，也要加强国内对外开放，通过国内力量的增强赢得战略机遇期的主动优势。“大国外交和小国外交不同，大国从来不会只是外部环境的应变量。事实上，中国已经成为百年变局中的一个重要之变。”王健说。

上海社科院国际问题研究所副所长李开盛也认为，改善国际环境时要警惕“锤子钉子思维”，即把自己当作一把锤子，看别人都是钉子，觉得不顺就去锤几下。环境是一个互动的概念，“改变自己”也可以影响世界。李开盛表示，具体而言，中国改善国际环境有三个着力点。一是在坚持正当权利下改变自己，例如，国内正在探索以内循环为主体、内外双循环互动的发展模式，这将为其他国家提供更加广阔的市场，同时在一定程度上减轻对中国发展过程中过多获取他们的市场、资源等方面的忧虑，从而促进外部环境的改善。二是通过改变他人改善环境，可以利用好亚欧会议等平台，改变相关国家因为其自身的偏见、自私利益驱动等因素而形成的对华不友好的认知与政策。三是通过一“言”一“行”改变互动。从“言”的方面，中国可以优化外宣方式，讲好中国故事。从“行”的方面，中国应该继续大胆推动新型国际机制的创设，协调好中国与相关国家的行为互动，比如上合组织、亚投行的创设就是很成功的例子，目前正在进行的《南海行为准则》谈判、RCEP 协商也有这方面的功能。

杨洁勉会长在做会议总结时指出，上海国际关系学界一要着眼未来几年的重大事件节点加强综合性的战略研究，二要针对中央和上海当前的迫切需要提出基于深入研究的政策建议，三要立足大众传媒时代新特点做好与时俱进的舆论宣传，四要以高度的历史使命感做好学术梯队培养和队伍建设。

上海工艺美术学会举办“疫情常态下的工艺美术再思考”学术研讨会

2020 年初突如其来的新冠肺炎疫情对我国乃至全球政治、经济、金融、文化以及社会民生产生前所未有的冲击，作为与大众文化消费需求密切相关的工艺美术领域也不能独善其身，同样面临空前严峻的挑战，深刻影响着工艺美术未来的发展趋势。当下充分认清疫情对工艺美术产业的后续影响，化“危”为“机”，努力实现自我突破刻不容缓。11 月 15 日，上海工艺美术学会在上海工艺美术博物馆举行“疫情后常态下的工艺美术再思考”学术研讨会，结合行业特点，围绕“疫情后常态下的工艺美术再思考”这一重要命题，重点从文化、技术、生活三个层面，就“慢生活之下的手工艺”“传统工艺美术的文创开发”“人工智能发展对工艺美术的影响”“全球化时代带给当代上海工艺美术的机遇和挑战”等相关议题，组织业内专家展开学术研讨，为工艺美术产业的持续发展进言献策。会议由张心一会长主持。学会负责人以及部分会员近 40 人出席。

中国美术学院教授范凯熹和中国美术学院讲师章文在题为“人工智能环境下工艺美术设计的进化”演讲中，从技术现象学视角切入工艺美术设计人工智能的实践活动，期望通过人工智能环境下工艺美术设计的技术图示、实践取向和认知思维三个递进维度廓清技术图示转型、文化表征赋存及认知思维重构下的工艺美术设计人工智能新景观，构建 ACDAI-DSM 模型指导人工智能等系列化技术对工艺美术设计价值创造，推动我国工艺美术文化的“守常达变”与“守正出新”。他指出，人工智能是无法超越人类的丰富创造力和想象力这样的思维定势已经被现实所打破。人工智能系统使计算机具有了“智慧”的同时也拥有了“艺术细胞”。至今为止，人工智能的突破性发展使科技和艺术的交融能够更加进一步的发展，工艺美术设计的实践呈现出人人都是“智能工艺师”、处处都为“智能工艺所”、时时都有“智能数据池”、行行都为“智能展演厅”、链链都成“智能交易场”的工艺美术新景观。

上海视觉艺术学院时尚学院特聘教授毛文在题为“宅生活，宅出工艺美学新天地”演讲中，重点从疫情下的“宅生活”，给工艺美术发展带来的五大契机，即“手工艺是一种定海神针”、“嫁接云端的手工艺”、“手工艺植入社区生活”、“让手工艺成为职业备胎”、“不做手工艺者就做手工艺的传播者”作了深度交流。她认为，如今手工艺绝对是慢生活的象征，也凝聚着人类最伟大的智慧。从疫情中走出的人们，应该会更注重生活的质量，而不再盲目追求高效益，在有质量的“慢”调中，用一双双手创造灵感于生活的佳作，并感受生活带来的乐趣。手工艺的光芒，是人心折射出来的一束光，从此照亮传统手工艺在日常生活中的实用价值、美学价值以及人性价值。中国的工艺美术持续发展的历程中，也会记住2020年这个特殊的年份，以及“宅生活”带来的契机。

上海文人紫砂艺术馆馆长黄鹏程在题为“新冠疫情常态化之下的紫砂产销转型分析”演讲中，就新冠疫情常态化下，如何用最快的速度找到另一种“活法”，与大家分享了自己成功实践的经验和体会。他强调，回头看这过往的20年，每一次的沉浮，都是整个紫砂行业的从业者在“换一种活法”。虽然其中暴露出来的一哄而上的过度商业行为和工艺材质方面的投机取巧都在严酷的市场面前被遏制和摒弃，但每一次都能想到新“活法”的从业者们始终坚守着紫砂艺术并且依然“活着”，其中的变化无非还是生产方式和销售方式两方面的变化。

上海老凤祥有限公司名师设计中心副主任黄雯在题为“设计，发展之道”演讲中，结合为上海援鄂医疗队全体抗疫勇士匠心设计、制作《天使之翼》胸针之社会公益实践，着重从产品设计——艺术与文化的融合；工艺设计——技艺与科技的链接；人才队伍设计——专业与管理的桥梁；营销设计——服务与体验的拓展等四个角度，阐述了自己独特的学术思想。她认为，“设计”这个词，本意并没有特指拿着纸笔画图纸的设计师工作，更没有限制具体工作的内容和形式，一切有目标有计划的创新活动都可以称之为设计，一切有理想有执行力的人都可以尝试。正是“设计”之中包含的开放性，注定了只要能够拥有这种“敢想敢干”的创新力量，任何事业的发展之道必将越走越宽。工艺美术行业亦是如此。

书嘉手艺创始人张书嘉在题为“非遗面塑传承人化身新‘网红’”演讲中，就大家颇感兴趣的“努力尝试传统非遗面塑与新媒体平台的自然融合”之话题，表达了一位“网红达人”在这段特殊时期，通过发挥自媒体平台远程教学功能，让非遗面塑传授“不停摆”，从而使更多的人通过网络了解面塑、了解非遗、了解中国文化的理念、观点和做法。她指出，文化是一个国家、一个民族的灵魂。没有文化自信，不可能作出有骨气、有个性、有神采的作品。中华文化既是历史的、也是当代的，既是民族的、也是世界的。只有扎根脚下这块生于斯、长于斯的土地，才能接住地气、增加底气、灌注生气，在世界文化激荡中站稳脚跟。作为非遗文化的工作者和传承者，深知自己和团队身上背负的艰巨使命。这不仅仅关乎能力范围内能影响到的孩子和家庭，而是关乎国家的文化基础、人民的文化信心、祖国的文化未来。

最后，上海工艺美术有限公司总经理王永忠在讲话中高度肯定了这次研讨活动的学术成果。同时，他还就5G高科技在疫情特殊期给工艺美术行业带来的新变化、高度重视和发挥高端人才在工艺美术基础学科领域研究的引领作用以及全面领会和贯彻落实党的十九届五中全会精神，谋划好工艺美术行业第十四个五年规划和2035年远景目标，增强道路自信、理论自信、制度自信和文化自信等话题，作了深刻的分析，提出了建设性的意见和建议。

上海市台湾研究会召开第八届会员代表大会

12 月 18 日，上海市台湾研究会召开第八届会员代表大会，进行换届选举。会议由第七届理事会秘书长倪永杰主持。上海市社联党组成员、专职副主席任小文出席会议并讲话。

任小文在讲话中充分肯定了研究会五年来在开展学术研讨与交流、重大课题研究、高质量决策咨询等方面取得的成就，希望研究会在习近平新时代中国特色社会主义思想指导下，进一步发挥凝聚专家学者的聚力作用，研究方向的引领作用，为中央和市委对台工作作出更大的贡献。

大会审议并通过了第七届理事会工作报告、财务情况说明和新的章程，选举产生了第八届理事、监事。在随后召开的第八届理事会第一次会议上，与会理事选举产生了新一届研究会领导班子，严安林为会长，林冈、信强、盛九元、倪永杰、朱应平、陈小勇为副会长，万向群为秘书长。

上海市 WTO 法研究会召开会员大会暨学术年会

12 月 19 日，上海市 WTO 法研究会举行 2020 年会员大会暨“疫情下 WTO 与中国应对”学术年会，会议由中国法学会国际经济法学研究会副会长、上海市 WTO 法研究会会长、复旦大学特聘教授张乃根主持。来自相关研究领域的高校科研机构和实务部门的 70 多名专家学者与实务工作人员参加了会议。

张乃根代表理事会向全体会员汇报了 2020 年开展的相关工作，报告了学会负责人、理事和会员等今年在国家社科重大项目、教育部重大项目、中国法学会部级项目等方面获得立项的情况，以及在上海市决策咨询、有关领导批示、参与编写和审校《世界贸易报告》等方面取得的丰富成绩。此外，张乃根还向各位会员报告了 2021 年研究会将进行换届等相关事宜。

会议围绕“疫情下 WTO 与中国应对”主题，分“WTO 争端解决的问题”、“疫情下 WTO 贸易规则的新问题”、“WTO 改革与新规则谈判”和“中国自贸区(港)建设与区域经贸协定相关的新问题”四个专题展开，分别由陶立烽教授、李本教授、陈建平副会长、贺小勇副会长主持。20 位专家学者分别进行了专题交流发言，5 位评论人对交流发言做了精彩点评。

通过学术交流、大家对 WTO 争端解决机制的危机、现有方案及中国应对；WTO 晚近争端解决中安全例外条款解释；新冠疫情下国际技术转让、专利强制许可及区域合作；WTO 改革和新规则谈判中的热点和难点问题；自贸区(港)建设中的新问题；RCEP 与 BITs、RTAs 之间的协同互动；以及海外工程合同法律风险防控实务等问题有了更加清晰的认识。

与会专家学者和实务人员还对疫情影响下 WTO 的“变”与“不变”等诸多问题进行了深入的交流互动，为进一步研究提供了良好的思路，也为将学术研究转化为决策咨询、政策建议和未来法律制度提供了更好路径。

民办社科研究机构

上海长三角商业创新研究院举行授牌仪式暨第二届长三角商业创新大会

6 月 16 日，上海长三角商业创新研究院举行授牌仪式暨第二届长三角商业创新大会。上海市社联党组书记、专职副主席权衡，市民政局副局长蒋蕊出席会议并讲话，商创院理事长车建新为大会致辞，市社联党组成员、专职副主席任小文出席会议，商创院院长陆雄文主持会议。来自长三角地区十多个城市的专家学者和优秀的企业负责人 100 多人共聚一堂，分享创新实践和智慧，共享创新成果和经营哲学的变革之道。

权衡在讲话中指出，近年来，上海市社联积极组织社科界专家学者和所属学术团体，围绕中心、服务大局，在推进上海建设社会主义现代化国际化大都市、五个中心和三项新的重大任务建设等方面开展学术研究和决策咨询，积极培育发展一批适应新时代学术和社会发展需求的学术团体，充分发挥学术团体服务科学决策和国家治理的智库功能。作为上海市社联所属学术团体中首家以长三角命名和研究对象的民非机构，商创院要在长三角区域协调发展中聚焦党和政府决策需要，发挥智库功能，深入开展商业创新理论研究与实践探索，推动创新成果的互助与共享，推动企业、产业、学术及政策四个层次的创新与融合发展。

权衡希望商创院在今后的建设和发展中，一是要加强自身建设，建设成为坚持正确导向、内部管理规范、作用发挥突出，充满活力的模范学术团体；二是要能够推出更多高水平的研究成果，成为理论创新的重要基地和决策咨询的重要力量，建设成为智库型学术团体；三是要能够在理论创新与商业实践方面探索更好的模式，在长三角一体化过程中发挥引领和标杆作用。

蒋蕊在发言中表示，商创院成立以来，在搭建队伍与组织架构的同时，开展了各项创新研究、产学研对接活动，与知名企业、学府和智库共建互助协同平台，取得了亮眼的成绩。希望商创院在以后的工作开展中，能持续发挥专业水平，进一步助推长三角高质量一体化。

车建新在致辞中强调，商创院期望联合长三角区域的主流研究机构、行业协会以及优秀的商经企业代表，开展创新研究、产学研对接和报告发布，共同建立互助和协同平台，从而推动新时代、新格局下的发展样本和创新引领，为上海、长三角乃至于全国提供商业和科技创新的智慧平台。

随后，商创院举行了颁发理事聘书、内设研究所授牌等仪式，并与来自上海社会科学院、复旦大学管理学院的专家学者代表签署了合作协议。

在下午的活动中，商创院与复旦大学管理学院联合主办了第二届长三角商业创新大会暨《2019 长三角商业创新样本》发布会，大会以“创新引领、科技赋能、价值重塑”为主题，邀请诸多专家学者、长三角优秀企业代表们分享新经济情势下的创新探索与思想变革，共促长三角经济的快速发展。入选创新样本的 11 家企业，是《长三角商业创新样本》执委会基于选样模式和九大范畴 21 个指标的评审要求，并结合国家发展战略的关键要素进行选取。2019 年度创新样本说明中国创新产业、创新经济业态和模式的自我进化，并彰显了中国企业自主创新的精神和智慧。样本执委会还在大会上宣布启动《2020 长三角商业创新样本》计划。

作为上海长三角商业创新研究院的重要品牌项目，样本基本形成了“一年一书一会”的基本模式。2020 年将规划在此基础上增加创新展览，逐步强化媒体传播和资源的有效开发和利用，构建四合一模式。

学术期刊

XUE SHU QI KAN

《学术月刊》被评为“RCCSE 中国权威学术期刊(A+)”

金平果 RCCSE《中国学术期刊评价研究报告》(以下简称《报告》)是邱均平教授团队创立的四大科教评价报告之一,于 2009 年 3 月正式推出第 1 版,随后于 2011 年、2013 年、2015 年、2017 年分别推出第 2 版、第 3 版、第 4 版和第 5 版《报告》。在十多年的努力中,该项目组在评价方法、评价指标、评价系统的理论研究和实践应用方面均取得了重要突破,已经形成了相对成熟的科学评价体系,是国内主流的七大期刊评价体系之一,现已有 2000 多家出版机构和 800 多个科研管理部门将《报告》的评价结果作为办刊质量评估和科研成果统计的重要参考工具。2020 年《学术月刊》被评为“RCCSE 中国权威学术期刊(A+)”。

《学术月刊》杂志社召开“人文社科中文学术期刊国际化”研讨会

2020 年 5 月 16 日上午，由《学术月刊》杂志社举办的“人文社科中文学术期刊国际化”研讨会在上海市社联召开。上海市社会科学界联合会党组成员、二级巡视员陈麟辉致辞，对与会专家表示热烈的欢迎和诚挚的感谢。《学术月刊》总编姜佑福主持会议并作研讨主题说明。中共上海市委宣传部传媒监管处处长赵靖，上海人民出版社社长、总编辑王为松，上海市哲学社会科学规划办公室主任李安方，上海市期刊协会副会长兼秘书长、上海大学期刊社社长秦钠，上海财经大学出版社社长金福林，上海社会科学院智库建设基金会秘书长李轶海，中共上海市委宣传部传媒监管处二级调研员顾月明，上海社会科学院国际合作处处长程福财，上海市期刊协会常务副秘书长莫淑江等参加了此次会议，就人文社科学术期刊的国际化主题作交流发言。

与会专家普遍肯定人文社科学术期刊国际化的重要意义，就具体的路径如话题设置、论坛举办、编译质量、传播途径和发行方式等方面提出有针对性的建议和对策，并分享了相关社科期刊英文刊“借船出海”的经验，提出应借助学科优势，充分利用好本地基础和区位优势，有计划、有步骤地推动人文社科学术期刊的国际化，最终形成大格局、有成果的国际化。姜佑福总编在会议答谢中表示，本次会议成果丰硕，收获了诸多专业且中肯的建议，人文社科学术期刊的国际化不仅是《学术月刊》未来努力的目标，也是上海市乃至全国期刊界和学术界共同关注的内容，希望未来结合大家的建议，同时依托上海独特的区位优势和平台，将《学术月刊》打造成上海的国际学术名片。

《学术月刊》杂志社等联合召开第八届边疆中国论坛暨“边疆研究中的国家观、历史观与民族观”学术研讨会

2020年8月22日，由上海市社科联《学术月刊》杂志社与云南大学民族学与社会学学院联合主办的第八届边疆中国论坛暨“边疆研究中的国家观、历史观与民族观”学术研讨会在云南大学召开。

本次学术论坛吸引了全国各地多所高校和科研机构的专家学者前来参会。来自中国社会科学院、复旦大学、四川大学、兰州大学、吉林大学、北京师范大学、华东师范大学、浙江师范大学、陕西师范大学、云南民族大学、云南大学等十余所高校的民族学、历史学、民族史学及相关学科领域的30余位专家学者出席了此次边疆中国论坛。

论坛开幕式由云南大学民族学与社会学学院院长关凯教授主持，云南大学民族学与社会学学院党委书记李晓斌教授致辞。李晓斌教授在致辞中向与会专家学者介绍了云南大学民族史学科的建设与发展情况。

论坛的主旨报告阶段由复旦大学历史地理中心姚大力教授作了题为“匈奴帝国与汉朝对匈关系的演化：关于早期北亚史的读书札记”的报告，复旦大学民族研究中心纳日碧力戈教授作了题为“兼和相济：国家与民族辩证统一之道”的报告，云南大学民族学与社会学学院王文光教授作了“司马迁的民族思想与民族共同体谱系建构”的报告，云南大学民族学与社会学学院方铁教授作了“南诏的地缘政治观及其实践”的报告，中国社会科学院历史所定宜庄教授担任评议人，她对以上报告做了翔实、精彩的学术评议。

论坛的小组讨论阶段专家学者们围绕“中华民族共同体与中华民族多元一体格局的理论建构”“历史研究中的文明叙事、国家叙事与民族叙事”“中国边疆社会多元形态的历史演进”“中国边疆社会的现代化转型与治理”“西南边疆的生态、族群与宗教信仰”“中国边疆族群的历史书写与文化比较”“边疆族群与跨境民族研究”“比较研究视域下的中国西北与西南边疆治理”“边疆族群知识与话语构建”“新时代的边疆族群的交流、交往与交融”等议题进行了深度的交流与探讨。

论坛自由讨论阶段，由《学术月刊》杂志社编辑周奇主持。讨论主题为民族史研究与民族学学科发展。中国社会科学院历史所定宜庄教授，复旦大学姚大力教授、纳日碧力格教授，云南大学民族学与社会学学院的王文光教授、方铁教授、李晓斌教授、李志农教授，云南大学历史与档案学院刘正寅教授，华东师范大学历史系李磊教授、社会学院刘琪副教

授，兰州大学历史学院张景平教授，陕西师范大学中亚研究中心黄达远教授，云南大学民社学院覃延佳副教授等专家学者对“民族史研究与民族学学科发展”“民族史与民族学学科之间的关系及未来走向”“边疆研究中的视角、思路与范式”等民族史研究和学科发展中的若干学术理论问题和学科发展问题进行了充分、深入的讨论，提出了诸多有建设性的建议。

最后，云南大学民族学与社会学学院院长关凯教授根据各组讨论情况向大会作总结报告。关凯教授指出本次会议讨论热烈，观点创新，内容兼具广度与深度；经过两天的研讨，与会学者对本次论坛拟定的议题予以回应，以跨学科、多视角、多维度的方法对中国边疆族群历史、现代国家建构的知识话语等进行了探讨，开拓了边疆研究的新视野、新取径、新方法。

《学术月刊》杂志社等联合举办第九届汇智公共经济学论坛

由《学术月刊》杂志社、《比较》编辑室、中国人民大学应用经济学院和上海汇智经济学与管理学发展基金会共同举办的“第九届汇智公共经济学论坛”，于2020年8月29日至30日在上海市青浦区成功召开。本次论坛的主题为“后疫情时代全球治理与发展再展望”，来自北京大学、清华大学、中国人民大学、中国社会科学院、南京大学、复旦大学、上海交通大学、《学术月刊》杂志社和《比较》编辑室的近二十位专家学者出席论坛并作精彩发言与讨论。上海汇智经济学与管理学发展基金会秘书长黄少卿作开场致辞。会议全天分为四个主题研讨阶段，每阶段均有主题发言和自由发言环节。

上午的第一阶段主题为“如何理解‘以国内大循环为主体、国内国际双循环相互促进’”，中国社科院世界经济与政治研究所杨盼盼作了以“构建‘双循环’格局的国际经验比较与启示”为题的主题发言，她介绍了双循环格局作为一个政策表述的缘起和背景，并且就如何理解国内国际循环进行了学理阐述，最后，她从国内市场和国际市场中本国企业增加值占比的角度，就各国对国内循环与国际循环的依赖程度进行了测算与国别比较，由此对未来中国如何确保产业链效率与安全提出了相关政策建议。中国社科院黄阳华、上海交大黄少卿、中国社科院林盼、中国人民大学杨其静和北京大学余昌华等人分别就双循环的概念与内涵、双循环理解上可能的歧义、双循环背景下政府政策对效率和安全的权衡，以及由此可能发生的政策调整与企业调适等问题进行了热烈论辩。

第二阶段主题为“后疫情时代如何协调公卫环境治理与经济发展”，复旦大学经济学院李志青以“实现环境治理与经济发展相协调的若干思考”为题展开主题发言，他首先从环境库兹涅茨曲线出发，从理论上探讨了环境治理与经济发展实现相互协调的可能性及其条件，然后，通过长三角地区的六个调研案例，分别从环境与经济发展、环境与金融发展、环境与社会治理、环境与市场治理、环境与区域发展、环境与三农治理之间如何实现协调进行了详细分析。南京大学郑江淮、上海交大黄少卿、清华大学陈玲、上海交大张传勇、中国人民大学杨其静和林晨、中国社科院黄阳华等人分别就环境治理标准的动态调整、权力管控和权利博弈两种协调机制的差异、基于规则的治理及其工具、环境治理的区域利益协调，以及处于不同经济发展阶段的区域间环境治理的成本收益分析问题进行了精彩讨论。

下午开始的第三阶段主题为“全球经贸和公共卫生协调治理机制的重塑”，北京大学国家发展研究院余昌华基于自己的学术论文做了题为“国际资本流动、金融危机与经济政策”的主题分享，他首先区分了以国际贸易为基础的 FDI 和以金融相关的证券投资和银行贷款等两种资本流动，并就资本流动与金融危机的关系，开放资本账户对一国的有利影响和因抬高企业杠杆率导致风险暴露的不利影响，以及进行资本管制的各种政策工具及其有效性展开讨论，最后就人民币国际化前景作了简单分析。南京大学郑江淮、上海交大黄少卿、中国人民大学杨其静、中国社科院黄阳华、杨盼盼和林盼分别就不同资本流动的最优选择、中国开放资本账户管制的条件是否成熟、全球安全资产的供需失衡与中美博弈、经常账户和资本账户下顺差逆差的不同搭配下的金融风险，以及中国如何在既有国际秩序下发挥更大作用等问题进行了坦率的观点分享。

第四阶段主题为“新一轮科技发展与全球经济增长新动力”，南京大学经济学院郑江淮以“数字化技术、全球价值链双向流动与中国新旧动能转换”为题作了发言，他首先介绍了产业数字化的概念及在不同国家政策上的具体表现，随后详细介绍了产业数字化对经济活动各个方面可能带来的潜在影响，包括工业机器人对工人的替代、制造业更快的创新，衍生的对包括各类知识密集型服务业巨大需求和发展机会、全球价值链和产业集聚的重构、城市化模式的调整，以及产业竞争和市场结构的变化。最后，基于这些方面的潜在影响，他进一步分析了数字技术将如何塑造中国增长新动能及相应的政策诉求。中国社科院黄阳华、上海交大黄少卿、《比较》编辑室余江、清华大学陈玲、中国人民大学林晨和复旦大学李志青分别就数据成为独立生产要素后对二三产业关系的影响、制造业自动化对中国参与全球分工能力的削弱与制造业回流美国、数字技术引发的收入分配两极化的加剧、数字技术对一国经济体制的影响、数字技术引发产业集聚模式的变化与城市间关系的变化、数字技术对经济的影响依然受资源能源环境约束等问题进行了讨论。

《学术月刊》杂志社编审沈敏介绍了月刊的学术定位和用稿偏好，并期待与会专家的踊跃投稿；《比较》编辑室余江感谢在座专家长期的支持，希望与大家继续合作。中国人民大学应用经济学院林晨简短总结了本次会议的成果，进行了闭会致辞。

《学术月刊》杂志社等联合召开“培育与大变革时代相称的社会学想象力研讨会”会议综述

在新冠疫情继续肆虐全球，世界格局波谲云诡的当下，为了回应大变革时代对国家和社会提出的挑战，由《学术月刊》杂志社与南京大学当代中国研究院联合举办的“培育与大变革时代相称的社会学想象力研讨会”，于 2020 年 9 月 19 日上午在南京大学拉开帷幕。南京大学党委常务副书记杨忠教授，中国社会学会会长、上海大学“伟长特岗教授”李友梅，南京大学文科资深教授、当代中国研究院院长周晓虹教授，上海市社会科学界联合会党组成员陈麟辉研究员，《学术月刊》姜佑福总编辑及“长三角社会学论坛”各个高校的学科带头人出席会议并分别作了精彩发言。

开幕式由周晓虹教授主持，杨忠书记、李友梅教授、陈麟辉研究员致欢迎词。各位发言人围绕习近平总书记 2016 年 5 月 17 日在哲学社会科学工作座谈会和 2020 年 8 月 24 日在经济社会领域专家座谈会上的讲话，对大变革时代下的社会经济结构变迁和社会学想象力的培育提出了独到精辟的解读，强调理论与政策创新要立足于中国实践，更好地服务于中国社会的现实发展。陈麟辉研究员特别感谢了各位专家学者对《学术月刊》增设“社会学栏目”的关照和支持。

第一单元由华东师范大学社会发展学院院长文军教授主持，李友梅教授以法国社会理论家罗兰(Laurence Roulleau-Berger)的“后西方社会学”(Post-Western Theory)概念作为引子，提出社会学知识话语体系的建构和“后西方社会学”的提出是两个相辅相成的议题，这提示我们要从两个维度来把握“后西方社会学”，一是西方或东方均不占支配地位，两者实际上是一种相互沟通、互惠的关系；二是强化对社会学本土化的再认识，即从中国实际出发生产的社会学知识并不排斥西方社会学。所以，“后西方社会学”的“后”既不是以西方社会学为基础，也不是指从西方社会学衍生出来的知识，而是西方和东方社会学相互交流、反思后的成果。

姜佑福研究员从《学术月刊》的办刊宗旨和历史沿革全方位对该刊进行了介绍，并具体阐明了增设“社会学栏目”的扩版设想。王月清处长介绍了卓越研究计划与南京大学“双一流”建设的总体建设思路和建设情况。王文军主任介绍了中文社会科学引文索引(CSSCI)的历史沿革、发展历程和现状，特别指出 CSSCI 对中国学术话语体系建立的意义取决于中文在世界学术语言中的地位，因此应该大力推动中文成为世界科学交流的主要语言。

第二单元的讨论由上海大学社会学院院长张文宏教授主持。教育部“长江学者”特聘教授、南京大学社会学系主任翟学伟教授汇报了他在儒家、生活与本土理论关怀方面卓著的研究成果，分别勾勒出关于本土化理论、社会信任研究和儒家道德的社会化路径三项研究的基本理论架构。

华东师范大学社会发展学院院长文军教授则从新冠疫情带来的重大社会变化当中得到启发，倡导从“风险”理论拓展到“不确定性”理论，从“风险”与“不确定性”的联系和区别、为什么要研究“不确定性”以及如何应对“不确定性”三个方面介绍了“不确定性社会学”的理论意涵。

浙江大学社会学系毛丹教授首先分享了他 1987 年首次在《学术月刊》上发表文章的难忘经历，然后对既有的西方社会转型理论提出批判，指出这些理论视角与现代民族国家的强大现实不符，更重要的是这些理论未能为中国的社会转型实践提供恰当的解释。基于此，毛丹教授提出影响社会转型的三种国家—社会关系模式：国家窄覆盖类型、国家宽覆盖类型和国家全覆盖类型，并将该理论范式应用到具体的中国社区研究、社会组织研究、饭圈研究、僧侣研究、江湖社会研究等研究主题。

复旦大学社会发展与公共政策学院周怡教授由价值观与行为模式的不一致性出发，对文化社会学视阈下的价值观、行为模式研究进行了深入思考，指出无论是以英格尔哈特(Ronald Inglehart)为代表的社会宏观层面的理论模式，还是以英克尔斯(Alex Inkeles)为代表的个体微观层面的理论模式，都忽略了社会结构变迁如何传导到微观个体的中间动员、学习和接受过程。而周怡教授旨在借用“文化结构”这一概念，将宏观层面的结构变迁与微观层面的个体/群体价值观及其行为模式变动连接起来，建构更加精致的价值观及行为模式理论。

第三单元的讨论由浙江大学社会学系毛丹教授主持。本单元第一位发言者是南京大学社会学院院长成伯清教授，他以从总体性的角度考察情感的社会结构为基本出发点，运用情感体制(emotional regime)这一概念，从中国历史里面挖掘中国传统秩序的情感基础。中国轴心时期墨家的式微与儒法合流导致了中国传统社会的三重秩序的形成，由此构成了中国人异常稳定的情感结构。

复旦大学社会发展与公共政策学院副院长胡安宁教授首先梳理了文化社会学的认知转向的两条路径——嵌入社会的认知和构建社会的认知，而这两条路径似乎陷入了主客二元论的困境之中，由此提出第三条道路——认知成为社会和行为的中介——是否可能。通过政治文化对政府信任的影响研究示例，揭示认知结构如何起到中介作用，从而影响了人们看待和认识不同政府层级的方式并进一步影响人们的政府信任。概而言之，如果第一条道路是文化决定认知，第二条道路是认知决定文化，那么第三条道路就是认知是文化发挥作用的媒介。

浙江大学钱力成副教授则探讨了记忆社会学何以可能与何以可为的问题，其基本的问题意识是社会学如何贡献记忆研究。他指出，记忆社会学关注的是记忆的社会性，关注过去与现在(甚至未来)的关系以及这种关系如何影响行动者的话语、行为、社会结构并受后者的影响。所以，记忆不仅是研究主题，更是一种研究思路。他分别用美国记忆研究的形式—结构取向和中国记忆研究的场域—关系视角两个理论案例进一步阐发了记忆社会学的特点和贡献。

上海大学社会学院院长张文宏教授从公共政策的视角思考社会不平等问题。首先必须承认,社会不平等是不可能绝对消除的,自有文字记载以来,人类历史就是社会不平等的历史,所以关键问题在于我们如何通过制定更好的公共政策来缓解社会不平等?从政策制定角度说,我们需要制定能够与时俱进的贫困线标准;从政策执行角度说,我们需要完善和加强刚性政策(法律)的制定和惩罚机制。在今后的扶贫和缓解社会不平等的公共政策中,要注意区分机会平等和结果平等、形式平等和事实(实质)平等、客观平等和主观平等、绝对平等和相对平等。

华东理工大学社会与公共管理学院院长何雪松教授用流动、组织与治理三个关键词来界定当代中国社会的主要特征。其中,流动性包括横向的空间人口流动和纵向的社会地位流动,而流动性是经济发展的重要指标。与流动性相伴而生的市场经济的发展使得改革开放后的中国社会呈现出分化逻辑,这就涉及如何重新组织、整合社会的问题。在组织中,又要实现对群体或社会的有效治理,尤其是近年来的技术治理趋势格外显著。最后,何教授提醒大家要谨慎对待治理限度的问题。

最后一个单元由南京大学社会学院院长成伯清教授主持。南京大学中美文化中心主任陈云松教授在对传统定量社会学困境的批判基础上,提出重启宏观定量社会学,并对宏观定量社会学的特征和意义予以阐述,最后将其与理论生产结合在一起,认为定量社会学不仅可以对现有大理论进行实证检验和拓展,还可以直接助力原创理论的生成。

上海大学社会学院副院长黄晓春教授关注中国政策设计与执行中独特的制衡机制。他首先对政策设计与执行研究中的"整体主义上下观"提出批判,认为"条块"政治的意义被严重低估。然后从中国历史与传统中,探索"条块"政治所具有的治理意涵,认为国家治理中的制衡、节奏以及收权—放权都可以通过这个维度来运行。通过把"条块"政治带回既有研究,主流的激励权理论、政府竞争等理论将面临重大挑战,这或许可以为中国治理研究提供新的理论创新基石。

安徽大学社会与政治学院院长吴理财教授基于新冠疫情期间的国家防控策略思考,提出"解空间化"概念,即封闭管理、筛选与分类、隔离和实名管理将一定空间社会关系解析为一个个零散的个体,最终实现对个体的有效控制和管理。由于"解空间化"切断了正常的社会连结,削弱了社会团结和社会力量,增强了个体对既有体制的依赖,所以呼吁我们应该重新迈向一种"再空间化"。

河海大学施国庆教授同样基于疫情限制全球人口流动的背景,探讨国际视野的工程社会学和移民研究问题,从人口流动的原因、大规模移民的过程、移民社会的重建与冲突、移民空间的再造、移民主体的多元性以及移民研究与工程社会学的关系等多个维度介绍了他们近年的研究工作。

最后发言的是周晓虹教授,他简要介绍了南大"双一流"建设"卓越研究计划"项目——社会学理论与中国研究的项目进展和预期成果后,周晓虹教授特别强调了国家叙事与个人叙事之间的内在关联:正是活跃在毛泽东和邓小平这两大时代中的千百万普通而平凡的人物群体及其个人生活史，建构了我们民族横跨七十年的当代奋斗史。因此，该研究项目将从社会学（或涂尔干的社会学主义）的角度出发，研究集体记忆何以可能以及集体记忆的社会建构两大议题，深入分析七十年来的中国道路，以紧迫的历史责任感和丰富的社会学想象力，锻造中国研究的全新平台。

《学术月刊》杂志社等联合召开“马克思主义理论研究高峰论坛”

2020年12月5日，由《学术月刊》杂志社和上海社会科学院中国马克思主义研究所联合举办的“马克思主义理论研究高峰论坛”在上海社会科学院召开。上海市社会科学界联合会党组书记、专职副主席权衡研究员，上海社会科学院党委书记徐威研究员出席会议并致辞。

权衡书记在致辞中指出，坚持和巩固马克思主义在意识形态领域的指导地位，是我国的一项根本制度，坚持以马克思主义为指导，也是当代中国哲学社会科学区别于其他哲学社会科学的根本标志。近年来，市社联在中共上海市委、市委宣传部的领导下，开展了改革开放40周年、新中国成立70周年和建党100周年的系列研究，成立了16家哲学社会科学话语体系建设基地，凝练了12个基本问题深入开展习近平新时代中国特色社会主义思想的系统化学理化研究，积极倡导和组织上海社科领域“五路大军”以学术方式研究和表达中国特色社会主义新发展阶段、新发展理念和新发展格局，力争推出一批上海马克思主义中国话研究的优秀理论成果为党的百年诞辰献礼。

本次论坛的主题为“马克思主义新发展与世界社会主义新态势”。中国社会科学院学部委员、中国社会科学院大学首席教授程恩富，上海社会科学院原党委书记潘世伟教授，中国社会科学院马克思主义研究院副院长林建华教授分别就“恩格斯和列宁思想的当代价值”“中国特色社会主义发展进程”“马克思主义基本原理与中国实际相结合的新时代意蕴与意义”发表主旨演讲。

程恩富教授指出，今年是恩格斯诞辰200周年和列宁诞辰150周年，我们要重视研究恩格斯和列宁的光辉思想及其当代价值；继承并发展恩格斯的工人阶级自我解放思想，对于推进当代资本主义国家工人阶级的自我解放具有启迪意义；列宁继承和发展了马克思主义理论，特别是对落后的东方国家实行无产阶级革命和社会主义建设的理论发展做出了重要贡献。潘世伟教授指出，马克思主义理论研究，需要考虑如何把社会主义、现代化和国家融为一体进行整体思考，聚焦人类实现现代化的多重路径、社会主义现代化的内生性和优越性、不同类别的现代化路径及相互关系、中国现代化的能级以及文明型国家现代化的特殊性等核心问题。林建华教授认为，创造性解决中国问题是马克思主义基本原理与中国实际相结合的新时代意蕴，马克思主义基本原理与中国实际相结合的新时代意义主要体现在党的领导和中国特色社会主义制度优势、构建新发展格局、探索形成社会主义建设规律等方面；在基本建成社会主义现代化国家的新征程中，我们要继续坚持马克思主义基本原理与中国实际相结合，在危机中育先机，于变局中开新局。

上海社会科学院国外社会主义研究中心徐觉哉研究员，中国社会科学院马克思主义研究院国际共运部主任潘金娥研究员，华东师范大学党委宣传部部长、马克思主义学院院长顾红亮教授，同济大学马克思主义学院院长徐蓉教授，上海市教育发展基金会副秘书长薛飞以及上海社会科学院《毛泽东邓小平理论研究》常务副主编曹泳鑫研究员围绕论坛核心议题进行了主题发言。与会专家表示，马克思主义理论与世界社会主义运动的学术研究必须立足实践、直面现实，处理好理论与实践的关系，把握好国际与国内的联系。

第十届上海市政协副主席，上海市教育发展基金会理事长，上海社会科学院原党委书记、院长王荣华教授对本次论坛进行了总结。他强调，高举马克思主义旗帜，坚持和发展马克思主义，需要“在马言马”“在马信马”“在马践马”和“在马建马”，在中国史和世界史交汇融合的大视野中推进当代中国马克思主义理论研究，推动马克思主义理论学科建设和人才培养工作。

上海社会科学院中国马克思主义研究所所长黄凯锋研究员、《学术月刊》杂志社总编辑姜佑福研究员、上海社会科学院中国马克思主义研究所副所长轩传树研究员分别主持论坛开幕式、主旨演讲和主题发言。《光明日报》《解放日报》《文汇报》《社会科学报》《中国社会科学报》《澎湃新闻》等媒体代表参加了此次论坛。

《学术月刊》杂志社等联合举办第八届传播视野下的中国研究论坛

2020年12月18—19日，第八届传播视野下的中国研究论坛在华南理工大学新闻与传播学院举行。本次会议主题为“媒介变迁与知识生产”，来自全国各地和广州本地的二十余位学者从媒介变迁、文本传播与报刊受众样态等方面深入探讨了传播视野下的近代中国社会变迁问题，展示了最新的研究成果，并通过多方对话和深入讨论提出了诸多宝贵的建议。

本次研究论坛由上海市社会科学界联合会《学术月刊》杂志社、复旦大学信息与传播研究中心主办，华南理工大学新闻与传播学院承办。华南理工大学新闻与传播学院副院长蒋建国教授主持开幕式，华南理工大学新闻与传播学院院长苏宏元教授致欢迎辞。浙江大学资深教授黄旦在致辞中强调要把握近代以来社会知识生产方式变革的路径，探寻媒介研究的新方向、新方法。《学术月刊》周奇编辑在致辞中提到本次研究论坛旨在克服学术盲点，走出固有思维。

研讨伊始，浙江大学资深教授桑兵作“新文化运动与杂志之学”主题演讲，桑教授讲述了新文化运动书刊的扩张发展历程，强调了报刊作为测量社会变动之工具的重要作用，并在此基础上进一步探讨了传媒历史的研究方法。随后，参会学者依次发表了研究报告。

复旦大学马建标教授通过对“九一八”事变后中日两国国际宣传的历史观察，从新的角度揭示中日两国政府如何处理“九一八”事变所造成的“东亚危机”，以及如何“述说”这种危机的成因及其影响，争取第三方特别是英美国家的支持，从而实现本国利益的最大化。复旦大学张仲民教授从传播史和阅读史的角度阐述了胡适新文化偶像地位的塑造过程，强调新文化运动中的“互动”和“运动”因素的意义和影响，展示了媒介与受众的互动过程与受众反馈在传媒史研究中的重要性。

暨南大学赵建国教授着眼于清末民初报刊对报律的态度流变过程，考察了新闻界法制观念的变化历程以及制约近代中国新闻法制的建设进程的诸多历史因素。华南理工大学郑宇丹教授通过清朝袁枚“性灵说”的传播研究，阐述了清乾隆后期公众自利性话语的传播状况，考察了近代文化下行的社会现象及其对中国近代社会危机产生的重要影响。

上海大学新闻传播学院周叶飞老师从“媒介”的尺度考察了晚清民初的讲报和听报实践，为理解近代中国的“公共”“公共性”“公共生活”提供了声音的面向。上海社会科学院助理研究员董倩从“媒介学”的视角切入，重新审视“南京路上好八连”革命典型的运作模式，展现了不同媒介对这一革命符号的语义改写和再塑造的过程。湖南大学助理教授季凌霄对晚清民国时期“噪声”观念的生成及内涵进行了考察。华东政法大学郭恩强副教授考察了 20 世纪 30 年代中国城市民众的书刊阅读状况，刻画了“现代”读者的群像。华东政法大学詹佳如副教授以“杨月楼案”为例，从《申报》的视角出发，考察报刊对社会事件的介入问题，展示了近代报纸实践的特殊性及其政治影响。上海社会科学院副研究员徐涛以丰厚的史料为基础，梳理了孙中山《实业计划》的成书路径。

上海社会科学院助理研究员徐佳贵以蒋梦麟在“五四”前后的言行为主线，结合相关的组织行为逻辑，阐述了蒋梦麟在新文化运动“生成”过程中起到的作用，揭示新文化运动“生成”史在聚焦于北大或《新青年》的主流叙述之外的一个重要面相，打开新文化运动人物研究的新思路。南京师范大学操瑞青副教授通过研究 19 世纪中国报刊媒体与史学传统的对接和互动史实，在宽广的时空脉络上重新刻画了新闻与历史的关系。广州大学黎藜副教授以民国前期黄花岗起义历史记忆形成与演变的过程为考察对象，探讨在黄花岗起义经典化的过程中这一历史记忆是如何被书写的以及如何从一党记忆成为民族集体记忆。华南理工大学曹小杰副教授通过对华文报刊的研究，考察了新西兰华人移民的流动政治和身份认同变迁的问题，进而探讨移民研究作为对传统文化的另类探究与追寻的可能性。

在讨论环节，与会学者畅所欲言，屡有令人深思的提问，也不乏严厉而诙谐的批评和具体实用的建议。经过一系列友好、理性的交流对话，论坛圆满结束。

《探索与争鸣》编辑部举办“媒介技术与文明转型”圆桌论坛

为深入研究媒介技术与文明转型之间的深刻逻辑关系，厘清媒介技术创新在人文社会科学研究范式转变中的地位和效用，回应社会转型和治理的殷切需要，2020 年 1 月 8 日至 9 日，《探索与争鸣》编辑部与苏州大学传媒学院共同举办了“媒介技术与文明转型”学术研讨会。上海市社联党组成员、二级巡视员陈麟辉，苏州大学传媒学院执行院长、教授陈龙在会上分别致辞。与会专家就新媒介环境下人类文明的嬗变路径与未来图景等主题展开探讨。

会议第一场主题为“全球化、区域化与技术文明”。上海大学中国艺术产业研究院执行院长吴信训教授首先发言，题为《5G 前景下新型主流媒体的发展探索》。复旦大学新闻学院孙玮教授随后就《赛博文化：中国城市的新媒体实践》进行报告。孙玮教授从媒介与文明、主体认知的角度切入，在对“人—机关系”的探索中发现了人类的“媒介化”趋势，揭示了媒介技术在新型人类的主体认知中所处的地位。孙玮教授认为，人类文明已进入“媒介化”生存阶段，技术发展已经使得媒介全面侵入主体，使媒介成为人们的基本存在方式，长久以来外化于人类的媒介正在不断地嵌入人类自身，人类将成为最终的媒介。在既非真实也非虚构的赛博空间中，新型人类诞生。上海师范大学都市文化研究中心朱军研究员以《智媒时代的城市空间批判：新马克思主义的视野》为题进行发言。

会议的第二场主题为“媒介技术与社会心态”。华南理工大学新闻与传播学院副院长蒋建国教授首先做了题为《购物成瘾、商品幻象与物欲症蔓延》的发言。他指出，网购成瘾是网络时代的流行性物欲症。网购成瘾者对商品有着强烈的占有欲，他们希图通过网购抵御内心的孤独和焦虑，并在重复的治疗性消费中陷入“越网购、越空虚”的困境。广州大学新闻与传播学院副院长李春雷教授的发言题目则是《技术变革背景下的网络社会情绪分层逻辑研究》。李春雷教授指出，以网络和新媒体技术为代表的媒介技术重塑着时空观，不仅为现代文明拓展了新的平台和载体，还在真正意义上构建了一套有效的传播系统，甚至形成了一套相对独立的价值系统。在以批判性视角为演进动力、以事件为起点和契机的现代文明体系中，媒介技术嵌入其中。南京大学新闻传播学院王佳鹏助理研究员随后以《消逝抑或重生？——媒介技术对羞耻阈限的多重影响》为主题发表报告。浙江传媒学院杨向荣教授的发言题为《加速时代的情感焦虑及反思》。杨向荣教授认为，快速的现代性体验从时间感知的维度建构了一种情感现代性。面对不断加速的都市生活节奏，关注个体内心的“慢速生活”理念和“慢速美学”观念的出现，反映出速度生存之下都市人的精神与情感救赎诉求。

会议第三场主题是“多学科视角下的技术与文明”。暨南大学新闻与传播学院曾一果教授以《技术体系与重建理性的未来生活——芬伯格技术批判理论在人工智能时代的价值》为题发言，从日常生活中的“自我技术”入手，让人们看到了“数字化自我”背后的主体性境遇。他审视了网民大众借助“新的自我技术”塑造和建构多样化“自我形象”的现象，指出“新的自我技术”在拓展和丰富自我形象的同时，亦使人们的自我认同出现严重问题，启蒙意义上的同一性自我走向终结，算法技术操控下形成的只是“数字化自我”。中国人民大学新闻学院匡文波教授随后围绕《5G 给新媒体发展带来的变革》进行探讨。苏州大学传媒学院陈霖教授则聚焦视觉文化，其发言题为《科幻电影的身体观念——基于“异质性生命体”叙事模式的研究》。陈霖教授认为，媒介技术促成的图像生产和传播，正在使所有文化都成为视觉文化，人类文明因而呈现出高度视觉化的特征。媒介技术作用于视觉的过程，本身即是文明的产物，而其间出现的矛盾冲突，则折射出文明的困境，构成了文明的视觉压力。除了视觉欲望和视觉能力的矛盾之外，视觉理解和视觉感受的悖离、真相和幻像之界的模糊也是视觉化的人类文明中不可忽视的现象。广东外贸外语大学新闻与传播学院副院长罗坤瑾教授做了题为《媒介技术变革下道德恐慌的蔓延机理与策略研究》的发言。南京师范大学新闻与传播学院刘永昶教授则关注《个人生物识别：风险社会视角中的隐私传播与安全阈限》。最后，苏州大学传媒学院特聘教授王国燕将讨论引向人们习以为常的“微信”，其发言题为《什么样的科技新闻跑得快？——微信科普热文的议题特征研究》。

会议最后一场主题为“新媒介技术与文化共同体建构”。山东师范大学新闻与传媒学院院长张丽军教授发言题为《新智媒时代的文学书写、影像传达与文化反思》。张丽军教授认为，面对新智媒时代人类可能丧失生命自由意志的危机，应充分彰显艺术的价值，以此超越技术框架并获得生命解放，在充分认识、理解并思考新智媒文化的基础上，创造出与新智媒技术对话的新时代艺术作品，在新智媒时代捍卫艺术的价值。山东理工大学文学与新闻传播学院院长张艳梅教授以《与忧患共存：技术的迷思与艺术的突围》为题，提出后人类时代的伦理问题，阐释了后媒介时代的伦理隐喻，指出它既是人类想象世界的一种方法，也是人类自我认知的一种可能，人类应该对人性伦理始终保持谨慎的信任，在后人类时代中重构新秩序和新伦理。陕西师范大学新闻与传播学院鲍海波教授的发言题为《媒介文化霸权与日常生活实践的选择》。陕西师范大学新闻与传播学院王敏芝副教授围绕《网络社交文化的技术逻辑及其交往理性》发表看法。苏州大学传媒学院张健教授以《国家自主视角下的政治认同概念再论》为主题进行探讨。苏州大学传媒学院张梦晗副教授的发言则是《共感与互训：媒介仿真技术下人机权力的重构》。

1 月 9 日上午，“数字文明时代的文化与伦理问题”圆桌会议召开，诸多与会专家参与，围绕上述议题进一步深化讨论。

媒介技术正在重塑人类社会，新的网络生态对政治、经济、文化以及日常生活等领域的影响日渐深刻，5G、6G 加速到来所引发的变革，更有可能溢出传统媒介理论的视野与框架,从而进入“文明转型”这一交叉型的宏观视阈。本次“媒介技术与文明转型”学术研讨会正回应了这一时代关切。会议成果集中刊发于《探索与争鸣》2020 年第 6 期“圆桌会议”栏目,主题为《媒介技术驱动下的人类文明:转型与重塑》,另有部分文章通过《探索与争鸣》2020 年上半年“中国社会心态:动向与样态”专栏发布。

《探索与争鸣》编辑部召开老专家选题咨询会

1 月 14 日下午,《探索与争鸣》编辑部在上海社科会堂召开老专家选题咨询会。上海市社联党组书记、专职副主席权衡,市委宣传部媒体监管处处长赵靖出席会议并致辞。会议由市社联党组成员、二级巡视员陈麟辉主持。市委宣传部媒体监管处调研员顾月明及来自本市各高校和科研机构的 20 多位老专家参会。

在致辞中,权衡、赵靖分别表达了对《探索与争鸣》编辑部过往一年办刊成绩的肯定及对 2020 年工作的新期许。《探索与争鸣》主编叶祝弟代表编辑部汇报了 2019 年的办刊动向与办刊情况,并简要介绍了 2020 年《探索与争鸣》的发展方向。会上,与会老专家就刊物特色、把好意识形态关、学界评价、刊物的具体选题等问题分别进行了探讨。此次会议对于《探索与争鸣》继续保持刊物特色,把握时代学术脉搏,将刊物“做好做精”具有重要意义。

会议期间,赵靖、顾月明还对《探索与争鸣》杂志的“三审三校”制度规范与执行情况进行了检查。

《探索与争鸣》编辑部开展"国家治理现代化视野下的抗击新型肺炎"主题征文活动

《探索与争鸣》编辑部于2020年1月28日在全国社科学术界率先推出"国家治理现代化视野下的抗击新型肺炎"主题征文。此次征文获得学界积极关注和支持，截至3月11日，共收到论文1500多篇。来稿作者涵盖高校教师、博硕士研究生和社会人士，高校教师和博士研究生是此次征文活动的中坚力量。研究范围涉及政治学、社会学、法学、经济学、哲学、文学、传播学、历史学、教育学等10多个学科，基本涵盖人文社会科学各个领域，并体现出跨学科的研究特征。从来稿内容看，"治理""网络舆论传播""社会心理""公共卫生"等均成为频繁出现的关键词，反映了研究者以新冠肺炎疫情为切入口，密切关注国家治理能力和治理体系现代化问题，并提出有针对性的思考和建议。编辑部对来稿精心评选，通过多样化渠道呈现其中佳作，2020年第4期编辑出版"抗疫与国家治理现代化"专刊；《探索与争鸣》微信公众号推出"抗疫"相关时评117篇，阅读量近50万，诸大建教授《超大城市如何避免全局性风险》一文被《思想理论动态参阅》第53期全文采用；编辑部与解放日报·上观、东方网等多家主流媒体合作，开设专栏推出部分优秀来稿。一系列学术活动均取得良好反响。

《探索与争鸣》编辑部与《解放日报·上观新闻》合作推出“抗疫论”专栏

本着“思想温暖学术，学术关怀现实”的办刊理念，《探索与争鸣》编辑部于 2020 年 1 月 28 日在全国社科学术界率先推出“国家治理现代化视野下的抗击新型肺炎”主题征文。此次征文获得学界积极关注和支持，截至 3 月 12 日，共收到论文 1500 多篇。为更全面呈现人文社科学者对抗疫过程的思考，《探索与争鸣》与《解放日报·上观新闻》“思想汇”栏目合作，从征文来稿中选取部分文章组成“抗疫论”专栏发布，希望引发更多思考。2020 年 3 月至 5 月，专栏共发布文章 13 篇，内容涵盖城市治理、社区管理、生物安全、社会心态、科学决策、劳资关系等诸多方面。

《探索与争鸣》编辑出版“抗疫与国家治理现代化”专刊

在上海市社联党组的领导下,《探索与争鸣》于2020年上半年组织“抗疫与国家治理现代化征文”以及策划系列学术活动,并于2020年第4期编辑出版“抗疫与国家治理现代化”专刊。这是继“人工智能与未来社会”“五四·青年”专刊后,《探索与争鸣》编辑部策划编辑的又一本专刊,也是近年来编辑部试图打破学科藩篱、直面中国重大现实问题,践行当下性、公共性、跨学科、思想性办刊特色的尝试。

专刊内容包括“大流动、高风险社会的方法论”“抗疫与人类命运共同体”“非传统安全与法律应对”“应急管理体制改革与创新”“大流动时代的社会治理”“疫情下的社会心态”“公共危机的哲学思考与伦理规范”等七大专题,基本涵盖了疫情涉及的重要社会问题,体现了当代学人的社会担当,也同《探索与争鸣》关注重大现实问题的办刊风格紧密呼应。

专刊强调提高思想供给能力。编辑部邀请何怀宏、邓伟志、杨国荣、沈国明、郭齐勇、雷达、温铁军、余潇枫等30多位学界名家和青年新锐撰文,针对疫情防治中的问题,提出高风险、大流动社会抗疫的九大原则,以及构建多边反危机协调新模式、构建全球公共健康伦理、构建韧性的社会治理共同体、迈向种际和谐的环境法改革、合理加强垂直应急管理机制等建设性意见,为进一步修订相关法律法规提供了思想和对策支撑。

在治理理念方面,专刊文章指出,回归常识、回归理性、回归中道,坚持共同体精神、坚持专业主义和专业精神、坚持法治、保持忧患意识和自省精神、坚持治理弹性以及构建以责任伦理为核心的合作式风险治理体系,是“抗疫”取得阶段性成果的保证,也是大流动、高风险社会应该遵守的法则。

在全球公共健康体系方面,专刊文章指出,当前全球卫生治理结构需要重塑,从而建构危机时刻的全球伦理共识。各国更要赋权赋能,配合世界卫生组织领导下的全球卫生防疫合作,实现全球卫生防疫体系理论设计与实践行动的互洽,协同打好“全球战疫”。

在完善社会治理方面,专刊文章指出,构建韧性的社会治理共同体,完善市域社会治理,压缩治理体系和实际应急治理能力之间的“治理滞距”,是夯实社会治理基础、实现治理能力和治理体系现代化的重要举措。

在疫情的深远影响方面,专家们指出,新冠肺炎疫情不仅对中国经济造成下行压力,而且极可能引发全球深度经济衰退。在政策层面,需要在供给侧降低企业成本和在需求侧通过积极的宏观政策激发总需求,同时确保金融稳定管理,守住不发生系统性风险的底线。在发展战略层面，应该针对世界范围内的产业链重组预先准备，通过经济发展战略转型创造化解危机的条件。

在公共伦理与个体权利方面，专家们认为，要平衡好各类主体利益。既要关注疫情中的劳动者生存权，也要关注企业生存权，着眼于长远经济发展；既要采取合理措施防止疫情反复，维护公共利益，也要尊重公众的个人权利，从而把握好个人权利和公共善的道德边界。

多年以来，《探索与争鸣》编辑部强调拓展办刊思路，努力构筑刊物、论坛、新媒体、丛书、青年支持计划五位一体的现代学术媒体发展新格局，在全国同类学术期刊中独树一帜。本次"抗疫"系列学术活动，同样采取了多管齐下的形式。除"抗疫"专刊外，还包括推出主题征文、开展新媒体宣传、组织后疫情议题系列研讨会、出版丛书等多种形式。如编辑部通过在线形式主办了"疫情下的社会思潮""零工经济与数字产业：后疫情社会的新动能"等学术会议。会议相关成果以专报形式呈送有关部门供决策参考。同时，自 1 月 21 日起，《探索与争鸣》微信公众号连续组织和推出"抗疫"相关时评 117 篇，阅读量近 50 万。《探索与争鸣》官网也持续推出相关时评和专刊文章。编辑部还与解放日报・上观、东方网等多家主流媒体合作，推出"抗疫论""疫中观察"等专栏。形式多样、内容丰富的一系列学术活动，形成了聚集效应，进一步扩大了刊物影响力和传播力，推动专刊成果更有效地为社会服务。

在编辑出版专刊和开展相关学术活动的过程中，《探索与争鸣》编辑部坚持严谨认真的办刊原则，把握正确方向，多元并举，充分发挥编辑部能动性。编辑部牢固树立党的宣传阵地意识，坚持严格把关，多次召开选题会议，广泛征集各方意见，及时认真领会中宣部和市委宣传部最新工作部署和政策精神，在保证学术质量过硬的同时，坚持正确政治方向和舆论导向。

专刊出版后反响热烈，《中国新闻出版广电报》、解放日报、东方网等媒体均做了报道和专题介绍，部分文章被《人民日报・思想理论动态内参》全文转载。专刊入选北京国际图书博览会（BIBF）"2020 中国精品期刊"。"抗疫与国家治理现代化"专刊及相关学术活动，充分展现了《探索与争鸣》深耕思想市场，高度关注社会重大现实问题，走综合性、问题性、跨学科发展路径的办刊特点。依托刊物、名家和新传播渠道，《探索与争鸣》紧紧抓住现实社会关切，强化议题设置能力，以强烈的问题意识为导向，集结了一批有创见、高水平的哲学社会科学理论成果，通过刊物予以呈现，并结合系列学术活动，促进了办刊质量与社会影响力双提升。

《探索与争鸣》编辑部举办“零工经济与数字产业：后疫情社会的新动能”圆桌会议

6 月 1 日，《探索与争鸣》编辑部、上海汇智经济学与管理学发展基金会、上海东方青年学社通过在线会议形式，共同举办了主题为“零工经济与数字产业：后疫情社会的新动能”圆桌会议。来自北京大学、中国社会科学院、上海社会科学院、复旦大学、上海交通大学、同济大学、华东政法大学、中山大学、暨南大学、南开大学等院校和科研机构的专家连线了本次会议。

会上，上海市社联党组成员、二级巡视员陈麟辉，上海汇智经济学与管理学发展基金会理事黄少卿分别致辞。会议分为“零工经济与经济结构的变革”“零工经济的相关法律议题”“零工经济与社会学思考”三个主题。与会专家就零工经济与疫情社会、零工经济与经济结构及社会结构的变革、零工经济与生活方式的变迁、零工经济与劳动形态的革新、共享经济与零工经济的本质差异和互动机制、零工经济的理论模型与域外经验等议题展开了广泛而深入的讨论。

在主题一“零工经济与经济结构的变革”中，中山大学王宁教授从零工经济到底是给予劳动者更多工作机会、降低了雇主的劳动力成本的“good job”，还是使得劳动者失去保障和议价能力的“bad job”这一争论出发，提出以 P2P 或 B2P、本地或全球为两个维度对零工经济进行分类。另外，零工经济出现之后，如何定义雇主、劳务提供者、平台之间的劳务关系，如何面对法律、政策即将遭遇的挑战，都是值得思考的问题。

复旦大学张军教授认为，零工经济对宏观经济学构成了三大理论挑战。零工经济挑战了传统的货币政策，弱化了传统货币政策依赖的统计关系，导致传统货币政策失效。零工经济挑战传统的发展经济学，经济发展反而会随非正规部门的扩大而扩大，正规部门和非正规部门的划分失去了原来的意义。零工经济扰动了传统的国民经济核算，经济出现“低生产率、低增长、低物价、高就业”现象，需要思考如何重新定义和统计我们的就业和失业规模。可见，传统的宏观经济学教科书需要重写，“零工经济”所涉及的法律问题、社会保障问题、劳工关系问题、工业组织问题也需要获得重视。

同济大学可持续发展与管理研究所所长诸大建教授认为，零工经济内部也有高技能零工、低技能零工和斜杠式零工的区分，中国零工经济的主流是低技能的体力工作者，对于当前的发展起到“就业蓄水池”的作用。因此，当前研究零工经济的中心，应该是探索通过零工经济解决就业问题的可能性有多大。增强零工经济吸引力的关键是，使“U 盘化就业”走向“正规化”和“主流化”，这既意味着平台方需要提高零工经济的体面性，而就业方需要提高技能水平。

上海交通大学黄少卿副教授从服务业发展入手，力图解决数字技术是否会带来未来经济活动中就业岗位的大幅度减少这一问题。随着生产性服务业和数字技术的快速发展，更加普遍的零工经济就业模式呼之欲出。这些新的就业模式与业态在提升了劳动力市场的灵活性和效率的同时，也会给既有的劳动法律关系带来挑战。因此，既要鼓励新模式就业，也要改善教育、鼓励创业并改善再分配政策，还要改善劳动合同立法和执法。

上海交通大学张传勇副研究员则从城市治理层面进行关于零工经济的思考。零工经济是城市化经济的一种新形式，它和共享经济一样，主要为城市所承载，逐步随着它的空间向外围扩散，另外零工经济与城市多样化、城市经济的集聚经济是相辅相成的，同时，零工经济也会有一些风险，包括沉没成本、监管难度、相关法律的缺乏等。

主题二“零工经济的相关法律议题”的第一位发言者是广州市交通委客管处处长苏奎。苏奎处长结合工作经验谈了两个问题，首先是网约车平台经济的性质。由于重要规则、资源组织、市场需求、利益分配等影响产业链的所有环节都由平台决定，因而网约车更多是一种平台经济。其次是关于平台与司机关系的域外实践。无论是外国的司法实践还是中国的现行规定都明确了网约车平台提供运输服务需承担承运责任。借鉴国外关于网约车平台和司机劳务关系的立法探索，他建议改变劳动关系与非劳动关系“两分法”。另外，网约车平台的驾驶员有不同的类别，应该分类处理；且需建立公平竞争的环境。

华东政法大学董保华教授则讨论了疫情带来的业态发展及法律动向。疫情会使某些建构制度的问题暴露得更充分，也会使某种自发秩序得以快速发展——当年 SARS 和当下新冠肺炎疫情都对建构秩序产生了冲击，从而产生了共享经济、共享员工等概念。当下，与其针对现有劳动关系做减法调整，不如利用民法进行加法调整。另外，为了不扼杀零工经济的发展，不能将疫情下零工经济的法律问题套入劳动合同法的传统思维，而应坚持将用工形式的选择权交给劳动者。

暨南大学刘文静教授关注微观层面上互联网零工经济中的法律关系和法律责任。互联网零工经济带来的社会矛盾，包括不公平竞争、对劳动者消费者利益的威胁和社会不公，其背后都涉及权利义务关系和法律责任分担。因此，在法律规制这一问题层面上，无论是应用现行的立法来解决纠纷，还是在法律不健全时设法补充，都需要综合考虑利益分配与成本分担、监管成本、就业、社会公平与社会稳定等因素。

主题三为“零工经济与社会学思考”。北京大学邱泽奇教授先从社会学角度阐释了“零工”和“零工经济”。零工实际上不是以数字化和网络化为基础的共享经济时代的新工作形式，而是早已存在的古老的主流的工作形式，零工经济也不只是智能经济、技能经济，而是所有可以采用个体或者小团体协助、在短期内可以完成交付、受雇时间较短的经济活动。另外，大数据技术与零工经济之间的关系有如下特征：大数据在匹配零工的需求与供给中扮演着至关重要的角色；大数据在刻画和调整需求与供给中有着刻画属性的作用；大数据其实是在支配零工的雇佣。可见，零工经济其实是大数据支撑和治理的社会活动，而不仅仅是一项经济活动。

中国社会科学院汪德华研究员则探讨了零工经济的社会保险政策问题。在介绍了国内现行的社会保险体系之后，他指出零工经济参加社会保险的一些困难：自愿参保带来逆向选择问题，从而危及基金的可持续性；涉及工伤保险的一系列问题尤难处理等。对此，解决思路可以是用增值税的模式，筹资、替代部分社保缴费，社保缴费均计入个人账户。

上海社会科学院社会学所张友庭助理研究员从社会学研究出发，从零工经济就业者的角度来看他们的就业形态。通过追踪调查一群摩的司机，他发现，机会心态作用下的非正规就业人员会不断寻找适合就业的机会性空间，这种空间与正式经济体系的缺位和不足有关。他们在这样的就业空间里建立生产秩序或者行业秩序，再通过外来执法力量的介入形成平衡机制，从而找到新就业形态，逐渐转向合法性更强的平台型非正规就业。因此，需要寻找一种社区经济和国家政策良性互动的有效衔接点，探索多元主体协商治理的可能性。

南开大学王星教授指出，从劳动关系角度看，零工是处于弹性灵活而保障匮乏的劳动关系中的劳动就业者，工作和技能在其职业身份认同形成过程中的作用逐渐减小，不稳定性较高。零工群体内部的异质性在增强，很多零工群体缺乏自我保护能力和议价能力。由于零工经济兴起给传统劳工社会学研究带来了挑战，学者应就劳动过程重构及理论再思考、零工的技能形成和技能更新议题、零工社会保护议题等进行深入的研究。

新型工作形式在中国社会的普及，不仅释放着零工经济的巨大能量，而且日渐构成民众生活不可或缺的元素，已然成为社会变革的引擎。本次会议为探讨这场工作革命的发展脉络与内在逻辑，特别是分析其对于宏观经济、社会治理、万众创新的挑战，提供了重要启示。会议主要成果刊发于《探索与争鸣》2020 年第 7 期“圆桌会议”栏目，主题为《数智时代的零工经济：不止于一场工作的革命》。

《探索与争鸣》编辑部举办“大众历史文化变革的新挑战：当代历史学何以凝聚文化认同感”圆桌会议

7 月 14 日，《探索与争鸣》编辑部、华东师范大学历史学系通过在线会议形式，共同举办了主题为“大众历史文化变革的新挑战：当代历史学何以凝聚文化认同感”的圆桌会议。上海市社联党组成员、二级巡视员陈麟辉，华东师范大学历史学系主任、教授孟钟捷在开幕式上分别致辞。复旦大学教授葛剑雄，中国社会科学杂志社副总编辑李红岩研究员，华中师范大学原党委书记马敏教授，上海师范大学副校长陈恒教授，以及来自复旦大学、华东师范大学等高校的多位专家参加了本次会议。

陈麟辉在致辞中指出，在全球化的现实背景下，国家仍然是国际生活的基本单元，国家认同对于中国这个统一多民族国家尤为重要，对我们国家的统一、安全、稳定具有战略意义，大众历史文化和历史教育，正是建立和增强国家文化认同的关键途径。《探索与争鸣》一直以来强调“直面重大现实问题”的办刊风格，本次会议议题结合历史与当下，从专业领域出发，研讨关系民族和国家未来的重大议题，是《探索与争鸣》一贯风格的传承和充分体现。

孟钟捷在致辞中介绍了华东师范大学历史学系为进一步推动历史教育公众化与国际化所做的各项工作。通过实践工作，可以越来越多地认识到两个问题的重要性。第一，如何应对公众日益旺盛的历史需求，这些需求可能不仅存在于知识层面，还体现在能力导向上。第二，如何让专业历史学研究者和受过专业历史学训练的学生，能够主动投入公众历史文化的建设中，这不仅是学有所长的自然结果，也体现了历史人的社会责任感和学科创新意识。

会议研讨中，与会专家就公共史学的发展及影响、当代历史学家的责任和使命、历史教育与历史教科书编写、公共历史教育的引导和实践、历史教育的有效性和前瞻性、新媒介与青年历史观等议题展开了广泛而深入的讨论。

主旨发言第一节由华东师范大学历史学系孟钟捷教授主持。复旦大学葛剑雄教授认为，当前表面的“历史热”背后，存在一种史学民粹化的倾向，即民间的非专业人士通过争夺历史的解释权，为特定的商业利益或政治目的服务；对此，专业学者应坚持历史学本身的价值观和科学性，做好引领工作，充分发挥历史学的教育职能。华中师范大学马敏教授指出，加强青少年历史教育，关键应重视历史教科书和课堂历史教学的主阵地、主渠道，从理论与实践两方面提升历史课程的质量，尤其要重视历史观和价值观教育，将“以史育人”“以文化人”“立德树人”落在实处。华东师范大学历史学系沐涛教授则结合自媒体时代的新传播特点及其对学术生产的影响，介绍了非洲史研究领域学术发展的机遇和调整。

主旨发言第二节由《探索与争鸣》主编叶祝弟主持。华东师范大学历史学系孟钟捷教授认为，当代公众历史教育在主体界定、客体范围、传授内容、媒介选择、效果衡量等方面都呈现了新的特征。对此，应该形成一种从专业学者、“历史人”到历史爱好者再到普通人的金字塔型结构，进而营造健康发展的公共历史文化和公众历史教育全方位推进机制。复旦大学历史系李宏图教授认为，历史教育应该基于面向全球的视角，打破自我与他者、国家和区域化、区域化和全球化相对立的思维方式，立足全球化时代的“文明标准”，从而实现历史教育的有效性和前瞻性，建立面向未来的全球性文化认同。中国社会科学杂志社李红岩研究员认为，历史学的专业圈之外正在自发生成公共史学的新场域，但它不是削弱而是强化了专业历史学的基础性作用。要用当代中国的马克思主义、21世纪的马克思主义来指导历史教育，要高水平地坚持和发展马克思主义，积极而科学地回应各种挑战。

主旨发言第三节由华东师范大学历史学系范丁梁讲师主持。华东师范大学历史学系瞿骏教授从历史学角度论述，认为中国知识体系建设须在“重识”世界与“发现”自己的交错互动中，承认文明多样性对于人类世界的意义，然后认真切实、满怀敬意地去学习、认知中国文明和中华文化的“独特”。华东师范大学历史学系王锐副教授指出，互联网最新发展背景下的历史知识平台和传播途径，呈现了当代中国青年的新历史观。这种新历史观从当代现实感出发，重新思考中国和世界近现代史。尽管存在认识稚嫩和跟风“造梗”等问题，这仍然为青年一代走向“政治成熟”提供了契机。上海师范大学陈恒教授指出，要正视历史知识在人类知识中地位下降的趋势。当前历史著述的表述越来越蕴涵着某种价值取向，形形色色的世界史都有其价值寄托。我们需要培养出具有世界眼光，能够构建历史解释体系、成为世界历史学术支柱的历史学家。

与会学者在研讨中指出，作为一个延绵数千年的文明大国，中国拥有厚重的史学传统。今天，技术革命和社会变迁带来历史知识生产和传播形式的根本变化，自精英而大众、自业余而专业等各种可能性大量出现，历史传播领域的内容空前丰富。然而，这同时也可能导致大众历史认知的片面与混乱，历史知识的公共传播同以教科书为代表的传统历史教育构成了竞争姿态。而大众历史文化和历史教育，向来是形成社会共识与民族凝聚力的重要环节，事关国家和社会安定团结，意义重大。对此，历史学界需要从长时段和全球视野出发，系统回应媒介变革等新现象、新问题，提供合适的概念和手段，引导公众的历史想象和历史认知，从而为凝聚文化认同贡献力量。面向社会大众尤其是青少年的历史教育，对于塑造正确的世界观、价值观、国家观，提升国民素质和国家认同，具有重大意义。进一步挖掘历史学专业资源，丰富和优化历史教育的形式与内容，有助于全社会从历史中汲取强大精神力量，坚定民族复兴的信念，维护好社会团结稳定。

本次会议主要成果刊发于《探索与争鸣》2020年第9期“圆桌会议”栏目，主题为《寻找变革时代的文化认同：以历史为基石》。其中部分成果获《人民日报内参》采用。

《探索与争鸣》举办“算法社会、资本与风险治理”学术研讨会

9月12日，《探索与争鸣》举办“算法社会、资本与风险治理”学术研讨会。《探索与争鸣》“技术与文明”栏目就这一话题召开云视频会议，邀请专家就算法时代的数字劳动和社会治理问题进行深入探讨。来自华东师范大学、上海大学、中国社会科学院、上海社会科学院等高校和研究机构的学者进行了热烈而充分的讨论。

中国社会科学院新闻与传播研究所助理研究员孙萍首先介绍了自己的《外卖骑手，困在系统里》的研究背景。数字时代下的平台经济日渐崛起，让算法从后台走向前台，困在算法系统里的外卖骑手触动了社会的痛点和泪点，因此成为热点事件。通过对外卖系统的研究，孙萍认为技术应该有更多的灵活性和松散性，同时要建立一种技术协调治理模式。具体来说，就是一种算法协商机制，除了工程师和程序员之外，劳动者、商家、消费者等各方面都要加入算法协商机制中，不仅让里面的人（工程师、架构师）走出来，也让外面的人走进去，这就需要社会科学学者在价值引导上提供解释和弥合。人和技术不应该是对立的，而是应该融合。

华中师范大学社会学院郑广怀教授提出，第一，算法并没有把人作为有血有肉的活生生的个体来考虑而是当成机器来处理，这可能加剧社会原本就存在的不平等；第二，如今算法呈现的状态正反映了不同群体社会力量的对比。由此他提出两点思考：第一，社会治理应该是什么样的社会治理。社会治理本质上要达到社会的自主性、多样性，但是基于技术和算法之上的社会治理却让社会变得格式化、主流化，人彻底丧失了主体性，平台和算法合谋就可以形成一套管理百万人口的严密系统。第二，技术与权力的深度结合，会对个体、社会走向带来什么影响。

华东师范大学政治学系暨中国现代思想文化研究所吴冠军教授指出，我们要面对的是技术政治问题。思考技术对象的进路在于，首先，分析技术是用来处理什么问题；其次，分析技术背后的论证依据、内在逻辑；最后分析它处理这个问题的有效性及意图产生的效应。以如今的人工智能为例，其底层逻辑不再基于人工规则，而是完全基于数据、从零开始学习，因此其越来越精准，却枉顾骑手作为人类的实际，并且不讲因果，人性不再是它的一个因素，如此循环发展下去，就不再是算法适应人类社会，而是人类社会去适应算法，在此规则下，不适合的人就会被抛开成为“余数生命”，技术不再保护人，而是抛弃人。

中华女子学院社会学系周旅军教授则认为，不能从意识形态上觉得平台企业本身是

作恶的，其建立之初的确为用户提供了灵活创新的生活方式，只是面对新的时代、新的用工方式，如何赋能工人，还没有得到法律条款层面上的明晰。

上海大学法学院陈吉栋讲师认为，社会正在经历深刻的变化，包括人的生存变得数字化、经济活动的重点从资源转移到数据，市场交易形态从物品到服务，稳定绝对的财产权利也转移到访问权、介入权这样相对灵活的权利上。在此背景下，人工智能时代的特点可概括为智能网络化、算法黑箱以及机器自主化，由此带来了法律对社会的监管逐渐让位于技术，同时法律还必须适用于技术的新的规则设计模式。未来的算法治理一定是综合的治理模式，即多元主体的、全流程的、技术和法律共存的治理。

华东师范大学董直庆教授通过统计数据和计算模型发现，算法和资本结合具有选择性倾向，会加剧收入等方面的不平等。资本的逐利性、技术的剥削性相结合，对社会的改变是全方位的，在完全自由市场中，这种影响还会持续加大并且是自然发生的。因此，外在的干预是重要的。

上海社会科学院哲学所助理研究员阮凯提出三点建议：第一，打破算法封闭，让社会共同体参与算法的改进，如果算法始终隐藏在资本和数字平台幕后，那么技术性和社会性的结合就很难实现，必须让不同的诉求被采纳，让不同的社会力量参与其中，外卖骑手事件发酵正是社会共同体参与改进算法的典型。第二，社会要对算法的使用进行监督，新闻媒体和学者可以成为揭示无知之幕的前行者。第三，保护好人们的隐私数据，不得让平台肆意收集或滥用数据。对于资本、算法、数据的结合体带来的风险需要警惕。

香港中文大学教育学院博士研究生潘冬冬提出思考，首先算法社会是否意味着回归升级版的“规训”社会，算法、人工智能成为更严密高级的治理状态，社会将只剩下具有理性而没有灵性和感情的人类。第二，新自由主义社会是一种“审计社会”，通过对结果的考核管理来衡量人的工作，而算法社会会进一步形成对“结果＋劳动过程”的双重监管。第三，后结构主义的日常抵抗空间很小，而马克思主义政治经济意义上的抗争又很难实现，我们该如何进行抵抗。最后，算法技术是否会成为生产技术、符号技术、统治支配技术、自我技术之后更高级别的一种技术。

研讨会相关成果以专报形式呈送政府有关部门，围绕“资本＋算法”对中国社会经济和民生可能产生的多维影响和风险，提出相应对策建议。

《探索与争鸣》举办“全过程民主”学术讨论会

11 月 11 日,《探索与争鸣》编辑部与上海市政治学会走访长宁区虹桥街道古北市民中心,共同召开“全过程民主”学术讨论会。上海市政治学会会长、复旦大学桑玉成教授,中国政治学会副会长、上海市委党校程竹汝教授,南京大学政府管理学院院长孔繁斌教授,上海师范大学商红日教授,上海市委党校上官酒瑞教授,全国人大常委会法工委副处长赵光等参加研讨,并实地了解古北市民中心作为基层立法联系点在实践全过程民主方面的做法和经验。

中国共产党自成立之日起,就以实现中国人民当家作主为己任。改革开放以来,中国共产党人以马克思主义为指导,依靠和带领广大人民群众,立足中国国情,并吸收借鉴人类政治文明的优秀成果,不断探索中国特色社会主义民主政治之路。尤其是中国特色社会主义进入新时代以后,以习近平同志为核心的党中央不断丰富中国特色社会主义民主政治的理论,有效推进社会主义民主政治制度化、规范化和程序化实践,取得了一系列积极成果。2019 年 11 月 2 日,习近平总书记在虹桥街道古北市民中心考察时指出,我们走的是一条中国特色社会主义政治发展道路,人民民主是一种全过程的民主。时值习近平总书记讲话一周年之际,为了深入研究阐释全过程民主的理论意蕴和实践形态,《探索与争鸣》编辑部与上海市政治学会联合策划组织了此次学术讨论会。

桑玉成教授指出,全过程民主具有如下一些基本特征:一是时间上的持续性,二是内容上的整体性,三是党政部门的协同性,四是公民参与的全过程性,五是多环节的连续性。全过程民主为中国特色社会主义政治发展提供了思想渊源和理论支撑,因而为我国社会主义民主政治的发展提供了广阔空间。在全过程民主理论的指导下,着力进行中观、微观层面的研究和推进,在政治过程的诸多领域和层面进行系统的制度设计和工作安排,这些方面具有非常大的发展空间。具体来说,在决策体制、干部制度、财政制度和基层治理等领域,要按照全过程民主的原则和精神推进改革和完善。

商红日教授将全过程民主放在民主事物和民主事务的语境下进行思考,认为马克思恩格斯等经典作家关于民主的论说回答了人民“创造国家”的问题,全过程民主的论断则回答了并将继续回答人民“进入国家”的新课题。它是对共产党领导的社会主义制度条件下人民与国家关系的总概括,这一概念表示:其一,人民和国家不是二元对立的,它们是政治形态中各有其位置的总体关系;其二,人民通过各种确定途径进入国家,从而标志着民主事物以其确定的实在而存在。

孔繁斌教授强调,全过程民主的要旨首先体现在政策过程的人民性上,将全过程民主嵌入公共政策议程，实现民主政治发展与公共政策优化的有机统一，是实现全过程民主的一条有效途径。对推进政府治理能力现代化来说，这也是一个十分重要的理论赋能行动。第一，提升了认识和运用制度优势的能力；第二，提升了政策参与制度的设计能力；第三，提升了公共管理者公众接触的能力。因此，在全过程民主范式下，公共管理者的公众接触能力构建的主要指向有：扮演好“公共咨询”角色的能力，在协商民主有效运用中培养“3C知能”，自觉增强“逆向公众参与”的能力。

程竹汝教授认为，全过程民主是对人民民主本质要求的新认识，是对我国民主政治实践特征的新概括，是对我国民主政治区别于西式民主显著特征的新揭示，是将我国人民民主还原为实证的新论断。其中，人民代表大会制度是全过程民主实践的主渠道，全过程民主只有在人大履职实践中得到充分体现，人民民主作为全过程民主才是现实的和经验性的，因此要进一步完善人民代表大会制度。基于中国的民主实践，全过程民主不仅是一个揭示民主实践特征的概念，而且是一个规范性的民主范畴。

上官酒瑞教授以上海市闵行区为例，分析了参与式预算改革的全过程民主意义，主张现代财政既要遵循法治原则，也要引入民主控制机制，并落实到公共财政预算的各方面、各环节、各流程，以此为突破口实现全过程民主。闵行区的参与式预算改革聚焦“参与”，强调参与的公开性、广泛性、程序化，“充分保障人大代表和社会公众对公共事务的知情权、参与权、表达权和监督权”，凸显了全过程民主的意义，包括扩充主体，从“单一”到全方面；拓展内容，从“局部”到全方位；延伸环节，从“半程”到全流程；优化程序，从“零散”到全链条等。闵行区通过主体、内容、过程、程序四方面的改革，推动了民主预算制度有效转化为治理效能，让公共预算不再是“单一”“局部”“半程”“零散”的，而是全方面、全方位、全流程、全链条的，体现了一个“全”字，成为全过程民主的样本。

本次研讨相关成果刊发于《探索与争鸣》2020年第12期“圆桌会议”栏目，主题为《全过程民主：中国特色社会主义民主政治之路》。专题在全国学术界首次对全过程民主的理论意蕴和实践形态作出学理阐释，刊发后产生重大影响。桑玉成教授获国家社科基金重大委托项目立项，本组文章获评中宣部出版局主办的第五届“期刊主题宣传好文章”(2021年)。

《探索与争鸣》编辑部举办“当代中国阐释学”论坛

11 月 22 日，为深入研究和讨论有关阐释学的诸多基本概念和范畴，推动当代阐释学的重新构建和发展，《探索与争鸣》编辑部联合《中国社会科学》杂志社、中国社会科学院—上海市人民政府上海研究院、上海大学社科处共同举办“当代中国阐释学”论坛。来自中国社会科学院、复旦大学、南京大学、苏州大学、北京师范大学、上海大学等多所高校和科研机构的专家学者出席了本次会议。与会专家就自然科学与精神科学的相互融合、阐释的边界、文本“误读”与阐释责任、历史阐释的客观性等问题展开了热烈研讨。

《探索与争鸣》杂志自 2020 年第 1 期开始，设立“构建中国阐释学”专栏，邀集人文社会科学相关领域专家学者撰文，积极参与阐释学相关基本理论问题的论辩与争鸣。中国社会科学院大学张江教授在《探索与争鸣》2019 年第 10 期曾经发表题为《论阐释的有限与无限——从 π 到正态分布的说明》的文章，尝试借鉴自然科学中的理论与方法，探讨在当代阐释学理论和实践中阐释本身是否开放的问题，对阐释的有限与无限这一精神科学领域的问题进行说明。

本次论坛的第一部分为“阐释的冲突：合理破除人文与科学的研究方法藩篱”。中国社会科学院大学张江教授发言指出，文本本身的意义是有限的而人的阐释是无限的，并且人的阐释不一定有效，阐释的有效与否由公共理性决定。重新认识自然科学和精神科学的关系，对于丰富和构建当代中国阐释学是非常必要的。南京大学周宪教授认为，当今人文学科面临自然科学高度发达或科学导向的新形势，但是我们也不能忽略两个学科之间的根本差别。第一，自然科学的原理和方法直接转入人文学科研究有一个适用性问题。第二，自然科学与人文学科的学术传统不同，人文学科更具历史性和传统。第三，人文学科区别于自然科学的最重要的特质在于它关心的焦点问题是意义。复旦大学朱立元教授指出，自然科学的方法可以借鉴，可以在有限范围内有条件地应用，但是应用于人文学科和社会科学（包括阐释学）时应该谨慎。尤其是对文学、艺术、审美的阐释，不同于一般的理论阐释，也不同于一般的人文阐释。在公共理性的构成方面要进行更细化的处理。

论坛的第二部分为“寻找共识：中国阐释学如何阐释分裂的现实世界”。南京大学丁帆教授指出，当下的批评与阐释亟待解决的问题如下：第一，批评与阐释必须在明白易懂的语言表述下才能进入接受美学的语境；第二，批评与阐释应该追求个人的“艺术趣味”和“审美情趣”；第三，“批评”与“阐释”的本质就在于它是建立在哲学层面上对文学的审视；第四，消除以作家论说为批评与阐释中心的低端文本图像艺术解析；第五，批评的属性是用真理去公允地阐释文本。复旦大学邓安庆教授认为，伽达默尔创立的哲学阐释学奠定在存在论的基础之上，这是我们在创建中国阐释学时必须特别重视的。伽达默尔思想有黑格尔的渊源，在解释阐释学时特别注重精神科学，但不是按照近代自然科学的意义，而是在古希腊和黑格尔意义上理解精神科学的，因为只有在一个具有精神结构的共同体意义上讨论公共理性，才有可能找到相互理解和相互承认的基础。

论坛的第三部分为“构建当代中国阐释学的核心问题与关键思路”。上海大学曾军教授指出，“阐释”包括了三个概念：意义、人、活动。构建当代中国阐释学，首先需要有一个直面阐释问题本身、超越不同类型阐释的“元阐释学”的基本判断；然后，可以进一步扩展不同类型的阐释学。这可能成为中国阐释学的一个骨架。南京大学成祖明教授认为，由于过于关注后现代的背景，而忽视了西方现代阐释学的科学认识论背景，造成学界在讨论这一问题时往往在起点上就脱落了现代阐释学对科学原则的追求。科学性原则更容易被公共理性接受，并将公共理性自身扩展，现代阐释学自身就是科学认识论的一部分，未来的中国阐释学就是一个从中国视域出发、遵循科学原则、不断创新、多学科共建的阐释科学理论体系。中国社会科学院大学李红岩教授认为，阐释学的属性是思想形式研究，不是思想内容研究。历史阐释学的核心是客观性问题。对历史认识的真理性或真实性的检验，总是以理论探讨的形式展示出来。这就构成了所谓历史认识的谜中之谜。对于这个谜中之谜，只有在历史唯物主义的范围内，才能得到合理解答，也才能真正回应后现代主义的挑战。

此次会议聚焦阐释学在中国的研究状况，广泛吸收和回应国内学界多年来的理论积淀，从中国阐释传统与西方阐释学在中国传播与影响历程的双重视角，积极探索如何应对、理解阐释学在当代所面临的理论和实践困境，推动中国阐释学的现代转向，有效地深化了当代中国阐释学基础理论和实践方法论的探索。

《探索与争鸣》编辑部举办“探索治理理论的中国化之路”专题论坛

11月28日，《探索与争鸣》编辑部、山东师范大学公共管理学院通过在线会议形式，共同举办了第一届全国优秀青年学人年度论坛的首场分论坛“探索治理理论的中国化之路”。专题论坛召集人、山东师范大学副教授柳亦博在开幕式上致辞，来自南京大学、中山大学、国际关系学院等高校的多位青年学者参加了本次会议。

作为第一单元的第一位发言者，山东师范大学柳亦博副教授的发言题为《治理理论的中国化：从“视差分裂”到“术道合一”》。柳亦博认为，不同学科对治理的“视差之见”导致作为“国家学”的政治学和作为“政府学”的行政学在塑造治理理论时走向了“道”与“术”的分裂，加剧了治理理论自身的混沌。今天的中国学界需要探索一条“术道合一”的治理理论本土化之路，这是“天人合一”在治理领域的再现，最终指向天下大同，即平等、和谐、差异互补的政治哲学。为此，需要将一种新的组织形态（合作制组织）和新的治理工具（智能技术）作为治理理论中国化的两个“支架”，在对“道统”的扬弃中走向中国之治。

中山大学张雪帆副教授的发言以《行政学视阈中的治理理论》为题。张雪帆首先指出了“治理”词义的模糊性：“治理”概念本身似乎已经超越了某种理论或学派的边界，成为一种最广泛使用的范式，这种普遍性让“善治”拥有了“敬神”般的号召力，却也容易在细致处走向共识的坍塌。为了避免这种困境，应当回归行政学的应用本质，离开对于概念适用真伪的无尽辩论，避免对场景的机械归类，回归治理对行政问题的方案建构，去寻找解决问题的各种条件，这或许才是更符合行政学应用学科气质的探索。

南京大学张桐副教授的发言题目是《西方治理话语的霸权——以“发展中国家”概念为例》。张桐以“发达—发展”这一西方理论术语为例，揭示了理论背后的西方话语霸权，认为中国在发展中应当避免掉入西方设定的二元对立话语框架中。世界银行就是在这个背景下尝试着提出“治理”概念，来替代“发展中国家”和“发达国家”这样的传统话语。可见，在有选择地接受先进的治理话语时，也应同步开展治理概念的本土化。不仅要进行“西方概念的本土化”，还要进行“中国概念的世界化”。

南开大学吴晓林教授、南京大学张乾友副教授分别就以上三位发言人的基本观点进行评议。他们肯定了三位发言人的基本观点，尤其是“治理”话语的使用问题，并就反思学术话语中的自我殖民现象提出补充。

第二单元首位发言人是山东师范大学的李齐教授，其发言主题为《基于权力历史嬗变的中国国家治理范式转变》。李齐教授围绕组织和权力之间的关系来说明农业社会、工业社会和信息社会的权力嬗变，分析“技术”如何通过改变交易成本而改变组织形态和组织间关系。因此，国家治理的核心在于资源分配，权力的分配是在此基础上形成的。现代国家政府通过与其他社会组织、企业的互动来寻找公共问题的最优解决方案，这种合作应当通过制度设计来形成一个相对常态化的模式。

陕西师范大学郑家昊教授的发言以《治理的界面与界面的治理——对“界面治理”的反思性阐释》为题。在指出治理研究的共识之后，郑家昊教授提出了“界面治理”，即多元主体经由治理界面实时跨领域、跨部门、跨空间的协同行动。界面的打造是一种竞争与合作双螺旋结构所构成的行动体，能够适应百年未有之大变局下高度复杂的治理条件，因此不应把“界面治理”与“合作治理”等同起来。

南京理工大学徐志国副教授的发言主题为《国家自主与治理理论的反思》，从政治学角度对治理理论进行反思。20世纪末以来，国家自主性理论的复兴提示人们：在后工业的复杂社会背景下，国家仍在治理中发挥主导的和基础性的作用，治理理论应当抛弃社会中心论的思维模式。同时，国家需要通过等级官僚制、元治理、嵌入式治理及加强社会后勤基础设施建设等途径，继续在治理中发挥主导作用。

安徽大学讲师王敬宇的发言主题为《中国特色善治进程中的主体间性逻辑——基于河南省西辛庄的伦理现象学阐释》。王敬宇从目前学界关于善治的研究中，梳理出了两种话语方式：一是从制度层面探讨协同机制，提倡“把政府请回来”，建立“好的治理”机制；二是从伦理层面探讨伦理问题，将伦理精神注入治理过程，建立“善的治理”机制。他随后通过案例分析，提出应当综合善治研究的两种话语，侧重从伦理层面，基于伦理现象学视角，阐释善治的重要维度——主体间性。这一维度既继承了中华优秀传统文化的贤能政治精髓，也有别于传统社会主体间的差序格局，并对西方国家治理理论进行了批判性吸收。

国际关系学院讲师刘敏发言的主题为《“一带一路”倡议下中国治理思想经验与国际贡献》，“一带一路”倡议提出的七年来，“朋友圈”越来越大，这离不开“一带一路”倡议所蕴含的中国治理思想，也为中国之治的经验走向世界做出了贡献。“古丝绸之路”是“一带一路”倡议的根源所在，共商共建共享是“一带一路”倡议的原则，其以构建人类命运共同体为愿景，为推动全球治理体系变革做出了中国的贡献。目前，在新冠肺炎疫情影响下各国互联互通受到限制、经济增长萎缩、全球价值链断裂，这些将是今后推进“一带一路”倡议中需要面对和解决的问题。

华南理工大学文宏教授对第二单元发言者进行评议，指出学者们应当着力关注自身的提议或者倡议与世界其他国家的需求之间如何对接的问题，并有针对性地提出拓展思考的建议和方向。

治理问题是当今中国最为热门的、重要的、关键的问题之一，来自西方的治理理论业已成为学术研究中的重要范式，本次论坛的主题很好地切合了本土性与世界性相结合的问题，是一次有意义的理论探索，体现了《探索与争鸣》“全国优秀青年学人年度论坛”前沿性、争鸣性和开放性的特点。

《探索与争鸣》编辑部举办“民主、正义和技术：后疫情时代规范秩序的挑战与重塑”专题论坛

11 月 28 日上午，由《探索与争鸣》编辑部主办、中共上海市委党校哲学部承办的“优秀青年学人年度论坛”第二场分论坛在线上召开。本场论坛以“民主、正义和技术：后疫情时代规范秩序的挑战与重塑”为主题，来自复旦大学、武汉大学、上海交通大学、上海市委党校、华东政法大学、东南大学等学校的数十名专家学者以及五十多位参会者齐聚线上，针对后疫情时代的规范秩序所面对的挑战与重塑，多学科、多维度、多角度对民主、正义与技术问题进行了重新审视，并就规范秩序的重置因素及其理论基础等议题展开了广泛而深入的学术探讨。

会议共有三个环节，主题分别为：“后疫情时代规范秩序的挑战：民主的抑或技术的?”；“规范秩序重塑的理论基础：实践哲学的三种形式”；“后疫情时代规范秩序的重置：合理性限度与其他路径”。

论坛召集人、上海市委党校王强教授首先阐述了本场主题的设想。他指出：面对大变革时代和疫情背景，自由主义的普遍秩序出现了“世界之乱”。一种普遍的正义秩序忽视了差异性的个体要求与例外的时代特征。但是，在身份政治的框架下，不同社群又造成了社会分化。大疫情为今天这种技术性的治理或者说数字治理、数据治理，提供了天然合法性的契机，但是它又带来了诸多隐忧。追问现代社会规范的有效性的问题，不能简单回归传统哲学的基础范式，也就是说传统的自由主义和社群主义非此即彼的选择。在此意义上，一种具有正当性的规范秩序可以形成，这就需要一种全新的认识，需要对解决问题的哲学理念及其相关现实机制因素和规律进行探讨。

后疫情时代规范秩序面临诸多挑战，而民主与正义的背离无疑是最为重要的一环。武汉大学杨礼银教授分别从常态、例外状态以及后疫情状态三种状态入手，对民主与正义的关系进行了论述。首先，“二战”以来民主与正义的关系从整体上呈现出协同增效的态势。但是这种协同增效，至少需要如下条件：宽容的政治文化、具备公共理性的民众、良善的政治制度以及形成共识的民主程序。其次，在战争、疫情等例外状态下，民主与正义发生错位甚至背离。最后，在后疫情时代，民主与正义背离会成为新常态。疫情之后，民主会被多元化撕裂，正义变成在多元社会中异质性的维护，社会进入“分裂的世界”。它的根源在于现代化进入了异质性的时代，改革、创新、应对和产生新的例外状态成为现代社会的新常态，那么民主与正义协同增效的条件就很难再满足。

东南大学张学义副教授讨论了技术治理应用过程中的问题及其解决途径。智能时代需要一种新型的算法正义和算法伦理。现有的数据技术在权力和资本的介入下，其权重偏向后者，成为加剧社会贫富差距、阶层差距，乃至不同国家或地区之间差距的新力量。由于世界的数据化和算法权力表现出的是一种具有全局性和渗透性的影响力，如果不加以干涉或调试，它就会渗透乃至掌控社会生活的各个方面。而当这一切被权力和资本牢牢把控时，所谓的智能治理有可能走向另一个极端。同时，随着后人类社会的到来，人类依靠技术实现了从认识自然、改造自然到设计自身、改造自身的转变；在此转变过程中，基于传统的价值体系面临冲击或者不再适用，需要建构一种面向未来的新的规范体系。

浙江师范大学冯昊青教授提出，自由作为现代社会的优先价值是确定无疑的，然而，安全价值具有某种优先性的趋势在风险性中逐渐凸显出来。现代科学技术的高度发展产生了一门应用伦理学，就是现代科技伦理学，由此可以看到人类安全的思考应该是现代科技伦理学的出发点和落脚点，也是现代科技伦理赖以产生、存在的最主要的现实基础。

上海市委党校哲学教研部李育书教授提出，应用伦理学直接面临着两大问题，一个问题是从传统伦理学特别是从德性伦理的视角来看，应用伦理学缺少一个道德评价的标准，它面临着非道德化的困境，往往以技术理性代替了道德评价，无法确立对于道德主体的道德评价。第二个问题是应用伦理规范缺少普遍性的标准，其规范往往取决于外在经验而非普遍理性。当代应用伦理规范所面临的问题从根本上来讲是普遍性缺失的问题，只有当普遍性规范能够建立的时候，才有可能更好地应对相对主义或多元规范的挑战。所以在这个意义上，应用性的伦理规范还得回到康德的立场上来，才能获得其普遍适用性。

重塑后疫情时代规范秩序的挑战也是对伦理基础理论的挑战。复旦大学哲学学院邓安庆教授从实践哲学的视角阐述了规范秩序所面临的理论困境以及重塑之路。后疫情世界确实发生了深刻的变化。规范秩序的探讨，不仅要往前追溯其价值根基，也要面向现实生活，向后考察其有效性、合理性。现代世界的规范秩序的根本问题是找错了存在论基础。真实的历史的现实的存在论基础，必须建立在一个伦理生活世界的基础之上。因此规范秩序的形成必须依赖于伦理的生活世界，而不是基于单纯个体道德的主观自由。

新时代规范秩序的重构不仅要回应时代挑战，还要在不断解答时代之问的过程中寻求自身的合理性及限度。东南大学庞俊来副教授就后疫情社会秩序提出五点看法。第一，疫情带来的最直观的问题就是偶然性的“类体验”。第二，这场偶然性的类体验与以往相异之处在于即时性的互联网传播，新兴的媒介传媒使善恶认知方式发生根本性的改变。第三，疫情催生了一种“八佰”式生活景观。第四，在存在论理论根基上，以往对于道德认知的必然性逻辑开始发生转变，从一种“必然—偶然”的世界观走向“偶然—必然”的道德世界观。最后是“规范”之“秩序”的辩护问题。后疫情时代规范秩序的社会整合之路相当漫长，在某种意义上，条件性、相对性可能会长久伴随，成为人类文明的一种常态化现象。

东南大学陈良斌教授认为，从理论上看，法兰克福学派为规范失序的整合或再重塑提供了一定参考价值。法兰克福学派总体上对现存工具理性的规范秩序表示不满，并试图对这种理性进行重构。无论是哈贝马斯的世界主义共同体，还是霍耐特的承认方案，都构成了对分裂世界秩序的一种替代性思考。然而，哈贝马斯和霍耐特的理论依然存在问题，即其理论容易蜕变成一种政治的抽象的口号，进而再次陷入民主秩序的分裂，而丧失现实的可操作性。所以在这个意义上，仍然要强调马克思的社会生产的维度，才能形成规范秩序的保障。

华东政法大学唐文玉副教授分析了中国共产党的政党能力对塑造社会秩序的重要价值及其体现。一方面，中国共产党需要依托国家权力和基于其公共性品格的公共性倡导，塑造基于自由克制的公共性。自由克制并非忽视个体的自由与权力，而是要在自由和安全、权力和秩序之间寻求并达成一种平衡。另一方面，中国共产党亦需要依托广覆盖的组织体系网络，化零为整，化无序为有序，塑造基于相互团结的共性，建构一种政党、政府、市场、社会多元一体的系统性的应对社会服务的机制。通过这两个方面来增进社会的公共性，对于建构后疫情时代中国的社会秩序具有非常重要的价值。

上海交通大学贺莉副教授从哲学层面探讨了政党内部法规的规范价值。在现实生活中，党员要遵守的规范体系主要有法律规范体系、政策规范体系、社会规范体系和党内法规制度规范体系等。党员这一政治身份将这些规范体系划分为二元结构——党员与非党员。在党内法规实现对党内关系、党社关系、党政关系和政党关系的调整并有序化的过程中，需要依靠党员个体的行为塑造。党员在完成了对党内法规规范体系的内化—外化后，个人和群体均表现出不同于“另一元”的行为特质，即实现个体和群体具有辨识度的、稳定的行为模式。

本次会议既有对传统规范秩序的再思考，亦有对后疫情时代规范秩序的整合与反省，更包含对现代社会秩序理性重构的期待和探索。后疫情时代规范秩序的挑战与重塑，是一个未竟的主题，依然需要不断探索。

《探索与争鸣》编辑部举办“全国人大的职权及其工作机制研究”专题论坛

11月28日下午，由《探索与争鸣》编辑部主办的优秀青年学人年度论坛专题三“全国人大的职权及其工作机制研究”，以网络视频会议的方式举行。论坛以《全国人大组织法》的修改为契机，召集对人大制度有深入研究的十余位青年法学学者，集中讨论当前全国人大制度中最为核心的职权问题，以期为《全国人大组织法》的修改提供理论参考和具体建议。本次会议由北京大学博士后陈明辉与《探索与争鸣》杜运泉副编审共同召集，浙江大学光华法学院副教授郑磊、中国政法大学人权研究院副教授王理万、中国社会科学院大学法学院讲师江辉、西南政法大学行政法学院讲师谭清值、武汉大学法学院特聘副研究员苏绍龙、中国人民大学法学院博士生赖伟能、吉林大学法学院讲师邢斌文、广东外语外贸大学法学院讲师谢宇、广东财经大学法学院讲师王海洋、苏州大学王健法学院讲师唐冬平等学者参与本次会议研讨，另有50多人在线上旁听。

专题召集人陈明辉博士介绍了选题背景、参会人员和议程安排。研讨会上半场围绕全国人大及其常委会的角色与职权展开，浙江大学光华法学院郑磊副教授担任本单元主持人。

王理万副教授以“论全国人大的四重宪制角色”为题发言。他指出，国家宪制文件和党中央的有关文件对全国人大的角色有政权机关、代表机关、权力机关、工作机关这样四种不同的表述。四种表述意味着全国人大的四重宪制角色，并且这四重宪制角色代表着四种关系。

江辉博士发言的题目是“全国人大及其常委会监督性决定的界定与效力”。他试图对全国人大及其常委会作出的“决议”和“决定”做一个类型化处理，由此来界定全国人大及其常委会“决议”和“决定”的性质与效力。在我国宪法语境下，国家权力性质的划分标准并不是西方的立法、行政与司法，而是创设法律的权力、执行法律的权力和判断法律是否被准确执行的权力。监督权本身并不含有创设新规范的权力，行使监督权提出规范要求只是澄清或重申已有规范，全国人大及其常委会行使一项在性质上属于监督权而作出的决定，即属于监督性决定。

谭清值博士报告的论文题目是“全国人大兜底职权条款的生成与演变”。他从1954年之前的宪制性文件、1982年宪法制定过程以及1982年全国人大组织法这三个方面展开。1954年宪法的“全国人大认为应当由它行使的职权”转变为1982年宪法的“应当由最高权力机关行使的其他职权”,这一微调背后透视出制宪者国家权力观的转变。由主观化的“认为应当”到客观化的“应当”,1982 年宪法实际上赋予了全国人大一种论证义务。

陈明辉博士报告的论文题目是“全国人大及其常委会职权的规范基础”。他结合全国人大组织法修正草案,讨论了《全国人大组织法》规定的全国人大及其常委会的职权,以及《全国人大组织法》及相关组织性法律的功能定位。当前的全国人大组织法修正草案有必要规定全国人大及其常委会的职权。借助组织法修改的契机,立法者有必要系统思考组织法与其他相关法律的功能定位问题。

研讨会下半场围绕全国人大及其常委会的具体职权及其程序展开,陈明辉博士担任本单元主持人。

邢斌文博士报告的论文题目是“立法者如何应对科技议题——以法律草案审议过程为视角”。他基于《全国人大常委会公报》刊载的立法背景资料,探讨在我国的立法体制下,全国人大及其常委会是如何在立法过程中处理容易引发社会争议的科技问题的。他认为,重大科技议题应当在立法过程中寻求共识,并总结出立法机构处理科学技术问题的三种情况以及四种主要策略。

谢宇博士发言的题目是“关于人大基本法解释权的博弈与出路”。他认为,应当对香港特别行政区基本法解释权制约机制进行完善。首先,明确以依申请释法为主、主动释法为补充的全国人大常委会释法二元模式。其次,在依申请释法中,增加行政长官作为提请全国人大常委会释法的法定主体。最后,在个案中形成三种释法路径的优先次序。

王海洋博士报告的论文题目是“全国人民代表大会特定问题调查制度研究”。他认为,目前特定问题调查委员会制度并未引起足够的重视,一方面特定问题调查委员会的权力并未被当作独立的权力;另一方面对特定问题调查委员会的考察侧重于探讨特别问题调查权对公民基本权利的影响,主张基本权利构成了特定问题调查权的边界。他从特定问题调查委员会的制度目的出发,将特定问题调查权界定为一种独立的职权,其不依附于立法权和监督权,与人民代表大会的权力和其他国家权力之间的关系是分工与合作。

本次会议由郑磊副教授做总结发言,发言主题为《国家机构的四阶规范构成》。改革开放以来,人民代表大会制度获得持续的加强和完善,这是人大职权和机制研究的重要背景,追溯历史素材是人大研究的重要方法,这里十分必要和重要的是,置身在改革开放后政治经济社会文化发展的大背景中,并对这个时代大背景进一步进行针对性阶段细分。另一方面,国家机关研究的体系性,首先体现为分析结构的规范化。可以将之概括为国家组织法的“四阶规范构成”,包括属性—组成—职权—程序。

本次会议的讨论对于推进全国人大制度的研究以及《全国人大组织法》的修改具有重要意义。论坛会议纪要已提交全国人大法工委有关负责人,作为《全国人大组织法》修正草案进一步修订的参考。

《探索与争鸣》创刊35周年学术研讨会暨第一届全国优秀青年学人年度论坛启动仪式举行

11月29日,"时代变革与学术发展——《探索与争鸣》创刊35周年学术研讨会暨第一届全国优秀青年学人年度论坛启动仪式"在上海市社联顺利举行。来自政府部门、行业协会、学术评价机构的代表、《探索与争鸣》学术指导委员会在沪委员、作者代表,以及《探索与争鸣》老主编、老编辑等近百人出席会议。

中共上海市委宣传部副部长、市新闻出版局局长徐炯出席并讲话。他指出,我们即将开启"十四五"规划和社会主义现代化国家建设的新征程,伟大的时代向我们提出了一系列重大命题,亟须上海社科理论界回应和解答。《探索与争鸣》应强化问题意识,探索思想型期刊智库的发展之道,持续聚焦改革开放的前沿问题,尤其是与国计民生紧密相关的现实问题,组织和团结好专家学者,为社会的健康发展,为国家治理中的重大问题建言献策,提供智力支持。

中宣部出版局期刊处处长倪轶,上海市社联党组书记、专职副主席权衡,上海市期刊协会副会长秦钠,《新华文摘》总编辑喻阳,中国人民大学书报资料中心副总编辑钱蓉,《探索与争鸣》老主编张凌云分别致辞。开幕式环节由上海市社联党组成员、二级巡视员陈麟辉主持。《探索与争鸣》编辑部做了题为"做时代的捕风者"的办刊情况汇报。

权衡在致辞中指出,《探索与争鸣》的刊物特点非常鲜明,坚持学术的探索、学术的争鸣,在重大选题方面具有引领性、前沿性。同时,这本刊物一直和青年学者一起成长,刊物的青年理论创新征文和优秀青年学人支持计划,均得到学者、学术管理和评价机构、媒体的大力支持。青年学者是学术创新传承的重要力量,也是社联重点联络和团结的力量之一,举行第一届全国优秀青年学人年度论坛是服务青年学人的又一有力举措。希望《探索与争鸣》在广大学者的支持下,自觉服务党和国家大局,服从社联工作大局,推出一批具有学理深度、具有现实关怀的研究成果。

开幕式上还举行了《探索与争鸣》第一届全国优秀青年学人年度论坛启动仪式。上海市社联党组成员、专职副主席解超、任小文,《探索与争鸣》学术指导委员会代表、上海大学终身教授邓伟志,青年学人代表、华东师范大学历史学系教授瞿骏,共同为年度论坛启动仪式按下启动球。启动仪式结束后,瞿骏教授作为青年学人代表发言。

开幕式后的专家评议环节,《探索与争鸣》学术指导委员会在沪委员、作者代表和评价机构代表,对《探索与争鸣》近年的办刊情况进行了评议,对未来的办刊思路、选题方向提出了建设性意见。

《探索与争鸣》创刊于 1985 年，是上海市社会科学界联合会主管、主办的一本以“学术争鸣”和关注中国重大现实问题为主要特色的综合性思想学术期刊。在上海市社联党组的领导下，改革大潮中成长起来的《探索与争鸣》，坚持以“有学术的思想”为定位，始终以“思想温暖学术、学术关怀现实”为己任，始终坚持以问题为导向，追踪前沿热点，回应现实需求，团结和凝聚了一大批人文社科工作者，为繁荣中国人文社会科学贡献了一份力量。特别是近年来，编辑部深耕思想市场，加强选题策划，形成了以问题为中心，前瞻性、争鸣性、思想性的跨学科办刊思路。2018 年至 2019 年，《探索与争鸣》人大复印报刊资料转载指数排名在全国社科院、社科联主办综合性期刊中连续两年位列第三，并进入世界学术影响力 Q1 区。不仅如此，《探索与争鸣》编辑部主动设置命题，提出了一系列在学界有影响力、对实践有指导力的理论命题。2020 年年初新冠肺炎疫情暴发后，《探索与争鸣》编辑部主动出击、及早谋划，在全国率先组织“国家治理现代化视野下的抗击新型肺炎研究”专题征文，收到来稿 1500 多篇，编辑出版“抗疫与国家治理现代化”专刊。

作为一本自创刊起就坚持把“与青年学人共成长”作为办刊使命的学术刊物，《探索与争鸣》一贯重视团结、支持青年学人。2014、2016、2018 年，《探索与争鸣》成功组织了三届全国青年理论创新征文活动。2020 年恰逢《探索与争鸣》创刊 35 周年，作为刊庆系列学术活动之一，在前三届征文活动基础上，编辑部启动“第一届全国优秀青年学人年度论坛”。本次论坛分为 10 场专题讨论，由前三届征文入选的青年学者自行策划组织，编辑部提供学术支持，主要以云端会议形式陆续召开。

《探索与争鸣》编辑部举办“文明史意识与当代青年”专题论坛

12月5日上午,《探索与争鸣》优秀青年学人年度论坛专题四“文明史意识与当代青年”前沿论坛以线上会议的方式举行。本次论坛由《探索与争鸣》编辑部和中国人民大学哲学院联合举办,由《探索与争鸣》第二届青年理论创新征文一等奖获得者、中国人民大学哲学院讲师冯庆和《探索与争鸣》编辑屠毅力联合召集,多位青年学人参与研讨。

上午场的活动中,中国政法大学哲学系吕明烜首先以《钻燧取火与观象制器——从古典技术思考到当代青年的技术关切》为主题发言。吕明烜从经学传统与子学传统两个角度考察了作为中华技术文明史源头之象征的伏羲形象。其对儒家语境下“制作”的礼乐特性做了总结,“制作”的对象内容广泛,器物、制度等均可纳入;“制作”的行为是高度礼乐化的,礼乐落实于生民日用,对人进行潜移默化的形塑和教化。对于古典技术的思考,落脚于当代青年的技术关切问题,这对于今天理解技术与人之关系、理解新的技术文明生活等问题,仍有重要的理论价值。

清华大学哲学系何青翰的主题是《浅论现代青年的“儒者”想象》。他指出,近年来,各类与传统文化相关的活动如汉服、诗词、祭孔等,如雨后春笋般出现,青年人是其中的主力。其中堪为奇观者,是对于明末忠烈、君主的祭祀。这种现象的出现有两点原因:第一,现代社会的虚无主义日趋严重,让年轻人不得不寻求心灵上的支持;第二,晚明世界被一些人寄予了过多的启蒙想象,尤其是江南士人。通过“儒者”的身份想象去理解现代青年,首先要辨别什么是真正的古典儒家。

冯庆博士的发言《李大钊〈青春〉中的文明史观和当代“后浪”问题》则着眼于对传统与现代张力的回应。2020年五四青年节由网络媒体推出的“后浪”视频演讲中,存在着诸多关于当代青年形象的认知冲突。在围绕“后浪”的争论中,存在着对青年形象的选择性描述。通过细读《后浪》的朗诵稿,可以揭示其中对处于历史终端的当代青年之审美“享受者”形象的建构策略。随后,他通过细读李大钊的《青春》,剖析了其中青年之“开创者”形象逐渐获得理论奠基的基本逻辑,并详细分析了文中中国传统文明史观和现代进步史观的有机融合。李大钊的青春观中不仅包含着对现代中国“隐忧”和对危局的回应,还散发着对传统文明史观的辩证继承。应当进一步继承这种青春观,并对当代存在显著价值偏失的“后浪”青年形象表征进行纠偏。

下午场由华东理工大学人文科学研究院讲师李秋祺首先就《保守主义还是虚无主

义？——当代青年社会心态发微》一题进行发言。中国青年群体中存在着两种对立的心态特征：一方面是没有目标同时也不愿意建构任何目标的虚无主义状态；另一方面是迫切回归传统生活方式的保守主义心态，这些明确的价值追求凸显了青年群体最不虚无主义的一面。从费孝通提出的“过日子心理”切入，才能理解当前中国青年群体的心态特征及其包含的隐忧，即汲汲于生活过程的操持，却放弃了对生活目标的追问。在这个意义上，过日子心理在表面上构成了一种注重家庭生活、世代延续的保守主义，实际上却会异变为个体逃避价值选择的话语框架。如今，“成家立业”已经转变为以购房和生活消费为中心的生活方式。对于个人经济能力的担忧和家庭“贬值”的担忧叠加在一起。由此，个体试图通过回溯到保守主义的立场，来对抗“家”的不确定性。

华东师范大学传播学院石岸书作了题为《“新人”与“新青年”的辩证法：当代青年传统的一个历史考察》的发言。自五四以来，“新人”与“新青年”作为一组互相交叠的概念，构成了理解现代青年传统的关键线索。在当前语境中，可以看到当代“新青年”强烈的政治性，他们的这种精神状态重新激活了“新人”与“新青年”的辩证法。

中国社会科学院文学研究所汪尧翀的发言题目为《“作品美学”的否定性视野：从“阿多诺事件”重思文化工业理论》，在今天，阿多诺文化工业理论往往被简化为对大众文化的粗暴拒绝，其与阿多诺“美学思想”的内在关联较少得到探究。实际上，阿多诺晚年致力于美学理论的建构，其思想格局展现为“否定辩证法”与“美学理论”相互支撑的格局，从中可以解读出一种强调“无暴力综合”的“悖论的作品美学”，区别于具有文化补偿意义的“传统的作品美学”，由此出发形成了针对“文化工业”的否定性视野。从作品美学的否定性视野出发，阿多诺对“文化工业”的否定才得以显示其深刻的文明史关切，由此为反思当代青年文化提供另一种可能性。

重庆文理学院文化与传媒学院平瑶的发言《以虚击实：中国电子游戏的世界重构》从内在体验视角探析中国电子游戏建构的“时空体”，分析了中国电子游戏重构世界的多种路径，阐释了当代中国游戏对青年人精神生活和存在体验的拓展。中国电子游戏兼收新兴技术与古典传统，整合本土与世界的精神资源，重新建构世界图景以超越现实。中国电子游戏以“故事流”“心流”“永恒轮回”和具象化等方式，将人从现代的线性矢量时间里解放出来；通过“呈现”使人文主义、个人成长、公平正义等价值得以实现，激活更有实感和价值感的生命体验。在尝试建构中国游戏诗学的同时，她探讨了“沉迷”问题背后中国电子游戏的困境与出路。

本次会议聚焦于当代青年的文化心态，采取跨人文社会学科自由交流的互动模式，从中华文明的长期历史发展线程中提炼出宏观问题，同时也尽可能让微观层面的焦虑和体验获得更为深刻的思考角度。相比过往的青年文化研究，本次会议具有多元化、历史化和经验化的创新意义，体现了当代青年学人积极探索、勇于挑战的精神风貌。会议部分成果陆续在《探索与争鸣》刊发。

《探索与争鸣》编辑部举办“数字经济下的互联网平台垄断”圆桌会议

12月8日,《探索与争鸣》编辑部与上海市人民政府决策咨询研究基地袁志刚工作室联合举办了“数字经济下的互联网平台垄断”圆桌会议。上海市社联党组成员、二级巡视员陈麟辉和复旦大学经济学院教授袁志刚出席会议并致辞。来自复旦大学、华东师范大学、上海财经大学、上海外国语大学、上海政法学院、浙江大学、浙江财经大学、中国人民大学、南开大学、西南政法大学等多所高校和科研机构的专家学者出席了本次会议。

陈麟辉在致辞中指出,从国际和国内的总体趋势来看,数字经济下的平台垄断问题都有加剧的趋势,这也是学界和实务界关注的焦点问题。近期《关于平台经济领域的反垄断指南(征求意见稿)》的出台,使反垄断由线下走到了线上,深入探讨“数字经济下的平台垄断”这一议题,搭准了时代的脉搏,具有重要的现实意义。袁志刚在致辞中指出,数字经济出现异化的趋势,因为数据的边界成本等于零,且不断自我强化,它具有自然的垄断的天性。数字经济的异化可能会带来对劳动力市场的冲击和社会阶层的分化等多重影响。在大数据爆炸时代,让数据为人类福利所用,而不是为少数垄断者所用,迫切需要全球治理和各个国家的政治治理共同发力。

会上,专家学者以数字经济为核心命题进行了内容丰富的讨论。中国人民大学法学院杨东教授认为数字经济具有平台、数据、算法的三维结构,从工业经济到数字经济,交易贯穿人类社会经济发展,交易产生了大数据,大数据产生了算法,算法塑造了平台的力量,对垄断问题的思考需要从这三个维度立体化地进行。反垄断并不是反平台本身,而是反垄断行为,重点并不是遏制平台,而是把平台进一步做大做强,提高国际竞争力。

浙江大学经济学院张旭昆教授认为,公众包括政府对信息服务的需求具有差异化的特点,因此互联网平台的产业组织结构往往是寡头经济,由几家大型平台为社会提供差异化的服务。信息服务相比一般商品具有很强的非排他性,因此反垄断政策需要在抑制垄断与促进信息收集的激励中做出权衡,其难点在于信息服务的定价和统一规则的形成。因此关于互联网平台方的法律,应当是以案例型为主,通过案例积累逐步形成完备的监管法律。

西南政法大学经济法学院叶明教授总结了通过《反垄断法》规制大数据杀熟当前面临四大现实困境,包括对行为主体的范围的限定比较狭窄,反竞争的效果在法律上很难进行衡量,理由的抗辩面临不确定性,以及司法维权激励不足等。面对这些现实困境,从市场效率的角度出发，执法监管对大数据杀熟应该采取谦抑规制的原则，在干预与放任中找到平衡。

华东师范大学经济与管理学部葛劲峰讲师认为，数字经济简单来说，就是用算法和数据来解决某个问题。数据是经济活动附带出来的而不是生产出来的，且无法内化于人力资本之上，因此不能用专利保护的逻辑来处理数据垄断。数字经济的反垄断的核心应是促进数据的流动，需要建立相应的产权框架和法律框架，让数据为更多主体所用。

中国人民大学商学院陈甬军教授认为平台经济反垄断的框架包括经营者的垄断协议、经营者滥用市场支配地位等，并提出平台经济更适合政府管制，而非通常意义上的反垄断方法。平台经济与单边市场有显著区别，不能按照传统制造业进行分割，因此监管的重点可以放在控制进入与退出的边界。

南开大学法学院陈兵教授聚焦在平台经济领域相关市场的界定方法应独立讨论还是根据《反垄断法》的既有框架进行分析。其第一个拓展是互联网平台经济强调坚持个案分析；第二个拓展在于对商品的界定不能仅依赖于一个市场；第三个拓展在于互联网平台可以根据用户需求区分市场类型，进行量化或者回归性的分析。

上海财经大学法学院胡凌副教授讨论了数字基础设施的法律问题。一是基础设施的概念在不断扩张；二是公共与商业化私人基础设施的界限在逐渐模糊；三是平台和企业的基础服务正在承担传统的共用职能；四是网络中立问题；五是私人提供的基础设施如何最高限度提高公共性，并减少数字鸿沟；六是地方治理的兼容性问题，数字基础设施存在由地方性到全国统合的过程，如何调动地方的积极性还需要制定标准进行协调。

复旦大学经济学院袁志刚教授从六个方面分享了数字经济带来的冲击与引发的思考。一是数字经济的自然垄断天性；二是数字经济和人工智能对劳动力市场的冲击，既有对劳动力的赋能，也存在替代效应；三是大数据对社会治理的影响；四是数字经济一定程度上减少了国际贸易的语言和地理阻碍，但争论焦点在于跨境数据管控中的确权问题；五是数字经济发展中的反垄断与管制；六是数据产权与立法的重要性。

浙江财经大学经济学院唐要家教授聚焦数字平台竞争问题的独特性，以及中国数字经济竞争的政策。在数字经济市场竞争中，数据与算法成为影响竞争的重要因素；平台作为竞争主体，本质是中介，不能简单定义为企业；高集中的市场结构成为常态；平台竞争是整个生态体系的竞争。竞争政策应由价格中心转向非价格因素，同时强调结构救济和行为救济，提升创新优先级。

上海外国语大学国际金融贸易学院俞宇新副教授指出全球化背景下大型科技公司当前存在的监管难点和应对策略。为此需要做好落地穿透式监管，提升监管部门自身的技术管理能力，注意治理新模式协调相关利益者的参与，争取相关的监管跨权，参与全球规则制订，才能为我国的跨国业务保驾护航。

华东理工大学法律社会研究中心肖梦黎副主任以“权利”为关键词讨论超级平台问题。首先，平台的权力存在信用评价体系、交易撤销制度以及平台处罚构成的黄金三角；其次，平台与国家在进行权利边界的碰撞；再次是权利的技术化和技术的权益化问题。对于平台的规制应超越反垄断思路，应保持规制总强度恒定的原则，对互联网领域进行包容审慎的监管。

与会专家学者聚焦数字经济的宏观经济学和数字经济对于社会治理、国际贸易等宏观层面的影响，分析数字经济平台的结构、特性。在促进社会公平正义与良性发展的框架下，专家们深入讨论了数字平台反垄断的本质特征、界定方法、争议焦点与监管建议等议题。论坛部分成果刊发于《探索与争鸣》2021 年第 2 期“圆桌会议”栏目，主题为《公平与创新：平台经济反垄断的学术焦点》。

《探索与争鸣》编辑部举办“算法社会：智能传播时代的文化与走向”学术论坛

12 月 12 日，由《探索与争鸣》编辑部、《中国图书评论》杂志、同济大学艺术与传媒学院、中国社会科学院大学文学院联合主办的“算法社会：智能传播时代的文化与走向”学术论坛在同济大学举办。来自北京师范大学、中国社会科学院大学、南开大学、浙江大学、上海交通大学、西安交通大学、上海师范大学、陕西师范大学、重庆大学、辽宁大学、烟台大学、榆林学院、中国社会科学院、同济大学等学术机构的 30 余位专家学者参加此次会议。同济大学艺术与传媒学院党委书记张艳丽在开幕式上致辞。

本次论坛共设有四场研讨，第一场研讨中，南开大学的周志强教授梳理了算法概念的历史脉络和关注焦点，并指出了算法逻辑背后的疯狂理性、剩余快感与抽象性压抑。同济大学王冬冬教授坦言其对于算法始终心存敬畏，总结当今爆款话题的三大内容趋向：“颜值即正义”“奇观即期待”“隐喻即特质”。同济大学解学芳教授的题目是“智能时代算法主导的文化创新及其创新边界反思”，并用四个维度呈现出算法主导的新的文化图景：文化服务、文化内容、文化创作和文化体验。同济大学卫志华教授指出传统的新闻媒介是用户被动式的接受，但随着信息量的逐渐庞大，个性化的推荐亟待出现，并从计算机学科专业角度介绍了深度协同过滤。西安交通大学陈积银教授的发言题目是“智能传播时代的信息传播机制”，列举了央视频、人民日报等主流媒体应对信息过载现状时所采取的智能推荐。

第二场研讨中，中国社会科学院大学张跣教授的发言题目是“分裂的社会与被算计的世界感”，分析了算法社会中面向分众的大众文化，以及被融合的信息与娱乐。浙江大学刘超研究员提出我们得到了算法的红利，但对理性的滥用也会对人类社会造成很大的挑战，因此需要有意义、有情感、有温度的算法技术。上海师范大学张华副教授提出“资本话语嵌套进国家话语中”“用户话语嵌套进资本话语”和“国家话语对用户话语的柔性嵌套”三方面的观点。同济大学蒋原伦教授指出，因为来不及适应计算机的更新换代，所以算法成为外在控制我们的手段，人们的需求来自欲望，算法是人们实现欲望的可能性。

第三场研讨会中，同济大学王颖吉教授的发言题目是“算法社会的信息超市：我们时代的知识困境”，提出知识生产与技术发展密切相关，在知识生产和知识消费时需要注意把握媒介的平衡。上海交通大学禹卫华副教授的题目是“算法时代新闻传播教育的路径选择”，指出构建新闻传播大数据平台与算法是推动学科教育优化的基本入口。同济大学卞清副教授的题目是“技术、算法与概念再造：以‘憎恨言论’为例”，指出目前技术公司已经成为主要的行动者。北京师范大学姜申副教授列举了艺术传播中的算法应用案例，认为其同时也是以人为核心展开的，但仍缺乏与观众的情感互动。陕西师范大学王敏芝副教授的发言题目是“透明社会：‘后隐私时代’的技术与观念”，提出“透明”是一种系统性的强制行为，将边沁的敞式监狱和数字化全景进行比较。天津工业大学郑二利副教授的发言题目是“万物皆媒：智能媒体塑造场景时代”，指出空间与地方开始作为媒介，执行媒介的生产与传播功能。中国社会科学院孙萍助理研究员根据平台经济下的算法生产，提出了“算法生产逻辑是基础设施的嵌入”“流动和加速的数据化”和“精细化服务与‘黏性使用’”三个问题。

第四场研讨中，同济大学柳珊教授的题目是“在算法中永生：后人类文化中的生命观”，提出在算法社会中机器和肉身的冲突和协调问题。重庆大学郭毅副教授的发言题目是“杰克・巴尔金的算法社会批判”，指出了算法妨害最根本的四个表现：区隔、歧视、操纵和算法黑箱。同济大学汪靖老师的题目是“从人脸识别管窥全球智能城市的隐私文化差异”，进行了关于文化差异上面对隐私的容忍度研究。榆林学院苏晓暹副教授指出算法的本质是建立在海量信息和海量用户之间的匹配技术，有必要深入日常实践之中，观察人们如何通过技术展开传播活动。烟台大学孙权老师的演讲核心是算法社会的人机—主奴辩证法，点出其实质是人类与认识自身的矛盾关系，是人类内部之关系。同济大学王晓虹老师指出在算法时代，类像从实物转向以人类为对象，仿真是以预测人的行为为目的，超真实是算法比人类还能预判人类行为。辽宁大学王鑫教授对算法社会中人的存在之维与文化面向进行了批判性思考。同济大学徐翔教授的题目是“社交网络‘圈层结构’研究”，其从实证方法入手，针对社交媒体批判理论进行了算法研究。

与会专家学者围绕智能传播时代的算法社会、新媒介技术与文化生产、推荐算法、智能传播语境中的用户、算法社会的文化与走向等主题，各抒己见、激烈交锋，取得了丰硕的成果，揭示出算法传播不仅是互联网发展的产物，也是社会现实的一部分，它成为当前迫切需要关注和思考的重要问题。这为理论界思考算法问题、辩证而理性地看待算法时代的诸多挑战、应对“算法化”生活中的风险、探索算法时代的文化走向与社会发展提供了新视角、新思维。

本次会议成果以不同形式陆续在杂志和相关媒体平台呈现。主要成果刊发于《探索与争鸣》2021 年第 3 期“圆桌会议”栏目，主题为《算法社会：智能传播时代的文化变迁与走向》。

《探索与争鸣》编辑部举办“政治哲学的现实关怀与情境自觉”专题论坛

12 月 12 日下午，由《探索与争鸣》编辑部主办、复旦大学社会科学高等研究院承办的优秀青年学人年度论坛专题五“政治哲学的现实关怀与情境自觉”学术论坛在线上举行。此次论坛由复旦大学社会科学高等研究院孙国东教授、华东师范大学历史学系马华灵博士和《探索与争鸣》孙冠豪编辑联合召集，来自中山大学、上海社会科学院、华东师范大学和复旦大学的多位青年学者做了学术发言，来自全国高校的六十余位青年学者和在读学生旁听了会议并参与讨论。

论坛上半场由复旦大学社会科学高等研究院孙国东教授主持。中山大学哲学系陈乔见教授、华东师范大学历史系马华灵博士、复旦大学社会科学高等研究院林曦教授和上海社会科学院政治与公共管理研究所曾一璇博士分别发言。陈乔见认为，公共儒学区别于历史上的儒学形态以及当下各种儒学主张的关键，在于“公共”的双重含义。它与纯粹的为己成圣之学、作为个体修养或生活艺术的儒学相对照。在给定的善观念多元论的事实面前，公共儒学一方面不应发展为整全性的学说或宗教，另一方面也主张在塑造公民美德方面占主导地位，其基本制度依据就是儒学的基本读物（如“四书”等）进入大中小学，但也承认宗教对部分公民的德行具有塑造功能。马华灵认为，“80 后”和“90 后”学者相对缺乏问题意识，他们从事政治思想研究往往不是直面这个时代的根本问题，而越来越倾向于为学术而学术。这种转型主要体现在两个方面。在思想史研究领域，这种现象可以概括为“没有思想的思想史”。政治哲学研究领域则出现了“没有政治的政治哲学”。在这个意义上，有必要回归一种具有公共情怀的政治思想研究，从具体的社会政治问题入手，从中提炼具有时代意义的思想命题。林曦认为，在过去四十年间，女性主义的研究提供了丰富而重要的视角，可以称之为“性别转型”，即女性主义呼吁我们更多地关注与性别有关的议题。对于政治哲学而言，这一性别转型要求我们更多地关注传统中那些未获得充分表达的群体的声音，在这个基础上，或许可以挖掘一个更加多元的话语领域。曾一璇主要回应了谢岳教授的论文《中国贫困治理的政治逻辑——兼论对西方福利国家理论的超越》。她以英国为例，表明英国福利国家的政治哲学基础蕴含了许多社会主义的因素。当下关于中国贫困治理的论述，并没有真实反映关于人性、社会、贫困、财富、福祉、发展、公平等一系列核心概念的理解，而只有以这些丰富的概念为政治哲学基础，才能构建出一套符合中国自身情境的福利理论。

在本场讨论环节，与会学者主要围绕公共儒学与罗尔斯式自由主义的区别、分析进路的利弊、性别转向的含义、如何把握中西贫困治理模式的区别等，进行了深入的讨论。

论坛下半场由华东师范大学历史学系马华灵博士主持。华东师范大学政治学系吴冠军教授、复旦大学社会科学高等研究院孙国东教授、上海社会科学院哲学研究所马庆副研究员、中山大学政治与公共管理学院李泉博士分别发言。吴冠军认为，今天汉语学界的政治哲学研究，被分隔成几块彼此欠缺有效沟通的小群体。对于古典政治哲学而言，“情境自觉”本身就不应该是政治哲学研究追求的目标。政治哲学探索超历史情境的永恒的问题。古典政治哲学实则是一种政治的本体论。而以后期罗尔斯为代表的“现代政治哲学”，则恰恰拒绝整全性的“政治哲学”。比后期罗尔斯推得更远的，是罗蒂、拉克劳等人，他们聚焦偶然性、激进的多元性。而当代以巴迪欧、齐泽克、阿甘本、朗西埃等人为代表的政治哲学，则以彻底激进的姿态复兴了政治本体论。在批判（而非正当性授予或证成）的意义上，激进政治哲学具有深刻的现实关怀与“情境自觉”。孙国东认为，当下中国流行的政治哲学研究，要么是缺乏现实关怀的研究，要么是缺乏情境自觉的研究。为了超越这两种流行的政治哲学研究取向，他主张推进一种具有中国性的政治哲学研究。政治哲学的中国性应是现代性基础上的中国性；要以“现代性价值的中国化”推进现代性价值在中国的落地；要以“中国性价值的现代化”推进中国性价值的现代阐释等。马庆认为，近二三十年来，西方学界出现了政治现实主义思潮，主张政治环境的永恒特征是冲突以及随之而来的强制，强调政治不是也不可能是理想的理性理论的完美应用，而是充满历史现实性的政治分歧与政治斗争。政治现实主义尤其反对政治哲学研究中长期存在的道德优先性倾向，即政治哲学不过是道德哲学在政治领域内的应用。政治现实主义的诉求具有相当的合理性，不过留下了更多需要继续探讨的问题。李泉认为，新冠肺炎疫情加速各地社会生态的危机，凸显出政治伦理学研究的紧迫问题，那就是当人类社群受制于社会生态的危机而逐渐背离共同生活的愿景时，应当如何应对。在此背景下，可以重新审视20世纪新儒家代表人物牟宗三面对多次政治与社会危机时提出的政治论述，反思其中关于责任伦理与行动的议题。牟宗三不仅学习到民主政治的目的和手段，而且丰富了民主传统的伦理维度。牟先生将这两种古今传统有机融合在一起。这项努力不但使20世纪的儒家伦理学重现光辉，更可以帮助我们照亮当下的现实。

在讨论环节，与会学者主要围绕古典政治哲学的前景、自由主义政治模式与中国政治传统的龃龉、道德世界与政治社会的区别等进行热烈讨论。

本次论坛体现了与会学者关于政治哲学具有现实关怀与情境自觉的主张，此次论坛开放出的诸多问题，有助于推动研究者进一步的学术探索，引导中国政治哲学研究关注中国政治现实，并基于中国情境推进真正具有创造性的政治哲学研究。

《探索与争鸣》编辑部举办“城市与风物·第三届中国城市问题(上海)论坛青年论坛”

12 月 12 日至 13 日,“城市与风物·第三届中国城市问题(上海)论坛青年论坛”成功召开。本届论坛由《探索与争鸣》编辑部、扬州大学新闻与传媒学院、上海财经大学人文学院共同主办,系中国城市问题(上海)论坛青年论坛的第三届论坛。第一届论坛于 2018 年在苏州举行,主题为“城市·空间·记忆”,第二届论坛于 2019 年在杭州举行,聚焦“城市与情感”。本届论坛主题为“城市与风物”。来自全国各大高校、科研机构、学术期刊的专家学者 100 余人,通过云端共话中国城市发展的前沿议题。论坛包括主旨演讲、两场分会场发言及圆桌会议共四部分。

开幕式上,扬州大学新闻与传媒学院院长冯锐教授、上海财经大学人文学院院长陈忠教授分别致辞。冯锐在致辞中指出,以城市与风物为主题,能够为中国城市问题的研究提供一种新视野、新思想,构建一种新的话语体系。陈忠认为,中国城市发展现阶段亟须聚焦人文城市理念,多向度理解城市发展中的问题。

主旨发言中,西北师范大学传媒学院徐兆寿教授以分析中国城市发展脉络为基点,认为现代城市的建设应该重新返回中国文化传统,寻求现代与传统的融合之路。暨南大学中文系赵静蓉教授从广州长堤出发谈广州城市精神的演变,阐述长堤是广州现代性进程中切实的痕迹和遗产。中国社会科学院刘大先研究员指出,中国当下的城市形态在理性规划与自然生成的互动中形成了多样性形态,构成了独有的城镇中国样貌,改写了当代城市文化的生态,中国故事的历史感与现实感就在于城镇的经验性表达。上海师范大学人文学院朱军副教授结合现代文学史研究的热点问题,使晚明的审美风格、风物审美、南方精神与现代文学的发生史建立关联。中山大学中文系罗成副教授就城市研究的历史意义,城市文化在当代中国的历史位置、任务,城市问题研究的切入点等问题进行了探讨。南京师范大学文学院何平教授立足当代中国城市发展样态及城市文学发展状况,提出个体之“我”与差异之“城”之间的关系必然是大相径庭的,同时分析“我城”的内在意蕴。浙江大学中文系翟业军副教授以王安忆《弄堂里的白马》为主要文本展开分析,指出王安忆真正的寻根着力点并不是所展现出来的对于儒家传统的寻根,而是一种上海寻根、城市寻根。中国社会科学院徐刚副研究员以徐则臣的小说为文本依托,强调都市人群的可见度、以人物展现城市历史深度、以文化附着赋予都市文化厚重感三重维度,构成徐则臣“北京叙事”的重要方面。扬州大学新闻与传媒学院徐丹丹老师指出,在新的时代背景和文化需求下，微纪录片需要通过把握中轴结构、建设交往空间和推进文化消费实现创新性发展，从而更充分地展现城市集体记忆的政治价值、文化价值和精神价值。

分会场A共三个议题。第一场“文学与城市”主题发言中，暨南大学新闻与传播学院曾一果教授指出当代作家对汪曾祺的误读，分析重读汪曾祺的现实意义。杭州师范大学教育学院张惠苑副教授提出重构文学作品中活跃的边缘人物，从诗性文化等地域性角度出发，为城市文学“人物形象”归位及其典范化创造新的可能。南京师范大学文学院朱婧老师以上海和扬州为中心，从四个方面讨论现代城市如何成为现代文学的城市。郑州大学文学院魏华莹副教授认为通过对读《废都》与《暂坐》，可以展现城市精神成长史与城市秩序变迁史，更是以他者视野折射不同时代的城市反思。上海大学文学院张永禄教授从武汉的地方饮食习惯出发，指出城市的风味昭示更为内在的文化情感和精神象征。上海大学文学院陈闽璐博士通过对朱文颖城市文学书写之路的梳理，探讨其创作为城市文学提供新的书写范式的同时，如何承担传承本土文化的时代使命。

第二场“空间与城市”主题发言中，扬州大学新闻与传媒学院邓良老师基于史料考证鉴真纪念堂的暧昧性，体现梁思成、林徽因夫妇建筑思想背后两种世界主义立场的缠绕。中山大学中文系林峥副教授以民国北京中央公园的茶座为切入点，探讨其如何与《大公报》文学副刊具有形式和内容上的同构性并相辅相成。南京师范大学文学院顾宇玥博士认为报刊杂志这一视角为重复观照中国近代城市公园复杂面貌提供了一种新的可能性。北京第二外国语学院彭雨新老师考察了林房雄的北京书写，为剖析日后日本右翼对战争认知的扭曲思想根源提供新的思考路径。扬州大学新闻与传媒学院邓天白老师强调以戏曲空间作为研究载体，可以更深层次探究清代政治导向、商业路线、经济融通、社会互动与文化实践等对戏曲文化场域的影响。上海大学新闻传播学院张雪博士探讨了城市形象构建的话语隐喻，指出城市符号场域的权利博弈存在于社会领域的多元面向。

第三场“技术与城市”主题发言中，山西大学马克思主义哲学研究所马援副教授指出，城市风物可以被一串串的空间符号隐喻，从而与城市历史的纵深度和文化结构的共识性一同编织城市特有风貌。上海大学文学院罗小茗副研究员探讨当代科幻书写，认为其从多维度挑战了现实生活中越来越具有压迫意味的现代时间观念，对在当代感觉结构中占据支配地位的时间难题展开审视。山西大学文学院刘芳坤副教授援用让·贝西埃的“时间浴”概念，认为从工厂史到科幻现实主义均可看作文学提供的无差异时刻，它照见世界性的问题叙事。复旦大学中文系战玉冰博士探讨了都市生活与侦探小说起源的关系，认为都市“匿名性”在侦探小说中具象化呈现为对“易容术”的传奇书写。汕头大学新闻与传媒学院黄显老师以广东省汕头市小公园开埠区为例，讨论在数字移动媒介盛行的当下，历史街区在城市文脉传承中的中介作用。

分会场B共三个议题。第一场“记忆与城市”主题发言中，杭州师范大学人文学院杨向荣教授认为影院空间中，气氛对权力的审美包装，隐藏了被遮蔽的权力操纵，同时也是审美资本隐喻。扬州大学新闻与传媒学院范文霈教授、钮溢老师以中国近代影像为研究对象，诠释中国城市在这一历史阶段中市容市貌、生活服务和交通运输等方面的基本发展，并由此管窥社会物质生活的变化与发展。北京师范大学文学院杨毅博士通过考察城市与文学的关系，指出城市在空间层面上承担物质生产的同时，也隐藏着时间观念上的精神史生产。清华同衡规划设计研究院齐晓瑾老师认为，历史城市的可读性由其公共建筑所标识、织就的意义网络来实现。上海师范大学影视传媒学院王元副教授着眼漕运和大运河的发展，认为大运河文化带建设需要重新认识城市发展中的风物，在历史风物中追寻城市精神。华中科技大学中文系林翠云老师以上海"嗅景"为研究对象，认为塑造并形成于 20 世纪 30 年代的城市气味环境，影响了上海地方感的形成。

第二场"地方与城市"主题发言中，深圳大学文学院胡红英老师将《香港的情与爱》作为研究文本，论述空间与人物相互映现所呈现出的文化碰撞与社会形态交融的想象。广州美术学院霍胜侠教授聚焦于以广东为背景的典型大众文化作品的空间塑造，阐证广东图景在大众文化文本中蕴藏的新的活力和可能性。中山大学中文系丁文俊博士以广东省国营紫坭糖厂的艺术改造作为空间案例，探讨工业遗产作为美育空间的路径。河北工业大学周延伟老师从五大道的区域意向的变轨中讨论其功能和价值。泰州日报社张培老师指出，地市报对建构城市与人的和谐关系发挥着重要作用。

第三场"物性与城市"主题发言中，南京大学艺术学院吴维忆副研究员以物导向的哲学为指导，借助行动者网络理论，将工艺品以及工艺的定义问题化，进而尝试围绕物性和操演性构想一种中国语境下的工艺理论。南京大学艺术学院博士生黄敏认为对流行文化、商业生活中消费物的打捞，为城市提供了一种艺术方法，启发了城市意象的有机更新。南京邮电大学社会与人口学院吴璟老师指出，构建亲生物城市是城市生命体可持续发展的重要内容，但也需要对其自然属性、社会属性、价值属性进行内涵确认、伦理反思。南京财经大学马克思主义学院卓承芳副教授认为，加速度使得距离在今天人际关系建构中的作用变得复杂，既对社会认知又对共同体认同产生挑战。扬州大学新闻与传媒学院徐旻老师调查了游客参观城市饮食文化博物馆并用餐的旅游动机。上海财经大学人文学院孙哲老师通过对上海长租公寓市场的研究，发现住房租赁市场正取代住房产权市场成为更加精细化的治理工具。

圆桌会议部分主题为"后疫情时代人文城市研究的范式与路径"。上半场引言人为上海财经大学人文学院陈忠教授、华东师范大学中文系金雯教授、《文艺研究》编辑部主任李松睿副研究员。下半场引言人为华东师范大学中文系项静副教授、暨南大学新闻与传播学院曾一果教授、中国人民大学哲学院讲师冯庆。与会学者就文学与城市、空间与城市、技术与城市、记忆与城市、地方与城市、物性与城市等议题进行讨论，展开热烈的思想碰撞与学术交流。

城市的发展产生了独特的风物景观，风物是城市的文化场域，构成了城市文化的人文记忆，是城市研究的重要内容。中国城市问题（上海）论坛青年论坛以城市为焦点，汇聚了一批关注城市问题的专家学者尤其是青年学者，为中国城市研究打开了新的视野，为研究城市议题搭建了一个重要平台。本次会议获澎湃新闻等重要媒体报道。部分优秀成果于《探索与争鸣》杂志陆续呈现。

《探索与争鸣》编辑部举办“技术型时代的中国与世界”专题论坛

12月19日,《探索与争鸣》优秀青年学人年度论坛专题六“技术型时代的中国与世界”以线上形式召开。此次研讨会由《探索与争鸣》编辑部主办,深圳大学城市治理研究院承办。来自中国人民大学、上海交通大学、山东大学、中山大学、上海外国语大学、上海财经大学、上海师范大学、深圳大学以及中共中央党校(国家行政学院)、中国社会科学院、上海社会科学院、深圳改革开放干部学院等高校和科研院所的十余位专家学者相聚云端。此外,论坛还吸引了来自全国各地的80余位学者参会旁听。

开幕式由本专题分论坛召集人、深圳大学城市治理研究院助理教授袁超主持,深圳大学城市治理研究院院长黄卫平教授致辞。黄卫平教授强调,在现代国家的构建过程中,技术的发展是一个非常重要的因素,如何在技术型时代用好技术,对于国家治理体系和治理能力现代化具有重大意义。

分论题一的主题是“技术、权力与治理”,由深圳大学城市治理研究院副院长谷志军副教授主持。深圳改革开放干部学院陈家喜教授认为,可以从个人、资源分配与信息搜集三个方面体现出大数据所具有的政治属性,可以使用不同的通讯方式与潜在选民建立沟通联系,通过数据分析向选民中的子群体或者个体选民传递量身定制的信息,而大数据时代选民沦为由各种信息汇集起来的数据化的个体,这对现代民主来说会产生不利的影响。上海财经大学辛格认为,数据治理包含着利用数据进行治理与对数据进行治理两个含义。数据治理一方面提高了治理水平,另一方面也带来了一定的威胁和隐患。而算法治理的“黑箱”在于算法对结果的处理、输出的逻辑和过程是不为大多数人所知的,也存在着可能的风险。基于此,人类社会需要清晰认识到治理效率提升背后隐藏的风险,在价值和效率之间谨慎权衡。中共中央党校(国家行政学院)李锋指出,从理论逻辑来说,马克思主义的生产力与生产关系、经济基础与上层建筑两个关系,为政府如何基于技术革命改变自身的形态提供了分析工具。从历史逻辑看,一方面对政府而言存在着适应性治理的要求,造成政府职能和政府能力的变革;另一方面政府也会主动地学习。从实践逻辑看,技术变革带来的经济组织变化非常显著,而政府的变化却具有一定滞后性。深圳大学袁超首先认为“技术进化”本质上强调的是技术发展的无限性与无边界性,“技术利维坦”是人造物以其巨大的自主性权力反向控制了人。其次,技术权力进入社会逐渐产生一种社会的再部落化,掩不住的“傲慢”——技术的权力惯性便产生了。再次,权力借助不断进化的技术而更加有效和广泛地运作，并实现权威传递或权力压制。最后，人类社会为了更有效地实现“治理”目标，不断运用技术进行权威传递、认知塑造与行为复制。

分论题二的主题是“技术时代的国际竞争”，由深圳大学城市治理研究院助理教授袁超主持。中国社会科学院孙西辉认为，在当今普遍以追求和平与发展为目标的国际环境下，对于特朗普政府对华技术竞争的逻辑可以从技术和权力的关系入手，着眼于根本动力和基本方式来分析。美国对华技术竞争的基本方式是将技术问题政治安全化，在国内和国际上进行威胁建构，同时辅之以一些威胁手段与胁迫手段，对盟友和伙伴施压，进而构建理念和现实中的威胁制衡联盟，谋求实现关键产业和技术的对华脱钩。上海社会科学院叶成城认为，当前新时代的数字资源形成的数字冲击，将在安全、生产、金融与知识四个维度对国家的结构性权力带来冲击，并引发中美间四个领域的激烈竞争。未来要增强安全领域的投入，在生产领域要坚持市场导向并辅之以国家战略支持，在金融层面要在国家安全基础上尽力维护数字货币的匿名性，在信息和知识领域要通过新的立法来促进正向外部性。上海外国语大学郝诗楠认为，跨国公司的再政治化、再国家化主要表现在两个方面：第一，跨国公司的高层越来越政治家化；第二，明确政治立场已成为跨国公司在东道国合规经营的核心。技术主权观形成于高科技的安全化，是非中性的，也是导致高科技跨国企业和东道国之间冲突的重要因素。

分论题三的主题是“技术型时代的‘中国之治’”，由上海外国语大学国际关系与公共事务学院郝诗楠副教授主持。深圳大学段哲哲认为，国家在面对系统性风险时，由于行政系统的多任务属性，导致行政效率低下，之后逐渐形成注意力分配转移机制，最终形成相对单一的任务行政系统，从而提高了行政效率，有效抵抗风险。他认为该现象是不可避免的，并提出以技术前端与制度后端对突发系统性风险进行预防和有效处理。上海交通大学赵吉认为基层具有环境复杂性与组织复杂性，因此需要通过物理技术公共化入场治理。对于技术改变基层战略所面临的治理场景与地理场景的双重困局，需要在物理技术公共化的过程中科学有效地进行设计与指导：确立治理规则主导权、着力解决复杂公共问题、渐进建构基层治理的复杂性工程。中山大学袁进业以价值驱动、结构制约、行为塑造、制度赋权与技术嵌入五个点作为分析思路，描述了技术演进所产生的参与不足和效率低下、技术环境变化引起的制度失效与技术嵌入激活效能等现状。技术革新受到技术环境的结构性制约，制度行为者需要从提高技术感知能力、保证技术的质量与考虑信息化水平等方面对技术进行充分的把握。

会议闭幕式由深圳大学城市治理研究院助理教授袁超主持，深圳大学城市治理研究院副院长谷志军副教授进行学术总结。在人类社会的现代化进程中，技术与技术进化发挥了关键作用。“技术”参与定义了现代性，而“技术进化”则在社会权力的支配下垄断了现代性。在技术进化与现代性之间存在着稳定而变幻的权力机制，社会权力与技术之间的纠缠关系成为决定现代社会变化的关键变量。这正是本次论坛的讨论意义所在。

《探索与争鸣》编辑部举办“项目制与地方治理”专题论坛

12月19日,《探索与争鸣》优秀青年学人年度论坛专题七“项目制与地方治理”在线上召开。此次研讨会由《探索与争鸣》编辑部主办,河海大学公共管理学院承办。来自西北农林科技大学、华中农业大学、西安建筑科技大学、南京航空航天大学、河海大学、上海师范大学、广东金融学院、重庆市委党校等高校和科研院所的十余位专家学者相聚云端。此外,论坛还吸引了来自全国各地的50余位学者参会旁听。本次会议共设有会议介绍、专题汇报、专家点评、交流讨论和总结五个环节。

专题汇报环节中,西安建筑科技大学李博博士汇报题目为《项目制扶贫的运作逻辑与地方性实践》,围绕这一主题,以华北地区某国家级贫困县为例,从精准扶贫的视角透视作为扶贫开发治理机制的项目从申请、立项到落地的运作逻辑,分析项目制在扶贫过程中功能式微的原因。从当前扶贫项目的运行逻辑来看,主要存在三个方面的问题:一是扶贫项目分配的非均衡性;二是在“委托—代理”的央地关系之中,地方通过对项目进行“反控制”造成扶贫开发的功能式微;三是项目制“短、平、快”的运行模式使扶贫效果可持续性变弱。

重庆行政学院温丙存副教授以“项目进村中技术理性的折耗”为题,以841起村干部贪占腐败问题为分析基点,提出村干部贪腐问题是当下乡村治理中带有紧迫性的本土现实问题。要警惕项目制及其技术理性在基层运作尤其是“进村入户”时可能出现的内卷化和形式化两种危险倾向。

上海师范大学张振洋博士汇报题目为《项目合作预期、契约双重执行与社会组织情境合法性积累——对上海市城市自治项目运作的考察》,基于对上海市城市自治项目运作的考察,一方面情境合法性是一个已经享有总体合法性的社会组织在具体项目情境中被基层政府、社区权力精英和服务对象接受和认可的程度,另一方面则强调策略对于组织情境合法性起作用,主要体现为契约的双重执行。不仅如此,组织声誉、合作关系、专业优势、治理绩效会与情境合法性形成良性互动。

广东金融学院张国磊博士汇报题目为《“地摊经济”下的城市基层治理何以转型》。“地摊经济”的兴起契合“六保”要求,能够拓宽城市低收入群体谋生空间,但同时也给城市基层治理带来诸多挑战,诸如央地政令执行偏差、地方城管压力倍增和流动摊贩恶性竞争等。“地摊经济”的兴起不仅要求地方政府转变传统的城市基层治理思维,从运动式管控走向包容性治理,也要求做好公共服务的供给工作。

河海大学杜春林博士的发言主题为“项目驱动:理解当代中国地方官员晋升的新视角”。他在总结当前地方官员晋升的经济绩效说、个体特征说和政策响应说基础上,提出了地方官员晋升的“项目驱动说”,即地方政府之间竞争标的物从经济绩效转变为项目绩效,在项目运作过程中地方政府倾向于追求效益最大化和交易成本最小化,即如何获得数量更多、规模更大的项目成为地方官员所共同追求的目标。

专家点评环节中,华中农业大学李祖佩教授肯定了温丙存副教授、张振洋博士选题的意义。李教授认为项目制研究一方面围绕制度层面展开,另一方面是把项目制作为一种资源输入和利益分配方式所裹挟的一整套制度,它内嵌于行政体制和基层治理之中,因而项目制研究应该把项目制作为一个抓手,不是“为项目制而项目制”。另外,在与学人的理论对话中,他认为村干部行为是在一定结构性环境中表现出来的,对此可以从基层治理结构本身展开深入挖掘,同时可以探索由于技术治理本身未达到技术治理要求所导致的技术治理损耗问题。

南京航空航天大学武小龙副教授对张国磊博士、杜春林博士的汇报内容进行了细致点评。他认为从“地摊经济”的兴起到“地摊经济”对城市治理的挑战、从管控到包容性治理转型的分析,既有理论价值,也有实践意义。而其中的最大贡献在于,从刚性的管控视角到包容性治理视角的转变更加体现了城市治理中人性化的考量。同时应关注“地摊经济”背后的理论性问题,例如地摊经济是当前保民生、促就业的权宜之计,还是希望建立起可持续化的机制,如果作为一种可持续化的机制,又应该如何实现等。

西北农林科技大学邢成举副教授提出,项目效果弱化可能是由于有些项目在立项时就注定了本身是短期效果。从项目制谈地方官员晋升是一个很好的视角,但在接下来的研究中也面临两大挑战:一是这一新的理论需要大量案例和数据来支撑;二是对官员晋升与项目获取的关系是否需要突出行业部门特征,而非一概而论。

本次论坛聚焦精准扶贫、乡村振兴以及城市基层治理等热点话题,进行了精彩的汇报、点评和观点分享,各位学者在观点碰撞中审思社会现状、深化对有关项目制与地方治理研究的学理性探究,聚焦于分析地方治理中的问题与挑战,尝试从研究主题、研究方法等方面突破项目制与地方治理的研究瓶颈,开启这一领域的研究新方向,更好地发挥项目制在地方治理中的功能性作用。中共十九届五中全会擘画了推进国家治理体系和治理能力现代化的新蓝图,学术界广泛关注并积极探寻作为地方创新治理重要方式的项目制的运行路径,有助于推动地方治理效能不断提升,推动国家治理体系和治理能力现代化。

《探索与争鸣》编辑部举办“中国乡村教育百年：历史与未来”专题论坛

12 月 27 日，《探索与争鸣》优秀青年学人年度论坛专题八“中国乡村教育百年：历史与未来”在线上召开。此次论坛由《探索与争鸣》编辑部、教育部人文社会科学重点研究基地东北师范大学中国农村教育发展研究院共同主办，中国教育学会农村教育分会会刊《中国农村教育评论》联合参办，东北师范大学李涛教授和《探索与争鸣》杨义成编辑共同召集。包括国家万人计划哲学社会科学领军人才、教育部长江学者特聘教授在内的数十位来自全国各高校、科研机构、学术期刊社的专家学者参与研讨，400 多人线上旁听，共话乡村教育百年议题。

乡村教育蓬勃发展是百年来中国乡村教育建设者和乡村教育实践者的共同愿望。与会专家、学者们回溯了百年来一代代伟大的乡村教育先贤们在艰难中不断探索中国特色乡村教育发展道路的峥嵘历程，总结了中国共产党在乡村教育改革方面取得的伟大成果，这为未来乡村教育发展提供了重要的理论资源和实践智慧。

国家万人计划哲学社会科学领军人才、教育部长江学者、东北师范大学邬志辉教授认为，百年来中国乡村教育建设者们一直在思考着中国的前途和命运，为今日乡村教育的蓬勃发展探索了中国式道路。在即将开启“十四五”的关键历史节点，回顾中国乡村教育发展的百年历程、展望未来发展前景具有重要的价值意义。

华东师范大学周勇教授系统梳理了自“五四运动”以来我国乡村教育运动的历史发展逻辑，指出早期乡村教育并不是主流教育界关注的焦点，教育精英们主要集中关注城市教育，而乡村教育无人问津。而随后留学回国的教育精英逐步将视角转向乡村，并带动一批跟随者展开了轰轰烈烈的地方行动，进而产生了一批有长远影响的乡村教育成果。这给当代学者推动乡村教育提供了启示。

重庆大学潘家恩副教授对 20 世纪陶行知、晏阳初、梁漱溟、费孝通四位乡村教育先贤的经典论述展开重释，呼吁关注教育方向上的根本性问题。乡村教育前辈们的出发点虽有差异，但某种意义上是殊途同归的，诸如陶行知注重对传统教育的根本反思；晏阳初强调改造民族生活，教育不应该迁就社会，而是要去改变社会；梁漱溟认为教育应该回归社会，而不是脱离社会；卢作孚主张要教学生如何去培育社会，强调教育和社会的联动。先贤们的思想为当前及今后乡村教育的发展提供了重要的思想资源和方向。

国家万人计划青年拔尖人才、东北师范大学李涛教授从“缘起”“先声”“锻塑”“修远”

四个方面递进化、全景式地呈现了中国乡村教育百年变革的恢宏历程。自 1840 年始，从“天朝上国”到“救亡图存”再到“民族复兴”的思想更替中，中国与外部世界重新发生着现代性的崭新连接。在“保守”与“复辟”的缠斗中，“民主”与“科学”深入人心，新文化运动精神真正扎根中国大地是从重视“乡村平民教育”开始的。以黄炎培、晏阳初、梁漱溟、陶行知、卢作孚等为代表的乡村教育运动用“教育的力量”轰轰烈烈改变着中国乡土，但受制于“国势”与“时局”戛然而止。中华人民共和国成立后，中国共产党人带领全国各族人民历经风雨，从“农村包围城市”出发，以“扫盲教育”和“农民夜校”为开端，闯出了一条具有中国特色的乡村教育建设之路，为发展中国家农村教育的普及与发展提供了可资借鉴的中国方案。

乡村学校是实施乡村教育的主要场所，而乡村文化是承载乡村教育功能的重要渠道，乡村学校与乡村文化的繁荣是乡村教育发展的“一体两面”，在此背景下，如何办好乡村教育中作为外在实体的乡村学校，如何发展乡村教育中作为内在精神的乡村文化，与会学者纷纷提出自己的见解。

国家教育行政学院司洪昌教授重新审视了乡村学校，指出近代学校发生了从“本土私塾”到“新式学校”的更新换代。新式学校作为一种外来机构，与本土社会脱节，与传统割裂，这使得乡村学校成为一种“无根”的浮萍。这给今日的乡村教育研究者和实践者带来启示，办好乡村学校一定要与“本土文化”和“内在价值”建立强关联性。

陕西师范大学常亚慧教授关注了乡村学校百年建设的社会整合功能。20 世纪早期中国乡村社会中的“乡村重建”与“乡村教育”是发生在“乡村民众”与“新兴知识分子”之间的事情，早期乡村学校建设的关键自然也就变成了有活力且自治的乡村社会重建。今日需汲取早期乡村教育运动和乡村社会建设的营养，使当下的乡村学校重新回归“教育活动”和“公共生活”的中心位置，使乡村学校充当连接“民众”和“当地政府”的纽带与桥梁，寻找一条植根“乡村生活”和“基本民情”的中国乡村教育发展道路，在认同中进一步达成乡村基层社会和谐发展与有效治理。

教育部长江学者、广西师范大学孙杰远教授指出当下乡村教育时代具有“城乡一体”“质量同化”“文化守望”“规模收缩”“师资焦虑”“技术沟壑”等特征，应重点关注和研究乡村教育的“原文化功能”“文化变迁”“文化样态”以及“文化对当下的重要性”。乡村教育文化的应然状态应是加强“文化引领”，突出“文化传承”与“文化建设”。未来乡村教育文化应在对原有文化反思基础上进行重构，从先知和前人的智慧中“寻根”，从“元素及关系”“乡土及天下”“目标及路径”“过程及评鉴”四对关系中思考乡村教育文化系统，将原有的“乡村教育文化根系”与“现代技术和社会转型”相联系，在“迁移”与“重塑”中，不断评鉴、调整和矫正，从而建立城乡一体多元的教育生态系统。

改革是乡村教育发展最根本的生命线，在我国取得脱贫攻坚和全面建成小康社会的大背景下，唯有持续深化改革，才能使乡村教育保持生机活力，让每个乡村孩子都能享有公平而有质量的教育，实现个体与国家共同成长的伟大“中国梦”。

海南师范大学谢君君副教授通过从“文化自救”到“文化自觉”的角度，对乡村教育改革展开了深入思考。他指出研究乡村问题要从“乡村整体”的宏观视野和“社会实践”的微观角度去观察和理解乡村，围绕“农业、农村和农民”发展问题去研究乡村。“乡农学校”在实现乡村生产和分配社会化等方面的改革探索，目的是寻找“乡村教育”和“城市教育”的契合点，这些乡村教育改革观念为当下的乡村教育改革提供了重要思路。

北京大学林小英副教授在总结百年乡村教育改革成果的基础上，深入厘清了“农村”“县域”和“城市”在教育行动之间的复杂关系。当前“以县为主”的农村义务教育管理体制是以“地方财税制度”和“县域作为独立单位组织资源”作为基本前提来设计的。我国县域教育在农村教育改革政策话语体系中存在“主体性缺失”的问题，当前“以县为主”的农村义务教育管理体制需要改革。

国家万人计划哲学社会科学领军人才、中国社会科学院社会学研究所李春玲研究员指出，经过半个多世纪的快速发展，我国教育水平极大提高，实现了从“教育弱国”到“教育大国”的根本性转变。中国教育事业即将开启向第二个百年奋斗目标进军的新征程，教育事业已驶入“高质量”发展的快车道，目标是要建设高质量的教育体系，建设高质量的“教育强国”。在此背景下，中国教育事业的“规模扩张”和“数量增长”应重点实现三个转向：转向满足人民群众对“质量提升”和“公平发展”的新需求；转向对“优质均衡的教育基本公共服务”的提供；转向“未来乡村教育真正实现高质量发展”的弱势补偿。

教育在农村发展中具有基础性、先导性、可持续性的作用，乡村教育蓬勃发展是百年来中国乡村教育建设者和实践者的共同愿望。本次会议从总结百年乡村教育宝贵思想、发掘百年乡村教育文化价值、深化百年乡村教育改革探索三个层面，全景式呈现了中国乡村教育百年变迁的厚重与辉煌；立足中国新发展格局和乡村特色，对乡村教育面临的现实问题展开建设性反思，为建构具有“本土特色”“本土风格”“本土气度”的中国乡村教育原创理论和话语体系、推进乡村教育领域的思想争鸣、探索乡村教育未来的发展道路提供了平台。

本次论坛得到了《光明日报》《中国青年报》《中国社会科学报》、解放日报·上观新闻、澎湃新闻等多家媒体报道和学界的广泛关注，其中主要成果刊载于《探索与争鸣》2021 年第 4 期“圆桌会议”栏目，主题为《中国乡村教育百年：历史与未来》。

中美关系建设

ZHONG MEI GUAN XI JIAN SHE

学术研讨

上海市美国问题研究所召开"美国—伊朗关系的未来走向及其对中东局势的影响"研讨会

2020年伊始,美国军方通过精准打击的方式击毙了伊朗伊斯兰革命卫队"圣城旅"的指挥官苏莱曼尼少将,立即在国际社会引起剧烈震动,同时美伊关系也进一步复杂化和脆弱化。为此,1月14日,上海市美国问题研究所组织召开了"美国—伊朗关系的未来走向及其对中东局势的影响"研讨会,围绕此次事件后美伊关系的走势、美国中东政策的转变、中东地区地缘政治发展的方向,以及对我国在地区和国际上的影响等方面做了深入研讨。

来自上海外国语大学、上海社会科学院、上海国际问题研究院和新华社上海分社的学者专家参加了本次会议,上海市美国问题研究所研究人员参与了交流讨论。

上海市美国问题研究所召开“中美第一阶段贸易协议解读与前瞻”研讨会

1 月 16 日，在中美第一阶段贸易协议文本公布当日，上海市美国问题研究所召开“中美第一阶段贸易协议解读与前瞻”研讨会。与会专家详细解读了协议文本，肯定了协议对于稳定中美关系、促进全球经济的积极意义，同时也分析了协议在未来执行中面临的潜在风险。

来自上海社联、复旦大学、上海国际问题研究院、上海社科院、上海发展研究基金会以及上海市美国问题研究所的专家学者参与了本次研讨。

上海市美国问题研究所举办“美国沙龙”暨“2020 年美国大选与中美关系”研讨会

6 月 24 日，上海市美国问题研究所举办本年度第一场美国沙龙暨“2020 年美国大选与中美关系”研讨会。与会专家从近期的美国民调数据入手，具体分析了特朗普总统和民主党总统候选人拜登的选情情况。与会专家认为，目前美国社会严重对立撕裂，导致选举的情绪性因素较大，要谨慎看待当前的民调数据。此外，由于疫情，届时很多州可能会采取缺席投票或邮寄投票的方式，将导致开票难度增大，可能会出现选票结果争议。与会专家认为对中国来说，要做好红蓝两队上台的两手准备，需要对特朗普连任和拜登上台对华的利弊进行提前研判。

来自复旦大学、上海外国语大学、上海国际问题研究院以及上海市美国问题研究所的研究人员出席了会议。

上海市美国问题研究所召开海洋沙龙 2020 年第 1 次会议暨东海问题研讨会

7 月 7 日上午，上海市美国问题研究所召开了海洋沙龙 2020 年第 1 次会议暨东海问题研讨会，与会专家联系当下疫情影响的现实背景，围绕东海问题、东海问题背后的美国因素，对中美关系、中日关系以及美日关系的理解和走向等方面做了深入研讨，并对诸如如何处理台湾问题、中日关系的改善等方面提出了相关建议。

来自中国海洋大学、上海外国语大学、复旦大学、上海社会科学院、上海国际问题研究院的学者专家参加了本次会议，上海市美国问题研究所研究人员参与了交流讨论。

上海市美国问题研究所召开“美国沙龙”暨博尔顿新书《事发之室：白宫回忆录》研讨会

7 月 7 日下午，上海市美国问题研究所与上海社科院际问题研究所联合举办了“美国沙龙”暨博尔顿新书《事发之室：白宫回忆录》研讨会。该书的作者是美国特朗普政府前国家安全事务助理博尔顿，披露了大量特朗普政府的内幕。与会专家结合该书内容和各自研究领域，就特朗普政府的对外战略、外交决策机制、美国与世界主要国家和地区的关系及发展前景，以及美国的军控和全球治理政策等问题进行了讨论。

上海市美国问题研究所常务所长胡华主持了会议，来自南京大学、复旦大学、华东师范大学、上海交通大学以及上海社会科学院的专家和学者参与了会议。

上海市美国问题研究所应邀出席美国犹他州经贸合作线上研讨会

7月14日，应美国犹他州世界贸易中心邀请，上海市美国问题研究所出席该中心主办的“中美第一阶段经贸协议落实过程中美国企业面临的机遇与挑战”线上研讨会。美国问题研究所所长吴心伯、研究室副主任龙菲、研究人员陈佳骏、赵舒婷，连线我驻美国大使馆公使徐学渊及犹他州世界贸易中心董事长兼首席执行官迈尔斯·汉森等嘉宾，与犹他州100多家企业共同探讨新形势下推动两国经贸往来的具体举措。

研讨会上，美国问题研究所吴心伯所长介绍了近年来上海与犹他州的各方面交流。美国问题研究所2019年“从共享的历史走向共享的未来”中美民间外交高端论坛举办之后，上海与犹他州经贸合作的新进展。他指出，该论坛之后，犹他州在上海的影响力在扩大，不少企业都已经有了与犹他州进行贸易的意向，有些公司正在向犹他州询问相关农副产品的质量和价格。上海的一些中学也与犹他州开启了教育交流合作。

徐学渊公使强调，中方始终致力于推动更高水平开放促进改革发展，中美双方只有通过对话与合作，才能为两国人民和企业创造更多的机遇和福祉，双方经贸合作才能健康稳定发展。

历时一个半小时的线上研讨会，推动了犹他州政府、机构及企业全面了解掌握中美第一阶段经贸协议落实情况及美经贸合作需求和贸易政策，有利于推动双方经贸务实合作。

上海市美国问题研究所召开海洋沙龙 2020 年第 2 次会议暨南海问题研讨会

7 月 30 日上午，上海市美国问题研究所举办海洋沙龙 2020 年第 2 次会议暨南海问题研讨会，围绕当下南海形势及中美因素等方面，大家各抒己见。

来自中国海洋大学、上海外国语大学、上海国际战略问题研究会、复旦大学、上海社会科学院、南京大学的学者专家参加了本次会议，上海市美国问题研究所研究人员参与了交流讨论。

上海市美国问题研究所举行“论中美战略竞争”讲座

8 月 12 日下午，上海市美国问题研究所所长，复旦大学国际问题研究院院长、美国问题研究中心主任吴心伯在社联大楼后乐厅作了题为“论中美战略竞争”的讲座。

讲座中，吴心伯所长首先定义了大国竞争的两种形式，分析了美国对华战略竞争演变特点，辨析了特朗普政府内部三种对华政策主张。以此为基础，吴心伯所长进一步分析了欧洲、俄罗斯、东南亚等国家和地区在中美战略竞争中所扮演的角色，还模拟了中美战略竞争可能出现的三种场景。吴心伯教授条理清晰、逻辑缜密的演讲，让听众了解到中美关系最新动态，把握中美竞争中的关键问题。

上海市社会科学界联合会党组书记权衡、上海市社会科学界联合会专职副主席解超、上海市社会科学界联合会工作人员以及上海市美国问题研究所研究人员参加此次讲座，并与吴心伯所长就美国对华政策制定依据、中美合作前景等问题进行讨论。

上海市美国问题研究所举办“美国沙龙”暨“当前中美关系与美国大选”研讨会

8 月 21 日，上海市美国问题研究所举办“美国沙龙”暨“当前中美关系与美国大选”研讨会。清华大学战略与安全研究中心学术委员会委员，原中共中央党史研究室副主任、研究员章百家参加会议，并从中美关系史的角度出发，就当前中美关系做了主题发言。章百家认为，通过历史比较说明两国仍有避免零和博弈的可能，重塑中美关系需要耐心、智慧和创造力。

来自上海交通大学、上海财经大学、上海国际问题研究院、复旦大学以及上海市美国问题研究所的专家和学者也从美国大选以及当前中美关系的角度，结合各自的研究与观察与章百家老师进行了交流。

上海市美国问题研究所召开“美国大选与中美关系”专题讲座

9 月 15 日上午，暨南大学国际关系学院教授、海国图智研究院院长陈定定到访上海市美国问题研究所，并围绕“美国大选与中美关系”开展了专题讲座。陈定定教授认为大选中的重要因素是经济议题，而美国当下的经济状况不利于特朗普的选情。当前，美国很多对华政策是与选举挂钩的，我们要保持战略定力，对中美关系保持清醒的认识。

复旦大学美国研究中心研究员赵明昊也应邀出席会议并发言。上海市美国问题研究所的研究人员与两位专家就美国大选中的中国议题、两党候选人对华政策趋同性以及美国的激进主义等议题进行了讨论。

“上海在中美关系中的地位与作用”内部研讨会在上海市美国问题研究所召开

当前，由于美国对华频繁施压，中美关系呈现断崖式急剧下降，中美外交基本处于对立状态。为了在危机中寻找机遇，上海市美国问题研究所 9 月 16 日召集上海公共外交协会、上海发展基金会、上海社科院、上海财经大学、上海市外办、商委、市经信委等多个单位专家，就充分发挥上海在中美关系发展中的特殊地位、稳定中美关系献计献策。

专家们认为，历史经验表明，在中美关系处于比较困难的时候，上海在中央的授意和安排下，总是能够发挥一定的突出作用，有力地配合中央对美工作。当前，从稳定中美关系大局出发，可以发挥上海独特的优势，向美国展现友好的民间交流的意愿，发出合作的声音，做一些有利于中美交流的事情，针对美国与我国脱钩进行“战略对冲”。同时为美国大选尘埃落定后，打破中美外交僵局做准备。

上海市美国问题研究所召开海洋沙龙 2020 年第 3 次会议暨“美国南海政策的变化及对中国的风险与挑战”研讨会

10 月 26 日，上海市美国问题研究所和上海社科院国际问题研究所共同举办“美国南海政策的变化及对中国的风险与挑战”研讨会暨上海市美国问题研究所 2020 年第 3 次海洋沙龙，北京大学海洋战略研究中心主任、“南海战略态势感知计划”负责人胡波研究员受邀发表主旨发言，会议由国际所李开盛副所长主持，王健所长和胡华所长分别进行了致辞。

胡波研究员梳理了美国在南海问题上的立场变化的三个阶段，从 2009 年至 2013 年，美国在南海问题上基本保持“中立”，从 2014 年至 2018 年，美国开始“选边站”，而到了 2019 年则开始呈现出“直接介入”的态势；分析了中美在南海的战略竞争态势，认为两国在南海将长期处于战略相持阶段，在此过程中存在“擦枪走火”的风险；介绍了南海周边国家的最新动向，认为东南亚国家和地区总体上仍然持谨慎态度，但仍有个别国家和地区试图利用中美战略竞争的“契机”通过不同方式在南海问题上“做文章”。演讲后，上海市美国问题研究所和上海社科院的研究人员还就中美海上危机管控、美国智库的南海研究、东盟相关国家在南海问题上的新动态等问题与胡波进行了交流。

上海市国际关系学会和上海市美国问题研究所联合举办"美国大选与中美关系"研讨会

2020 年美国大选结束，11 月 5 日，上海市国际关系学会和上海市美国问题研究所联合举办了"美国大选与中美关系"研讨会。会议由上海市美国问题研究所常务所长胡华主持，上海国际问题研究院院长陈东晓致辞，上海国际问题研究院学术委员会主任、上海市国际关系学会会长杨洁勉作了会议总结。

来自复旦大学、同济大学、上海交通大学、上海外国语大学、上海社会科学院、上海国际问题研究院等单位的沪上美国问题研究专家齐聚一堂，对美国大选结果可能出现的争议、如何从美国大选解读美国社会发展、选后"特朗普风险"因素、如果拜登顺利当选中美关系走向等问题进行了研讨。

科研成果

《上海与美国地方交流年度大事记(2019)》

由上海市美国问题研究所主编的《上海与美国地方交流年度大事记(2019)》于近日由上海远东出版社正式出版发行。

这是上海市美国问题研究所连续第四年对上海与美国地方政府及民间各方在各领域双向交往的热点、亮点和重要事件进行梳理和汇编。本卷收录了沪美地方交流的各类事项共计千余件,所涉及的领域主要包括文化艺术、教育、社会科学、外事、科技、医疗卫生、经济与金融等。

2019 年,在中美贸易摩擦持续影响下,面对国内外较为严峻的经济形势,上海从服务国家战略和上海经济社会发展全局的角度出发,扎实推进对美贸易投资合作与交流,取得了不俗的成绩;在人文交流领域,美国已连续第三年成为上海第二大外国客源国。在进一步推动沪美两地旅游业交流与合作的同时,上海与美国电竞企业、演出管理机构、知名互联网企业等进行多次会商交流,为今后上海文化新业态的发展、平台打造与国际合作夯实基础;在科创领域,上海不断聚集的创新资源以及日益成熟的创新生态体系为诸如 IBM、微软等知名美国科创企业所青睐。由此可见,中美地方民间通过合作实现互利共赢,为稳定中美关系大局提供了根基,也证明了友好交往是民心所向。

本套丛书的编撰工作得到了上海市人民对外友好协会、上海市商务委员会、上海市文化和旅游局、上海市教育科学研究院等多家单位和个人的大力支持。

40 on 40: Interviews with Experts on China—US Relations 1979—2019

由上海市美国问题研究所主编的《40 人看 40 年——中美外交风云对话》的英文版 2020 年 12 月由新世界出版社公开出版。本书的中文版已于 2019 年出版。

本书为上海市美国问题研究所“40 人看 40 年——纪念中美建交 40 周年系列访谈”项目成果,由上海市美国问题研究所和复旦大学美国研究中心、澎湃新闻联合推出。课题组在中美两地七个城市采访了 40 位两国政界、学界的杰出代表(双方各 20 人),回顾了中美关系的历史演变,展望两国关系的未来走势。

中美建交 40 年来,中美关系能够在曲折中保持前进,是由双方共同的利益所驱动的,是由两国扎实的民意基础所保障的,也是由对国际社会的共同责任所约束的。40 位政界精英和学界翘楚为我们梳理了中美关系发展的经验与教训,也为我们拨开迷雾,厘清了两国关系的未来方向:必须互相适应、加强沟通、增进互信、扩大合作、管控分歧、寻求共赢。

机关建设

JI GUAN JIAN SHE

机关党建

上海市社联举行2020年离退休迎春团拜会

律回春渐,新元肇启。1月14日上午,在农历新春佳节即将到来之际,上海市社联2020年离退休迎春团拜会在修缮一新的上海社科会堂举行。上海市社联党组书记、专职副主席权衡及党组班子成员出席会议,上海市社联离退休老领导、老同志近60人参加了团拜会。

隆冬时节,大家欢聚社科会堂,党组领导与离退休同志亲切交谈问候,大家跟着迎春短片回顾了2019年一起走过的美好时光。

团拜会上,权衡书记汇报了上海市社联2019年主要工作情况。他指出,过去的一年,社联深入开展"不忘初心、牢记使命"主题教育;围绕庆祝新中国成立70周年,组织开展系列研究宣传活动;认真完成市委宣传部交办的一些重大项目以及布置的各项任务;围绕服务上海经济社会高质量发展,开展决策咨询;围绕党建引领加强学会建设;充分利用多媒体、自媒体技术开展深入广泛的社科普及工作;打造学术名刊等,各项工作都取得了积极进展和显著成效,收到了较好的社会反响。

权衡书记还代表社联党组向曾经为社联建设和发展作出贡献的老领导老同志,致以最诚挚的问候和新年的祝福,希望离退休同志继续关心支持社联的发展,为上海哲学社会科学的发展贡献自己的智慧。

香山中医院针灸科主任王峰应邀为大家做"迎春话养生之经络篇"保健讲座。会后大家兴致勃勃地参观了整修后的社科会堂,并在社科会堂影音室观看电影《我和我的祖国》。

上海市社联领导走访慰问社联老领导、离退休干部及本市部分社科界专家学者

在农历庚子年新年即将来临之际，上海市社联主席王战，党组书记、专职副主席权衡，党组成员、专职副主席解超、任小文，党组成员、二级巡视员陈麟辉分别走访慰问了部分本市社科界专家学者和社联老领导、离退休干部，向他们致以诚挚的问候和新春的祝福。

在走访慰问中，社联领导分别与专家学者、老领导老同志亲切交流，关心老专家、老同志生活状况，关心中青年学者科研进展，听取他们对繁荣发展上海哲学社会科学、不断提升社联工作水平的意见和建议。专家学者和社联老同志对社联的关心深表感谢，表示将一如既往地关心和支持上海社联的工作，为加快构建中国特色哲学社会科学贡献更多智慧和力量，一起擘画哲学社会科学事业繁荣发展的美好愿景。

上海市社联党员群众踊跃捐款支持新冠肺炎疫情防控工作

为打赢疫情防控阻击战，积极响应习近平总书记和党中央对广大党员的号召，上海市社联根据中央、市委和市委宣传部通知精神，迅速组织开展党员自愿捐款支持新冠肺炎疫情防控工作活动。

上海市社联机关党委及时传达布置党员自愿捐款活动有关工作要求，经党组领导同意决定在新冠疫情防控期间，为减少人员聚集，不开展党员集体捐款仪式，提倡以网上支付方式，通过所在党支部自愿捐款。

活动中，市社联主席王战，党组书记、专职副主席权衡及党组全体成员率先垂范，作出表率，通过所在党支部带头捐款。社联机关及所属事业单位广大党员和党外干部群众热烈响应，纷纷通过手机网上支付、现场捐款、邮政寄付等形式向党组织捐出自己一份爱心，用实际行动表达对新冠疫情防控工作的支持。

新冠肺炎疫情也一直牵动着社联老党员的心，当得知社联组织党员自愿捐款活动后，大家都积极表态、踊跃参与。91 岁的离休支部党员郭英海同志慷慨解囊，从多年积蓄中捐出了 1 万元大额捐款，并托家人带话："国家有难，我们要帮忙！"让社联广大党员干部群众深受感动。

此次捐款，社联共收到 96 名党员自愿捐款，捐款金额 34500 元。此次党员捐款将统一上交，主要用于慰问战斗在疫情防控斗争第一线的医务人员、基层干部群众、公安民警和社区工作者等，资助因患新冠肺炎而遇到生活困难的群众和因患新冠肺炎去世的群众家属，慰问在疫情防控斗争中牺牲的干部群众家属。除党员捐款外，社联党外干部群众也积极加入自愿捐款行列，截至目前，已收到 24 名党外干部群众的爱心捐款。这部分捐款，机关党委将根据上级部门工作口径妥善安排。社联还有许多党员和干部群众在抗疫伊始便自发通过各种渠道捐款捐物。

大疫当前，大爱无疆。这一笔笔捐款的迅速凝聚，饱含着社联全体党员干部群众对抗疫斗争必胜的信念和斗志。大家坚信，在以习近平同志为核心的党中央坚强领导下，在广大医务工作者的全力救治下，在社会各界的无私援助和人民群众的共同努力下，我们一定能打赢疫情防控这场硬仗。

上海市社联开展“寻初心之地、担使命之责”主题党日活动

6 月 30 日，为纪念中国共产党成立 99 周年，深入开展“四史”学习教育，上海市社联组织开展“寻初心之地、担使命之责”主题党日活动，赴中共四大纪念馆开展参观学习。上海市社联党组书记、专职副主席权衡，党组成员、专职副主席解超、任小文，机关及所属事业单位全体在职党员、入党积极分子，以及党外干部代表 60 余人参加了活动。

中共四大纪念馆位于上海市虹口区，是上海爱国主义教育基地，由序厅、主展厅和副展厅等组成，以党史知识与文化内涵为脉络，凸显“党的四大”在中国共产党发展历史上的重大意义。

在纪念馆序厅，全体党员佩戴党徽，以最洪亮的声音，面对鲜艳的党旗，举起右手，在权衡同志的带领下重温入党誓言，更加坚定了入党时的庄严承诺和初心使命。

随后，党员干部们在讲解员的引导下，认真参观了“时局与形势”“筹备与召开”“发展与高潮”三个主展厅、“红色足迹——中国共产党在虹口”副展厅，以及“四史教育”原创展《抓铁有痕铸党魂——中国共产党早期纪律建设图片史料展》。通过观摩珍贵的手稿、文物、图片以及影像资料，更加清晰地了解了中共四大召开前后的历史背景和深远影响，深刻理解了中国共产党人对中国无产阶级革命道路的不懈探索。

社联党员干部还在四大纪念馆海派文化中心聆听了四大宣教部主任丁晓参加“庆祝中华人民共和国成立 70 周年大型成就展”讲解工作的心得体会和经验分享，共同感受了一次新中国发展史的学习体验。

通过此次主题党日活动，加深了我们对上海作为党的诞生地和红色文化基因的了解，现场感悟了其背后蕴藏的革命传统和革命精神，进一步增强了宗旨意识和党性观念。大家纷纷表示，要从“四史”中汲取力量和智慧，不忘初心、牢记使命，立足本职岗位，勇于创新、敢于担当，以更加饱满的精神状态和更加务实的工作作风，忠实践行对党的庄严承诺。

上海市委宣传部副部长胡佩艳一行看望市社联离休干部

7月26日，上海市委宣传部副部长胡佩艳一行冒着炎炎酷暑看望了上海市社联离休干部林炳秋同志，上海市社联党组书记、专职副主席权衡，上海市委宣传部老干部处处长张伟等陪同。胡部长与老同志亲切攀谈，关心地询问其在疫情防控期间的生活情况，介绍了疫情中宣传系统老干部工作，大家还就目前国内外形势进行了交流。

根据上级部门关于疫情防控期间慰问工作的新要求，综合考虑各方面情况并征得老领导同意，上海市社联今年“夏送清凉”慰问老同志工作主要通过慰问信、电话、微信等多种方式进行。针对今年的特殊情况，上海市社联统筹调整了离退休经费的使用方式，为全体离、退休同志配发了口罩等防疫防暑用品，为老同志送去夏日的问候与关心。

上海市社联召开机关及所属事业单位党支部书记工作例会

8 月 6 日，上海市社联召开党支部书记工作例会，交流支部党建工作，部署下一步“四史”学习教育工作。党组成员、专职副主席、机关党委书记解超主持会议并讲话。机关党委、机关纪委委员，机关及所属事业单位在职党支部全体支委参加了会议。

会上，机关及所属事业单位 8 个在职党支部围绕 2019 年度支部工作情况和近期“四史”学习教育情况进行了交流发言。解超同志对支部交流情况进行了逐个点评，他指出，今年以来，各党支部都能严格按照党组要求和机关党委工作部署，深入开展“四史”学习教育，坚持在学中干、在干中学，围绕中心工作和本职业务学“四史”、抓党建、促发展，支部的战斗力和凝聚力进一步增强，党员干部队伍的思想政治素质进一步提高。总体来说各支部认识到位、履职尽责、特色鲜明、成效显著，是值得肯定的。

解超同志还对下一阶段机关党建工作提出三点要求：一是要抓紧抓实支部组织建设工作，着力加强理论学习和政治学习。尤其是要把认真学习《习近平治国理政》第三卷作为“四史”学习教育的重要内容，要聚焦支部和党员的实际需求，灵活运用专家辅导报告、集体学习讨论、党员干部交流学习心得等多种学习载体和方法，全面系统学、深入思考学、联系实际学，做到入心入脑。二是要扎实推进党支部规范化建设。要以《党章》《支部工作条例》等党内法规为遵循，严格落实党支部“三会一课”、组织生活会、主题党日活动等党内制度，做细做好支部工作记录，推动全面从严治党落到每个支部、每名党员，不断提升支部组织力和规范化建设。三是要坚持党建引领推动全面发展。面对下半年工作任务重、时间紧、要求高的现实情况，不能有丝毫懈怠，要进一步通过抓支部建设、抓战斗力建设，把党的政治优势、组织资源、建设成果转化为推动社联各项工作高质量发展的强大动力，通过党建引领，进一步展现社联党员干部良好的精神风貌和善做善为的勇气担当。

会议还结合市委宣传部“四史”学习教育工作要求，下发《社联“四史”学习教育工作提示三》并作了布置说明。

纪念抗战胜利 75 周年,上海市社联党组领导看望慰问抗战老同志

9 月 3 日是中国人民抗日战争暨世界反法西斯战争胜利 75 周年纪念日。为纪念这一伟大胜利,上海市社联党组领导于近日专程看望慰问了参加过抗战的离休干部。9 月 1 日,上海市社联党组书记、专职副主席权衡一行看望 95 岁高龄的离休干部陈均同志。陈均同志 1940 年参加革命工作,曾参加新四军一师文工团,那段历史给她留下了深刻的记忆;9 月 2 日,上海市社联党组成员、专职副主席任小文一行专程慰问现年 101 岁的离休干部华培英同志。华培英同志 1939 年参加新四军部队,抗战时曾任中共无锡东查区委书记,负责民运工作,有着光荣的革命经历。两位老同志家属表示本次慰问,对年事已高的抗战老同志来说是很大的鼓舞,诚挚地感谢市社联党组的关心和爱护。市社联也通过此次慰问活动,告诫和勉励社联人一定要铭记历史、砥砺奋进,为实现中华民族伟大复兴的中国梦而努力奋斗。

上海市社联召开党风廉政风险点分析研判专题会议

为进一步加强廉政制度建设，强化重点防范监督，根据《2020 年上海市社联基层党建和党风廉政建设工作要点》推进计划，10 月 16 日，上海市社联召开党风廉政风险点分析研判专题会议。会议由党组成员、专职副主席、机关党委书记解超主持，机关党委委员、机关纪委委员、机关及所属事业单位在职党支部书记及纪检委员出席会议。

会上，各党支部结合部门、单位工作，认真总结交流上一轮廉政风险点排摸防控开展以来工作情况，并进行分析研判。机关党委、机关纪委就新一轮廉政风险点排摸防范工作进行了具体布置。

解超认真听取了各支部汇报交流，逐个进行点评，并对新一轮廉政风险点排摸防范工作提出要求。他指出，做好新一轮廉政风险点排摸工作，一是要高度重视，各支部、各部门单位要把风险排摸防控的过程转化为干部职工教育学习、自警自律的过程，以求真务实的精神、科学严谨的态度和真抓实干的作风来组织落实。二是要抓准抓牢风险点，要结合业务工作，认真学习社联规章制度汇编，特别是“负面清单”要求，逐一排查风险点，提出、制定、完善与风险点逐一对应的防范控制措施，切实扎牢制度笼子，确保风险防控措施落实有效。三是要明确责任落实，支部书记作为第一责任人，要组织落实好新一轮风险点排摸防控工作，切实抓好本部门、本单位廉政风险防控机制建设。支部纪检委员（或指定专人）负责本支部风险点排查具体落实、组织协调和情况汇总上报。

会议还以新华连锁有限公司原党委书记、总经理王某贪腐案例开展了警示教育。

上海市委第九巡视组巡视市社联党组工作动员会召开

根据上海市委关于巡视工作的统一部署，近日，上海市委第九巡视组巡视市社联党组工作动员会召开。会前，市委第九巡视组组长史家明主持召开与市社联党组书记权衡的见面沟通会，传达了中央巡视工作新部署新精神和李强同志关于学习贯彻习近平总书记重要讲话有关要求，通报了相关工作安排。会上，史家明就巡视工作进行了动员，市纪委副书记童建平受市委巡视工作领导小组委托就做好本轮巡视工作提出要求，权衡主持会议并表态发言。

市委第九巡视组副组长及巡视组相关同志，市委巡视办有关同志，市社联党组班子成员、市纪委监委派驻纪检监察组有关同志出席会议，市社联内设机构和所属单位有关负责同志等列席会议。

史家明在讲话中指出，巡视是党章赋予的重要职责，是加强党内自身监督的战略性制度安排，是我们党在长期执政条件下强化自我监督的重要保障。巡视组将紧盯被巡视党组织职能责任、紧盯全面从严治党阶段性主要矛盾、紧盯领导班子和关键少数、紧盯人民群众反映强烈的突出问题，查找政治偏差，督促被巡视党组织增强“四个意识”、坚定“四个自信”、做到“两个维护”，切实增强巡视监督的针对性实效性。重点监督检查落实党的理论和路线方针政策以及党中央、市委重大决策部署情况，落实全面从严治党战略部署情况，落实新时代党的组织路线情况，落实对巡视、审计等监督发现问题整改情况，推动市社联党组更好履行职责使命，更好服务上海改革发展。

童建平提出三点意见：一要提高政治站位，切实把思想和行动统一到党中央和市委对巡视工作的部署要求上来。市社联党组要把巡视作为推动党中央和市委重大决策部署贯彻落实的强大动力，把巡视作为深化全面从严治党走在前列的重要举措，把巡视作为落实以人民为中心发展理念、推动市社联各项工作持续向前发展的重要支撑。二要准确把握市级单位工作特点和规律，切实增强政治监督实效。对市社联党组开展巡视，必须坚守政治巡视定位，把准群团工作特点和规律，突出监督重点，增强监督实效。要聚焦职能责任，用好政治标尺，突出监督重点。三要加强协作配合，形成工作合力，共同完成好市委交付的巡视任务。巡视组和市社联党组要相互支持，做到同题共答。要提高思想认识，强化协作配合，严明纪律要求。

权衡在发言中表示，要充分认识巡视工作的重要意义，进一步增强“四个意识”、坚定

“四个自信”、坚决做到“两个维护”。要本着实事求是、对工作负责的态度，全面如实客观反映情况。要全力配合市委巡视组完成好巡视任务，把支持配合做好巡视工作与抓好社联各项工作紧密结合起来，与“四史”教育紧密结合起来，与广泛团结本市哲学社会科学五路大军紧密结合起来，进一步发挥好社联的桥梁和纽带作用，更好地为本市改革发展实践提供有力支持、贡献智慧力量。

巡视期间，市委第九巡视组设专门值班电话，专门邮政信箱和电子邮箱，在社联一楼大堂楼梯口设意见箱。根据《中国共产党巡视工作条例》规定，巡视组主要受理反映被巡视单位领导班子及其成员、下一级主要负责人问题的来信来电来访，重点是关于违反政治纪律、组织纪律、廉洁纪律、群众纪律、工作纪律和生活纪律等方面的举报和反映。其他不属于巡视受理范围的信访问题，将按规定转交有关部门处理。

宣传系统党建和统战课题评审会在上海市社联举行

12 月 18 日，宣传系统党建和统战课题评审会在上海市社联举行。受上海市委宣传部基层工作处委托，上海市社联组织了来自复旦大学、上海财经大学、市委党校、市党史学会、市党建文化研究中心等单位的相关专家学者，对宣传系统 22 家单位申报的 45 项党建、统战课题开展评审工作。通过前期初评、现场审读和投票表决的方式，分别评选出了 17 个优秀党建课题和 6 个统战优秀课题。市委宣传部基层工作处、组织人事处领导和相关工作人员参加会议。

工会工作

上海社联机关党委、工会举行“难忘军旅生涯，今朝再立新功——退役军人茶话会”

7月31日上午，上海市社联机关党委、机关工会在清雅厅举行“难忘军旅生涯，今朝再立新功——退役军人茶话会”，庆祝中国人民解放军建军93周年。市社联党组书记、专职副主席权衡，党组成员、专职副主席、机关党委书记解超出席会议，与机关退役军人亲切座谈。

茶话会气氛轻松热烈，权衡、解超同志饶有兴趣地询问大家在部队的情况，几位新入职退役军人与大家一起回顾了各自的军旅生涯，大家纷纷表示要继续发扬部队的好传统、好作风，努力为社联事业发展作出贡献。与会人员还围绕国内外形势、国防建设展开深入交流。

权衡同志在座谈会上指出，市社联退役军人占在职员工的百分之二十多，在各个层面、各个岗位都体现出了部队的优良作风，发挥了突出作用，成为社联事业发展的骨干力量。希望大家继续保持军人本色，不忘初心、牢记使命，在各自的工作岗位再立新功，为本市哲学社会科学事业的发展贡献力量。

上海市社联机关党委、机关工会组织青年干部开展“学四史·讲好中国故事”演讲比赛

7月31日，由市社联机关党委、机关工会共同组织的“学四史·讲好中国故事”演讲比赛，在社联六楼群言厅正式举行。市社联党组书记、专职副主席权衡，党组成员、专职副主席、机关党委书记解超，党组成员、二级巡视员陈麟辉出席。

旨在深入开展“四史”学习教育，知史爱党、知史爱国，“讲好中国故事”，由社联各处室推荐的八位青年代表，运用多媒体手段，通过声情并茂的演讲，围绕党的建设、中国精神、社科大师等主题，分享了自己在参加“四史”学习教育过程中的宝贵经验和心得收获。

本次比赛特邀上海广播电视台新闻中心主任张明霞，上海电视台新闻主持人林牧茵，上海演讲学会秘书长、全国口才考级中心教指委首席专家林毅作为专家评委，给予每位演讲选手现场指导与点评。经过精彩而紧张的角逐，由三位特邀专家评委和各处室推荐的八位大众评委评选，科普处的赵乐（助演何大伟、许小康）题为“追望真理大道——陈望道与《共产党宣言》”的演讲夺得本次比赛的第一名，《探索与争鸣》编辑部杨义成题为“‘三勤三化’：抗战时期上海党组织怎样扎根社会”的演讲获第二名，组织人事处的张栩光和学会处的吴宗勇并列第三名。科研处朱燕、办公室李林燕、《学术月刊》编辑部朱颖和美国所赵舒婷获优胜奖。据悉，比赛的前两名还将作为社联代表被推荐参加宣传系统第二片区的微团课演讲比赛。

赛后，权衡书记发表了热情洋溢的讲话。他充分肯定了此次演讲比赛是社联“四史”学习活动的深化和创新，希望市社联的年轻同志能“不忘初心，牢记使命”，在今后的工作和生活中主动当好中国故事的“讲解员”，中国声音的“传播者”，为上海持续推进“三大任务、一大平台”建设，持续打响“上海文化”品牌贡献青春力量。

市社联机关各处室、各单位负责人及部门代表共50余人参加演讲比赛，为选手加油鼓劲。

无偿献血传爱心，健康生活新风尚——上海市社联组织开展无偿献血活动

8月4日，上海市社联组织干部职工前往丽园路献血点参加无偿献血活动。社联3位同志在医务人员的指引下，完成了采血。此次献血共采集了新鲜血液600毫升。

无偿献血活动得到了社联机关及所属事业单位职工的积极响应和热情支持，自愿献血招募通知发出不到两天时间里，就有23名干部职工踊跃报名。这次无偿献血，奉献了社联广大干部职工的爱心与温暖，传递了社联上下团结、积极向上的正能量，也彰显了上海社联的高度社会责任感。

下一步，上海市社联机关党委、机关工会将根据当前常态化疫情防控要求，采用慰问信、电话慰问、“送货上门不进门”等多种方式对无偿献血者进行慰问。

上海市社联王虹同志荣获上海市先进工作者称号

12 月 2 日，2020 年上海市劳动模范（先进工作者）和模范集体表彰大会隆重举行。上海市社会科学界联合会科普联络岗王虹同志荣获上海市先进工作者称号。

王虹同志现任科普工作处一级主任科员，参加工作 10 年来，她始终坚守在科普联络岗位第一线，做好科普需求与资源的对接，积极落实社科普及活动周、东方讲坛、望道讲读会等相关活动的联络协调工作，主动参与多个系列科普短视频的制作与宣传工作。王虹同志不仅在工作中勤勤恳恳，任劳任怨，精心细致地完成每一项任务，并且始终坚持以饱满的工作热情、扎实的工作作风、追求卓越的工作目标和不断创新的干劲，忠实服务党的理论宣传事业，踏实开展社科普及工作，努力让社会科学走进群众心坎里。

上海市劳动模范（先进工作者）和上海市模范集体每五年评选一次，是对在上海经济建设和社会发展中作出杰出贡献的先进个人、集体的高度肯定，是上海市授予劳动者的最高荣誉。本次表彰经单位推荐、民主评选，市委、市人民政府决定，授予 569 人上海市劳动模范称号，授予 271 人上海市先进工作者称号，授予 336 个集体上海市模范集体称号。

内部管理

上海市社联开展消防安全知识讲座暨紧急疏散演练

为认真落实本市有关“安全生产专项整治三年行动计划”的指示要求，进一步加强社联安全生产管理，增强社联干部职工的消防安全意识。9 月 11 日上午，上海市社联组织开展了消防安全知识讲座暨紧急疏散演练活动。此次活动由市社联党组成员、专职副主席任小文主持，邀请了黄浦区嵩山消防救援站的官兵进行现场授课指导。市社联领导与机关，所属事业单位，物业管理单位有关同志 70 余人参加了活动。

活动期间，上海市社联党组书记、专职副主席权衡就社联的安全工作提出了要求，上海市社联办公室主任梁清代表社联向嵩山消防中队赠送了科普读物及“上海 70 个瞬间”系列 U 盘。

培训讲座结合典型的火灾案例，就火灾严峻形势和危害性、公共场所火灾防患排查、火场逃生自救知识、消防器材的使用等方面进行了深入浅出的讲解。讲座结束后，社联干部职工按计划开展了紧急疏散演练，并就灭火瓶的使用进行了现场实操演示。

通过活动，进一步检验和完善了社联大楼消防安全报警系统，使社联干部职工对消防安全的重要性有了更深层次的理解，掌握了必要的紧急疏散及逃生自救方法，强化了消防安全观念，筑牢了消防安全防线。

大　事　记

DA SHI JI

1月

2019年，上海市社联与商务部上海特派员办事处密切联系、加强合作，开展了日常走访、座谈交流等活动，围绕办好进口博览会和虹桥论坛等议题，开展了深入的研讨。相关成果获商务部领导和有关司局的一致好评。为此，商务部上海特派员办事处特向市社联发来感谢信，感谢市社联在此项工作中的大力支持，并希望双方继续加强合作，携手推动我国商务实现高质量发展。

1月2日，中国(上海)自由贸易试验区临港新片区管委会与上海市社会科学界联合会在临港召开"五个重要"课题招标发布暨专家研讨会，共同发布新片区"五个重要"系列研究课题10项，并面向社会公开招标。

1月7日，上海市社联七届五次主席团会议暨七届四次全委会在上海社科会堂举行。市社联主席王战致辞。市社联党组书记、专职副主席权衡报告市社联2019年主要工作与2020年工作思路。市社联党组成员、专职副主席、秘书长(兼)解超主持会议，党组成员、专职副主席任小文报告上图东馆社联6楼建设情况，党组成员、二级巡视员陈麟辉宣读致全市社科工作者的新春感谢信。市社联副主席沈国明、李琪、姜锋、叶青、陈恒、陈志敏、龚思怡、熊月之、桑玉成、吴晓明及第七届委员会成员百余人欢聚一堂，共话上海社科发展。

1月8日至**9日**，《探索与争鸣》编辑部与苏州大学凤凰传媒学院共同举办了"媒介技术与文明转型"学术研讨会，探究新媒介环境下人类文明的嬗变路径与未来图景。与会专家就"全球化、区域化与技术文明""媒体技术与社会心态""多学科视角下的技术与文明""新媒介技术与文化共同体建构""数字文明时代的文化与伦理问题"等主题展开探讨。

1月9日，2019年度中国十大学术热点发布会暨哲学社会科学研究展望论坛在中国人民大学隆重举行。此次发布会和论坛由《学术月刊》杂志社、中国人民大学书报资料中心、光明日报社理论部共同主办。中共上海市委宣传部副部长徐炯、中国人民大学副校长刘元春分别致辞，中国编辑学会会长郝振省发表讲话。光明日报社理论部主任薄洁萍代表主办方发布2019年度中国十大学术热点，《学术月刊》总编辑姜佑福介绍学术热点评选情况，中国人民大学书报资料中心总编辑高自龙主持会议。来自各社科院、高等院校、期刊社、出版社、各大新闻媒体、网络媒体等机构的专家、学者及代表共150余人参加了会议。

1月13日，社联召开年初学习讨论会暨中心组学习(扩大)会议。市社联党组书记、专职副主席权衡主持会议，党组成员、专职副主席、秘书长解超，党组成员、专职副主席任小文，党组成员、二级巡视员陈麟辉，以及社联处以上干部出席会议。会议围绕学习贯彻近期市委常委会会议、市委常委会扩大会议精神与周慧琳同志在市宣传思想文化工作会议上的讲话精神，从提高思想认识、创新工作方法、扩大社会影响等角度，对 2020 年社联各项工作的开展进行了谋划，统一了思想，形成了共识，为新的一年开好局、起好步，打好了基础。

1 月 13 日下午，由上海市总工会主办的第 21 届上海读书节闭幕式在世博会博物馆 WE 剧场隆重举行，上海市社联“望道讲读会”被评为 2019 年度上海市振兴中华读书活动优秀示范项目。上海市社联科普处处长应毓超作为获奖代表上台领奖，市人大常委会副主任、市总工会党组书记、主席莫负春授牌。

1 月 21 日，上海市社联推出的《中国之治，懂了！》13 集党的十九届四中全会精神解读系列短视频全部上线完毕。截至当日 18:00，相关视频稿件全网传播共 5461 篇次，仅在上海主流媒体平台和部分商业网站总点击量 1522.4 万次，成为了市社联利用互联网开展理论宣传和群众性教育的又一次成功实践。

1 月 28 日，《探索与争鸣》编辑部在全国社科学术界率先推出“国家治理现代化视野下的抗击新型肺炎”主题征文。此次征文获得学界积极关注和支持，截至 3 月 11 日，共收到论文 1500 多篇。编辑部对来稿精心评选，于 2020 年第 4 期编辑出版“抗疫与国家治理现代化”专刊，为更好地抗击疫情及后疫情时代的变革和重塑贡献学界的智慧，取得良好反响，专刊入选北京国际图书博览会(BIBF)“2020 中国精品期刊”。

2 月

2 月 27 日起，上海市社联策划推出的《学人论疫——你需了解的社会科学知识》4 集专题系列短视频陆续上线发布。四位专家从历史、社会、法律、心理等领域，科学、理性、权威地介绍、解答有关知识与问题，引导人们正确看待疫情，增强战胜疫情的信心与决心。该系列短视频由市委网信办全网推送，截至 3 月 14 日在本市主流新媒体及部分视频网站的点击量达 291.6 万次。

3 月

3 月 4 日，上海市社联新型冠状病毒感染的肺炎疫情防控工作领导小组召开工作会议。小组组长权衡主持会议，副组长解超、任小文、陈麟辉，秘书长梁清及小组全体成员出席会议。会议学习传达了近期习近平总书记与李强书记关于做好疫情防控工作的讲话与相关指示精神，听取了社联防控疫情各项举措的通报。会议强调，当前疫情防控取得阶段性成效，形势积极向好，但仍须毫不松懈；要严格落实市委、市政府各项防控要求，确保疫情防控最后胜利。会议提出，社联将认真学习和贯彻习近平总书记关于有序复工复产的一系列重要讲话和指示，按照市委、市政府统一部署，认真做好疫情防控与社联工作两手抓、两手赢。

3月13日，上海市社联组织召开主题为“全球疫情蔓延对世界经济的中长期影响及上海的应对”专家视频会议，邀请本市世界经济及国际关系研究领域的知名专家学者，围绕全球疫情蔓延对全球经济产生的影响、中国应该采取的措施和上海如何应对等问题，进行了在线研讨。

3月23日起，上海市社联与上海人民广播电台合作，共同推出“星期广播科学汇 · 科技与人文对话”系列节目。截至12月底，已举办“疫病与人类文明”、“东方红50载与中国航天梦”、“进博会如何改变我们的生活”等10场活动，经录制剪辑后在上海新闻广播FM93.4/AM990播出广播节目共20期，直接听众约1000万。

4月

4月3日，上海市社联召开专题会长论坛，与会者围绕“全球疫情蔓延对国际政治、经济格局的影响及我国的应对策略”进行了深入交流和讨论。市社联主席王战，党组书记、专职副主席权衡出席会议，党组成员、专职副主席任小文主持会议。

4月18日，上海市社联策划推出的《而立之歌——探寻浦东开发开放30年“创新之钥”》系列短视频上线首播，通过采访浦东开发开放重大实践的亲历者和见证者，引领观众纵览浦东创新实践的历史背景、主要进程、重大事件与实践经验，形成12组解读上海改革开放历史的学习教育案例。该系列短视频由市委网信办全网推送，截至6月2日，点击量达625.1万次。东方财经浦东频道也多次全集播出。

4月24日和6月10日，根据疫情防控要求，上海市社联将望道讲读会活动模式调整为“事先录制，线上播出”，分别进行了主题为“楚狂傲骨见精神　诗骚直解堪千古——陈子展先生的生平与治学”和“上海民俗文化中的英雄信仰”两场讲读会的现场录制。

4月27日，上海市社联党组中心组赴张江科学城，聚焦改革开放史开展现场学习。党组书记、专职副主席权衡，党组成员、专职副主席、秘书长解超，党组成员、专职副主席任小文，党组成员、二级巡视员陈麟辉，以及社联全体处以上干部参加学习交流。

5月

5月8日，上海市社联拍摄制作的“为什么是上海——探寻上海红色基因”系列短视频荣获中共上海市委宣传部“党的诞生地”文艺党课创新大赛“创新演艺类”文艺党课作品一等奖。

5 月 16 日，由《学术月刊》杂志社举办的“人文社科中文学术期刊国际化”研讨会在上海市社联召开。市社联党组成员、二级巡视员陈麟辉致辞，《学术月刊》总编辑姜佑福主持。会议就人文社科学术期刊的国际化主题展开研讨。与会专家肯定人文社科学术期刊国际化的重要意义，就议题设置、国际论坛举办、编译质量、传播途径和发行方式等提出建议和对策，并分享相关社科期刊英文刊“借船出海”的经验。

5 月 20 日，中共上海市委宣传部、上海市社会科学界联合会、解放日报社、上海人民出版社与上海申通地铁集团有限公司联合打造的“520 致敬最可爱的人，向白衣天使大声说爱你”主题地铁专列，在上海地铁 1 号线正式运行。本次地铁专列精选的 66 张照片和配文取自解放日报编撰、上海人民出版社出版的大型画册《去时暖江城　归时江城暖——影像纪实｜上海医疗队在武汉》。该画册以支援武汉的上海医疗队为主角，从解放日报·上观新闻陆续派往武汉的三位记者的视角，用相机镜头、文字记录上海医疗队千里驰援奋战实况，一张张照片生动呈现了 1649 名上海援鄂医护的“战疫”场景。

5 月 20 日，上海市社联组织专家对中华创世神话 6 个市社科规划立项委托课题进行成果鉴定，鉴定专家听取了课题承担者的陈述与答辩，一致同意课题予以结项。市社科规划办随后也通过了课题结项。

5 月 25 日，中国社科院科研局副局长、上海研究院常务副院长赵克斌，上海研究院秘书处副处长杨位俭，上海研究院信息编辑主管顾蓓蕾一行来我会调研。市社联党组成员、专职副主席解超出席会议并致辞，党组成员、二级巡视员陈麟辉主持会议，相关处室及编辑部同志与会。座谈会上，双方就智库成果转化、信息化建设、编辑业务等工作内容进行了交流研讨。

同日，上海市社联与上海博物馆联合主办“江南文化讲堂”首讲活动，与会专家聚焦江南文化主题，与现场观众共话江南文化的前世今生。截至 2020 年底，该系列讲堂共举办十期，熊月之、戴鞍钢、赵丽宏、谷娴子等一批沪上知名社科、文博专家学者以“史”为线索，深入挖掘江南文化的精神特质，积极传播江南文化创新发展理念，让广大市民群众进一步了解江南文化，走进江南文化，弘扬江南文化，共同参与“上海文化”品牌建设。

5 月 26 日，上海市社联召开党建和党风廉政建设会议，并启动社联“四史”学习教育活动。市社联党组书记、专职副主席权衡主持会议并讲话，党组成员、专职副主席解超、任小文，党组成员、二级巡视员陈麟辉出席会议。机关党委、机关纪委全体委员，所属党支部全体支委以及党员、群众代表参加了会议。

5 月 28 日，市纪委监委驻市委宣传部纪检监察组组长杨永平、副组长杨斌生等一行 5 人莅临社联，就推进政治监督具体化常态化、持续深化“四责协同”机制、学界对疫情防控形势研判动态等开展调研座谈。市社联党组书记、专职副主席权衡，党组成员、专职副主席解超、任小文，党组成员、二级巡视员陈麟辉参加了调研座谈会。社联机关党委、机关纪委、办公室相关同志列席会议。

5月29日，由上海市社会科学界联合会、上海市地方志办公室、东方网共同主办的四史讲堂在社科会堂开讲。特邀上海新冠肺炎临床救治专家组组长、复旦大学附属华山医院感染科主任张文宏作主题演讲。市地方史志学会会长王依群主持本期讲堂。市社联党组成员、专职副主席任小文，论坛的主办、协办学会代表等出席活动。

6月

6月1日，《探索与争鸣》编辑部、上海汇智经济学与管理学发展基金会、上海东方青年学社通过在线会议的形式，共同举办了主题为“零工经济与数字产业：后疫情社会的新动能”的圆桌会议。来自北京大学、中国社会科学院、上海社会科学院、复旦大学、上海交通大学、同济大学、华东政法大学、中山大学、暨南大学、南开大学等院校和科研机构的十多位专家连线了本次会议。

6月4日上午，上海市社联举行“四史”学习教育领导干部专题党课第一讲，由市社联党组书记、专职副主席权衡作“深入学习新中国史，奋力实现中华民族伟大复兴”专题党课。会议由市社联党组成员、专职副主席、机关党委书记解超主持，市社联机关、所属事业单位全体党员干部参加学习。

6月上旬，上海市中国特色哲学社会科学学术话语体系建设基地签约仪式在复旦大学、华东师范大学等地举行。此举是为了深入贯彻落实习近平总书记关于哲学社会科学工作系列重要讲话精神，着力推进上海市相关学科领域的中国特色哲学社会科学学术话语体系建设而开展的。新一轮15家基地的成立，旨在坚持以中国实践为基础，弘扬学术精神，注重学术质量，追求学术精品；坚持以重大问题为导向，着力形成中国特色的概念体系、理论体系、话语体系、学术体系，加快构建中国特色哲学社会科学。

6月10日至11日，作为对口支援遵义文化帮扶的工作内容，上海市社联邀请中共上海市委党校（上海行政学院）教授胡伟赴遵义开展题为《如何培育社会治理体系和治理能力现代化》的《黔北讲坛》现场讲座录制。讲座成片在遵义电视台新闻综合频道播出，并安排三次重播，受到当地干部群众的一致好评。

6月11日，上海市社联召开“习近平新时代中国特色社会主义思想学理化研究”专项工作启动会。旨在通过12个市哲社委托课题，组织本市优秀社科专家开展研究，聚焦新思想的基本问题，注重理论原创性，对习近平新时代中国特色社会主义思想做学理性、系统性的深入阐述，力争推出一批具有上海特色、体现上海学界水准的理论成果和学术精品，为庆祝建党100周年献礼。

6月12日，四史讲坛名家访谈专场暨沪上中青年学者走进档案馆活动在上海中心举行，本次活动由中共上海市委宣传部、上海市社会科学界联合会等单位指导，上海市档案学会等承办。市委宣传部副部长徐炯，市社联党组书记、专职副主席权衡，市档案局(馆)长徐未晚，上海城投(集团)有限公司党委副书记杨茂铎等出席活动。

6月18日，上海市社联召开"新冠病毒大流行的全球影响"系列课题研究中期研讨会，承担课题研究的专家学者围绕主题进行了深入交流和讨论。市社联主席王战出席会议并讲话，党组成员、专职副主席任小文主持会议。

6月28日，上海市社联召开党组中心组学习会。会议由党组书记、专职副主席权衡主持，党组成员、专职副主席、秘书长解超，党组成员、专职副主席任小文，党组成员、二级巡视员陈麟辉及全体处以上干部出席会议。会议首先学习传达了十一届市委九次全会精神，会议还学习传达了市委宣传思想工作领导小组扩大会议精神，会议最后学习传达了宣传系统党政负责干部会议精神。

6月30日，为纪念中国共产党成立99周年，深入开展"四史"学习教育，上海市社联组织开展"寻初心之地、担使命之责"主题党日活动，赴中共四大纪念馆开展参观学习。市社联党组书记、专职副主席权衡，党组成员、专职副主席解超、任小文，机关及所属事业单位全体在职党员、入党积极分子，以及党外干部代表60余人参加了活动。

7月

7月1日至11月9日，上海市社联与上海市政治学会继续在澎湃新闻推出"'四史'关键词"78篇，点击量达3786万次。"学习强国"同步推送，点击量约84万次。"'四史'关键词"巧用故事阐释话题，辅以短视频和图片资料，帮助广大党员干部提纲挈领，精学"四史"。

7月3日上午，"四史"学习教育领导干部讲党课系列活动第二讲开讲。社联主席王战以"中国特色社会主义与上海的改革开放"为题，为社联机关、刊业全体干部讲授专题党课。党组成员、专职副主席任小文主持，市社联机关、所属事业单位全体党员干部参加学习。

7月14日，《探索与争鸣》编辑部、华东师范大学历史学系通过在线会议形式，共同举办了主题为"大众历史文化变革的新挑战：当代历史学何以凝聚文化认同感"的圆桌会议。

会议研讨中，与会专家就公共史学的发展及影响、当代历史学家的责任和使命、历史教育与历史教科书编写、公共历史教育的引导和实践、历史教育的有效性和前瞻性、新媒介与青年历史观等议题展开了广泛而深入的讨论。

7月30日，以“江南经济与长三角一体化发展”为主题的“江南文化讲堂”在上海市青浦区金泽镇举行。市政协主席董云虎出席并讲话。市政协秘书长贝晓曦出席。市委宣传部副部长徐炯，青浦区政协主席李华桂致辞。市社联党组书记、专职副主席权衡，青浦区委副书记杨小菁，青浦区委常委、宣传部长姜道荣，市社联专职副主席任小文，上海博物馆党委书记汤世芬，以及来自市政协、上海市江南文化研究联盟成员单位代表、青浦区相关部门负责人等80余人出席。

8月

8月13日，上海市社联举办“问路百年成大道——庆祝中国共产党成立100周年研究丛书推介”望道讲读会，邀请部分作者解读党史研究的最新成果，带领听众回溯党的百年历程。

8月16日，上海市社联举办“你好，我的城——新时代人民城市建设面面观”望道讲读会，共同探讨如何打造人人都能有序参与治理、人人都有人生出彩机会、人人都能享有品质生活、人人都能切实感受温度、人人都能拥有归属认同的人民之城。

8月18日，上海市纪委监委党风政风监督室副主任章明，调研员曹建伟一行莅临市社联，就意识形态领域阵地建设、党风廉政责任制建设等情况进行调研，重点了解学术社团党建工作情况及经验做法。市社联党组成员、专职副主席任小文主持会议，机关纪委、学会管理处(社团党建办)相关同志与会。

8月22日，《学术月刊》杂志社与云南大学民族学与社会学学院联合主办的第八界边疆中国论坛暨“边疆研究中的国家观、历史观与民族观”学术研讨会在云南大学召开。来自中国社会科学院、复旦大学、四川大学、兰州大学、吉林大学、北京师范大学、华东师范大学、陕西师范大学、云南大学等全国十余所高校的民族学、历史学、民族史学及相关学科领域的30余位专家学者出席了此次论坛。论坛以跨学科、多视角、多维度的方法对中国边疆族群历史、现代国家建构的知识话语等进行了探讨，开拓了边疆研究的视野。

8月25日，上海市社联工程建设项目领导小组专题会议在上图东馆在建工地召开。市社联党组书记、专职副主席、工程建设项目领导小组组长权衡，党组成员、专职副主席解超，任小文，党组成员、二级巡视员陈麟辉及各处室负责同志与会。

8 月 28 日，江苏省社科联一行 6 人在党组书记、常务副主席刘德海，党组成员、副主席徐之顺的带领下到访我会，就社科优秀成果评审及第二届长三角江南文化论坛等工作开展调研交流。上海市社联党组书记、专职副主席权衡，党组成员、专职副主席、秘书长解超，党组成员、专职副主席任小文及相关部门负责同志出席座谈会。

8 月 29 日至 30 日，《学术月刊》杂志社、《比较》编辑室、中国人民大学应用经济学院和上海汇智经济学与管理学发展基金会联合举办"第九届汇智公共经济学论坛"。论坛主题为"后疫情时代全球治理与发展再展望"，来自北京大学、清华大学、中国人民大学、中国社会科学院、南京大学、复旦大学、上海交通大学等全国高校和科研机构的近二十位专家出席本次论坛。

8 月 31 日，上海市社联举行党组中心组学习(扩大)会议，集中学习《习近平谈治国理政》第三卷。会议由党组书记、专职副主席权衡主持，党组成员、专职副主席任小文，党组成员、二级巡视员陈麟辉及全体处以上干部出席会议。

9 月

9 月 9 日、10 日和 15 日，上海市社联分三场组织召开习近平新时代中国特色社会主义思想系统化学理化系列研究专项专家咨询会。市社联党组书记、专职副主席权衡出席会议并讲话，党组成员、专职副主席解超主持会议。

9 月 10 日，由上海市社联和上海地铁共同举办的"礼赞上海社科大师"教师节特别活动，通过设置在 10 个地铁车站内的 20 个公益灯箱，集中展示了新中国成立以来在上海社科界辛勤耕耘、潜心治学，为哲学社会科学繁荣发展做出重大贡献，在学界具有广泛影响和享有崇高声誉的已故"社科大师"的人格风范和治学精神。市民可以通过地铁灯箱海报直观了解社科大师的精选格言，扫描二维码收听《海上先声》大师短音频、收看大师纪念特稿。

9 月 12 日，《探索与争鸣》举办"算法社会、资本与风险治理"学术研讨会。会上，来自华东师范大学、上海大学、中国社科院、上海社科院等高校和研究机构的学者，围绕相关领域重要问题进行了热烈而充分的讨论。

9 月 17 日至 19 日，上海市社联刊业中心一行在市社联党组成员、二级巡视员陈麟辉研究员的带领下，分别赴江苏省南京市侵华日军南京大屠杀遇难同胞纪念馆、江苏省社科联、南京市社科联展开调研，并与南京大学联合举办"培育与大变革时代相称的社会学想象力研讨会"。

9月18日，上海市社联举行第十四届(2020)“学会学术活动月”开幕式暨会长论坛。中共上海市委宣传部副部长徐炯出席会议并讲话，市社联主席王战致辞并宣布开幕，党组书记、专职副主席权衡主持开幕式，党组成员、专职副主席任小文主持会长论坛。市社联所属各学术团体负责人和专家学者80多人参加会议，杨代雄、尹晨、诸大建、陈东晓作主题发言。

9月19日，《学术月刊》杂志社与南京大学当代中国研究院联合举办“培育与大变革时代相称的社会学想象力研讨会”。上海市社联党组成员陈麟辉研究员、南京大学党委常务副书记杨忠教授，中国社会学会会长李友梅教授致欢迎辞，来自复旦大学、南京大学、浙江大学、华东师范大学、上海大学、华东理工大学、安徽大学、河海大学等高校的专家学者出席会议并作精彩发言。

10月

10月10日，上海市社联召开第七届委员会主席团第六次会议。市社联主席王战出席会议并讲话，党组书记、专职副主席权衡主持会议，专职副主席、秘书长解超，专职副主席任小文，兼职副主席刘杰、刘靖北、吴晓明、沈国明、忻平、陈志敏、陈恒、姜锋、顾锋、桑玉成、龚思怡、蒋传海、童世骏(按姓氏笔画为序)出席会议，市社联党组成员、二级巡视员陈麟辉及各部门负责人列席会议。

10月12日至11月20日，上海市社联主办的“东方讲坛·思想点亮未来”系列讲座继续推出第七季，邀请张学良、曹旭、王健、虞云国等著名专家学者走进松江一中、交大附中、徐汇中学、光明中学等14所中学，举办包含哲学、历史学、政治学、教育学、文学等学科领域的14场讲座，带领广大中学生领略人文社会科学的风采，深刻感受思想的魅力。

10月20日，第二届长三角江南文化论坛在南京举行。论坛由沪苏浙皖三省一市社科联共同举办，江苏省社科联承办。长三角三省一市宣传部、社科联相关领导和专家学者80余人参加论坛。本次论坛以“治理现代化与江南文化传承创新”为主题。9位专家学者围绕“长三角区域治理现代化与江南文化”和“长三角区域文化交流交融和一体化发展”两个专题作了研讨交流。上海市社联党组成员、专职副主席任小文参加会议，并主持“长三角区域治理现代化与江南文化”专题研讨。论坛举行了“长三角江南文化研究联盟首批成员单位”授牌仪式，青浦—复旦江南文化研究院复旦基地等5家上海市研究机构列入首批23家联盟成员单位。

10月21日，上海市委第九巡视组巡视市社联党组工作动员会召开。按照市委的统一部署，市委第九巡视组于10月中旬至12月下旬对市社联党组开展巡视。市社联高度重视、妥善安排、积极配合巡视组开展工作，客观公正地汇报工作，实事求是地反映问题，协助巡视组充分了解和掌握真实情况，全力保障巡视工作顺利开展。对发现的问题、存在的不足和薄弱环节，认真制定整改措施，积极主动抓好整改。

10 月 25 日至 31 日，上海市社联主办的以“奋进新时代　筑梦新发展”为主题的第 19 届上海市社会科学普及活动周隆重开幕。市委常委、宣传部部长周慧琳出席并讲话。本届科普周吸引了 100 余家单位积极参与，开展了主题论坛、义务咨询、科普讲座、专项活动、新媒体科普等 127 项活动，涉及社会科学的各个领域和当前人民群众关心的热点话题，满足不同受众的精神文化需求。

10 月 27 日，6 集系列短视频《为什么是上海(第二季)——探寻“王牌”成长之路》发布会在上海市社联举行。《为什么是上海》系列短视频由市社联拍摄制作，以建党百年为时间基线，立足“四史”，聚焦上海，彰显了上海这座人民城市的红色文化底色，是一部“四史”学习教育的生动教材。通过权威专家讲述，结合珍贵史料和现场实景画面，生动再现了上海在社会主义革命和建设时期取得的重要成就。该系列短视频由市委网信办全网推送，学习强国上海平台“四史”故事专题推送。

同日，上海市社会科学界联合会、上海市政治学会与上海申通地铁集团有限公司联合打造的“‘四史’关键词”主题 13 号线地铁专列在淮海中路站启动。本次地铁专列从市社联与市政治学会、澎湃新闻共同发布的“‘四史’关键词”专栏文章中取材，精选党史、新中国史、改革开放史、社会主义发展史中的代表性事件，以文字介绍与图片呈现相结合的方式展示在地铁车厢里，构建起流动的“四史”学习阵地。

10 月 28 日，由上海市社联主办的“科技与人文对话”主题论坛邀请上海市商务发展研究中心国际贸易研究部主任张娟、华东师范大学政治系主任吴冠军、华东理工大学食品药品监管研究中心副主任刘少伟等来自社会科学和自然科学的两界专家，从贸易、科技、产业、人类发展多个角度，与听众共同探讨“进博会如何改变我们的生活”。

11 月

11 月 2 日下午，上海市社联党组召开中心组学习会，传达学习中宣部召开的关于学习宣传贯彻党的十九届五中全会精神电视电话会议精神。市社联党组书记、专职副主席权衡主持会议并传达学习中宣部部长、中央精神文明建设指导委员会办公室主任黄坤明同志对学习宣传贯彻五中全会精神的部署和要求，中宣部副部长、国务院新闻办公室主任徐麟关于学习宣传贯彻十九届五中全会精神有关工作的安排等。

11 月 10 日下午，上海市社联召开主席团及部分委员学习党的十九届五中全会精神座谈会。社联党组全体同志、主席团成员及部分委员出席会议，社联机关与刊业部分同志列席会议。市社联党组成员、专职副主席解超主持会议。

11月11日，《探索与争鸣》编辑部与上海市政治学会共同召开“全过程民主”学术讨论会。2019年11月2日，习近平总书记在上海市长宁区虹桥街道古北市民中心考察时指出，我们走的是一条中国特色社会主义政治发展道路，人民民主是一种全过程的民主。时值习近平总书记讲话一周年之际，《探索与争鸣》编辑部与上海市政治学会联合策划组织了此次学术讨论会，推动深入研究阐释全过程民主的理论意蕴和实践形态。本次研讨相关成果刊发于《探索与争鸣》2020年第12期“圆桌会议”栏目，主题为《全过程民主：中国特色社会主义民主政治之路》。专题刊发后产生重大影响，获评中宣部出版局主办的第五届“期刊主题宣传好文章”(2021年)。

11月16日，上海市社联召开党组中心组学习扩大会议。党组书记、专职副主席权衡主持会议，传达学习习近平总书记在浦东开发开放30周年庆祝大会上的重要讲话精神和在第三届中国国际进口博览会开幕式上的主旨演讲精神，贯彻落实市委常委会扩大会议以及宣传系统党政负责干部会议关于抓好学习贯彻总书记重要讲话精神的部署和要求。党组成员、专职副主席、秘书长解超，党组成员、专职副主席任小文，党组成员、二级巡视员陈麟辉，以及处以上全体干部出席会议。

11月20日，上海市社联举行党组中心组学习(扩大)会议暨“四史”学习教育领导干部讲党课系列活动第三讲。党组成员、专职副主席、秘书长解超为社联机关、刊业全体干部讲授社会主义发展史。党组成员、专职副主席任小文主持会议，党组成员、二级巡视员陈麟辉出席会议。会议首先传达学习了习近平总书记在庆祝浦东开发开放30周年大会上的重要讲话精神，会议传达学习了李强书记在上海市第十一届委员会第十次全体会议上的两次重要讲话精神，会议最后传达学习了宣传系统党政负责干部会议精神。

11月22日，为深入研究和讨论有关阐释学的诸多基本概念和范畴，推动当代阐释学的重新构建和发展，《探索与争鸣》编辑部联合《中国社会科学》杂志社、中国社会科学院—上海市人民政府上海研究院、上海大学社科处共同举办“当代中国阐释学”论坛。来自中国社会科学院、复旦大学、南京大学、苏州大学、北京师范大学、上海大学等多所高校和科研机构的专家学者出席了本次会议。与会专家就自然科学与精神科学的相互融合、阐释的边界、文本“误读”与阐释责任、历史阐释的客观性等问题展开了热烈研讨。

11月23日，上海市社联举行“科技与人文对话”系列活动，邀请来自电信、公安、传播等多个领域的嘉宾，共同探讨“5G来临，网络社会如何更安全”。该系列活动是市社联积极推动科技与人文跨界融合之举，此前已先后制作推出主题为“瘟疫与人类文明”“东方红50载与中国航天梦”“‘云’上博物馆，你怎么看?”“奥林匹克，个体极限与社会进步”“智联世界,共享家园”“安全城市,守护生命”等 10 场活动,广播节目播出约 20 期。

同日,浙江省社科联党组书记、副主席郭华巍一行来上海市社联考察调研。双方就浙江省“十四五”社科发展规划编制工作和即将开展的省社科中心建设等方面的设想以及上海市社联的学会管理、科研组织、社科普及和上图东馆社科主题馆的建设等情况开展了深入交流。上海市社联党组书记、专职副主席权衡主持会议。

11 月 27 日,上海市社联党组召开中心组学习会。党组书记、专职副主席权衡主持会议,党组成员、专职副主席、秘书长解超,党组成员、专职副主席任小文,党组成员、二级巡视员陈麟辉,以及处以上全体干部出席会议。会议首先传达学习了习近平总书记在庆祝浦东开发开放 30 周年大会上的重要讲话精神,会议传达学习了李强书记在上海市第十一届委员会第十次全体会议上的两次讲话精神,会议最后传达学习了宣传系统党政负责干部会议精神。

11 月 29 日,“时代变革与学术发展——《探索与争鸣》创刊 35 周年学术研讨会暨第一届全国优秀青年学人年度论坛启动仪式”在上海市社联顺利举行。自 1985 年创刊以来,《探索与争鸣》杂志始终坚持以有学术的思想为定位,始终以“思想温暖学术、学术关怀现实”为己任,始终坚持以问题为导向,追踪前沿热点,回应现实需求,团结和凝聚了一大批人文社科工作者,为繁荣中国人文社会科学贡献力量。

11 月 30 日,由上海社联与辽宁省社科联合作主办的第三届(2020)东北振兴与东北亚区域合作学术论坛在辽宁召开。该论坛是为了深入学习贯彻党的十九届五中全会精神,贯彻落实习近平总书记在东北三省考察和在深入推进东北振兴座谈会上的重要讲话精神,推动区域协调发展而举行的。本次论坛的主题为“优化辽宁区域发展、加快辽中南城市群建设”,设上海和大连两个会场,采取线上与线下相结合的方式进行。

12 月

12 月 4 日,上海市社联举行党组中心组学习(扩大)会议暨“四史”学习教育领导干部讲党课系列活动第四讲。党组成员、专职副主席任小文以“礼赞社科大师”为题,为社联机关、刊业全体干部讲授党课。党组成员、专职副主席、秘书长解超主持会议,党组书记、专职副主席权衡,党组成员、二级巡视员陈麟辉出席会议。

同日,上海市社联举行 2020 年秋季会长论坛。本次论坛的主题是“新阶段 · 新理念 · 新格局——学习贯彻党的十九届五中全会精神”,邀请刘平、刘功润、黄仁伟、胡伟等四位学会负责人作学术报告。“会长论坛”的设立,是市社联为进一步发挥好学会负责人的学科带头人作用,更好地服务会员,团结凝聚社科界专家学者而打造知名学术活动品牌。2020 年至今已成功举办了 3 场,各学术社团负责人围绕“全球疫情蔓延对国际政治、经济格局的影响及我国的应对策略”“以高质量创新,驱动浦东引领区核心区高水平发展”“2021 年大国关系与地缘政治走向”等议题开展了高质量研讨。

12 月 5 日,由《学术月刊》杂志社和上海社会科学院中国马克思主义研究所联合举办的“马克思主义理论研究高峰论坛”在上海社会科学院召开。上海市社会科学界联合会党组书记、专职副主席权衡研究员,上海社会科学院党委书记徐威研究员出席会议并致辞。

12 月 8 日,《探索与争鸣》编辑部与上海市人民政府决策咨询研究基地袁志刚工作室联合举办了“数字经济下的互联网平台垄断”圆桌会议。各位专家学者以数字经济为核心命题进行了内容丰富的讨论,分别从数字经济的宏观经济学、数字经济与社会治理、数字经济与国际贸易等宏观层面,深入数字经济平台的结构、特性进行反思。在促进社会公平正义与良性发展的框架下,专家们深入讨论了数字平台反垄断的本质特征、界定方法、争议焦点与监管建议等议题。研讨成果以不同形式呈现在《探索与争鸣》杂志和相关媒体中。部分成果刊发于《探索与争鸣》2021 年第 2 期“圆桌会议”栏目,主题为《公平与创新:平台经济反垄断的学术焦点》。

12 月 12 日,由《探索与争鸣》编辑部、《中国图书评论》杂志、同济大学艺术与传媒学院、中国社会科学院大学文学院联合主办的“算法社会:智能传播时代的文化与走向”学术论坛在同济大学举办。会议在 30 余位专家学者各抒己见、激烈交锋中取得了丰硕的成果,揭示出算法传播不仅是互联网发展的产物,也是社会现实的一部分,它成为当前迫切需要关注和思考的重要问题。本次会议成果以不同形式陆续在杂志和相关媒体平台呈现。相关研讨成果刊发于《探索与争鸣》2021 年第 3 期“圆桌会议”栏目。

12 月 12 日至 13 日,“城市与风物 · 第三届中国城市问题(上海)论坛青年论坛”成功召开。本届论坛由《探索与争鸣》编辑部、扬州大学新闻与传媒学院、上海财经大学人文学院共同主办。论坛以“城市与风物”为主题,来自全国各大高校、科研机构、学术期刊的专家学者 100 余人,通过云端共话中国城市发展的前沿议题。论坛关注“城市与风物”,城市的发展产生了独特的风物景观,风物是城市的文化场域,是城市文化的人文记忆。城市问题是当今社会发展的重要议题,中国城市问题(上海)论坛青年论坛以城市为焦点,汇聚了一批关注城市问题的专家学者尤其是青年学者,为中国城市研究打开了新的视野,为研究城市议题搭建了一个重要平台。

12 月 16 日,上海市社联召开全体干部学习会,由上海市学习贯彻党的十九届五中全会精神宣讲团成员、《学术月刊》杂志社总编辑姜佑福为社联机关、刊业全体干部作“深入学习领会党的十九届五中全会精神”的专题宣讲。

12 月 16 日起，上海市社联策划推出的《我们的“十四五”》6 集系列短视频陆续上线并由市委网信办全网推送。该系列短视频邀请 6 位沪上中青年专家，聚焦“十四五”时期经济社会发展的六大主要目标，围绕人民对美好生活的向往，帮助广大党员干部和市民群众深刻认识和理解十九届五中全会的精髓要义。

12 月 18 日，上海市社会科学界第十八届学术年会大会在上海社会科学会堂召开，会上发布了市社联“十四五”时期哲学社会科学研究十大选题和 2020 年度十大推介论文。本届年会围绕“全面建设社会主义现代化国家：新理念　新规划　新征程”主题，联合本市社科界五路大军，开展了一系列学术交流活动，集中发布社科界的最新成果和面向未来的研究选题，探索创新学术评价体系，引领社科界开展前瞻性、战略性、交叉性的研究，积极推动哲学社会科学繁荣发展。

同日，上海市社联举行党组中心组学习（扩大）会议暨“四史”学习教育领导干部讲党课系列活动第五讲。党组成员、二级巡视员陈麟辉为社联机关、刊业全体干部讲授题为“提升思想方法，增强看家本领”的党课。党组成员、专职副主席、秘书长解超主持会议，党组书记、专职副主席权衡，党组成员、专职副主席任小文出席会议。

12 月 18 日至 19 日，由《学术月刊》杂志社、复旦大学信息与传播研究中心联合主办的第八届传播视野下的中国研究论坛在华南理工大学举行。会议主题为“媒介变迁与知识生产”，来自复旦大学、浙江大学、暨南大学、上海大学、上海社科院、南京师范大学、华南理工大学、广州大学等全国各大高校和科研院所的二十余位学者参加会议，从媒介变迁、文本传播与报刊受众样态等方面深入探讨传播视野下的近代中国社会变迁问题，展示了最新的研究成果。

附　　录

FU LU

《学术月刊》2020 年总目录

（括号内数字，前为期数，后为页数）

·人工智能与文艺观念变革·

·脱贫攻坚的理论机制与中国经验·

·哲 学·

・经济学・

・政治学・

·法　　学·

・社会学・

・文 学・

・历史学・

・综　　述・

・访　　谈・

《探索与争鸣》2020年总目录

（篇名前数字，前为期数，后为页数）

・特 稿・

・重识中国与世界（十七）・

・重识中国与世界（十八）・

・重识中国与世界（十九）・

・重识中国与世界（二十一）・

・重识中国与世界（二十二）・

・重识中国与世界（二十三）・

・重识中国与世界（二十四）・

・重识中国与世界（二十五）・

·争　　鸣·

·技 术·

·城　市·

·"城市际性"论辩·

·后全球空间与城市更新·

·城乡关系的新命题与城乡融合的新趋向·

·中国城市哲学十年：进程、反思与展望·

·政　治·

·西方身份政治的困境与出路·

·经　　济·

·社　　会·

·思　　想·

・中国社会心态：动向与样态(一)・

・中国社会心态：动向与样态（二）・

・纪念钱锺书先生诞辰 110 周年・

・文　　化・

・文化产业研究的新范式和新机制・

・青 年・

・第四届（2020）全国青年理论创新奖征文来稿选登（一）・

・第四届（2020）全国青年理论创新奖征文来稿选登（二）・

・"抗疫与国家治理现代化"专刊・

《上海思想界》2020 年总目录

2020 年 1/2 月

·图　版·

2020年3/4月

·专　稿·

·专　题·

·背景资料·

·专家视点·

·纵深阅读·

·图　　版·

封二　新书推荐:《是什么卡住了我们的脖子》

封三　新书推荐:《超人类革命:生物科技将如何改变我们的未来?》

2020 年 5 月

·专　　稿·

·背景资料·

·图　　版·

封二　新书推荐:《兰德公司(1989—2009)——美国战略学知识的重构》

封三　新书推荐:《未来战争　科技与全球新型冲突》

2020 年 6 月

·专　　稿·

·新书推荐·

封二　郑永年:《贸易与理性》

封三　唐绪军,黄楚新,吴信训:《新媒体蓝皮书:中国新媒体发展报告 No.11(2020)》

2020 年 9/10 月

·思想沙龙·

·"新冠病毒大流行的全球影响"专题·

·专家视点·

·新书推荐·

封二　周瑞金:《我的报人生涯撷珍》

封三　《世界社会主义研究年鉴(2019)》

2020 年 11/12 月

·思想沙龙·

上海市社联所属学会一览表

序号	学会名称	成立日期	会　长	秘书长	地　　址
1	哲学学会	1950.3	吴晓明	李家珉	淮海中路 622 弄 7 号(乙)
2	经济学会	1950.8	周振华	殷德生	淮海中路 622 弄 7 号(乙)
3	历史学会	1952.1	章　清	陶亚飞	淮海中路 622 弄 7 号(乙)
4	语文学会	1956.9	胡范铸	吴勇毅	复旦大学中文系
5	外文学会	1957.2	叶兴国	彭青龙	淮海中路 622 弄 7 号(乙)
6	教育学会	1957.3	尹后庆	苏　忱	淮海中路 622 弄 7 号(乙)
7	国际关系学会	1957.3	杨洁勉	方　晓	淮海中路 622 弄 7 号(乙)
8	会计学会	1979.7	夏大慰	申　红	中山西路 2230 号 1312 室
9	科学社会主义学会	1979.7	解　超	吴解生	淮海中路 622 弄 7 号(乙)
10	财政学会	1979.8	宋依佳	孙建龙	肇嘉浜路 800 号 2107 室
11	马克思主义研究会	1979.9	王国平	周敬青	虹漕南路 200 号
12	社会学学会	1979.9	李友梅	刘玉照	上大路 99 号
13	逻辑学会	1979.11	冯　棉		复旦大学哲学学院
14	世界经济学会	1979.11	张幼文	孙立行	淮海中路 622 弄 7 号(乙)
15	高等教育学会	1979.11	印　杰	董秀华	陕西北路 500 号 3 号楼
16	伦理学会	1980.1	陆晓禾	付长珍	丰庄路 301 弄 41 号 602 室
17	金融学会	1980.6	金鹏辉	王长元	陆家嘴东路 181 号
18	统计学会	1980.7	刘稚南	朱国众	四川中路 220 号 806 室
19	物流学会	1980.9	许国良	陈　震	北京东路 255 号 502 室
20	农村经济学会	1980.9	王东荣	刘　明	仙霞西路 779 号 1 号楼附 2F
21	人口学会	1980.12	孙常敏	胡　琪	陕西南路 122 号 7 楼
22	美学学会	1981.1	祁志祥	刘旭光	凤庆路 58 弄 38 号 602 室
23	城市经济学会	1981.3	江绵康	袁　钢	宣化路 300 号北塔 1503 室

（续表）

序号	学会名称	成立日期	会　长	秘书长	地　　址
24	房产经济学会	1981.5	沈正超	忻一鸣	江西中路170号(福州大楼)3楼
25	家庭教育研究会	1981.6	王荣华	顾秀娟	天平路245号311室
26	政治学会	1981.10	桑玉成	程竹汝	市委党校教务处
27	新四军历史研究会	1981.10	刘苏闽	颜　宁	中山南二路777弄1号1503室
28	档案学会	1981.11	徐未晚	居继红	仙霞路326号
29	中共党史学会	1981.12	忻　平	陈　挥	淮海中路622弄7号(乙)
30	农村金融学会	1981.12		庄　湧	徐家汇路599号1702室
31	邮电经济研究会	1981.12	常朝晖	钮　钢	南崇明路甲1号807室
32	宗教学会	1982.3	晏可佳	葛　壮	淮海中路622弄7号宗教所
33	婚姻家庭研究会	1982.5	葛影敏	黄　绮	天平路245号
34	辞书学会	1982.7	张　荣	王慧敏	陕西北路457号
35	管理教育学会	2007.9	赵晓康	苏宗伟	斜土路2601号嘉汇广场T1-20C
36	商业经济学会	1982.9	齐晓斋	陆志丰	新闸路945号311室
37	世界语协会	1982.11	周天豪	张　涵	淮海中路622弄7号(乙)
38	成本研究会	1982.11	陈亚民	傅永尧	中山南路315号406室
39	犯罪学学会	1983.2	应培礼	虞　浔	万航渡路1575号
40	人类学学会	1983.5	张海国	李　辉	邯郸路220号复旦大学遗传部
41	卫生经济学会	1983.6	衣承东	金春林	北京西路1400弄21号
42	人才研究会	1983.7	毛大立	张子良	高安路25号
43	钱币学会	1983.10	余文建	陈　勇	光复西路17号(展销中心)
44	统一战线理论研究会	1983.12	李　霞	汪常周	天等路469号
45	华侨历史学会	1983.12	张　癸	华洁蓉	延安西路129号华侨大厦1011室
46	写作学会	1984.7	陈思和	周　勇	中山北路3663号华东师范大学理科大楼A座219室
47	渔业经济学会	1984.7	杨正勇	晋洪涛	军工路318号综合楼201室
48	建设交通系统思想政治工作研究会	1984.8	许德明	杭财宝	斜土路1175号1005室
49	劳动和社会保障学会	1984.9	张剑萍	丁政祥	安远路45号1号楼4楼
50	保险学会	1984.9	张　渝	李立新	中山南路1228号8楼
51	社会心理学学会	1984.5	崔丽娟	陈　校	外青松公路7989号

（续表）

序号	学会名称	成立日期	会　长	秘书长	地　　址
52	思想政治工作研究会	1984.12	董云虎	吴瑞虎	高安路 17 号 401 室
53	监狱学会	1984.12	吴　琦	卢德利	长阳路 111 号 4802 室
54	比较文学研究会	1985.3	宋炳辉	陈晓兰	大连西路 550 号上外文学研究院
55	价格学会	1985.5	沈念东	程大选	四平路 710 号广益大厦 8 楼
56	审计学会	1985.5	田春华	黄琪舫	陆家浜路 1388 号 9 楼
57	编辑学会	1985.6	庄智象	高云松	打浦路 433 号荣科大厦 17 楼
58	秘书学会	1985.7	李　锐	赵建平	虹漕南路 200 号市委党校
59	行为科学学会	1985.8	余明阳	张新安	法华镇路 535 号 1 号楼 112 室
60	经济体制改革研究会	1985.10	浦再明	江健全	肇家浜路 301 号 1912 室
61	日本学会	1985.10	胡令远	蔡　亮	上海国际问题研究院
62	集体经济研究会	1985.11	关坚韧	苏雪明	周家嘴路 786 弄 67 号
63	国际贸易学会	1985.12	黄建忠	姚为群	古北路 620 号
64	固定资产投资建设研究会	1985.12	王志强	吴冠军	人民路 875 号 1605 室
65	老年学学会	1985.12	左学金	孙鹏镖	巨鹿路 892 号 2 楼
66	服务经济研究会	1985.12	朱立新	邵建华	福州路 107 号 320 室
67	教师学研究会	1986.4	陈　军	凤光宇	陕西北路 500 号 4 号楼 109 室
68	研究生教育学会	1986.4	毛丽娟	束金龙	茶陵北路 21 号 1 号楼 226 室
69	基建优化研究会	1986.5	王洪卫	方　芳	军工路 516 号 476 信箱
70	行政管理学会	1986.6	陈　靖	杨　蕾	高安路 19 号
71	语言文字工作者协会	1986.7	文贵良	吕志峰	陕西北路 500 号
72	妇女学学会	1986.8	徐　枫	潘卫红	天平路 245 号
73	生态经济学会	1986.10	周冯琦	刘新宇	淮海中路 622 弄 7 号 526 室
74	数量经济学会	1986.10	朱平芳	徐大丰	淮海中路 622 弄 7 号
75	市场监督管理学会	1986.11	彭文皓	唐继红	肇嘉浜路 301 号 2601 室
76	青年运动史研究会	1986.12	褚　敏	黄洪基	西江湾路 574 号
77	古典文学学会	1987.2	谭　帆	奚彤云	瑞金二路 272 号
78	俄罗斯东欧中亚学会	1987.3	范　军	杨　烨	同济大学政治与国际关系学院
79	医学伦理学会	1987.3	杨　放	常运立	世博村路 300 号 4 号楼 901 室

（续表）

序号	学会名称	成立日期	会　长	秘书长	地　址
80	世界史学会	1987.3	向　荣	金福寿	复旦大学历史系
81	远距离高等教育学会	1987.3	陶正苏	刘冬暖	梅陇路 130 号八教 205 室
82	工人运动研究会	1987.5	陈周旺	邹卫民	中山东一路 14 号
83	宏观经济学会	1987.7	王思政	颜莹舫	威海路 128 号 702 室
84	蔬菜经济研究会	1987.5	朱为民	陈建林	华池路 58 弄 5 号 1203 室
85	总会计师工作研究会	1987.9	王　岚	应忠芳	陆家浜路 1054 号 14 楼
86	中山学社	1987.10	高小玫	廖大伟	陕西北路 128 号
87	工艺美术学会	1988.6	张心一	肖国梅	汾阳路 79 号
88	国际战略问题研究会	1988.9	杨洁勉	吴莼思	田林路 195 弄 15 号上海国际问题研究院
89	土地学会	1988.9	林　驹	施玉麒	海伦路 306 弄 8 号
90	毛泽东思想研究会	1988.12	秦莉萍	李　亮	桂林路 100 号
91	民俗文化学会	1988.12	仲富兰	潘文焰	华东师大传播学院
92	股份制与证券研究会	1988.12	魏农建	韩华林	南京东路 61 号新黄浦金融大厦 1101 室
93	社会科学普及研究会	1989.1	周智强	应毓超	淮海中路 622 弄 7 号(乙)
94	新学科学会	1989.12	陈燮君	胡　江	人民大道 201 号上海博物馆
95	形势政策教育研究会	1989.12	沈明达	王丽萍	淮海中路 622 弄 7 号(乙)
96	民防协会	1990.3	李国强	朱海煜	徐汇区虹桥路 663 号 513 室
97	宋庆龄研究会	1991.5	薛　潮	黄亚平	姚虹路 680 号三楼
98	城市金融学会	1991.6	付　捷	邹冬沪	浦东大道 9 号
99	台湾研究会	1991.12	严安林	万向群	永福路 251 号
100	市场学会	1991.12	陈信康	高维和	福州路 355 号 707 室
101	刑事侦察学学会	1992.2	郭建新	袁友根	中山北一路 803 号
102	供销合作经济研究会	1992.4	马晨辉	王伟星	大木桥路 247 弄 2 号 2 楼
103	欧洲学会	1992.5	徐明棋	杨海峰	威海路 233 号 803 室
104	商业会计学会	1992.8	吕　勇	朱健敏	新闸路 945 号 309B 室
105	地方史志学会	1992.9	王依群	黄晓明	斜土路 2567 号 A2 楼 5 楼
106	财务学会	1992.12	朱平芳	韩　清	中山北一路 369 号
107	终身教育研究会	1992.12	王伯军	杨　晨	大连路 1541 号 1301 室
108	国际商务法律研究会	1993.8	杨鹏飞	成　涛	陆家浜路 1141 号 707 室

（续表）

序号	学会名称	成立日期	会　长	秘书长	地　　址
109	地名学研究会	1993.9	满志敏	周春玉	北京西路 99 号
110	中西哲学与文化比较研究会	1993.11	杨国荣	刘梁剑	华东师大哲学系
111	太平洋区域经济发展研究会	1993.12	张卫刚	金永明	上海交通大学国际与公共事务学院
112	现代企业经营管理研究会	1994.2	秦　健	黄鼎楼	江宁路 838 号富容大厦 6 楼 C 座
113	炎黄文化研究会	1994.4	杨益萍	潘为民	漕溪北路 28 号 17 楼 C 座
114	退休职工管理研究会	1994.5	刘培顺	刘　青	北京西路 1068 号 9 楼
115	中国特色社会主义理论体系研究会	1994.6	燕　爽	季桂保	高安路 17 号
116	演讲与口语传播研究会	1994.12	严三九	林　毅	华师大传播学院
117	民营经济研究会	1995.2	赵福禧	刘　云	延安东路 55 号 1808 室
118	金融法制研究会	1995.3	沈国明	吴　弘	罗阳路 388 号
119	食文化研究会	1996.2	杨卫武	张文虎	福州路 107 号 320 室
120	社区发展研究会	1996.11	徐中振	张虎祥	淮海中路 622 弄 7 号(乙)
121	生产力学会	1997.3	真　虹	顾其南	浦东华开路 50 号 213 室
122	未来亚洲研究会	1998.1	叶　青	胡毓佳	田林路 195 弄 15 号
123	戒毒学会	1998.12	宋卫东	徐　定	吴淞路 333 号
124	美国学会	2000.1	黄仁伟	潘　锐	大连西路 550 号上外 538 信箱
125	年鉴学会	2002.6	生键红	王继杰	斜土路 2567 号 A2 楼 5 楼
126	法治研究会	2002.8	季卫东	王丽华	吴兴路 225 号
127	国资企业思想政治工作研究会	2004.3	肖文高	刘亦颖	凯旋北路 1305 号 5007 室
128	领导科学学会	2004.3	郭庆松	鞠立新	虹漕南路 200 号
129	信息学会	2004.4	许维胜	石宗宏	浦建路 145 号强生大厦 1003 室
130	信访学会	2006.5	王剑华	钱辰一	人民大道 200 号综合楼
131	延安精神研究会	2007.1	叶　骏	曹　诚	桂林路 100 号
132	人民政协理论研究会	2007.11	贝晓曦	侯永刚	北京西路 860 号
133	城市规划学会	2008.11	伍　江	曾林龙	铜仁路 331 号 704 室
134	东方青年学社	2008.12	李　琪	刘世军	康平路 66 号 108 室
135	知识青年历史文化研究会	2011.3		杨剑龙	宜昌路 575 号 2207 室

（续表）

序号	学会名称	成立日期	会　长	秘书长	地　　址
136	经济和信息化企业文化研究会	2011.4	周国雄	傅　敏	北京东路356号801室
137	文史资料研究会	2011.11	马建勋	王建华	北京西路860号
138	人大工作研究会	2012.4	姚明宝	许　萍	人民大道200号
139	公共事务管理研究会	2012.6	竺乾威	顾丽梅	邯郸路220号美国研究中心
140	思维科学研究会	2012.9	王晓峰	刘　晋	临港新城上海海事大学信息工程大楼219室
141	上海市税务学会	2012.9	许建斌	赵锁根	中山南路1088号
142	上海市国际税收研究会	2012.10	龚祖英	杨　浩	中山南路1088号
143	上海联合国研究会	2013.9	潘　光	张贵洪	吴兴路45号
144	上海市WTO法研究会	2013.11	张乃根	梁　咏	华山路1954号浩然高科技大厦1601—1603室
145	上海市信用研究会	2014.3	洪　玫	袁　象	沪松公路1399弄68号20层07室
146	上海影视戏剧理论研究会	2014.6.7	厉震林	张晓欧	邯郸路220号复旦大学光华西主楼1006室
147	上海市儒学研究会	2015.5.10	吴　震	何　俊	复旦大学哲学学院
148	上海国际文化学会	2015.7.10	陈圣来	刘　春	上海市百色路451弄10号
149	上海市司法鉴定理论研究会	2015.9.11	杜志淳	孙大明	万航渡路1575号格致楼103室
150	上海市城市管理行政执法研究会	2015.12.15	恽奇伟	徐剑平	铜仁路331号1705室
151	上海市公共政策研究会	2016.5.15	胡　伟	罗　峰	虹漕南路200号
152	上海市外国文学学会	2017.3.26	李维屏	张和龙	大连西路550号1号楼322室
153	上海抗战与世界反法西斯战争研究会	2017.8.12	张　云	唐　磊	友谊路1号上海淞沪抗战纪念馆
154	上海市大数据社会应用研究会	2017.9.24	吴力波	张学良	杨浦区纪念路8号3号楼201室
155	上海周易研究会	2017.10.17	周　山	张志宏	顺昌路622号5楼
156	上海市朝鲜半岛研究会	2017.11.17	徐　旭	郑继永	广延路140号新仪表楼307室
157	上海市改革创新与发展战略研究会	2017.11.30	李　琪	罗　峰	市委宣传部
158	上海市军民融合发展研究会	2018.4.26	谢亚洪	束　礼	虹口区海南路80号
159	上海市海峡两岸民间交流与发展研究会	2018.11.27	高美琴	刘爱君	泰安路76弄14号

上海市社联主管的民办社科机构一览表

序号	机构名称	批准登记日期	法人代表	负责人	联系人	地　　址	邮政编码	电　话
1	上海东亚研究所	1995.7.1	章念驰	张继波	王海良	汉中路158号701室	200070	63531746-21
2	上海环太国际战略研究中心	2000.7.15	郭隆隆	郭隆隆	孙国军	天钥桥路333号10a层1001室	200060	62768910
3	上海华夏社会发展研究院	2002.3.15	鲍宗豪	鲍宗豪	葛玉兰	浦建路1288弄10号102室	201204	50454702
4	上海东方研究院	2002.7.1	刘　吉	章建文	卞学范	衡山路696弄2号301室	200030	64455941
5	上海金融与法律研究院	2002.10.29	柳志伟	傅蔚刚	聂日明	民生路1299弄丁香国际西塔702室	200135	68545701
6	上海世界观察研究院	2003.4.1	刘　波	刘　波	邹梅玲	柳营路305号15楼	200072	66288715
7	上海管理科学研究院	2004.7.9	章建文	章建文	张孝平	斜土路1221号901室	200235	64866244
8	上海国际金融研究中心	2005.2.1	李　俭	李　俭	潘家祥	新华路543号1号楼	200052	52540356
9	上海易居房地产研究院	2005.9.1	张永岳	张永岳	郭亦木	广延路140号	200072	56388686
10	上海知识产权研究所	2006.4.3	夏　邦	袁真富	苗　雨	陆家嘴路958号华能大厦31楼	200120	58871079
11	上海实业综合研究院	2006.5.26	钱启东	钱启东	吴婷婷	淮海中路98号金钟广场21楼	200021	53828866×2266
12	上海党建文化研究中心	2007.9.1	王瑞红	王瑞红	王瑞红	梅陇路161号8号楼506室	200237	64776904
13	上海东方法治文化研究中心	2009.5.20	周叶军	金国华	秦丹凤	宜昌路555号3楼a04室	200135	34010982

（续表）

序号	机构名称	批准登记日期	法人代表	负责人	联系人	地 址	邮政编码	电 话
14	上海世纪后世博成果与发展研究中心	2010.12.18	漆启泰	漆启泰	漆启泰	华山路 690 号	200040	62487731
15	上海春秋发展战略研究院	2014.9.22	金仲伟	金仲伟	梁顺龙	番禺路 300 弄 3 号	200052	62802030
16	上海世雄国际关系研究中心	2018.1.5	倪世雄	倪世雄	倪世雄	杨浦区四平路 1779 号复旦科技园 2017 室	200433	65201758
17	上海长三角商业创新研究院	2019.9.6	蒋 斌	陆雄文	苏文婷	浦东新区滨江大道 1616 号 3 层 D 区	200021	62200833

上海市社会科学界联合会 2019 年度达标学会名单

教育、文化类学会：

上海市教育学会
上海市高等教育学会
上海市研究生教育学会
上海市终身教育研究会
上海市教师学研究会
上海市远距离高等教育学会
上海社会科学普及研究会
上海市编辑学会
上海市辞书学会
上海市写作学会
上海市演讲与口语传播研究会
上海市语文学会
上海市语言文字工作者协会
上海市外文学会
上海市世界语协会
上海市民俗文化学会
上海炎黄文化研究会
上海食文化研究会
上海市比较文学研究会
上海市古典文学学会
上海影视戏剧理论研究会
上海市外国文学学会

哲学、史学类学会：

上海市哲学学会
上海市美学学会
上海市伦理学会
上海市逻辑学会

上海中西哲学与文化比较研究会
上海市医学伦理学会
上海市历史学会
上海市世界史学会
上海市中共党史学会
上海市新四军暨华中抗日根据地历史研究会
上海中山学社
上海宋庆龄研究会
上海市地方史志学会
上海市档案学会
上海市年鉴学会
上海市知识青年历史文化研究会
上海市文史资料研究会
上海市思维科学研究会
上海市儒学研究会
上海周易研究会
上海抗战与世界反法西斯战争研究会

政治、法律、社会、行政类学会：

上海市马克思主义研究会
上海市中国特色社会主义理论体系研究会
上海科学社会主义学会
上海市政治学会
上海市统一战线理论研究会
上海市思想政治工作研究会
上海国资企业思想政治工作研究会
上海市毛泽东思想研究会
上海市形势政策教育研究会
上海市领导科学学会
上海市信访学会
上海国际商务法律研究会
上海市人民政协理论研究会
上海人大工作研究会
上海市法治研究会
上海金融法制研究会
上海市监狱学会
上海市社会学学会

上海市社区发展研究会
上海人类学学会
上海市人口学会
上海市妇女学学会
上海市婚姻家庭研究会
上海市工人运动研究会
上海市退休职工管理研究会
上海市行政管理学会
上海市公共事务管理研究会
上海市司法鉴定理论研究会
上海市城市管理行政执法研究会
上海市公共政策研究会
上海市大数据社会应用研究会

理论经济、综合经济、产业经济类学会：
上海市经济学会
上海市世界经济学会
上海生产力学会
上海市数量经济学会
上海市统计学会
上海市宏观经济学会
上海市价格学会
上海市市场监督管理学会
上海市劳动和社会保障学会
上海市市场学会
上海市集体经济研究会
上海市民营经济研究会
上海市国际贸易学会
上海市物流学会
上海市供销合作经济研究会
上海市土地学会
上海市城市经济学会
上海市房产经济学会
上海邮电经济研究会
上海市固定资产投资建设研究会
上海市生态经济学会
上海市农村经济学会

上海蔬菜经济研究会
上海市渔业经济研究会
上海市信息学会
上海市城市规划学会

金融、财税、会计审计、其他经济类学会：
上海市金融学会
上海城市金融学会
上海市钱币学会
上海市保险学会
上海股份制与证券研究会
上海市财政学会
上海市会计学会
上海市商业会计学会
上海市成本研究会
上海市审计学会
上海市卫生经济学会
上海市行为科学学会
上海管理教育学会
上海现代企业经营管理研究会
上海市信用研究会

国际问题、涉港澳台、其他类学会：
上海市国际关系学会
上海国际战略问题研究会
上海欧洲学会
上海市俄罗斯东欧中亚学会
上海市太平洋区域经济发展研究会
上海市日本学会
上海市美国学会
上海市台湾研究会
上海市民防协会
上海工艺美术学会
上海市 WTO 法研究会
上海国际文化学会
上海市改革创新与发展战略研究会
上海市朝鲜半岛研究会
上海市军民融合发展战略研究会

上海市社会科学界第十八届(2020 年)学术年会专场活动

主办:上海市社会科学界联合会

举办日期	会议主题	承办单位
10 月 25 日	东南亚的冷战史:新文献与新视角	上海师范大学
11 月 1 日	中西历史经验对后小康中国的启示	华东师范大学
11 月 5 日	全面建设社会主义现代化国家与法治中国理论	华东政法大学
11 月 8 日	全面建设社会主义现代化国家与中国特色社会主义政治经济学话语权探讨	上海财经大学
11 月 21 日至 22 日	诠释学的伦理转向与中国诠释学构建展望	华东师范大学
11 月 21 日	全面建设社会主义现代化国家:构建中国特色哲学社会科学	上海社科院
11 月 21 日	教育学的中国话语体系建构:问题与路径	华东师范大学
11 月 21 日	社会结构转型与社会学理论创新	复旦大学
11 月 22 日	当代中国马克思主义政治经济学:传承、实践与创新	上海社会科学院
11 月 22 日	国际经贸规则的变迁和发展	上海财经大学
11 月 22 日	新时代中国特色政治学话语体系、理论逻辑与实践进路	华东政法大学
11 月 28 日	社会主义现代国家建设的法治化进程	复旦大学
11 月 28 日	全面建成小康社会后的政治建设	中共上海市委党校
11 月 28 日	中国社会转型与转型社会学的理论与实践	上海大学
12 月 7 日	中国道路的理论阐释、话语表达与传播能力建设	复旦大学
12 月 26 日	后小康时期的中国社会发展:新规划、新征程	华东师范大学

上海市社会科学界第十八届(2020)学术年会优秀论文

序号	论文标题	作　者	单　位
1	习近平推进和引领全球治理体系变革理论与实践研究	仇华飞	同济大学政治与国际关系学院
2	中国共产党社会号召力的内涵、功能及特征探析	张素玲	中国浦东干部学院
3	中共一大对党的政治建设的历史贡献	黄伟力	上海交通大学马克思主义学院
4	开创实现共同富裕的中国道路	鲁品越	上海财经大学
5	马克思主义以人民为中心的思想在当代的实践和发展	董瑞华 袁　远	中共上海市委党校
6	人民城市重要理念的历史逻辑、理论逻辑和实践逻辑	李　潇	上海市杨浦区委党校
7	新时代中国特色社会主义劳动关系新模式——以华为合作共享型劳动关系模式为例	严金强	复旦大学马克思主义学院
8	马克思恩格斯的治理思想研究	翟桂萍	国防大学政治学院
9	组织化:中国共产党贫困治理的历史经验及后小康语境下的机制完善	运　迪	同济大学马克思主义学院
10	乡村振兴背景下农业劳动体面化的必要性与可行性——兼论后小康时代的劳动价值观	毛安然	华东理工大学马克思主义学院
11	中国传统文化现代化与马克思主义中国化之间的文化矛盾及其化解之道	陈方刘	中共上海市委党校
12	抗疫中慈善组织的伦理关系与道德建设的反思	周中之	上海师范大学马克思主义学院
13	西方叙事学知识体系中的中国因素——以《劳特利奇叙事理论百科全书》为中心	曾　军	上海大学
14	后小康社会中国政治发展亟须重视党内政治生活质量	王　进	华东师范大学马克思主义学院

（续表）

序号	论文标题	作 者	单 位
15	面向小康社会幸福目标的中国性别统计制度创新研究——基于数字政府环境视角	刘淑妍 王湖葩	同济大学政治与国际关系学院
16	强化政协委员责任担当的制度建设	程竹汝 丁长艳	中共上海市委党校
17	“设区的市”在区域交通一体化中的立法协作	陈书笋	上海市行政法治研究所
18	行政体制改革中的法律先行问题研究	关保英	上海政法学院
19	协助决定取代成年监护替代决定——兼论民法典婚姻家庭编监护与协助的增设	李 霞	华东政法大学
20	中国法治政府建设的价值基础	蒋传光 刘 悦	上海师范大学北京嘉观律师事务所
21	超大城市社会跨界治理：一个基本理论分析框架与政策保障	陶希东	上海社会科学院社会学研究所
22	政党激活社会：城市社区治理机制创新的一个分析框架——基于对上海梅村二十年实践的经验研究	徐选国 吴佳峻 杨威威	华东理工大学社会与公共管理学院
23	政社关系转型背景下的枢纽型治理及其治理结构创新——对上海市J区社会组织联合会的个案研究	王川兰 陈艳诗	复旦大学社会发展与公共政策学院
24	社区协商、共同体营造与基层社会治理创新——以上海市普陀区“同心家园”为例	罗 峰	华东师范大学中国现代城市研究中心
25	柔性治理：基层权力非正式关系化运作及其实现机制——以S市信访社工实践为例	吴 同 胡洁人	华东师范大学社会发展学院同济大学法学院
26	中华文明信仰与当代中国心态秩序	李向平	华东师范大学社会学系
27	治理过密化：乡村社会中国家联系个人的新方式	杨 君 周自恒	华东理工大学社会学系
28	土地确权与农地流转——基于财富效应视角的考察	何东伟 张广财	上海师范大学商学院上海交通大学安泰经济与管理学院
29	作为微观区域政策的“对口支援”：一个契入生产函数的分析	孙泽生 赵红军	上海师范大学商学院
30	FDI与东道国企业生存：引狼入室还是引鲶入池？	钱则一 陈强远 陈 羽	上海大学经济学院中国人民大学国家发展与战略研究院上海海洋大学经济管理学院
31	论我国新时代的金融开放战略——从局部开放走向全面开放	周 宇	上海社会科学院世界经济研究所

（续表）

序号	论文标题	作　者	单　位
32	无形的天花板：劳动力市场上的农业户籍歧视如何弱化农村流动人口的城市定居意愿？	陈　杰 郭晓欣 钟世虎	上海交通大学国际与公共事务学院 上海财经大学公共经济与管理学院
33	从 CAFTA 到 RCEP：中国融入地区贸易架构的路径分析	周士新	上海国际问题研究院
34	金融如何更好服务实体经济？——基于金融与经济结构协调发展的视角	唐珏岚	中共上海市委党校
35	全球疫情下国际金融中心的新内涵和发展趋势	徐美芳	上海社会科学院
36	空间集聚与地区专业化有利于区域经济差异缩小吗？——来自长江流域三大城市群的经验证据	蒋媛媛	上海社会科学院应用经济研究所
37	经济周期与"稳就业"：中国企业的社会责任	顾　研 周强龙	复旦大学泛海国际金融学院中国金融期货交易所
38	互联网的使用缩小了城乡青少年的幸福感差距吗？	龙翠红	华东师范大学商学院
39	公共品价格的"双轨制"改革：房地产税在公共产品价格改革中的作用机制探讨	张　平	复旦大学国际关系与公共事务学院
40	后小康社会的上海新行动——构建智敏、韧性的应急物资保障体系	刘文富 周　威 胡志仁 郭　宇 何万篷	上海前滩新兴产业研究院
41	百年未有之大变局及后小康社会中国在全球治理中的新方位	叶　江	上海国际问题研究院全球治理研究所
42	论基于市场、政府和社网的"三位一体"全球化治理架构	田素华 李筱妍 王　璇	复旦大学经济学院
43	江南文化传统与上海文化建设	杨剑龙	上海师范大学

上海市社会科学创新研究基地

序号	研究方向	学 科	负责人	职称	责任单位
1	中国的哲学话语体系建构	哲 学	吴晓明	教授	复旦大学
2	中国诠释学	哲 学	潘德荣	教授	华东师范大学
3	新时代中国特色社会主义政治经济学话语体系创新研究	政治经济学	马 艳	教授	上海财经大学
4	中国发展道路的政治经济学	政治经济学	殷德生	教授	华东师范大学
5	中国特色法学学术话语体系建设——以法治话语研究为重点	法 学	陈金钊	教授	华东政法大学
6	国际经贸规则中国特色哲学社会科学学术话语体系建设	法 学	宋晓燕	教授	上海财经大学
7	中国特色政治学话语体系理论创新	政治学	刘建军	教授	复旦大学
8	党的领导、人民当家作主、依法治国有机统一的体制机制与制度话语研究	政治学	程竹汝	教授	中共上海市委党校
9	中国特色政治学学术话语体系	政治学	张明军	教授	华东政法大学
10	人类历史重大理论问题话语体系建设	历史学	陈 恒	教授	上海师范大学
11	中国历史学话语体系建设与国际传播	历史学	孟钟捷	教授	华东师范大学
12	中国转型社会学	社会学	张文宏	教授	上海大学
13	社会结构转型与社会学理论创新	社会学	刘 欣	教授	复旦大学
14	中国特色的转型社会学研究	社会学	文 军	教授	华东师范大学
15	中国教育学学术话语体系与创新研究基地	教育学	李政涛	教授	华东师范大学
16	中国特色社会主义政治经济学	政治经济学	张晖明	教授	复旦大学

第19届上海市社会科学普及活动周活动一览

专项科普活动

序号	举办单位	活动名称	时　间	地　点
1	上海市渔业经济研究会、上海市水产学会等	新农村生态文明建设与渔文化体验活动	10月25日 08:00	崇明区瀛东村、东滩湿地自然保护区
2	宋庆龄陵园	“为新中国奋斗”宋庆龄文物文献图片巡展	10月25日 09:00	宋园路21号
3	静安区文物史料馆	《中共上海地下党口述历史》系列纪录片展映	10月25日 09:00	愚园路81号
4	上海市演讲与口语传播研究会	“我的社区我做主”社区发展故事讲演活动	10月25日 10:00	真光路798弄21号长征镇新城片区中心多功能演播厅
5	上海市语言文字工作者协会、上海市侨联、上海市教育基金会	“立民族之魂　树文化之根”魅力汉语网上语言文字知识竞赛	10月25日—31日	全市各中小学
6	上海大学	“学宪法　讲宪法”大学生演讲比赛	10月25日—30日	宝山区上大路99号上海大学法学院模拟法庭
7	上海大世界传艺中心	非物质文化遗产进社区系列科普活动	10月25日—30日	傅家街65号豫园街道文化活动中心3楼
8	金山区城市管理行政执法局	“普及科学知识　弘扬时代新风”主题咨询活动	10月25日—31日	金山区城管社区工作室
9	上海市教育学会	做“七会”合格家长——科学育儿指导立体化专题宣传周	10月25日—31日	普陀早教指导服务中心等
10	上海市新四军历史研究会、共青团静安区团委	“定向南京路”青少年“四史”教育主题定向活动	10月25日—31日	南京路、外滩
11	上海市档案馆、上海市政府合作交流办	温暖的回响——上海市助力全国脱贫奔小康档案文献展	10月25日—11月13日	中山东二路9号市档案馆外滩馆
12	上海市法宣办、上海市法治研究会	“宪法宣传进村居”展览活动	10月25日—11月25日	全市各村居法治宣传栏

（续表）

序号	举办单位	活动名称	时 间	地 点
13	杨浦区委组织部、五角场街道	“深海奇遇 遇见海洋文明”院士科普进商圈活动	10月25日—12月24日	淞沪路199号地下广场
14	上海蔬菜经济研究会	“新农民 新业态 新模式”青年论坛	10月25日 13:30	闵行区北翟路2901号上海市农业科学院华漕会务中心二楼
15	上海大学博物馆	“一剪出神入化 一纸隽永通透”海派旗袍主题剪纸活动	10月25日 13:30	宝山区南陈路333号上海大学博物馆719室
16	奉贤区金汇镇党群办、奉贤区金汇镇融媒体中心	“忆‘金’彩岁月 奔幸福小康”老物件展	10月26日—11月26日	奉贤区金汇镇新强村乡愁回忆馆
17	上海市会计学会	“管理会计在电力系统的应用”主题演讲赛	10月26日 13:00	广东路500号22楼
18	上海市经济学会、中国致公党上海市委	“上海混合所有制经济改革发展回顾和展望”主题论坛	10月27日 09:30	浦东新区长清北路1号国新控股大厦三楼上海国有资本运营研究院
19	上海宋庆龄研究会、上海市孙中山宋庆龄文物管理委员会	“宋庆龄与国际友人”专题系列成果展示	10月27日 10:00	姚虹路680号
20	东华大学人文学院	“筑梦新发展”摄影艺术展	10月27日—30日	延安西路1882号东华大学摄影棚展厅
21	上海市新四军历史研究会、浦东新区金海文化艺术中心	“红歌齐传唱 共筑中国梦”戏剧歌舞展演活动	10月27日 13:00	浦东新区金海文化艺术中心金群路28号
22	上海社会科学普及研究会、中共二大会址纪念馆	“让红色场馆走进大众视野”现场体验活动	10月27日 14:00	老成都北路7弄30号
23	上海市社会学学会、上海市人文社科界青年学者沙龙	“社区治理精细化管理”主题专家咨询会	10月28日 09:00	嘉定区安亭镇陆家巷路225弄166号陆巷社区
24	上海市中共党史学会、上海市测绘院、复旦大学	“梧桐树下的红色印记”主题校园巡展	10月28日—11月3日	邯郸路220号复旦大学
25	上海市会计学会	“智能与信息驱动下财务管理创新”主题演讲活动	10月28日 13:00	重庆南路310号17楼1704室
26	上海市城市经济学会、杨浦区新江湾城街道	“新江湾城的前世今生”主题演讲	10月28日 14:00	政和路999号新江湾城江湾国际公寓居委会多功能厅
27	上海市形势政策教育研究会	“全民抗疫与中国的制度优势”主题论坛	10月29日 13:30	南昌路127弄13号上海市医药(集团)党校

（续表）

序号	举办单位	活动名称	时　间	地　点
28	上海市劳动和社会保障学会	“新时代人力资源管理的创新发展”主题演讲活动	10月29日 13:30	西乡路188号4楼大会议室
29	上海市医学伦理学会、上海市嘉定区中心医院	“医学伦理中的人文关怀”叙事伦理查房公众开放日活动	10月29日 14:00	嘉定区城北路1号中心医院多功能会议室
30	华东师范大学外语学院	“当下美国知识分子与思想潮流”主题论坛	10月30日 09:00	华东师范大学外语学院319室、腾讯会议平台直播
31	上海市地方史志学会、上海市电影家协会、上海电影博物馆	“百年上海电影”主题展览	10月30日 12:00	漕溪北路595号上海电影博物馆
32	上海市会计学会	“新时代　新会计　新发展”主题演讲比赛	10月30日 13:30	广中西路191号上海自动化仪表有限公司培训厅
33	上海市领导科学学会、“学习强国”上海学习平台编辑部、中共上海中医药大学附属曙光医院党委	“中国抗疫斗争与党的领导力”主题论坛	10月30日 13:30	浦东新区张衡路528号上海中医药大学附属曙光医院
34	上海东方法治文化研究中心	法律咨询进社区公益活动	10月30日 14:00	普陀区宜昌路555号长寿邻里中心三楼
35	上海市市场监督管理学会	“走近计量科学”主题展览	10月30日 14:00	张衡路1500号上海计量测试技术研究院上海计量科普基地
36	上海市经济学会、华东师范大学等	《中国特色社会主义经济两重性和相容性研究——改革开放的方法论探索》新书发布研讨会	10月30日 14:00	东川路500号华东师范大学理科大楼A302会议室
37	上海市毛泽东思想研究会	“四史”学习教育进中学活动	10月30日 15:00	奉贤区海阔路100号上海师范大学第四附属中学第一会议室
38	上海市儒学研究会	“国学与生活”主题论坛	10月31日 09:00	杨浦区大学路217号1101室新民书院
39	杨浦区延吉新村街道	“悦读阅美　点亮童年”亲子科普绘本阅读DIY活动	10月31日 10:00	靖宇东路267号延吉新村街道图书馆
40	上海市外文学会、上海工程技术大学外国语学院	“新文科背景下上海市高校外语教育的交叉与融合”主题论坛	10月31日 13:00	松江区龙腾路333号上海工程技术大学图文信息中心

（续表）

序号	举办单位	活动名称	时 间	地 点
41	上海市世界语协会、中国科学院上海天文台	世界语与文化生活	10月31日 13:30	南丹路80号天文大厦3楼报告厅
42	上海市价格学会、上海中福古玩城	“古玩收藏与艺术鉴赏”主题咨询活动	10月31日 14:00	福州路542号中福古玩城一楼中厅
43	上海市社区发展研究会、徐汇区康建新村街道等	“康乐工程再出发”社区治理大家谈	11月05日 13:30	浦北路268号徐汇区康健街道会议室
44	上海市教师学研究会	“后疫情时代教学的线上线下融合”主题论坛	11月10日 13:30	永兴路365号市北中学行政楼四楼演播厅
45	上海市中共党史学会、上海市青少年活动中心	“迎接建党100周年 争做新时代好队员”——2020年青少年绘画展览活动	11月22日—30日	恒通路175号上海市青少年活动中心

讲座

序号	举办单位	题 目	主讲人	时 间	地 点
1	上海市经济学会、华东师范大学	以习近平新时代的经济思想为指导认识中国特色社会主义经济	陈承明（华东师范大学教授）	10月25日 13:30	东川路500号华东师范大学理科大楼A302会议室
2	上海市演讲与口语传播研究会	亲子活动与儿童“故事”能力培养	汪佳敏（普陀区教育局督学、中学高级教师）	10月25日 14:00	宝山区月盛路51号月浦镇昱翠家园居委会
3	虹口区图书馆	“知遇·作者”——阅读品鉴《莱特湾海战》	周明（自由撰稿人）	10月25日 14:00	水电路1412号三楼采虹书房
4	上海抗战与世界反法西斯战争研究会	上海为什么能够成为中国共产党的诞生地？	张云（国防大学政治学院教授）	10月26日 13:30	友谊路1号上海淞沪抗战纪念馆
5	上海市会计学会	抗疫期间财税新政解析	胡越川（上海市税务干部管理学院教授）	10月26日 13:30	腾讯会议平台
6	上海邮电经济研究会	信息技术与社会进步发展	吴文巍（中国电信上海公司一级电信服务专家）	10月27日 09:30	四川北路65号邮电俱乐部议事厅
7	上海市历史学会	晚清财政的潜规则	刘增合（暨南大学历史系主任、教授）	10月27日 12:00	宝山区上大路99号上海大学文学院306会议室

（续表）

序号	举办单位	题　目	主讲人	时　间	地　点
8	上海市哲学学会、上海电力大学	青春在时代潮流中奋进	李家珉（上海电力大学教授）	10月27日 13:30	浦东新区护城环路1851号上海电力大学大学生活动中心演艺厅
9	上海市伦理学会、杨浦区红色文化发展中心（国歌展示馆）	中国共产党与上海	吴新文（复旦大学中国研究院教授）	10月27日 14:00	荆州路151号国歌展示馆报告厅
10	上海海洋大学	“人鱼”的前世今生	朱骅（上海海洋大学外国语学院教授）	10月27日 15:30	浦东新区沪城环路999号上海海洋大学
11	上海市土地学会、上海市建设用地和土地整理事务中心	学习宣传新修订版《中华人民共和国土地管理法》	闻旭东（上海市规划和自然资源局法规处副处长） 卢吉勇（嘉定区规划土地管理事务中心主任）	10月28日 09:30	北京西路99号西楼18楼会议室
12	上海金融法制研究会	黄金投资与市场风险防范	吴宇峰（上海黄金交易所投资者教育及市场推广部助理总经理）	10月28日 09:30	河南中路99号上海黄金交易所
13	上海炎黄文化研究会、上海商学院	鲁迅对中国现代文学的伟大贡献及其时代意义	潘颂德（上海社会科学院文学研究所原研究室主任）	10月28日 12:50	奉贤区奉浦大道123号上海商学院4号楼322教室
14	东华大学人文学院	基于意向的摄影现象之美	高晓红（东华大学副教授）	10月28日 13:00	延安西路1882号东华大学延安路校区四教501
15	上海抗战与世界反法西斯战争研究会	对当前中美关系的几点分析	苏世伟（上海国防教育学院教授）	10月28日 13:30	宝山区友谊路1号上海淞沪抗战纪念馆
16	上海市新四军历史研究会	新四军水网地区作战	刘苏闽（海军东海舰队某部原政委）	10月28日 13:30	陕西南路5—7号城市酒店多功能厅
17	上海市杨浦区残疾人联合会	学法奋进新时代明律筑梦新发展	蔡煜（上海市杨浦公证处副主任）	10月28日 14:00	平凉路1500号沪东工人文化宫
18	上海市中共党史学会、复旦大学党委研究生工作部、复旦大学研究生院	学习习近平总书记回信精神暨纪念《共产党宣言》首个中文全译本出版100周年	徐建刚（中共上海市委党校常务副校长、上海行政学院常务副院长）	10月28日 14:00	邯郸路220号复旦大学东辅楼102会议室

（续表）

序号	举办单位	题　目	主讲人	时　间	地　点
19	上海大学博物馆	图像中的民国旗袍	龚建培（南京艺术学院教授）	10月28日 14:00	宝山区上大路99号上海大学博物馆719培训室
20	华东师范大学外语学院	亚里士多德《诗术》的悲剧定义	陈明珠（浙江省社会科学院研究员）	10月28日 18:00	东川路500号华东师范大学闵行校区第4教学楼431室
21	上海市形势政策教育研究会	学习习近平外交思想　建设人类命运共同体	吴莼思（上海国际问题研究院研究员、国际战略研究所所长）	10月29日 09:00	南昌路127弄13号上海医药（集团）党校
22	上海人大工作研究会	关于中美关系的几点认识	沙海林（上海市人大常委会副主任）	10月29日 09:30	华山路1226号
23	上海市固定资产投资建设研究会、光明食品集团	花博盛开新时代	刘权平（花博会统筹协调指挥部建设组组长）	10月28日 09:30	崇明区东平镇林凡公路1051号
24	上海炎黄文化研究会、中建八局上海分公司	你的加入决定我们的未来——昆曲：一场时间的旅行	张军（上海张军昆曲艺术中心艺术总监）	10月29日 13:30	高科西路899号中建广场B座三楼圆形会议室
25	上海市统一战线理论研究会、上海市社会主义学院等	加强民主党派基层组织建设有关政策解读	孙达普（上海市委统战部党派处副处长）	10月30日 09:00	欧阳路415号社会主义学院
26	上海海洋大学	海洋产业发展对海洋文化的影响——以上海地名为例	陈晔（上海海洋大学讲师）	10月30日 10:00	浦东新区沪城环路999号上海海洋大学图文406
27	上海市毛泽东思想研究会	《共产党宣言》与新时代青年学子的使命担当	刘建良（上海师范大学马克思主义学院思想政治教育系主任）	10月30日 12:15	奉贤区海阔路100号上海师范大学第四附属中学崇文楼401室
28	上海市古典文学学会、上海师范大学人文学院	以反复重读，致敬《红楼梦》	詹丹（上海师范大学教授）	10月30日 13:00	闵行区德宏路2188号上海交通大学附属中学闵行分校
29	上海市司法鉴定理论研究会	解读《上海市司法鉴定管理条例》	沈臻懿（华东政法大学博士后、副教授）	10月30日 14:00	华阳路112号华东政法大学司法鉴定中心会议室
30	上海市政治学会	全过程民主的中国实践	程竹汝（上海市委党校教授）	10月30日 14:00	虹漕南路200号市委党校海兴大厦106室

（续表）

序号	举办单位	题　目	主讲人	时　间	地　点
31	上海市地方史志学会、上海市电影家协会	上海电影改革开放三十年发展历程	任仲伦（上海市电影家协会第八届理事会主席）	10月30日 14:00	漕溪北路41号上海社会科学会堂
32	上海炎黄文化研究会、华东师范大学第一附属中学	传统文化与大中小学德育一体化建设	张凤池（上海德育课程教学研究基地秘书长）	10月30日 15:15	虹关路88号华东师范大学第一附属中学尚真楼A201
33	上海市外国文学学会	美国文学与美国精神批判	金衡山（华东师范大学教授）	10月31日 10:00	腾讯会议平台
34	上海儿童博物馆	自然绘本探索之旅	唐敏（百家游学会研发中心负责人）	10月31日 10:30	宋园路61号上海儿童博物馆三楼特展区
35	东华大学人文学院	独立制片电影的故事构思	高晓红（东华大学副教授）	10月31日 13:00	延安西路1882号东华大学延安路校区四教501
36	黄浦区德同宜居服务中心	《民法典》与物业管理行业发展	宋安成（上海锦天城律师事务所高级合伙人）	10月31日 14:00	斜土路780号2号楼602B室
37	上海炎黄文化研究会、上海文庙管理处	不忘初心　砥砺前行——上海独特的红色记忆	朱少伟（上海市政协《浦江纵横》编辑部编委）	10月31日 14:00	文庙路215号上海文庙明伦堂
38	上海市演讲与口语传播研究会	聚焦语言、形象、情感的朗读体验与指导	蒋伟伟（浦东教育发展研究院教研员）	10月31日 14:00	东安路562号钟书阁
39	上海市古典文学学会、上海师范大学人文学院	佛教中国文学溯论谈	陈允吉（复旦大学中文系原系主任、教授）	10月31日 15:00	国权路525号志达书店
40	上海市房产经济学会	上海城市的诞生及早期发展	马学强（上海社科院上海研究中心主任）	11月01日 09:00	昌化路649号上海三菱电梯有限公司5楼会议室
41	上海市儒学研究会	儒家文化的现代价值及意义	张志宏（上海社会科学院教授）	11月01日 14:00	福州路401号上海古籍书店
42	上海市大数据社会应用研究会	大数据技术在基层社会治理中的应用	李阳（上海东方公益事业规范与测评中心主任）	11月02日 13:00	天钥桥路901号徐汇公安分局
43	上海社会科学普及研究会	2020—2035：中国绿色发展的四个关键问题	诸大建（同济大学特聘教授　上海可持续发展研究会会长）	11月19日 14:00	山东中路1号黄浦区机关办公大楼1号楼西二楼报告厅

社科普及进地铁

序号	举办单位	活动名称	时　间	地　点
1	上海市社会科学界联合会、上海申通地铁集团有限公司	"'四史'关键词"主题地铁专列	10月27日—11月26日	地铁13号线淮海中路地铁站
2	上海市法宣办、徐汇区法宣办、上海市法治研究会	《法博士细论民法典》地铁科普宣传长廊	10月25日—12月31日	地铁1号线漕宝路上海市法治文化长廊
3	上海市法治研究会、静安区法宣办	《民法典》地铁主题展	10月25日—2021年2月28日	地铁2号线静安寺站
4	上海市法治研究会、静安区法宣办	《我的权利我作主　我的义务我尽责》地铁宪法主题展	10月25日—12月25日	地铁7号线昌平路站《绎法空间》
5	上海市法治研究会、浦东新区法宣办	《宪法、民法典与小明的一生》地铁科普宣传专列	10月25日—12月31日	地铁7号线宪法、民法典科普专列
6	上海市法治研究会、宝山区法宣办	地铁《青少年法治德治》主题展	10月25日—2021年1月31日	地铁7号线上海大学站2号出口宝山区法治文化长廊
7	上海市法治研究会、浦东新区法宣办	地铁高科西路站《民法典》大型主题展	10月25日—2021年1月31日	地铁7号线高科西路站厅、站台
8	上海市法治研究会、普陀区法宣办	地铁同心法苑《民法典》主题展	10月25日—31日	地铁7号线新村路站《同心法苑》
9	上海市法治研究会、地铁第三运营公司	法治图书漂流进地铁	10月25日—31日	地铁7号线各站点法治书架、便民取阅架

新媒体科普

序号	举办单位	活动名称	时　间	平台(地点)
1	虹口区图书馆	《重阳》:知音好书观察室荐书活动	10月25日 09:00	抖音、B站、微博
2	上海三山会馆	重阳节民俗文化礼仪展示活动	10月25日 09:00	中山南路1551号上海三山会馆
3	华东师范大学外语学院	"大夏跨学派语言学"主题论坛	10月25日 09:00	腾讯会议平台
4	上海市语言文字工作者协会	"抒发家国情怀　弘扬中国精神　助力语言成才"诵读作品线上展示活动	10月25日— 10月31日	"上海市语言文字工作者协会"微信公众号
5	上海市中西哲学与文化比较研究会、华东师范大学沧浪国学社	"当儿童哲学遇上国学教育"系列专题专家访谈录	10月25日— 10月31日	"沧浪国学社""如何才是好"微信公众号
6	上海市演讲与口语传播研究会、浦东新区洋泾社区学校等	"领读洋泾"纪念浦东开发开放30周年线上朗读活动	10月25日— 10月31日	"洋泾社区学校"微信公众号、"洋泾社区学习港"网站
7	上海金融法制研究会	金融法制普法案例系列警示宣传活动	10月25日— 10月31日	"上海金融法治研究会"微信公众号
8	上海市外国文学学会	"守望文学,译无止境——郑克鲁先生法国文学翻译之路"新媒体系列笔谈	10月25日— 10月31日	"上海市外国文学学会"微信公众号
9	上海市新四军历史研究会	"战旗如画"线上定向赛	10月25日— 10月31日	古美高级中学等
10	上海市信用研究会、上海市教育委员会	"中小学生信用教育"新媒体系列示范课	10月25日— 11月10日	哔哩哔哩网站
11	上海宋庆龄研究会、上海市孙中山宋庆龄文物管理委员会	"此生无憾为中华——马海德与他的革命导师宋庆龄"文物图片线上展示	10月26日 10:00	姚虹路680号
12	上海市金融学会	上海市金融学会成立四十周年线上展览	10月28日— 10月31日	"上海市金融学会"微信公众号
13	上海儿童博物馆	"屋里厢"石库门建筑文化体验互动活动	10月30日 09:00	"上海儿童博物馆"微信公众号

东方讲坛

思想点亮未来（第七季）

序号	举办单位	主　　题	主讲人	时　间	地　点
1	上海市松江一中	大历史时空视角下的长三角一体化发展	张学良（上海财经大学长三角与长江经济带发展研究院执行院长、教授）	10月12日 16:00	松江区松汇中路601号
2	上海交通大学附属中学嘉定分校	中国最美的诗歌模特：古诗十九首	曹旭（上海市文史研究馆馆员、教授）	10月16日 13:00	嘉定区云谷路1660号
3	上海市徐汇中学	人工智能的哲学思考	徐英瑾（复旦大学教授）	10月22日 15:05	徐汇区虹桥路68号
4	上海复旦五浦汇实验学校	读史的用处、智慧与技艺	瞿骏（华东师范大学教授）	10月23日 15:00	青浦区盘龙浦路500号
5	上海市光明中学	秦汉“大一统”政治演进与“大地域国家”治理变迁	于凯（上海工程技术大学教授）	10月23日 15:00	黄浦区西藏南路181号
6	上海市静安区实验中学	18世纪中国的经济	赵思渊（上海交通大学副教授）	10月23日 11:00	静安区芷江西路249号
7	上海市虹口高级中学	劳动素养与全面发展	张伯安（原上海教育电视台台长）	11月6日 14:30	虹口区广粤路138号
8	上海市西南位育中学	古代，东亚是什么样子的？	李磊（华东师范大学教授）	11月10日 15:50	徐汇区宜山路671号
9	上海市民办立达中学	传统文化与为学之道	刘强（同济大学教授）	11月13日 14:30	黄浦区车站支路90号
10	上海市新中初级中学	中华之礼与君子之道改为《孔子之礼与君子人格》	张自慧（上海师范大学哲学系系主任、教授）	11月13日 14:30	静安区高平路968号
11	上海市第六十中学	百年大变局与中国外交	王健（上海社会科学院国际问题研究所所长、研究员、博导）	11月16日 12:30	静安区青云路323号（宝昌路青云路附近）

（续表）

序号	举办单位	主 题	主讲人	时 间	地 点
12	同济大学第一附属中学	漫谈青少年网络素养	齐佳音（上海对外经贸大学人工智能与变革管理研究院院长、教授）	11月20日 14:00	杨浦区国浩路100号
13	上海七宝第二中学	演讲与口才——为青少年成长插上翅膀	林毅（上海青少年口语传播研究中心主任、上海市演讲与口语传播研究会副秘书长）	11月20日 13:45	闵行区七宝镇航新路75号
14	上海市彭浦中学	在《水浒》里寻访宋朝	虞云国（上海师范大学教授）	11月20日 15:45	静安区三泉路604号

2020 科技与人文对话

序号	播出时间	主　　题	嘉　　宾
第一场	3 月 29 日 4 月 5 日	疫病与人类文明	王伟炳(复旦大学公共卫生学院教授)
			韩昇(复旦大学历史系教授)
			李辉(上海市科学学研究所副研究员)
第二场	4 月 26 日 5 月 3 日	东方红 50 载与中国航天梦	黄庆桥(上海交通大学科学史与科学文化研究院副研究员)
			陈筠力(上海航天技术研究院研究员、总设计师)
			何奇松(华东政法大学政治学与公共管理学院教授)
第三场	5 月 17 日 5 月 24 日	“云”上博物馆,你怎么看?	李晖(上海风语筑文化科技股份有限公司创始人兼董事长)
			徐明松(上海人民美术出版社副总编、策展人、艺术评论家)
			陆伟(中国航海博物馆副馆长)
第四场	6 月 23 日 6 月 28 日	奥林匹克,个体极限与社会进步	陶璐娜(中国女子射击队运动员,奥运冠军)
			戈允申(华山医院运动医学科副主任医师)
			刘清早(上海体育学院教授,赛事管理专家)
第五场	7 月 5 日 7 月 12 日	智联世界,共享家园	陆雷(上海信息服务业行业协会秘书长)
			危辉(复旦大学计算机科学与技术学院教授)
			徐英瑾(复旦大学哲学系教授)
第六场	8 月 30 日 9 月 5 日	安全城市,守护生命	韩新(同济大学上海防灾救灾研究所副所长)
			卢洪洲(上海市公共卫生临床中心党委书记)
			郑磊(复旦大学国际关系与公共事务学院教授)
			汤啸天(上海政法学院教授)
			顾宇韶(美敦力全球高级副总裁、急救志愿者)
第七场	10 月 11 日 10 月 18 日	5G 来临,网络如何更安全	黄奕(上海市公安局治安总队“明星警官”)
			赵锐(上海市信息安全行业协会特聘专家)
			潘霁(复旦大学信息与传播研究中心研究员)

（续表）

<table>
<tr><th>序号</th><th>播出时间</th><th>主　题</th><th>嘉　宾</th></tr>
<tr><td rowspan="4">第八场</td><td rowspan="4">11 月 1 日
11 月 8 日</td><td rowspan="4">进博会如何改变我们的生活</td><td>吴冠军(华东师范大学政治学系系主任)</td></tr>
<tr><td>刘少伟(华东理工大学食品药品监管研究中心副主任)</td></tr>
<tr><td>张娟(上海市商务发展研究中心国际贸易研究部主任)</td></tr>
<tr><td>马征(美国嘉吉公司中国区副总裁)</td></tr>
<tr><td rowspan="3">第九场</td><td rowspan="3">12 月 6 日
12 月 13 日</td><td rowspan="3">与自然的约定——“落叶不扫”背后的城市建设与生态保护</td><td>陈静(同济大学建筑与城市规划学院景观学系讲师)</td></tr>
<tr><td>马坤(上海农科院园艺研究所高级农艺师)</td></tr>
<tr><td>朱春玲(上海市绿化管理指导站总工程师)</td></tr>
<tr><td rowspan="5">第十场</td><td rowspan="5">1 月 3 日
1 月 10 日</td><td rowspan="5">你的早餐小确幸——早餐工程与品质生活</td><td>吴星宝(上海市商业联合会常务副会长)</td></tr>
<tr><td>钱学胜(复旦大学智慧城市研究中心主任助理、高级研究员)</td></tr>
<tr><td>汪正园(上海市疾病预防控制中心副主任医师、营养学博士)</td></tr>
<tr><td>徐建春(上海市商务委服务业处副处长)</td></tr>
<tr><td>赵陈斌(上海逸刻新零售网络科技有限公司 CEO)</td></tr>
</table>

新媒体科普产品

“中国之治，懂了！”13集主题系列短视频

序号	每集片名	嘉　宾	上线日期
1	什么是中国国家治理体系的“纲”和“魂”	桑玉成(上海市政治学会会长、教授)	2019.12.26
2	“人民当家作主”让“中国之治”路更宽	唐亚林(复旦大学国际关系与公共事务学院教授)	2019.12.30
3	怎样从“良法”走向“善治”	叶青(华东政法大学校长、教授)	2020.1.2
4	中国政府为何效率高？秘诀在这里	李琪(上海市改革创新与发展战略研究会会长、教授)	2020.1.3
5	中国靠什么实现经济高质量发展	权衡(上海市社会科学界联合会党组书记、专职副主席、研究员)	2020.1.6
6	如何筑牢“中国之治”的共同思想基础	陈东(上海文化发展基金会理事长)	2020.1.9
7	民生保障从“有没有”到“好不好”	黄晓春(上海大学社会学院副院长、教授)	2020.1.10
8	从“体制”到“体系”，社会治理制度变在哪里	文军(华东师范大学社会发展学院院长、教授)	2020.1.13
9	用什么来创造一个中国发展的绿色奇迹？	诸大建(同济大学可持续发展与管理研究所所长、教授)	2020.1.15
10	人民军队为何那么厉害？坚持这一条很关键	刘统(上海交通大学教授)	2020.1.18
11	“一国两制”如何行稳致远？	信强(复旦大学美国研究中心副主任、教授)	2020.1.19
12	“人类命运共同体”不是一句空话，要有制度保证	黄仁伟(上海社会科学院原副院长、智库研究中心理事长、研究员)	2020.1.20
13	四中全会给权力制约和监督开出了什么良方？	吴海红(中共上海市委党校党史党建部教授)	2020.1.21

“学人论疫——你需了解的社会科学知识”4集主题系列短视频

序号	每集片名	嘉　宾	上线日期
1	疫病史话	高晞(复旦大学历史系教授)	2020.2.27
2	病毒与流动社会	何雪松(华东理工大学社会与公共管理学院院长、教授)	2020.3.2
3	应对疫情“心”处方	席居哲(华东师范大学应用心理学系教授)	2020.3.6
4	疫情防控中的法、理、情	苏晓宏(华东政法大学教授)	2020.3.10

“而立之歌”12集系列短视频

序号	每集片名	嘉　宾	上线日期
1	不搞特区搞新区	王战(上海市社联主席、时任上海市政府发展研究中心主任)	2020.4.18
2	土地批租的“破冰”效应	王安德(时任上海市土地批租办副主任、陆家嘴开发公司首任总经理)	2020.4.24
3	浦东开发为何要“金融先行”	黄奇帆(时任上海市浦东开发办公室副主任、浦东新区管委会副主任)	2020.4.29
4	外高桥保税区做对了什么	王新奎(上海WTO事务咨询中心理事长、时任浦东发展研究院副院长)	2020.5.1
5	金桥出口加工区魅力何在	朱晓明(时任浦东新区管委会副主任,金桥开发公司总经理、党委书记)	2020.5.8
6	是什么驱动了张江的“蝶变”	刘樱(上海张江高科技园区开发股份有限公司党委书记、董事长)	2020.5.10
7	洋山港是如何诞生的	张载养(时任上海市深水港工程建设指挥部副总指挥、洋山保税港区管委会党组书记、常务副主任)	2020.5.15
8	管委会“瘦身”的样本意义	胡炜(时任上海市政府副秘书长,浦东新区区委副书记、区长)	2020.5.19
9	在法治轨道上“试、闯、改”	周汉民(上海市政协副主席、民建上海市委主委,时任浦东新区副区长)	2020.5.25
10	如何让社区成为居民温暖的港湾	马伊里(时任浦东新区社会发展局局长)	2020.5.26
11	新时代,浦东如何当好新标杆	赵义怀(上海市发展改革研究院党委书记)	2020.5.28
12	展望未来,浦东如何创造新奇迹	权衡(上海市社联党组书记、专职副主席、研究员)	2020.5.29

“为什么是上海——探寻“王牌”成长之路”6集系列短视频

序号	每集片名	嘉　宾	上线日期
1	接管大上海	熊月之(上海社会科学院研究员) 严爱云(中共上海市委党史研究室主任) 邢建榕(上海市档案局原副局长、研究馆员)	2020.10.27
2	“上海制造”崛起	徐建刚(中共上海市委党校常务副校长) 忻平(上海市中共党史学会会长、教授) 严爱云(中共上海市委党史研究室主任)	2020.10.28
3	勇攀科技高峰	蔡勤宏(江南造船集团有限责任公司党委委员、党委工作部部长) 施金苗(上海航天局原副局长) 王恩多(中国科学院院士、中国科学院分子细胞科学卓越创新中心研究员)	2020.10.29
4	建设面向人民大众的文化重镇	孙甘露(上海市文学艺术界联合会副主席、上海市作家协会副主席) 秦志华(上海辞书出版社党委书记、社长) 葛剑雄(复旦大学教授)	2020.10.30
5	见证新中国外交的“高光时刻”	冯绍雷(华东师范大学俄罗斯研究中心主任、教授) 吴心伯(复旦大学国际问题研究院院长、教授) 黄仁伟(上海社会科学院历史研究所原所长、研究员)	2020.10.31
6	治理“大上海”的基层实践	苏智良(上海师范大学教授) 熊月之(上海社会科学院研究员) 齐卫平(华东师范大学终身教授)	2020.11.1

《我们的“十四五”》6集系列短视频

序号	每集片名	嘉　宾	上线日期
1	经济发展取得新成效	钟宁桦(同济大学经济与金融系主任、教授)	2020.12.16
2	改革开放迈出新步伐	高帆(复旦大学经济学院教授)	2020.12.18
3	社会文明程度得到新提高	王为松(上海人民出版社社长)	2020.12.22
4	生态文明建设实现新进步	邵帅(华东理工大学商学院教授)	2020.12.25
5	民生福祉达到新水平	任远(复旦大学社会发展与公共政策学院教授)	2020.12.29
6	国家治理效能得到新提升	唐亚林(复旦大学国际关系与公共事务学院教授)	2020.12.31

“四史”关键词

序号	关键词
1	中国共产党的诞生日与纪念日是同一天吗？
2	中国共产党的第一部党章是如何保存下来的？
3	习总书记说的“真理的味道”甜在哪里？
4	为什么许多中国共产党早期领导人有旅欧经历
5	从渔阳里到中南海：党中央机关驻地的轨迹
6	为什么党的五大要设立监察委员会？
7	“一号机密”中央文库是如何完好保存下来的
8	黄埔军校为何影响深远，并能够成为将帅摇篮
9	“支部建在连上”优良传统是怎么来的
10	党史上的“九月来信”与古田会议是什么关系
11	为何说中华苏维埃共和国是新中国的“摇篮”
12	为何说遵义会议是党的历史上生死攸关转折点
13	红军长征之后为何又要东征？
14	为什么“抗大”能够愈抗愈大？
15	黄崖洞兵工厂被誉为新中国军事工业的摇篮
16	周恩来所说的“龙潭三杰”是谁？
17	为什么说洛川会议吹响了全面抗战的号角？
18	黄土岭战役中，日军名将阿部规秀被击毙
19	为何说“老三篇”是共产党人的“道德经”？
20	抗日根据地的政权为何要实行“三三制”原则
21	为什么将8月1日作为人民解放军建军节？
22	方志敏是在为“可爱的中国”而革命
23	为何说千里跃进大别山是历史的转折点？
24	为什么说渡江战役拉开了实施战略追击的序幕

（续表）

序号	关键词
25	中国共产党是如何“迎考”与“赶考”的？
26	社会主义发展史五百年起点莫尔的《乌托邦》
27	欧文是如何进行社会改革试验的？
28	《共产党宣言》是穿透时空的经典
29	巴黎公社运动与《国际歌》有何联系？
30	为何说阿芙乐尔号巡洋舰的炮声是革命象征
31	列宁为何从“战时共产主义”转向新经济政策
32	第三国际：国际共产主义运动中的战斗性组织
33	1936 年苏联宪法是如何制定的
34	红场阅兵后苏联红军直接赴莫斯科保卫战现场
35	20 世纪的“冷战”序幕是如何全面拉开的？
36	臭名昭著的麦卡锡主义为何在美国兴起？
37	经济互助委员会究竟是个什么样的组织？
38	美苏坐在古巴的“火药桶”上巅峰对决
39	为什么说“八·一九事件”加速了苏联解体？
40	为何内蒙古自治区先于新中国而成立？
41	西藏和平解放究竟是怎么实现的？
42	共产党如何打赢了“经济战线的淮海战役”？
43	美国为何被迫进行板门店谈判？
44	“公私合营”如何实现“劳资两利”？
45	万隆会议对新中国外交有着怎样的特殊意义
46	三线地区是哪儿？为何要搞三线建设？
47	大国重器“两弹一星”让中国成有影响力大国
48	“小球转动大球”的历史佳话究竟是怎么回事
49	为什么说“老三件”是上海制造业的缩影？
50	真理标准讨论为十一届三中全会作了思想准备
51	1978 年中央工作会议拉开改革开放序幕
52	邓小平为什么三次提到“傻子瓜子”？
53	为何要进行百万大裁军？

（续表）

序号	关键词
54	中国的植树节从何而来？
55	作为文化盛宴的春晚如何紧跟时代改革创新？
56	“菜篮子”工程解决了中国人的盘中菜问题
57	上海证券交易所是怎样成立的？
58	皇甫平系列文章如何促进了新一轮思想解放？
59	中国为什么要建立北斗卫星导航系统？
60	1994 年为什么要实施分税制改革？
61	“浦东开发开放”这张王牌是怎么打出来的？
62	从五连冠到十一连胜，女排精神是怎样炼成的
63	改革开放以来中国城镇如何解决住房紧张问题
64	改革开放以来中国的乡镇企业为什么“能”？
65	“科学的春天”是怎么样呼唤而至的？
66	“人工天河”红旗渠是怎样建成的？
67	人工合成牛胰岛素这座高峰是怎样被跨越的？
68	一辈子专注青蒿素研究的屠呦呦是如何做的？
69	上世纪 70 年代的“四三方案”是怎么回事？
70	三大纪律八项注意如何成为红色经典第一歌？
71	“布拉格之春”是如何发生的？有什么启示？
72	波兹南事件究竟怎么回事？产生了哪些影响？
73	冷战时期美苏是如何在太空中“过招”的？
74	十一届三中全会如何开启改革开放历史新时期
75	中国梦到底是什么样的梦？
76	中国特色社会主义进入新时代有何重大意义？
77	为什么说新思想是实现民族复兴的行动指南？
78	人类命运共同体为何能写入多份联合国文件？

社会科学普及读物系列

《思想点亮未来（第一辑）》

《思想点亮未来(第一辑)》是上海市社会科学界联合会“东方讲坛·思想点亮未来”系列讲座第一季的讲稿合集,全彩精印,完美还原讲座现场。内容涵盖文学、历史、哲学、法学等社会科学各领域,讲者皆为知名教授与文化学者,如葛剑雄、熊月之、秦绍德、吴晓明、黄玉峰、苏智良、曹旭、鲍鹏山等。本书博约兼顾,具有很高的可读性,对大众和学生读者汲取人文滋养、培养人文情怀将有所助益。

目录

(上海辞书出版社 2018 年 12 月)

图书在版编目(CIP)数据

上海社联年鉴.2021/上海市社会科学界联合会编
.—上海:上海人民出版社,2021
ISBN 978-7-208-17285-2

Ⅰ.①上… Ⅱ.①上… Ⅲ.①社会科学-联合会-上海-2021-年鉴 Ⅳ.①C262.51-54

中国版本图书馆CIP数据核字(2021)第161009号

责任编辑 王笑潇
封面设计 夏 芳

上海社联年鉴2021
上海市社会科学界联合会 编

出　　版 上海人民出版社
(201101 上海市闵行区号景路159弄C座)
发　　行 上海人民出版社发行中心
印　　刷 上海盛通时代印刷有限公司
开　　本 787×1092 1/16
印　　张 29.5
插　　页 10
字　　数 644,000
版　　次 2021年12月第1版
印　　次 2021年12月第1次印刷
ISBN 978-7-208-17285-2/C·636
定　　价 228.00元